JN437516

개혁주의 사회 윤리와 한국 교회

개혁주의 사회 윤리와 한국 교회

초판 1쇄 1994년 3월 30일
4판 1쇄 2019년 3월 6일
발행인 박신웅
지은이 양낙흥
발행처 도서출판 생명의 양식
등록번호 서울 제22-1443호(1998년 11월 3일)
주소 06593 서울시 서초구 고무래로 10-5(반포동)
전화 02-533-2182
팩스 02-533-2185
홈페이지 www.edpck.org
디자인 최건호

ISBN 979-89-88618-51-6 (93230)

책값은 뒤표지에 있습니다.

개혁주의 사회 윤리와 한국 교회

양낙흥 지음

생명의 양식
THE BREAD OF LIFE

목차

2부 한국 장로교회 전통 속의 사회 윤리

머리말

90년대 초 이후 군사 독재 정권이 무너지고 문민 정부가 들어섬으로 한국에는 참된 민주화가 꽃을 피우기 시작했고 국민의 정부와 참여 정부가 들어선 이후 민주화는 완성되었다. 이제 감히 한국의 어떤 세력도 역사의 수레바퀴를 뒤로 돌리는 일은 불가능해졌다. 비록 MB 정권이 민주주의와 한국의 인권 수준을 저하시키고 있다는 불평이 있지만 설사 그렇다 하더라도 그것이 그렇게 심각한 수준에 이른 것은 아니기에 대다수 국민들이 크게 우려하거나 예민하게 반응하지는 않고 있다. 그러나 만일 그것이 일정 한도를 넘게 되면 민중의 거대한 분노가 일게 될 것이고 반민주, 반인권의 억압적 권력은 거대한 국민적 저항에 부딪히게 될 것이고, 결과적으로 그것은 얼마 가지 못해 붕괴될 것이다. 그것이 불변의 진리라는 사실은 지난 두 세대 동안의 한국 역사에 의해 증명되고도 남는다.

이 책이 1994년에 처음 출판되었을 때 그것은 한국 복음주의권에서는 그리스도인과 교회의 사회적 책임 수행의 개혁 신학적 근거를 최초로 제시했다는 역사적 의미가 있었다. 그때까지 한국의 보수 장로교인들은 도대체 그리스도인이 정치 사회적 이슈에 대해 어떤 입장을 취하는 것이 성경적이고 최소한 칼뱅주의적인 것인지 종잡지를 못하고 있었다. 그래서 저마다 자기 소견대로 말하다보니 많은 목회자들과 장로교인들이 칼뱅주의 정치관과 대척점에 있는 재세례파적 정치관을 주장하면서도 그것이 어느 노선에 속한 것인지를 몰랐다.

지금은 상황이 그때보다 조금은 나아졌다고는 하지만 크게 달라지지는 않았다. 개혁주의 세계관, 정치관, 사회관에 대한 교육을 충실하게 받지 않은 교회 지도자들과 신자들이 부지기수이다. 그래서 기독교가 사회에 대해 어떤 책임을 져야 하는지, 특별히 교회의 선지자적 책임이 무엇인지에 대한 인식이 거의 되어 있지 않은 경우가 많다. 이 책이 다시 출판되어야 하는 이유가 거기에 있다.

책의 재출판을 기꺼이 허락해 준 생명의 양식과 총회교육원에 감사드린다. 꼼꼼히 읽고 최종 수정을 도와 준 안동철 목사께도 감사드린다. 새로운 판을 짜기 위해 흐트러진 한글 원고를 읽고 교정을 도와 준 강성호 강도사, 조교 임용석, 연구 조교 김성진 형제를 비롯하여 신실한 제자들인 황은성, 전지성, 김근수 형제 등에게 감사드린다.

2010년 5월

천안 삼거리에서

고려신학대학원 양낙흥

1부

개혁주의 전통 속의 사회 윤리

Reformed Social Ethics & Korean Churches

Reformed Social Ethics & Korean Churches

제1장

칼뱅과 정치 권력

본 장은 정치, 정부 및 정치적 권위에 대한 칼뱅의 견해를 고찰한다. 칼뱅은 정치를 어떻게 생각했던가? 오늘날의 많은 복음주의자들처럼 그도 그것을 비기독교적인 것으로 정죄하면서 그리스도인들은 정치를 멀리 해야 한다고 주장했던가? 특히 불의한 정치 권력에 대해 그리스도인들이 어떤 태도를 취해야 한다고 그는 가르쳤는가? 도덕성이나 정통성과 상관없이 그것에 무조건 복종해야 한다고 생각했던가? 아니면 불의한 권력에 대해서는 불순종하거나 저항해야 한다고 가르쳤던가? 본 장은 이러한 질문들에 대한 칼뱅의 답변들을 논한다.

칼뱅과 정치

칼뱅은 그리스도인들의 정치관에 위기가 도래한 시대에 살고 있었다.[1] 교황제에 대한 초기 종교개혁자들의 공격이 제도, 권력, 그리고 지배와 같은 정치의 필수적 요소들에 대한 불신을 초래했을 때 칼뱅은 정치의 도덕적 위상을 회복하는 작업에 착수했다. 자신의 정치 이론을 형성함에 있어 칼뱅의 첫 번째 대적은 재세례파였다. 『기독교 강요』가 집필된 것은 피비린내 나는 뮌스터(Münster) 사건이 있던 무렵이었다. 그때 재세례파들은, 그리스도인들은 지상 국가의 시민이 아니기 때문에 지상 정부와는 상관 없는 사람들이라고 선전하고 있었다.[2] 칼뱅이 볼 때 이것은 위험한 이단이었다.

정치에 대한 태도에 있어 재세례파들은 두 종류의 과격파 집단으로 나뉘어 있었다. 한편에는 '분리주의자' 혹은 '신령주의자'(spiritualists)라고 부를 수 있는 극단주의자들이 있었다. 복음의 자유는 인간들 사이에 어떤 왕이나 관원이나 법률도 인정치 않으며 '오직 그리스도만 바라본다'고 생각한 그들은 자기들 위에 어떤 권세자도 있을 수 없다고 주장했다.[3)] 칼뱅은 정치에 대한 그들의 태도를 『기독교 강요』에서 다음과 같이 묘사한다.

> … 그리스도를 통해 이 세상의 것들에 대해 죽은 이후(골 2:20) 우리는 하나님나라로 옮기어져 천상의 존재들 가운데 앉아있기 때문에 … 세상적인 것들에 신경을 쓰는 것은 우리에게 어울리지 않을 뿐 아니라 우리의 존엄한 지위에 전혀 어울리지 않는다.[4)]

요컨대 분리주의적 재세례파들은 거룩하고 경건한 사람들이 정치같이 세속적이고 육신적인 것에 관심을 가지는 것은 적절치 않다고 생각했다.

다른 한편에는 또 한 무리의 과격파들이 있었다. 그들은 토마스 뮌처(Thomas Müntzer)의 추종자들이었다. 이들은 온 세상이 새로운 형태, 즉 성도들의 순수한 공동체(pure communion of saints)로 재편되어야 한다는 생각에 사로잡혀 있는 극단주의자들이었다. 그래서 그들은 세상을 뒤엎고, 그 속에 있는 사악한 요소들을 뿌리 뽑아냄으로써 자기들의 목표가 달성될 수 있다고 생각했다.

그리하여 평화적이든 호전적이든 재세례파들은 한 가지 공통점을 가지고 있었는데 그것은 정치에 대한 반감이었다. '오염된' 세상에서 자기들 교회의 순수성을 보존한다고 하는 궁극적 목표 하에서 그들은 정치 질서에 대한 어떤 의무도 부인했다.

루터 또한 두 형태의 권력, 즉 '영적' 권력과 '세속' 권력을 날카롭게 대조시켰다. 그는 양자 사이에 어떤 공통적 요소들이 있다는 것을 부인했다. 그가 보기에 '영적' 권세는 신자의 양심에 대한 설득을 통해 행사되기 때문에 법적 처벌(civil penalties)을 가할 수 없는 것이었다. 그는 정치 제도와 정치인들을 의심스러운 눈초리로 바라보았으며 때로는 그것들에 대해 경멸적이기까지 했다.

약간은 과장되었으나 울린(Wolin)은 정치를 혐오하는 루터의 경향을 정확히 포착하고 있다. 루터에게 있어 정치 영역은 그것의 실제적 중요성에도 불구하고 기독교적 미덕이 아니라 강제와 억압(coercion and repression)에 관계된 것이었다.[5] 그리하여 정치에 대한 적대감이 루터의 일부를 이루고 있었다. '세상 권력'에 대한 이러한 정죄는 질서(order)와 공민성(civility)의 모든 전통을 위태롭게 만드는 결과를 낳았다.

이처럼 정치 질서가 경멸을 당하는 분위기 속에서 칼뱅이 착수한 것은 정치의 평판을 회복하고 공민적 질서(civil order)와 종교적 질서(religious order) 사이의 흑백 대조를 완화하는 일이었다. 그는 개신교도들에게 그들의 정치적 성격을 상기시켜 주고 그들에게 정치의 기초를 교육시킴으로써 사회의 결속(coherence)과 유대(solidarity)를 위해서는 권력이라는 요소가 필요하다는 것을 이해시켰다. '인간성(humanity)'의 보존을 위해 정치는 필수적인 요소라는 것이었다.[6]

물론 칼뱅은 그리스도의 영적 왕국과 세속 왕국이 전적으로 구분되어야 한다는 데 동의했다.[7] 그럼에도 불구하고 그는 "정부의 속성 전부"가 오염되었고 그리스도인들과는 전혀 무관한 것이라 생각하는 것은 단지 광신일 뿐이라고 비난했다.[8] 그리스도인들도 지상의 순례길을 가는 동안 정치의 도움을 필요로 하기 때문에 그들로부터 그것을 빼앗는 것은 '인간성' 자체를 박탈하는 것과 마찬가지라는 것이었다. 시민 정부를 철폐하려는 재세례파들의 시도에 너무나 격분한 그는 그것을 "천인공노할 야만"이라고 공격했다.[9]

국가는 부패한 인간성을 억제(repression)하기 위한 힘을 가진 필요악이라고 이해했던 루터와는 달리[10] 칼뱅은 그것을 하나님이 주신 "탁월하고 유익한 기관"으로 보았다.[11] 인간들 사이에서 정부의 기능은 "빵, 물, 태양, 그리고 공기만큼이나 중요" 하며 그 명예로운 위치는 그것들보다 "훨씬 더 탁월"했다.[12] 그 이유는 정부가 인간성이 야수와 같은 상태로 타락하는 것을 막아주기 때문이었다. 만일 정부가 없어지면 인간 사회는 "짐승 같은 무정부 상태"로 전락하게 된다고 경고했다. 하나님께서 정부를 세우신 목적은 인간들이 "개나 고양이처럼" 살지 않게 하기 위함이었다.[13]

정치 권력에 대한 복종

정부와 관련해서 칼뱅의 주된 강조점 가운데 하나는 정치 권력의 신적 기원에 관한 것이다. 로마서 13:1-7에 의거하여 그는 모든 권세가 하나님께로부터 온다고 단정한다. 이것은 정치 권세자들에 대한 그리스도인의 순종과 저항에 대한 그의 논의의 출발점이다. 관원들은 자기들 자신의 힘에 의해서가 아니라 "신적 섭리와 거룩한 규례"에 의해 그들의 위치에 있게 되었다. "하나님의 손"에 의해 그곳에 있게 된 것이었다.[14]

칼뱅은 관원들의 직분의 존엄성과 신성함을 높이 찬양했다. "관직은 하나님 앞에 거룩하고 합법적일 뿐만 아니라 인간이 가질 수 있는 모든 소명 중 가장 신성하고 가장 영예로운 것"이라고 그는 말했다.[15] 그러므로 백성들은 관원들을 "하나님의 대리인들"로 존경해야 했다. 관원들에 대한 백성들의 첫 번째 의무는 그들의 직분을 "가장 명예롭게 생각하고 그것들을 존중하고 존경하는 것"이었다. "명예롭게 생각한다."는 것은 물론 관원들에 대한 복종을 포함했다.[16]

칼뱅은 관원들에 대한 저항이 하나님께 대한 저항이라고 주장했다. 그것은 모든 권세가 하나님께로부터 왔다는 전제의 필연적 귀결이었다. 권위를 거스르는 것은 "하나님의 섭리를 멸시"하는 것과 같으며 사실상 "하나님의 질서를 뒤엎으려는" 시도였다. 그러한 사악한 행위는 반드시 처벌을 받게 되고 "하나님의 저주"와 모든 "보복 행위"를 야기함으로써 "멸망에 이르게 된다."고 칼뱅은 경고했다.[17] 또한 그는 사사로운 시민 차원에서는 정치 권력에 대한 어떤 저항도 불법적이라고 생각했으며, 심지어는 백성들이 폭군에게도 불평 없이 순종해야 한다고 주장했다.

> 우리는 우리에 대한 자신의 직분을 올바로 충성되이 수행하는 권세들에 대해서 뿐만 아니라 어떤 수단에 의해서든지 칼자루를 가지고 있는 모든 자들의 권위에 대해 순종해야 한다. 비록 그들이 군주의 직책을 전혀 수행하지 않는다고 할지라도 … 그들이 어떤 사람이든지 그들은 오직 그분으로부터 자신의 권세를 부여받았다.[18]

> 비록 우리가 터키인이나 폭군이나 복음의 불구대천의 원수 아래에 있다고 하더라도 우리는 그들에게 순종하라는 명령을 받고 있다. 왜 그런가? 이유는 그것이 하나님을 기쁘시게 하기 때문이다.[19]

칼뱅은 권력의 정통성 문제를 별로 중요하게 생각하지 않았다. 그는 권력자들이 어떻게 해서 그 권력을 얻게 되었는가라고 묻는 것은 "쓸데없는 호기심"이라 생각했다. "그들이 현재 다스리고 있다는 것으로 충분"했다. 어떤 수단에 의해 그들이 칼자루를 쥐게 되었든지 그것은 상관이 없었다. 그들에게 왕국이 주어졌다는 것만 분명하면 백성들은 그들을 "섬겨야" 했다.[20] 다시 말해 칼뱅에게 있어 군주의 권위는 "사실상의 권위"(the authority of de facto)였다.[21] 누군가가 현재 통치하고 있다는 사실이 그의 권력의 완전한 정통성을 입증했다. 정치 권력은 "그것이 인간 이성으로 납득할 수 있는 어떤 규정에 의해 정통성을 인정받았기 때문이 아니라 단지 존재하기 때문에" 순종해야 했다. 그것의 정통성은 그 존재 속에 포함되어 있었다. 왜냐하면 "하나님의 뜻에 의해서가 아니면 그것이 존재할 수 없었기 때문이다."[22]

백성들은 또한 통치자의 자질과도 무관하게 순종해야 한다고 칼뱅은 주장했다. 그들은 "그들의 모든 통치자들을 … 그들이 어떤 사람이든 상관없이 최고로 존경해야" 했다. "가장 사악한 폭군" 즉 "어떤 명예도 받을 자격이 없는" 왕에게도 "고상하고도 신성한 권세"가 머물기 때문에 백성들은 그들을 하나님이 세우신 권세로 인정해야 했다.[23] 칼뱅에 의하면 그러한 폭군의 전형적 실례는 "저 가증하고 잔인한 왕" 느부갓네살이었다. 그는 기원전 6세기에 유다와 예루살렘을 정복했던 바벨론 왕이었다. 예레미야 27:5-8에 의하면 하나님께서는 유대인들에게 그 폭군적인 통치자에게도 복종하라는 명령을 주셨다. 그 이유는 "단지 그가 왕권을 가졌기 때문"이라는 것이었다.[24]

정치 권력에 대한 태도에 관한 한 칼뱅은 분명히 보수적이었다. 사람들은 "군주들을 평가하지 않는 법을 배워야" 했다. 어떤 왕을 "자격에 따라" 취급되어야 한다는 것은 "반란 위험이 있는 생각"이라고 칼뱅은 주장했다.[25] 그는 토마스 아퀴나스(Thomas Aquinas)보다도 더 보수적이었다.[26] 그렇기 때문에 그는 "정통성에 결함이 있는 폭군과 통치상의 결함에 의한 폭군 사이의 중세적 구별조차도 인정하지 않았다."[27]

사악한 백성들에 대한 저주로서의 폭군

하나님께서 가끔 폭군적인 통치자들을 보내셔서 그들로 하여금 우리를 다스리게 하시는 이유는 무엇인가? 칼뱅에 의하면 폭군은 하나님께서 죄악된 백성들을 징벌하시는 "재앙" 가운데 하나였다.

> 불의하고 무능한 자들은 백성들의 사악함을 벌하기 위해 하나님의 세우심을 받았다. … 사악한 왕은 지상에 대한 주님의 진노이다. … 왜냐하면 성경은 남의 재산을 강탈하는 강도나 남의 아내를 더럽히는 간통자나 남을 살해하는 살인자 같은 모든 재앙들이 하나님의 저주에 속하는 것이라 말하기 때문이다.[28)]

한 마디로 사악한 통치자들은 "주님의 채찍"이며 심판의 도구였다. 그들은 한 공동체의 죄악을 징계하기 위해 보냄을 받으므로 그러한 자들이 나타나면 백성들은 자신들의 집단적 죄악을 깨달아야 했다. 한 백성이 야만적 군주에 의해 심한 괴로움을 당하게 되면 그들은 자신들의 비행과 죄들을 찾기 위해 양심을 살펴야 했다.[29)]

폭군에 대한 이러한 종교적 해석의 결과는 폭군과 신민(臣民)의 관계가 정치의 일반적 범주를 떠나게 되는 것이었다. 죄라는 것은 정치적 개념이 아니기 때문이었다. 비록 칼뱅의 의도가 폭군에 대한 순종을 종용하기 위한 것이었지만 그의 논리는 폭군의 예외적 성격을 강조함으로써 그것을 정상적 정치 관계로부터 고립시켰다.[30)]

칼뱅과 사회 계약

사회 계약 사상에 대한 칼뱅의 태도는 양면적이었다. 허쇼(F. J. C. Hearshaw)는 "칼뱅이 사회 계약적 경향이 있는 것은 무엇이나 단호히 거부했다."고 말했지만 그것은 그렇게 간단한 문제가 아니다.[31] 왜냐하면 어떤 곳에서 칼뱅은 "통치자들이 신민들에 대해 질 책임이 있다."고 말하고 있기 때문이다.[32] 그러나 칼뱅에게 있어 신민들에 대한 통치자들의 책임이란 뚜렷한 실체가 없는 말인 것 같다. 그는 통치자와 신민 사이의 상호 책임의 성격을 남편과 아내, 혹은 부모와 자녀 관계에 비유한다.

그의 추론은 다음과 같다. 남편과 부모는 상호 의무에 의해 각각 아내와 자녀들에게 책임을 진다. 그러나 설령 "부모들이 자녀들에게 아주 가혹하다 할지라도 … 그리하여 자녀들을 한없이 피곤하게 만든다 할지라도" 또는 "남편들이 아내를 아주 학대한다 할지라도" 자녀들과 아내들은 "여전히 사악하고 무책임한 자기 부모들과 남편들에게 복종해야 한다." 마찬가지로 신민들은 사악하고 불의한 통치자들에게 순종해야 한다.[33]

여기에서 칼뱅의 문제는 부부 사이의 관계나 부모와 자녀 사이의 관계의 성격을 통치자와 신민 사이의 관계와 곧바로 동일시하고 있다.[34] 과연 통치자와 신민 사이의 상호 의무 관계가 부모와 자식, 혹은 남편과 아내 사이의 그것과 똑같은 성질의 것인가 하는 것이다. 에베소서 5-6장에서 바울은 인간들 사이의 상호 의무에 관해 가르치면서 통치자와 신민의 관계에 대해서는 언급하지 않고 있다.

칼뱅은 신민들의 권리를 옹호하는 것은 신민들 자신들의 일이 아니라 하나님이 하실 일이라고 주장한다. "고삐 풀린 전제주의를 교정하는 것은 주께서 하실 일이다." 우리가 폭정을 처리하려고 해서는 안 된다. 우리로서는 "주님의 도움을 바라는 것만 할 수 있을 뿐이다."[35]

칼뱅은 절대 군주제의 옹호자는 아니었다. 그가 생각한 이상적 정부 형태는 "귀족정, 혹은 귀족정과 민주정의 혼합 형태"였다.[36] 그는 사사로운 시민들이 정치에 참여하는 것을 금했다. 국민 참정권 사상은 중세 말기의 칼뱅에게는 생소한 개념이었다.

> 순종이라고 할 때 나는 사사로운 시민들이 공적인 문제에 관해 자제할 것을 포함시킨다. 그들은 공적인 문제에 함부로 간섭하거나 관원들의 직분을 함부로 침해하거나 또는 정치적인 것에 손을 대서는 안 된다.[37]

그러면 사사로운 시민들이 공적 악을 해결하기 위해 할 수 있는 일은 무엇이었던가? 칼뱅에 의하면 청원 외에는 거의 아무 것도 없었다. "만일 어떤 공적 문제가 시정될 필요가 있으면" 소란을 피우고 "자기들이 손을 대는" 대신 시민들은 "관원들의 판단에 그 문제를 맡겨야" 했다.[38]

칼뱅은 관원들이 자신들의 이익 때문에 공공악의 해결을 거부하는 경우에 백성들이 어떻게 해야 할 것인가 하는 문제에 대해서는 언급하지 않았다. 시민들로서는 "정부의 양심에 호소"할 수 있을 뿐이었다.[39] 그들이 정당하게 할 수 있는 전부는 하나님께 기도하거나 청원을 내거나 항의하거나 도망치는 것뿐이었다.[40]

복종의 성경적 근거

칼뱅에게 있어 정치 권력에 대한 복종의 주된 근거는 성경이었다. 이 점에 대한 자신의 주장을 뒷받침하기 위해 그는 『기독교 강요』의 마지막 장에서 무려 40개나 되는 성구를 인용한다. 그 중에서도 폭군에게도 복종해야 한다는 그의 주장은 구약에 있는 3개의 본문에 근거하고 있다. 첫 번째 본문은 예레미야 27:5-8, 17이다. 거기서 하나님은 다음과 같이 선포하신다.

> 나는 내 큰 능력과 나의 쳐든 팔로 땅과 지상에 있는 사람과 짐승들을 만들고 내가 보기에 옳은 사람에게 그것을 주었노라 이제 내가 이 모든 땅을 내 종 바벨론의 왕 느부갓네살의 손에 주고 … 모든 나라가 그와 그의 아들과 손자를 그 땅의 기한이 이르기까지 섬기리라 … 바벨론의 왕 느부갓네살을 섬기지 아니하며 그 목으로 바벨론의 왕의 멍에를 메지 아니하는 백성과 나라는 내가 그들이 멸망하기까지 칼과 기근과 전염병으로 그 민족을 벌하리라 … 바벨론의 왕을 섬기라 그리하면 살리라

왕국들을 분배하고 왕들을 임명하는 것은 주권적 "하나님의 섭리"에 속하는 일이기 때문에, 어떤 왕이 즉위했다는 말을 들으면 백성들은 "당장 왕을 높이고 두려워하라는 하늘의 명령을 떠올려야" 했다. 다시 말해서 "지극히 높으신 자가 인간의 나라들을 다스리시고 그것을 자기가 기뻐하는 사람에게 주시기"(단 4:17) 때문에 누군가가 왕위에 있다는 것은 신민들이 그에게 온전한 충성을 바치기에 필요하고도 충분한 조건이었다. 계속해서 칼뱅은 말하기를 "그 가증스럽고 잔인한 왕"에게조차 온전한 복종이 요구되고 있다는 사실을 웅변으로 보여주는 바는 "가장 무가치한 왕들조차도 모든 왕들의 권위를 확립시켜주는 바로 그 칙령에 의해 세움을 입는다."는 것이라고 주장했다.[41)]

그러나 여기서 몇 가지 의문이 제기될 수 있다. 첫째, 느부갓네살은 정말 칼뱅이 주장하는 것처럼 폭군이었던가? 그가 '침략자'요 '정복자'였으며 심

지어 '약탈자'였던 것은 사실이었다. 그러나 그가 이스라엘이나 바벨론에 대해 불의한 폭정을 행했다는 증거를 칼뱅은 어디서 발견했던가? 그가 이교도 왕이고 '침략자'라고 해서 그를 '폭군'이라고 부르는 것이 공평한 일인가? 둘째, 본문의 명령을 폭정 하에서 신음하는 지구상의 모든 백성들을 위해 주어진 일반적 명령이라고 보는 대신 느부갓네살에게 정복당한 이스라엘인들에게만 주어진 특수한 명령이라고 볼 여지는 없는가?

폭군에 대한 복종의 근거로 칼뱅이 제시하는 두 번째 성경 본문은 사무엘상 8:11-17에 있는 사무엘 선지자의 말이다. 이스라엘 백성들이 자기들을 다스릴 왕을 세우자고 주장하자 사무엘은 이렇게 말한다.

> 이르되 너희를 다스릴 왕의 제도는 이러하니라 그가 너희 아들들을 데려다가 그의 병거와 말을 어거하게 하리니 그들이 그 병거 앞에서 달릴 것이며 그가 또 너희의 아들들을 천부장과 오십부장을 삼을 것이며 자기 밭을 갈게 하고 자기 추수를 하게 할 것이며 자기 무기와 병거의 장비도 만들게 할 것이며 그가 또 너희의 딸들을 데려다가 향료 만드는 자와 요리하는 자와 떡 굽는 자로 삼을 것이며 그가 또 너희의 밭과 포도원과 감람원에서 제일 좋은 것을 가져다가 자기의 신하들에게 줄 것이며 그가 또 너희의 곡식과 포도원 소산의 십일조를 거두어 자기의 관리와 신하에게 줄 것이며 그가 또 너희의 노비와 가장 아름다운 소년과 나귀들을 끌어다가 자기 일을 시킬 것이며 너희의 양 떼의 십분의 일을 거두어 가리니 너희가 그의 종이 될 것이라

칼뱅은 위 본문에서 사무엘이 말하고자 하는 바가 다음과 같은 것이라고 본다. "왕들의 전제는 극에 달할 것이나 그것을 억제하는 것은 너희의 일이

아니다. 너희들이 해야 할 일은 오직 이것뿐이니 즉 왕들의 명령에 순종하고 그들의 말을 듣는 것이다."[42]

그러나 과연 본문의 의도가 폭정을 어거하기 위한 백성들의 모든 시도를 금지하는 것인가? 그보다 본문은 이스라엘 백성들이 왕정을 수립하고 유지하기 위해 지불해야 할 대가, 즉 납세, 부역, 그리고 병역의 의무에 관해 말하고 있는 것이 아닌가? 만일 본문이 모든 왕들이 폭군이 될 것이라는 예언이라면 이스라엘 역사상 다윗이나 여호사밧과 같은 현군들이 있었다는 사실은 어떻게 설명할 것인가? 나아가 앞에서 칼뱅은 모든 통치자는 하나님에 의해 세움을 받는다고 말했었다. 그렇다면 하나님은 항상 폭군만 세우신다는 말인가?

세 번째 본문은 사무엘상 24:6과 26:9-11이다. 사울에게 핍박을 받고 있던 다윗이 사울을 죽일 수 있는 기회에 직면해서 한 말이다.

> 내가 손을 들어 여호와의 기름 부음을 받은 내 주를 치는 것은 여호와께서 금하시는 것이니 그는 여호와의 기름 부음을 받은 자가 됨이니라(삼상 24:6)

> 누구든지 손을 들어 여호와의 기름 부음 받은 자를 치면 죄가 없겠느냐 … 여호와께서 살아 계심을 두고 맹세하노니 여호와께서 그를 치시리니 혹은 죽을 날이 이르거나 또는 전장에 나가서 망하리라 내가 손을 들어 여호와의 기름 부음 받은 자를 치는 것을 여호와께서 금하시나니(삼상 26:9-11)

칼뱅은 다음과 같은 말을 하고자 한다. 즉 다윗은 사울이 하나님께서 기름 부으신 자였기 때문에 자기를 죽이려 하던 그에게 저항하지 않았던 것처럼 백성들도 하나님이 세우신 폭군에게 항거하지 말아야 한다는 것이다. 모든 왕들이 하나님에 의해 세움을 입었으므로 백성들은 하나님 자신이 그를 폐위시키거나 제거하실 때까지 기다려야 한다는 것이었다. 백성들에게 주어진 명령은 "복종하면서 고난을 당하라."는 것뿐이었다.[43)]

이러한 본문 해석도 반박의 여지가 있다. 첫째, 성경은 사울이 다윗을 괴롭혔던 것을 제외하고는 백성들을 억압하고 불의하게 다스렸던 사실에 대해 언급하지 않는다. 몇 가지 결정적인 순간에 그가 하나님께 불순종했던 것은 사실이지만 그렇다고 그가 백성들에게 폭군적이었다고 말하는 성경 본문은 없다. 둘째, 다윗과 사울의 관계는 두 사람만이 관계된 사적인 것인 반면 폭군과 백성들의 관계는 공적인 것이다. 다윗이 사울 죽이기를 거부할 때 실천했던 개인 윤리를 곧바로 통치자와 피치자 사이의 공적이고 집단적인 관계에 적용하는 것은 무리이다.

만일 위의 세 본문에 대한 칼뱅의 해석에 결함이 있다면 폭군에게 복종해야 한다는 그의 결론도 문제가 된다. 그러나 칼뱅이 이러한 주장을 하게 된 다른 이유들도 있는 것 같다. 그것은 그의 기질 및 시대 상황에 관계된 것들이다.

질서에 대한 정열

권력에 대한 칼뱅의 보수적 태도는 적어도 부분적으로 "질서에 대한 그의 열정"에 기인한다는 데 학자들은 동의한다.[44)] 칼뱅의 견해에 의하면 타락한 인간의 성품은 심히 부패하기 때문에 그 타락한 본성의 걷잡을 수 없는 욕망들은 항상 완전한 무정부 상태를 초래할 위험이 있었다. 사회를 그러한 소란과 소요로부터 보호하려면 강압적 장치 즉 권력을 가진 정치적 지배자가 있어야 한다는 것이다.

질서에 대한 강한 집착을 가지고 있었기 때문에 칼뱅은 사회의 유지와 통일을 위해서는 사회의 구성원들은 폭군에 의한 해악도 받아들일 수 있어야 한다고 주장했던 것이다.[45] "폭군이라도 어떤 식으로든 인간 사회를 보호하는 데 기여한다."는 것이었다.[46] "백성들이 무슨 짓을 해도 무방한 그런 무골호인 군주 밑에 사는 것보다는 자유가 전혀 없는 폭군 밑에 사는 것이 낫다는 옛날 말에는 상당한 일리가 있다."고 칼뱅은 생각했다.[47]

질서에 대한 그의 열정 외에도 당시의 역사적 상황이 칼뱅으로 하여금 기성 권력에 대한 충성을 강조하도록 만들었다. 그가 시민 정부에 관해 『기독교 강요』 마지막 장을 쓴 것은 재세례파들이 『쉴라이타임 신앙고백』(Schleitheim Confession of Faith) 같은 문헌에 잘 나타나 있는 그 과격한 사회적 실험을 행한 지 2년도 채 지나지 않아서였다.[48] 뮌스터 사건 이후 종교 개혁이 국가에 위험한 것일지 모른다는 의혹이 일어나자 칼뱅은 모든 혁명적 경향과는 할 수 있는 대로 거리를 두려 했다.[49] 그 당시의 정치 상황으로 인해 보수성이 더 강화되었던 것이다.

> … 누구든지 관원들, 즉 권세나 관직을 가진 자들에 대항해서 반란을 일으키는 자들은 무정부 상태를 꾀하는 자들이다. 그런 종류의 정열은 질서의 교란뿐 아니라 인간성 그 자체에 치명타를 가져온다.[50]

국가에 대한 교회의 파수꾼 역할

지금까지의 논의는 분명히 대단히 보수적인 칼뱅의 정치 권력관을 보여준다. 그러나 이것이 칼뱅의 권력관 전부는 아니다. 사사로운 시민들은 공적 문제의 시정을 위해 하나님께 기도하고 정부에 호소하는 것 이상의 일을 할 수 없었지만 교회는 그 이상을 할 수 있었고, 해야 한다고 칼뱅은 생각했다.

칼뱅은 교회의 기본 사명 중 하나가 권세자들이 탈선할 때 그들에게 경고하는 것이라 주장했다. 에스겔 3:17-18에 있는 대로 설교자들은 교회에서 "파수꾼"으로 임명되었다는 것이었다. 모든 목사들은 "하나님에 의해 파수대 위에 세움을 받았는데 그것은 그들이 공동체의 안전을 위한 파수를 보기 위해서"였다.[51] 칼뱅은 모든 통치자들이 성경의 관점에서 제시되는 설교자의 비평에 귀를 기울여야 한다고 생각했다.[52] 프랑스 왕 프랑수아 1세에게 보낸 칼뱅의 편지는 "파수꾼"의 사명이 교회의 선포 의무에 속한다는 칼뱅의 확신을 보여주는 많은 예들 가운데 하나이다.

하나님은 선지자들과 교사들을 "민족들과 나라들 위에" 세우시고 당신의 말씀을 그들의 입술에 두기 때문에(렘 1:9-10) "설교자들은 언제든지 필요하다고 판단할 때 자유로이 왕들과 민족들을 꾸짖을 용기를 가져야 한다."고 칼뱅은 주장했다.[53]

> 선지자들이 … 주로 지도자들을 향해 입을 열었던 것은 다 그만한 이유가 있기 때문이었다. 지도급 인사들에게 더 많은 책임이 있었기 때문에 선지자들은 그들을 더 신랄하고 엄하게 다루었다. … 지도급 인사들은 정의와 공평을 무너뜨리고 모든 종류의 방자함의 원천이 된다. 그렇기 때문에 주께서는 자기의 선지자들을 통해 그들을 그토록 날카롭게 꾸짖으셨다.[54]

국민의 관원들(Magistrates of the People)

정부에 관한 장의 마지막 부분에서 칼뱅은 폭군에게 합법적으로 저항할 수 있는 몇 가지 예외적 경우를 소개한다. 그 가운데 『기독교 강요』의 끝에서 두 번째 단락에 있는 '에포(Ephors)'의 단락은 그 후의 전제 군주의 권력 억제와 관련하여 아주 의미심장한 부분이다. "지금까지 나는 사사로운 시민들에 대해서만 말했다." 하고 칼뱅은 어조를 바꾸기 시작한다.

> 그러나 만일 지금이라도 왕들의 전횡을 억제하기 위해 임명된 국민들의 대표[고대 스파르타의 왕들에 대항한 감독관들이나 로마 집정관에 대항한 호민관들이나, 혹은 아테네의 원로원에 대항한 지방 장관 같은 것들, 그리고 현재의 예를 든다면 세 계급의 대표들(three estates)이 회집되었을 때 행사하는 권력 같은 것]가 있다면 나는 그들이 자신들의 직무를 따라 왕들의 심한 방종에 항거하는 것을 전혀 반대하지 않는다. 오히려 만일 그들이 양민들을 강포로 괴롭히는 왕들을 묵인한다면 나는 그들의 묵인이 극악한 배신행위라고 선언할 것이다. 왜냐하면 그들은 하나님에 의해 국민들의 자유를 보호하는 자로 임명되었음을 알면서도 그것을 배신했기 때문이다.[55]

다른 곳에서도 칼뱅은 같은 의견을 피력하고 있다. "백성의 관리들과 대표들이 구성되어 공영체(Commonwealth)를 돌볼 책임이 주어졌다면 … 폭군에 대한 모종의 제재 조치가 허용될 수 있다. 그들은 군주가 자기 직무의 범위를 넘어서지 않도록 할 권한이 있으며 심지어 그가 어떤 불법한 일을 감행할 때 그를 억제할 권한도 있다."[56]

비록 이것은 당시에 이미 존재하고 있던 유럽의 유사 대의 기구들(quasi-representative organs)의 역할을 상기시킨 것에 불과했으나, 실제에 있어 그것들이 본연의 기능을 전혀 수행하지 못하고 있었기 때문에 그것들이 자신의 사명을 감당하라고 촉구하는 효과가 있었다. 그리하여 갑자기 국민의 관원들이 "새로운 권위, 새로운 정신적 힘"을 가지기 시작했다.[57] 그들은 왕에 대한 "경쟁적 기관"이며 "당시 사람들이 존경하던 유일한 자격 요건"인 하나님의 임명으로 무장된 기구라는 인식이 형성되기 시작했다.[58] '에포(ephors)'의 본문이 칼뱅의 복종 이론에 "균형을 잡아주는 요소"로 작용했던 것이다. 정치 권력들에 복종하라는 바울의 교훈은 여전히 유효했으나 그것은 사사로운 시민들에게만 적용되는 것이지 관원들에게는 적용되지 않는다는 생각이 유포되기 시작했다.[59]

'에포' 본문은 16-17세기의 정치사상가들에게 영향을 줌으로써 중요한 역사적 역할을 담당했다.

> [칼뱅이]대문의 빗장을 열자 절대 군주제나 폭군들에 대항하여 백성들의 권리를 옹호하는 용사들이 곧 그 문으로 들어가 결국 적의 요새 거의 전부를 쑥밭으로 만들어 버렸다.[60]

사실상, 이 88개 라틴어 단어들로 이루어진 하나의 문장이 불복종에 대한 그의 무수한 경고들보다 훨씬 더 큰 영향을 미쳤다.[61] 일단 유사시에 처한 칼뱅주의 저술가들은 이 "국민의 관원" 본문을 집중적으로 강조했다. 프랑스 왕과의 무력 충돌에 직면한 프랑수아 호트만(Francis Hotman)과 펠리페 모르내이(Philip Mornay)는 이 '에포'의 본문을 강력한 혁명 사상으로 발전시켰다. 1789년 프랑스 대혁명의 '국민 의회'는 '에포' 본문의 세속적 표현이었다.[62] 사무엘 러더포드(Samuel Rutherford), 시드니(Sydney), 존 로크(John

Locke)같은 17세기 영국 정치사상가들도 이 '에포' 사상에서 영감을 얻었다.

하지만 논리적으로 볼 때 '에포'의 본문에 문제가 없지는 않다. 먼저, 폭군에 대한 칼뱅의 이해에 일관성이 부족하다. 앞서 지적한 바처럼 그는 폭군은 백성들의 죄에 대한 하나님의 심판이라고 주장했었다. 그렇다면 왜 그를 국민의 관원들이 저지함으로써 하나님의 섭리를 방해하는가? 혹은 백성의 관원들이 있는 나라에서는 폭군이 하나님의 작대기로써의 종교적 의미를 상실한다는 말인가? 둘째, 그는 백성의 관원들이 폭군의 자의적이고 방종한 통치를 묵인하는 경우에 어떻게 해야 할 것인가 하는 질문에 대해서는 언급이 없다. 만일 그들이 통치자의 불의에 협조하면 어떻게 해야 하는가? 칼뱅은 이러한 문제까지는 생각하지 않고 있다.

인간보다 하나님께 순종하라

칼뱅은 사사로운 시민들이 폭군에게 순종해야 한다는 자신의 규칙에 하나의 예외를 인정했다. 왕들이 "하나님을 거역하는 어떤 것을 명할 때" 백성들은 그것에 주목할 필요가 없었다.

> … 지배자들의 권위에 대한 복종 때문에 하나님께 대한 복종에서 멀어져서는 안 된다. 모든 왕들의 욕망은 하나님의 뜻에 복속되어야 하고, 그들의 모든 명령도 하나님의 선포에 굴복해야 하며 왕들의 홀(scepter)도 그분의 위엄에 순종해야 한다 ….[63)]

사람들은 무슨 지위를 가지고 있든 상관없이 우리는 그들이 우리를 하나님

> 에 대한 순종으로부터 멀어지게 하지 않을 때만 그들에게 순종해야 한다 … 우리는 권세를 가진 군주들에게 복종해야 한다. 단 그들이 최고의 왕, 아버지, 그리고 주님으로 서의 하나님에게 이 정당한 권위를 인정하는 한에서 그러하다.[64]

통치자들이 하나님의 영예를 침해할 때 그들은 더 이상 권세로 간주되지 말아야 했다. 그 경우 그들은 아무 것도 아니었다. 여기서 칼뱅은 사법 이론(private-law theory)을 채용한다.

> … 만일 어떤 아버지가 자신의 위치에 만족하지 못해서 하나님 아버지의 최고의 영광을 빼앗으려 든다면 그는 단지 한 인간 이외의 아무 것도 아니다. 만일 왕이나 군주나 관원이 자신을 너무 높이는 바람에 하나님의 영광과 권위를 축소시킨다면 그는 한 인간 이외의 아무 것도 아니다.[65]

칼뱅은 본래 주로 종교적 문제에 대해 이 예외가 적용될 것을 의도했다. 이것은 칼뱅이, 다리오 왕의 금령(단 6:7-9)에 불복한 다니엘을 그리스도인의 불순종의 모형으로 제시하고 있다는 사실에 의해 확인된다. 결국 칼뱅은 왕들이 백성들에게 이방신에게 절하라고 명하는 것과 같은 그런 경우에 시민들이 왕들에게 불복할 수 있다고 생각했다. 그러나 후기 칼뱅주의자들은 다음과 같은 질문을 던지기 시작했다. 하나님의 명령은 단지 종교 의식과 관련해서만 존재하고 인간 삶의 다른 영역은 망라하지 않는가? 하나님은 좁은 의미의 '종교' 문제에 대해서만 관심을 가지고 계신가? 그들은 그렇지 않다고 생각했다. 칼뱅도 그렇게 생각했을리 없다고 그들은 확신했다. 왜냐하면 칼뱅은 항상 하나님의 주권이 인간 삶의 모든 영역에 미친다고 주장했기 때문이었다. 칼뱅이 입버릇처럼 말했던 것은 하나님께서는 온 우주가 당신의 '질서'에 따라 정돈되기를 원하신다는 것이었다.

실제로 '종교'문제 이외의 것에서 통치자들의 뜻은 자주 하나님의 뜻과 상충되었다. 이런 경우 칼뱅의 예외 규정을 적용해야 할 것인가? 그 질문에 대한 대답은 간단했다. 하나님의 뜻에 대립되는 인간의 권세에는 불복종해야 한다는 것이었다.

> 사람보다 하나님에게 순종해야 한다는 칼뱅의 주장은 단지 예배의 문제에만 국한될 수는 없었다. 하나님은 예배 의식에 관계되는 것 외에서도 명령할 것을 가지실 수 있었다. 국가에 관련해서는 특별히 그러했다.[66]

그리하여 칼뱅의 예외 규정은 종교 문제뿐 아니라 모든 세속사에까지 광범위하게 적용되기 시작했다. 그 결과 전제 군주의 절대권이 심각한 도전을 받고 제한되기 시작했다.

소극적 불복종

그러나 칼뱅이 여기서 폭군에 대한 적극적 저항을 재가하고 있지는 않았다. 그가 인정한 것은 단지 소극적 불복종이었다.[67] 왕의 명령이 하나님의 명령과 대립될 때 백성들은 왕에게 순종하지 말아야 했다. 그러나 그 불순종은 "조직된 반란이나 혁명과는 거리가 멀었다."[68] 사실상 칼뱅은 대중 혁명에 대해서는 극도의 경계 태세를 취했다.[69] 1554년에 존 낙스는 칼뱅에게 편지를 써서 귀족들이나 왕의 신하들이 "우상숭배를 강요하고 진실한 종교를 정죄하는 군주”에게 저항하는 것이 허용되느냐고 물었다. 칼뱅은 “어떤 상황에서도(under no circumstances)” 적극적 저항은 정당화될 수 없다고 대답했다.[70] 또 1560년에 어떤 위그노 지도자가 자신들의 반란 음모에 관해 칼뱅에게 의견을 묻자 칼뱅은 “피를 흘리지 않기 위한 만반의 조처를 취하지 않는다면” 자신은 만족할 수 없다고 대답했다. 왜냐하면 그는 “한 방울의 피를 흘리게 되면 불가피하게 온 프랑스가 피로 물들게 되는 결과가 일어날” 것이라고 믿었기 때문이었다.[71] 칼뱅의 이 말은 초기 칼뱅주의자들이 박해를 받으면 종종 즉시 순교나 타국으로의 도피를 선택했던 이유를 설명해 준다.

적극적 저항으로의 선회

스키너(Skinner)는 칼뱅이 “만년까지”, “절대적 무저항”의 완고한 옹호자로 남아 있었다고 주장한다.[72] 그러나 후기에 칼뱅이 자신의 소극적 불순종의 교리를 수정하기 시작했다는 증거가 있다. 아마도 스코틀랜드의 존 낙스의 성공과 테오도르 베자의 논문에 영향을 받은 탓인지 그는 차츰 적극적 저항을 수용하는 방향으로 선회하기 시작했다.[73] 칼뱅의 저항론의 궤도 수정을 이해하기 위해서는 ‘앙부아즈의 음모(the Conspiracy of Amboise)’라는 역사적 사건의 배경을 알 필요가 있다.

1559년 7월, 프랑스 왕 앙리 2세가 마상 경기 중 눈에 창상을 입고 며칠 뒤 사망했다. 그를 계승한 사람은 십대의 허약한 소년인 프랑수아 2세였다. 그러자 즉시 왕을 대신해서 철저한 가톨릭파인 로레인의 기즈(Guises of Lorraine)가 정부 기능의 대부분을 장악했다. 그 결과 위그노들에 대한 박해가 강화되었고 왕의 가장 가까운 혈육인 나바르의 앙투안(Anthony of

Navarre)과 루이 드 콩드(Louise de Conde)가 왕과 대비에게 행사할 수 있는 영향력이 약화되었다.

1559년 가을, 라 르노디(La Renaudie)라는 젊은 귀족이 음모를 꾸몄다. 그의 계획은 프랑스 왕실이 앙보아에 모였을 때 기습 공격을 감행하여 어린 왕을 납치하고 기즈 섭정들을 암살한 뒤 프랑스를 부르봉(Bourbon)가, 즉 나바르의 앙투안와 콩드의 통치하에 있게 한다는 것이었다.

이 계획에 대한 칼뱅의 동의를 얻기 위해 라 르노디는 제네바로 가서 칼뱅을 만났다. 칼뱅은 후에 콜리니 장군(Admiral de Coligny)에게 쓴 편지에서 자신은 "그의 모든 제안을 아주 단호한 어조로 정죄했다."고 증언했다.

그러나 라 르노디와의 인터뷰에서 칼뱅은 비록 조건부이기는 하나 무력저항을 승인한다는 최초의 암시를 주었다. 위의 편지에서 칼뱅은 라 르노디에게 이렇게 말했다고 쓰고 있다. "만일 왕의 근족들이 공공의 유익을 위해 자기들 권리의 유지를 요구하고, 의회가 그들의 투쟁에 힘을 합세해 준다면 그 때는 모든 선량한 백성들이 무장하여 그들을 돕는 것이 합법적일 수 있다."[74]

말년에 이르러 폭군에 대한 칼뱅의 태도가 과격해졌다는 것은 부인할 수 없는 사실이다. 이 시기에 칼뱅이 쓴 여러 글들이 그것을 보여준다. 1560년에 출판된 『사도행전 주석』 재판에서 그는 이렇게 말한다.

> … 통치자들이 하나님께 대한 우리의 순종을 방해하자마자 즉, 불경하고도 대담하게 하나님과 충돌하자마자 그들은 자기들의 본래 자리로 원위치당해야 한다 …. 누구든지 자기 자리를 떠나 하나님께 대항하는 위치로 가는 사람은 그 직책을 박탈해 버려야 한다.[75]

1561년에 출판된 『다니엘서 주석』에서 칼뱅은 훨씬 더 과격한 표현을 쓰고 있다(단 6:22).

> 지상의 군주들이 하나님께 대항하여 일어날 때 그들은 자기 권세를 팽개치는 셈이 되며, 인류의 일원으로 간주될 가치도 없는 사람이 된다. 그렇게 되면 우리는 그들에게 순종하느니 오히려 그들 머리에 침을 뱉어야 한다.[76]

하지만 앞서 언급한 것처럼 폭군에 대한 무력 저항에는 항상 조건이 있었다. 그것은 왕의 혈족인 왕자들이나 의회의 지도를 받아야 했다. 죽기 1년 전까지도 칼뱅은 무력 저항을 위한 법적 권리의 필요성을 주장하고 있었다. 앙부아즈의 강화 조약에 실망한 어떤 귀족이 반란을 시도하려 할 때 칼뱅은 이렇게 편지했다. "나는 당신이 어떤 자격으로 그런 짓을 할 수 있는지 알지 못합니다. 하나님께서 당신이 그런 시도를 하는 것을 금하셨습니다. 우리가 부르심을 받아 그런 일을 해도 좋다는 보장을 받지 않는 한 그 일은 아무 선한 결과를 낳지 못할 것입니다." 그러면서 칼뱅은 그에게 "하나님이 예비하실 것이다"라는 아브라함의 말에 매달리십시오. 왜냐하면 사도가 우리에게 상기시켜 주는 것처럼 '하나님은 미쁘사 우리가 감당치 못할 시험당하는 것을 허락지 않으실' 것이기 때문입니다."라고 충고했다.[77]

공공연한 보복자(Open Avenger)

하지만 본의 아니게 칼뱅이 폭군에 대한 사사로운 시민들의 무력 저항을 정당화하는 단락이 『기독교 강요』에 있다. 이미 살펴본 바와 같이 칼뱅은 폭군하에 있는 사사로운 시민들이 할 수 있는 일은 오직 구원을 위해 하나님께 기도하는 것뿐 이라고 말했었다. 그런데 하나님은 그런 기도에 어떻게 응답하시는가? 그것에 대해 칼뱅은 이렇게 대답한다. "때때로 그는 자기 종들 중에서 공공연한 보복자를 일으키셔서 사악한 정부를 벌하고 불의에 억눌린 자기 백성을 비참한 재난에서 구조하라고 명령하신다." 이런 경우에 "왕들에 대항해 무기를 드는 것은 하나님의 임직에 의해 주어진 왕들의 위엄을 침해하는 행위가 아니다."[78]

이것은 사실상 장래의 혁명가들에게 혁명 허가증을 발부하는 말이었다. 왜냐하면 혁명에 대한 "하나님의 소명"을 받은 사람들에게 무력 저항이 허용된다면 그 소명은 결국 그 사람이 혁명의 필요성과 정당성을 주관적으로 확신하는 방법 외에는 주어질 수 없기 때문이다(아마도 칼뱅은 혁명에 대한 하나님의 소명이 꿈이나 환상이나 혹은 하나님의 음성과 같은 신비적 방법으로 주어진다고 생각지는 않았을 것이다). 그렇다면 혁명의 정당성을 판단하는 기준은 그것의 성공 여부라고 할 수밖에 없다. 마이클 왈츠가 말한 것처럼, 이 구절에 의해 "칼뱅은 하나님의 이름으로 폭군 살해(tyrannicide)를 재인가 했을 뿐이다. 그렇게 함으로써 그는 저항의 정당성은 적어도 부분적으로 사후에 규정하기 나름(a post facto ascription)임을 드러내었다.[79]

맺는 말

어떤 사람들은 칼뱅의 정치사상이 보수적이었다고 주장한다.[80] 저항 이론에 관한 한 상당한 일리가 있다. 질서에 대한 열정 때문에 그는 끝까지 대중혁명을 인정하지 않았다. 그것을 명백히 인정하기 시작한 것은 그의 직계 제자들, 특히 테오도르 베자와 존 낙스 같은 사람들이었다. 그러나 이들의 보다 과격한 국민 저항권 사상에 물꼬를 튼 것 역시 칼뱅이라 할 수 있다. 그의 '에포'의 이론, 공공연한 보복자 규정 및 하나님을 거스리는 왕의 명령에는 복종할 필요가 없다는 예외 규정들이 후대의 칼뱅주의자들에게 국민 저항권 사상에 대한 영감과 힌트를 제공했다.

칼뱅이 말하는 그리스도인은 현세의 정치와 전혀 무관하다는 식의 "분파적 영성주의"는 아니었다. 정치 영역은 신령한 삶의 차원 아래에 있는 것 이라는 재세례파의 주장은 칼뱅이 가장 격렬하게 반대하던 사상이었다.[81] 오히려 칼뱅은 사람들이 신앙을 가지게 될 때 공동체의 삶과 상황에 더 깊은 관심을 가지게 된다고 생각했다.[82]

칼뱅만큼 정치에 많은 관심을 보인 신학자는 많지 않았다. 『기독교 강요』를 편집한 맥닐은 "편지에서 칼뱅만큼 정치 문제에 대한 언급을 많이 한 신학자를 찾는다는 것은 아마 불가능할 것"이라 단언했다.[83] "16세기 정치사상사에 있어 존 칼뱅만큼 중요한 인물은 없다."[84] 칼뱅과 그의 동료 목사들은 제네바에서 너무 적극적으로 정치적 관심을 표명하는 바람에 교회와 국가의 경계선이 불분명해졌다. 그 결과 종종 칼뱅은 그 도시에서 신정정치를 했다는 오해를 받기도 했다. 그만큼 칼뱅은 정부가 국사를 처리하는 방식에 대해 깊고도 폭넓은 관심을 가졌다.[85] 그러나 하나님의 뜻이 전 공동체에 이루어지는 것을 너무나 갈망했기 때문에 다른 시대라면 정치적 문제로 여겼을 문제들까지도 종교적인 것으로 간주했다. 칼뱅은 정치 문제와 종교 문제가 항상 칼로 자르듯이 분명하게 분리될 수 있다고 생각지 않았다. 오히려 그는 교회와 국가의 관심이 때때로 중복된다고 보았다. 교회는 교인들의 삶의 모든 국면에 대해 관심을 가지기 때문이라는 것이었다.

물론 칼뱅 시대 제네바의 교회와 국가 관계를 현대 교회와 국가의 이상적 모델로 채택하는 것은 시대착오적 행위가 될 것이다. 그럼에도 불구하고 우리는 칼뱅이 설교자들은 정부의 불의와 권력의 횡포를 책망하고 그것에 대해 하나님의 심판을 경고할 임무가 있는 “하나님의 입”이라 믿었다는 사실에 주목할 필요가 있다. 현대에도 칼뱅주의 교회들은, 국가는 하나님이 세우신 기관이요 국가의 권력은 하나님께서 특정 목적을 위해 정부에 위임한 것이라 믿는다. 그렇다면 정부가 하나님의 길에서 떠나 불의한 권력으로 변질될 때 하나님을 대신해서 권력을 책망하고 비판하는 선지자적 사명을 감당해야 하지 않을까?

주

1) 칼뱅이 정치의 가치를 재발견한 배경에 대한 이하의 논의는 Sheldon S. Wolin의 통찰력 있는 저서 Sheldon S. Wolin, *Politics and Vision: Continuity and Innovation in Western Political Thought* (Boston: Little Brown and Company, 1960)의 제6장, "Calvin: The Political Education of Protestantism"에 주로 근거한다.

2) 칼뱅은 자신의 로마서 13:1 주석에서 1세기 그리스도인들 집단의 불안정한 정신과 자기 시대의 재세례파들 사이의 유사성을 논하고 있다. 그는 어떤 초대 그리스도인들이 기독자의 자유를 누리기 위해서는 인간이 부여한 노예의 굴레를 다 떨쳐 버려야 하며 그리스도의 왕국은 지상의 모든 권세를 다 파한 후에라야 수립된다고 주장한 것으로 묘사한다.

3) Calvin, *Institutes of the Christian Religion*, trans. Ford L. battles and ed. John McNeill, 2 Vol., The Library of Christian Classics, Vol. XX and XXI (Philadelphia: Westminster Press, 1960), IV, xx, 1.

4) Calvin, *Institutes*, IV, xx, 2.

5) Wolin, *Politics and Vision*, 168.

6) Calvin, *Institutes*, IV, xx, 2.

7) 칼뱅은 시민 정부에 대한 장을 루터의 두 왕국 이론과 비슷한 사상으로 시작한다. 그리스도인들은 이중의 정부 하에서 살고 있다는 것이다. 하나는 영혼, 혹은 속사람 안에 있는 정부이며, 다른 하나는 공민적 정의와 외적 도덕성을 다루는 정부다. Calvin, *Institutes*, IV, xx, 1.

8) Calvin, *Institutes*, IV, xx, 1, 2. 여기서 칼뱅은 자기가 제정신이 아닌 야만인들이라고 비난했던 재세례파를 염두에 두고 있었다. 그들은 고삐 풀린 방종으로 시민 정부의 신성하게 수립된 질서를 뒤엎으려 하고 있다는 것이었다.

9) Calvin, *Institutes*, IV, xx, 2, 3.

10) 루터는 국가로부터 기대할 수 있는 것은 악한 인간 복성의 표현으로부터 사회를 보호하고 교회가 복음을 자유로이 전할 수 있도록 지켜주는 것뿐이라고 생각했다.

11) Calvin, *Institutes*, IV, xx, 4; *Comm. on Rom.*, 13:3. 그러나 칼뱅은 국가의 임무 중 일부가 사회를 전면적 파멸에서 보호하기 위해 인류의 공적들의 방종을 억제하는 것임도 인정한다.

12) Calvin, *Institutes*, IV, xx, 3.

13) Calvin, *Corpus Reformatorum*, 55, 559.

14) Calvin, *Comm. on Rom.*, 13:1.

15) Calvin, *Institutes*, IV, xx, 4, 22.

16) Calvin, *Institutes*, IV, xx, 22.

17) Calvin, *Comm. on Rom.*, 13:2; Calvin, *Institutes*, IV, xx, 23.

18) Calvin, *Institutes*, IV, xx, 25.

19) Calvin, *Sermons on the Epistles to Timothy and Titus* (Edinburgh: The Banner of Truth Trust, 1983), 1206.

20) Calvin, *Institutes*, IV, xx, 28; Calvin, *Comm. on Rom*. 13:1.

21) William Mueller, *A Church and State in Luther and Calvin* (Nashville: Broadman Press, 1954), 133.

22) F. J. C. Hearshaw, *The Social and Political Ideas of Some Great Thinkers of the Renaissance and the Reformation* (London: G.G. Harrap, 1925), 213.

23) 그러나 로마서 13:1-7 주석에서 칼뱅은 통치자들의 권세에는 내재적 제한이 있음을 인정한다. 로마서 13:4이 통치자들은 백성들에게 선을 행해야 하는 하나님의 종들이라 말하고 있기 때문에 관원들의 권세는 백성들의 복지에 의해 제한을 받는다.

24) Calvin, *Institutes*, IV, xx, 29, 25, 26, 30, 27.

25) Calvin, *Institutes*, IV, xx, 29, 27.

26) 토마스는 극단적 폭군은 무력을 사용해서라도 축출해야 한다고 주장했었다. 그는 만일 통치자가 찬탈자라면 백성들이 그를 순종할 의무가 없다고 주장했다. 나아가서 그는 폭군의 정통성에 문제가 있으면 그를 살해해도 무방하다고 보았다. 이 주제에 관한 그의 사상을 파악하기 위해서는 *Summa Theologiae*, I-II, 6.4; I-II, 104.6 ad 3; II-II, 42 ad 3을 참조하라.

27) Harro Höpfl, *The Christian Polity of John Calvin* (Cambridge: Cambridge University Press, 1982), 49.

28) Calvin, *Institutes*, IV, xx, 25.

29) Calvin, *Institutes*, IV, xx, 29.

30) Wolin, *Politics and Vision*, 213.

31) Hearshaw, *The Social and Political Ideas*, 213.

32) Calvin, *Institutes*, IV, xx, 29.

33) Calvin, *Institutes*, IV, xx, 29.

34) 윌리엄 부스마는 칼뱅에게 전통적 정치의 온정주의적(paternalistic) 모델에 대한 깊은 애착이 있다고 지적한다. 칼뱅에게는 하나님 아버지, 영적 부모들 그리고 국부 혹은 도시의 아버지(city fathers)들을 잇는 부성적 고리(paternal chain)가 있다는 것이다. William Bousma, *John Calvin: A Sixteenth Century Portrait* (New York: Oxford University Press, 1988), 211.

35) Calvin, *Institutes*, IV, xx, 31, 29.

36) Calvin, *Institutes*, IV, xx, 8.

37) Calvin, *Institutes*, IV, xx, 23.

38) Calvin, *Institutes*, IV, xx, 23.

39) Willem Balke, *Calvin and the Anabaptist Radicals*, trans. William Heynen (Grand Rapids: Eerdmans, 1981), 292.

40) Höpfl, *The Christian Polity*, 49.

41) Calvin, *Institutes*, IV, xx, 26-27.

42) Calvin, *Institutes*, IV, xx, 26.

43) Calvin, *Institutes*, IV, xx, 28, 29, 31.

44) 이 용어는 본래 Josef Bohatec가 그의 저서 *Calvin und das Recht*(Vienna: Bohlhaus, 1934)에서 쓴 것이다. David Little, *Religion, Order and Law* (Chicago: The University of Chicago Press, 1984), 42.

45) Wolin, *Politics and Vision,* 186.

46) Calvin, *Comm. on Rom*., 13:3.

47) Calvin, *Commentary on the Book of Psalms*, trans. James Anderson(Grand Rapids: Eerdmans, 1963), 3:106.

48) Quentinn Skinner, *The Foundations of Modern Political Thought* (Cambridge: Cambridge University Press, 1978), 193.

49) Balke, *Calvin and the Anabaptist Radicals*, 290.

50) Calvin, *Commentary on the Acts of the Apostles*, trans. John W. Fraster(Grand Rapids: Eerdmans, 1973), 2:229-30.

51) Calvin, *Commentaries on the First Twenty Chapters of the Book of the Prophets Ezekiel*, trans. Thomas Meyer (Grand Rapids: Eerdmans, 1948), 1:148-49.

52) Calvin, *Institutes*, IV, xx, 6.

53) Calvin, *Commentaries on the Book of the Prophet Jeremiah*, trans. trans. John Owen(Grand Rapids: Eerdmans, 1950), 1:44.

54) Calvin, *Commentaries on the Twelve Minor Prophets* Vol 2, *Joel, Amos, Obadiah*, trans. John Owen(Grand Rapids: Eerdmans, 1950), 363-64

55) Calvin, *Institutes*, IV, xx, 31.

56) Opera Omnia, ed. Baum et al., Vol. 29, 527, 636-37, 238-39. Wolin, *Politics and Vision*, 188에서 재인용.

57) Hans Baron, "Calvinist Republicanism and Its Historical Roots," *Church History* 8(1939): 36.

58) Wolin, *Politics and Vision*, 188.

59) R. M. Kingdon, "The Political Resistance of the Calvinists in France and the Low

Countries," *Church History* 27(1958): 227.

60) John T. McNeill, "The Democratic Element in Calvin's Thought," *Church History* 18(1949): 163.

61) McNeill, "John Calvin on Civil Government," George L. Hunter ed., *Calvinism and the Political Order* (Philadelphia: Westminster John Know Press, 1964), 40.

62) Lowell H. Zuck ed., *Christianity and Revolution: Radical Christian Testimonies, 1520-1650* (Philadelphia: Temple University Press, 1975), 139.

63) Calvin, *Institutes*, IV, xx, 32.

64) Calvin, *Comm. on Acts.*, 4:19.

65) Calvin, *Comm. on Acts.*, 5:29.

66) Hearshaw, *The Social and Political Ideas*, 215.

67) Calvin, *Institutes*, IV, xx, 32.

68) Clarence J. Vos, "Human Authority: A Biblical Study With a Comparison of Calvin's View," David E. Holwerda ed., *Exploring the Heritage of John Calvin* (Grand Rapids: Baker, 1976), 228.

69) McNeill, "John Calvin on Civil Government," Footnote 54; Calvin, *Institutes*, IV, xx, 31.

70) Richard L. Greaves, *Theology and Revolution in the Scottish Reformation: Studies in the Thought of John Knox* (Grand Rapids: Christian University Press, 1980), 128; Jasper Ridley, John Knox (New York: Oxford University Press, 1968), 179.

71) Letter to Peter Martyr, May 11, 1560. Jules Bonnet ed., *Letters of John Calvin* (New York: Lenox Hill Pub. & Dist. Co., 1972), 4:107에서 재인용.

72) Skinner, *The Foundations of Modern Political Thought*, 193.

73) 베자는 자신의 저서 *The Punishment of Heretics by the Civil Magistrates* (1554)에서 정치적으로 급진적인 입장을 택했는데, 그것이 칼뱅에게 영향을 미쳤을 가능성이 있다고 Kingdon은 시사했다. Kingdon, "The First Expression of Theodore Beza's Political Ideas," *Archiv für Reformations-geschichte* 46(1955): 95.

74) Letter to the admiral de Coligny, April 16, 1561. *Letters of John Calvin,* 4:176-77에서 재인용.

75) Calvin, *Comm. on Acts.*, 5:29.

76) Calvin, *Commentaries on the Book of the Prophet Daniel,* trans. Thomas Meyers(Grand Rapids: Eerdmans, 1948), 382.

77) Letter to Soubise, May 25, 1563. *Letters of John Calvin*, 4:317에서 재인용.

78) Calvin, *Institutes*, IV, xx, 30.

79) Michael Walzer, *The Revolution of the Saints: A Study in the Origins of Radical Politics* (Cambridge: Harvard University Press, 1965), 63.

80) Norman F. Langford, "Christians and Politics," *Church and Society* 62(1972): 12.

81) McNeill, "Calvin and Civil Government," Donald K. McKim ed., *Reading in Calvin's Theology* (Grand Rapids: Michigan, 1984), 261.

82) McNeill, "Calvin and Civil Government," 262.

83) McNeill, "The Democratic Element in Calvin's Thought," 155; McNeill, "John Calvin on Civil Government," 24.

84) J. W. Allen, *A History of Political Thought in the Sixteenth Century* (London: Methuen and Co., 1928), 49.

85) 제네바의 정치, 경제, 사회 등 모든 영역에서의 칼뱅의 활발한 참여를 논한 탁월한 책으로 W. Fred Graham, The *Constructive Revolutionary John Calvin* (East Lansing: Michigan State University Press, 1987)을 보라. 『건설적 혁명가 존 칼뱅』, 생명의말씀사 역간.

Reformed Social Ethics & Korean Churches

제2장
존 낙스의 저항 사상

루터나 칼뱅의 경우와 마찬가지로 존 낙스(John Knox)의 저항 이론도 점진적으로 발전되었다.[1] 낙스는 전형적인 정치적 보수주의자로 출발했다. 1552년에 버윅(Berwick)에 있는 자신의 회중들에게 보낸 편지에서 그는 "그들의 명령이 아무리 불경건한 것이라 하더라도" 왕들과 관원들에게 순복하라고 권고했다. 그러면서 칼뱅의 지침을 따라 그는 불순종이 정당화되는 유일한 경우는 "종교의 주요한 사항들"이 침해당할 때라고 훈계했다. 그런 경우라 할지라도 무력 저항은 용납되지 않았다. "폭력이나 검으로 하나님의 진리와 종교를 보호하는 척"하지 말라는 것이었다. 대신, "당신들의 한결같은 신앙고백을 위해 하나님께서 당신들에게 부과하시기를 기뻐하시는 것"을 인내로 기다리라고 그는 충고하고 있었다.[2]

한 개인의 정치적 입장은 그가 처한 시대 상황의 영향을 받는다. 낙스도 이 점에서 예외가 아니었다. 1553년에 즉위한 메리(Mary Stuart)가 개신교에 대해 박해를 시작하자 낙스는 과격해지기 시작했다. 만일 메리가 스코틀랜드에서 개신교도들의 예배를 허용하기만 했더라도 낙스는 정치적 보수주의자로 남아 있었을 것이다.

낙스가 저항 사상을 처음으로 표출하기 시작한 것은 『런던, 뉴캐슬, 버윅의 성도들에게 주는 권면 혹은 경고의 편지』(*A Godly Letter of Warning or Admonition to the Faithful in London, New Castle and Berwick*)에서였다. 1553년 겨울에 집필을 시작해서 1554년 1월에 완성한 이 편지의 중심 메시지는 개신교도들이 가톨릭 미사에 참석해서는 안 된다는 것이었다. "나의 권면의 골자는 당신들이 금세에서나 내세에서 하나님의 심판을 피하려면 육신적으로나 영적으로 우상숭배자들의 우상숭배에 동참하지 말아야 한다는 것입니다." 낙스가 개신교도들에게 요구한 전부는 그들이 악으로부터 멀리하라는 것이었다.

이 편지에서 낙스는 처음으로 언약(covenant)사상을 도입했다. 그것은 낙스의 저항 이론의 토대였다.[3] 낙스는 언약을 이렇게 정의했다.

> [언약은] 하나님만이 우리 하나님이 되시고 우리는 그의 백성이 된다는 맹약이다. 그는 우리에게 그의 은혜와 선하심을 베푸시고 우리는 몸과 마음으로 그분을 섬긴다는 것이다. 그는 죽음과 저주로부터 우리의 보호자가 되시고 우리는 그분을 찾고 모든 이방신들을 피한다. 이 맹약을 맺음에 있어 우리는 하나님께서 자신의 말씀을 통해 인정해 주신 종교 외의 어떤 종교와도 관계하지 않기로 엄숙히 서약한다.[4]

낙스는 하나님과 백성들 사이의 이 언약 때문에 영국 개신교도들이 로마 가톨릭에 동화되지 말아야 한다고 주장했다. "왜 우리가 우상숭배를 하지 말아야 합니까? 그것은 만일 우리가 그렇게 하지 않는다면 하나님의 언약을 별로 신중히 받아들이지 않는 셈이 되기 때문입니다 …." 영국이 "진정한 종교" 즉 개신교를 받아들였으므로 하나님과 "언약을 맺은 국가(covenanted country)"가 되었고 그렇기 때문에 가톨릭으로 돌아가는 것은 언약의 파괴라는 것이었다.[5]

언약의 의무를 충실하게 이행하기 위해서는 단지 가톨릭의 미사에 불참하는 것으로는 충분치 않았다. 그보다 적극적인 무엇이 요청되었는데 그것은 우상숭배자들에 대한 그들의 적개심을 공개적으로 표현하는 것이었다. "왕이든 여왕이든 우리를 하나님으로부터 멀어지게 하는 모든 자들은 마귀적인 자들이기 때문에 하나님께 대한 원수이며 따라서 그런 경우에 하나님은 우리가 그들을 향해 원수임을 선포하기를 원하십니다."라고 낙스는 말했다.[6] 자신의 회중이 로마 가톨릭을 공공연히 비난하기를 촉구함으로써 낙스는 수동적 불순종의 경계선을 넘어가고 있었다.

이 편지의 곳곳에서 낙스는 보다 과격한 감정을 표현하고 있었다. "… 우상숭배는 하나님의 진노를 너무나 격동시키기 때문에 그 범죄자들과 그들이 소유한 것들을 지상으로부터 모두 도말해 버리기까지는 하나님의 진노가 가라앉지 않을 것입니다." 만일 낙스의 이런 주장을 에누리 없이 실천한다면 분명히 모든 가톨릭교도들은 처형되어야 했다.[7] 낙스는 신명기 13장에서 자신의 주장의 근거를 발견했다. 주목할 가치가 있는 다음의 본문은 낙스의 저항 이론의 아주 중요한 성경적 근거이다.

> 네 형제나 네 자녀나 네 품의 아내나 너와 생명을 함께하는 친구가 가만히 너를 꾀어 이르기를 너와 네 조상들이 알지 못하던 다른 신들, 곧 네 사방을 둘러싸고 있는 민족…의 신들을 우리가 가서 섬기자 할지라도 너는 그를 따르지 말며 듣지 말며 긍휼히 여기지 말며 애석히 여기지 말며 덮어 숨기지 말고 너는 용서 없이 그를 죽이되 죽일 때에 네가 먼저 그에게 손을 대고 후에 뭇 백성이 손을 대라(신명기 13:6-11).

모세의 법은 개인뿐 아니라 공동체도 같은 처벌을 받아야 한다고 명령하고 있음에 낙스는 주목했다. 만일 한 이스라엘 동네가 우상숭배를 하게 되면, 다른 이스라엘 사람들이 그 동네에 살고 있는 "모든 사람"을 멸절시켜야 한다는 것이었다(신 13:12-16).

이 구절을 가감 없이 적용할 때 내려지는 결론은 물론 심지어 사사로운 시민들도 우상숭배자인 여왕 메리와 그녀의 지지자들을 죽일 수 있다는 엄청난 것이었다. 1558년의 글에서 낙스는 실제로 그처럼 완전한 무력 저항 이론을 발전시켰다. 그러나 1554년에 쓴 이 편지에서는 사사로운 시민들이 통치자들에게 무력으로 저항하는 것을 정당화시키는 것을 금지하고 있었다. "그러면 어떻게 할 것인가? 가서 우상숭배자들을 다 죽여 버릴 것인가?" 하는 가상적 질문에 대해 낙스는 "형제들이여, 그것은 관원들에게 부여된 책무입니다. … 당신들이 해야 할 일은 육적으로나 영적으로 그들의 가증한 일에 참여하는 것을 피하는 것입니다."라고 대답했다.[8)]

다소 일관성이 부족한 자신의 논리를 강화하기 위해 낙스는 다윗 왕과 사도 바울의 예를 든다. 블레셋에 망명해 있던 다윗이나 고린도에서 우상숭배자들에 둘러싸여 있던 바울은 사람들이 우상숭배자라는 이유로 그들을 살육해야 한다고 권면하지는 않았다. "이러한 사실에서 분명해 지는 것은 우상숭배자들의 처형은 아무 개인에게나 맡겨진 작업이 아니라는 것입니다"라고 낙스는 말했다. 영국 개신교도들은 다윗과 바울이 취했던 방식을 따르기만 하면 되었다. "나는 그들이 드리는 피의 전제를 드리지 아니하며 내 입술로 그 이름도 부르지 아니하리로다"(시 16:4). "주의 식탁과 귀신의 식탁에 겸하여 참여하지 못하리라"(고전 10:21). 당시 낙스는 자기의 개신교 회중들이 "우상숭배를 너무나 미워하여 그것에 물들지만 않으면" 만족할 수 있었다.[9)]

낙스는 목사의 선지자적 역할을 깊이 인식하고 있었다. 미사에 참석하라는 여왕의 명령에 순종할 필요가 없다는 그의 가르침이 반란 선동이라고 가톨릭교도들이 공격하자 그는 예레미야의 선례에 호소함으로써 그것을 반박했다. 예레미야가 자기 동족 유대인들더러 침략자인 느부갓네살 왕에게 항복하라고 권고했다는 것이다(렘 37장). "하나님의 선지자는 때때로 왕들에 대한 반역을 사주할 수 있다. 그렇게 할지라도 그나 혹 하나님의 이름으로 전해지는 그의 말을 따르는 사람들이 하나님께 범죄하는 것이 아니다."라고 낙스는 말했다.[10)] 낙스는 자신을 당대의 선지자로 생각하고 있었다. "나는 하나님의 보내심을 받은 자로서 … 이 백성을 … 하나님에 대한 참된 봉사로 인도해야 한다 ….[11] 그의 이러한 선지자적 자의식은 폭군적 권력에 대한 그의 대담한 거부의 원천이었다.

리들리(Ridley)는 1554년 봄과 여름 동안에 낙스가 가톨릭 군주들의 신민들은 무장 혁명에 의해 그들의 군주를 폐위시킬 수 있다는 이론을 발전시켰다고 주장한다.[12] 그리브스(Greaves)도 낙스가 1553-54년경에 우상숭배적 군주에 대한 공공연한 저항을 촉구하고 있었다고 주장한다.[13] 그러나 앞서 고찰한 바와 같이 이것은 잘못된 견해이다. 우상숭배자들에 대한 하나님의 보복을 경고하고 있었던 1554년에도 낙스는 여전히 사사로운 시민들이 무장 봉기하는 것을 금하고 있었다. 1554년 봄에 쓴 편지, 『인내로써 십자가를 지라고 권면하기 위해 그리스도의 고난 받는 교회에 보내는 편지』(A Comfortable Epistle Sent to the Afflicted Church of Christ, exhorting them to bear his Cross with Patience)에서 그는 다시 스코틀랜드 개신교도들이 여왕과 그녀의 가톨릭 신복들에게 무력 저항할 생각을 말라고 설득했다.[14] 이러한 입장은 1554년 봄에서 여름에 걸쳐 저술되었다고 알려진 『영국에서 하나님의 진리를 고백하는 자들에게 주는 충성된 권면』(A Faithful Admonition unto the Professors of God's Truth in England)에서도 견지되고 있다. 이 편지에서 낙스는 우상숭배자들의 처벌 수단의 선정을 온전히 하나님의 주권에 맡기고 있다. 하나님께서 보복을 하시는 수단은 “당신들이 요구할 사항도 아니요, 내가 지정할 것도 아닙니다”고 그는 말했다.[15] 하나님께서 제시하시는 어떤 수단도 수락할 준비가 되어 있었던 낙스였지만 사사로운 시민들의 무력 저항을 노골적으로 승인하지는 않았다. 이러한 증거들을 토대로 우리가 단정할 수 있는 것은 1550년대 전반부까지는 낙스가 여전히 수동적 불순종의 교리를 고수하고 있었다는 것이다. 다시 말해 그의 “Godly Letter …”에 나타나는 몇몇 과격한 언급들은 우발적인 것에 불과했다.

이 무렵 개신교의 장래에 대한 우려가 점차 고조되기 시작했다. 그것은 북유럽의 주요한 가톨릭 세도가들이 새로운 정책을 채택했기 때문이었다. 몇 년간의 망설임 끝에 가톨릭 군주들은 다시 무력으로 종교 통일을 강요하기로 결정했다.[16] 이 무렵 낙스는 스위스로 여행을 하면서 칼뱅, 불링거(H. Bullinger) 및 비레(Viret) 같은 가장 저명한 개신교 지도자들을 만나고 있었다. 그들과의 면담에서 그는 자신의 정치적 투쟁에 관계된 네 가지의 질문을 했다. 첫째, 너무 연소해서 아직 통치할 수 없는 왕자도 적법한 군주로 인정될 수 있는가? 둘째, 여성이 나라를 통치하면서 주권을 자기 남편에게 양도하는 것은 합법적인가? 셋째, 우상숭배를 강요하고 진정한 종교를 정죄하는 관원들에게 순복해야 하는가? 그리고 군사력을 가지고 있는 신하들은 그런 불경건한 폭력을 격퇴하는 것이 합법적인가? 넷째, 귀족들이 우상숭배적인 군주에게 무력 저항하고 있을 때 경건한 자들은 누구 편을 들어야 하나?[17]

칼뱅은 낙스의 세 번째 질문에 이전의 보수적인 태도로 답했다. 신민들이 통치자에게 무력으로 저항하는 것은 "어떤 경우에도" 정당화되지 않는다는 것이었다.[18] 불링거의 답변은 칼뱅 것보다 좀 더 적극적이었다. "왕이나 관원들의 지시가 하나님과 그의 적법한 예배에 반대되는 것이라면 그들에게 순복하지 말아야 한다."는 것이었다. 계속해서 그는 "… 성경은 관원들에게 정당하고도 필요한 방어를 허용할 뿐 아니라 명하기도 한다."고 말해 주었다.[19]

스위스 여행에서 낙스는 격려를 얻었을까 아니면 낙심하게 되었을까? 번즈(J. H. Burns)가 대변하는 전통적 견해는 칼뱅과 불링거의 답변이 낙스의 열기를 가라앉혔다는 것이었다. 반면에 리들리와 그리브스는 불링거의 답변이 낙스의 결의를 강화하기에 충분했다고 주장한다.[20] 아마도 이 질문에 대한 최선의 대답은 "Godly Letter"와 "Faithful Admonition …"을 비교함으로써 얻을 수 있을 것이다. 왜냐하면 그 두 편지들은 각각 그의 스위스 여행

전과 후에 쓰였기 때문이다. 이 두 편지의 비교 결과는 저항 이론에 관한 한 스위스 여행 전후에 별다른 변화가 없었음을 보여준다. 불링거와 칼뱅의 대답이 너무 달랐기 때문에 어느 한 편을 택하는 것이 쉽지 않았을런지 모른다.

낙스가 과격론으로 기울어지기 직전 몇 년 동안의 사태는 그가 무력 저항을 생각하지 않을 수 없는 상황으로 치달아가고 있었다. 잉글랜드에서는 종교 탄압이 계속 되고 있었고, 스코틀랜드에서는 메리 스튜어트(Mary Stuart)가 프랑스인과 결혼하려 하고 있었다. 그것은 곧 프랑스 군대의 유입과 그에 따른 무력 탄압의 가능성을 의미하는 것이었다.[21] 그 외에도 두 건의 임박한 사건들이 낙스로 하여금 1558년의 과격한 논문을 쓰게 한 직접적 원인이 되었다.

하나는 낙스에 대한 교회 권력자들의 박해였다. 1555년 가을, 낙스는 스코틀랜드로 돌아와서 약 1년 동안 전국 각처에서 설교했다. 동시에 그는 개인 집에서 성만찬을 베풀었는데 거기에는 많은 저명인사들이 참석했다. 낙스의 사역이 이처럼 굉장한 성공을 거두자 당황한 고위 성직자들은 그것에 제동을 거는 조처를 취했다. 1556년 5월 낙스는 에딘버러에서 열린 "검은 수사들의 교회 회집"(Convocation in the Church of the Black Friars)에 출두하라는 통보를 받았다. 그런데 어떤 이유에서인지 갑자기 회의가 취소되었다. 낙스가 제네바로 돌아가자마자 그 회의가 다시 열리게 되었다. 당연히 낙스는 그 회의에 출두하지 못했다. 그는 항명죄에다가 이단으로 몰려 사제직을 박탈당하고 파문당했으며 사형 선고를 받았다. 그리고 그의 허수아비가 에딘버러 십자가에서 불태워졌다.

또 하나의 사태는 스코틀랜드의 귀족들과 관계된 것이었다. 1557년 5월 낙스는 스코틀랜드의 귀족들로부터 편지를 받았다. 그 내용은 상황이 개신교도들에게 유리하게 전환되었으니 빨리 스코틀랜드로 돌아오라는 것이었다. 그래서 낙스는 제네바를 떠나 10월에 디에프(Dieppe)에 도착했다. 스코틀랜드로 떠나는 첫 배를 기다리고 있던 중 그는 그들로부터 두 번째 편지를 받았다. 그 내용은 그들이 낙스의 청빙을 재고하고 있는 중이므로 최종 결론이 나기까지 디에프에서 기다리라는 것이었다. 귀족들이 마음을 바꾼 이유는 스코틀랜드의 섭정인 메리와의 협상이 막바지에 와 있었기 때문이었다. 그 협상은 섭정 메리의 딸인 스코틀랜드의 여왕 메리가 프랑스의 왕태자(Dauphin)와 결혼하는 문제에 관한 것이었는데 귀족들은 자신들의 협상이 한참 성공적으로 진행되고 있는 중에 낙스가 나타나 설교함으로써 협상에 차질을 초래하고 싶지 않았던 것이었다. 이제 낙스는 귀족들의 진정한 동기를 의심하게 되었다. 스코틀랜드의 개신교 수립을 위해 과연 그들을 믿을 수 있는가 하는 것이었다. 이기적이고 정치적인 목적을 위해 귀족들이 개신교 운동을 이용하고 있는지 모른다는 혐의를 가지게 된 낙스는 귀족들이 스코틀랜드의 종교 개혁을 위해 자신들의 책임을 다하도록 직접 도전해야겠다고 결심했다.[22)]

『스코틀랜드 귀족들과 의회에 보내는 상소』(*Appellation Addressed to the Nobility and Estates of Scotland*)의 서두는 귀족들이 왜 낙스를 보호해 주어야 하는가에 대한 설명이다. 낙스에 의하면 귀족들은 하나님에 의해 임명된 권세들이었다. 하나님께서 "왕들과 함께" 그들을 왕족들로 임명하셨기 때문에 그들은 압제당하는 무죄한 자들을 보호해 주어야 한다는 것이었다.[23)] 그렇기 때문에 예레미야와 사도 바울의 전례를 따라 하나님의 종들은 자신들에게 가해지는 사법적 불의에 대해 관료들의 도움을 요청하는 것이 합법적이라는 것이었다.[24)]

낙스에 의하면 하나님께서 관원들을 백성들 위에 세우신 이유는 두 가지, 즉 하나님의 영광과 백성들의 복지를 위해서였다. 첫 번째 목표는 "진정한 종교"를 수립함으로써 달성될 수 있었고, 두 번째는 악행하는 자들을 벌하고 무죄한 자들을 보호함으로써 달성될 수 있었다. 나아가서 관원들은 백성들의 영적 복지를 위해서 "진정한 목회자들"을 세우는 한편 가톨릭 감독들을 "도적들과 살인자들, 그리고 우상숭배자와 신성 모독자들"로 처벌해야 했다.

종교적인 문제는 감독들에게 일임되어 있는 것으로 생각했다는 귀족들의 변명을 하나님은 받아들이지 않으실 것이라고 낙스는 주장했다. 그 무가치한 감독들을 허용하는 자체가 "그들의 도적질과 살인에 가담"하는 것으로 하나님은 간주하신다는 것이었다. 따라서 "종교개혁은 관원들과 귀족들에게 관련된 일"이라고 낙스는 외쳤다.[25]

낙스는 이어서 세속 권력, 특히 왕권에 대한 저항의 문제를 다루었다. 왕이 전제를 할 때 신하들은 "엄한 권고와 충고"로써 하나님의 말씀에 저촉되는 것은 무엇이든지 "교정하고 억제해야 한다"고 그는 주장했다. "왕들이 선하든 악하든 우리는 그들에게 순복해야 한다. 왜냐하면 하나님이 그렇게 명하셨기 때문이다"라는 주장은 적어도 낙스에게는 신성모독적인 발언으로 들렸다. 왜냐하면 그것은 하나님을 "모든 불법의 행위자요 유지자"로 만드는 것이었기 때문이다. 전통적 정치사상과는 반대로 낙스는 폭군의 불의한 명령에 순종하는 자는 하나님의 심판을 받을 것이라고 주장했다. 불의한 권력에 적극적으로 저항하는 자가 하나님의 상을 받게 될 것이고 그렇게 하지 않으면 저주를 받게 된다는 것이었다.[26] 폭군들이 하나님의 영광을 침범하거나 무죄한 사람들을 억압할 때 신자들은 그에게 순종할 필요가 없었다. 오히려 하나님은 폭군들에게 불순종하는 자들을 "인정하시고 … 크게 상주신다."고 낙스는 주장했다.[27]

여기서 낙스는 신명기 13장에 있는 하나님의 명령을 액면 그대로 적용했다. 4년 전에 "Admonition to England …" 를 썼을 때 그는 자신의 견해를 노골적으로 드러내는 것을 삼갔었다. 그러나 이제 그는 이 본문에 입각해서 두 가지의 혁명적 주장을 했다. 첫째는, 누구든지 백성들을 우상숭배로 인도하는 자는 지위 고하를 막론하고 사형에 처해야 한다는 것이었다. 만일 왕들이 우상숭배자로 판명되면 그들도 처형되어야 한다. 둘째, 우상숭배자의 처형은 고위 공직자들에 의해서 뿐 아니라 "백성들 전체"와 "그들 각각"에 의해서도 집행될 수 있었다.[28] 이것은 심지어 사사로운 시민들이 폭군들에게 무력 저항하는 것도 합법적이라는 주장이었다. 마이클 왈저(Walzer)가 지적한 것처럼, 폭군 살해(tyrannicide)는 "더 이상 영감 받은 사람의 특별한 사명이 아니었다. 그것은 누구든지 그것을 떠맡는 자의 평범한 작업이 되어 버렸다."[29]

낙스에게 있어 우상숭배적인 폭군을 처벌하는 것은 권리라기보다는 의무였다. 그것은 하나님과 자기 백성들 사이에 존재하는 언약에 의해 발생하는 의무였다. 일단 한 백성이 "참 종교"를 받아들인 이상, 각 개인들은 하나님의 모든 율법을 다 준행하기로 약속한 셈이 되었다. "… 진리를 받아들이고 인정한 후에는 … 관원들뿐 아니라 … 백성들도 그들이 하나님께 했던 서약에 의해 자기 힘닿는 데까지 하나님의 위엄의 침해를 처벌할 의무가 있다."는 것이었다.[30]

만일 백성들이 자기들 중에 있는 불법을 제거하기를 거부하고 계속해서 폭군을 섬기면 하나님의 진노가 촉발될 것이라고 낙스는 주장했다. 왜냐하면 그들은 "하나님께 반역하는 음모"에 가담한 것으로 간주될 것이기 때문이었다. 통치자가 범한 잘못 때문에 집단 책임이 발생한다는 인식은 낙스에게 특징적인 것이었다.

하나님은 귀족들이건 백성들이건 분명한 과오를 범하는 왕에게 순종하고 그를 따르는 자들을 용서하지 않을 것입니다. 바로와 이스라엘과 유다와 바빌론의 처벌에서 명백히 드러난 대로 하나님은 자신과 자신의 거룩한 례를 거역하는 군주들, 백성들, 귀족들을 처벌하실 것입니다.[31]

『귀족들에게 보내는 상소』를 완성한 뒤에도 낙스는 여전히 마음이 놓이지 않았다. 왜냐하면 그는 "귀족들은 변하기 쉽고, 믿음직스럽지 않으며, 이익에 민감하여 교황이나 왕처럼 하나님께 속한 것을 차지하는 경향이 있기 때문이었다."[32] 그래서 그는 스코틀랜드의 신민들에게 또 하나의 편지를 쓰기 시작했다. 그 결과는 『스코틀랜드의 신민들에게 보내는 편지』(*A Letter Addressed to the Commonalty of Scotland*)였다. 이 편지에는 앞서 귀족들에게 보낸 편지에 나타났던 주제들이 재등장한다. 서두에서 낙스는 참 종교의 수립과 유지를 위한 백성들의 연대 책임을 강조한다. 그들은 자신들이 "왕이나 재판관이나 귀족이나 권세자"가 아니기 때문에 종교 개혁이 자기들과는 무관하다고 생각해서는 안 되었다. 반대로 그들은 자신들의 신앙이 진정한 하나님의 말씀에 입각해 있는지를 살필 책임이 있었다.[33]

귀족과 백성들 사이의 사회적이고 공민적인 구별은 인정하면서도 낙스는 종교의 문제에 있어서는 모든 개인들이 동등하다고 주장했다. 그 점을 납득시키기 위해 낙스는 성막에 관한 모세의 율법을 인용했다. 하나님은 모든 이스라엘 백성들에게 성막의 유지를 위해 매년 반 세겔을 내라고 지시하셨다. 부자라고 더 내는 법도 없었고 가난하다고 덜 낼 수도 없었다. "만일 장차 올 더 나은 것의 그림자에 불과한 일시적 장막의 유지를 위해서도 이러한 평등을 명하셨다면 하물며 이제 진리이신 예수 그리스도를 소유한 우리에게 동일한 것을 요구하시지 않겠는가?"라고 낙스는 말했다. "참 장막"을 유지할 책임을 감당하려면 그들은 자신들의 통치자들이 자기들에게 "진정한 설교자”들을 공급하고 거짓 설교자들, 즉 가톨릭 사제들을 물리칠 것을 요청해야만 했다. 만일 지배자들이 그렇게 하기를 거부한다면

> … 여러분은 여러분 스스로 참 설교자들을 공급해야 하며 그렇게 하는 것이 아주 정당한 행위입니다 … 그리고 그들을 핍박하는 모든 것들로부터 그들을 보호하고 그들을 지원해야 합니다 … 더군다나 여러분의 거짓 감독들과 사제들이 여러분으로부터 받는 그 열매들과 수익들을 박탈해야 합니다 ….[34)]

이제 종교 문제가 납세 거부라는 공민적, 정치적 문제로 비화하고 있었다.

악에 적극적으로 동참하지 않는 것이 무죄의 충분조건은 될 수 없다고 낙스는 주장했다. 백성들은 로마 가톨릭에 대한 반대를 선언함으로써 자신들의 책임을 최대한 수행해야 했다. 침묵을 지키는 것은 승인을 표시하는 다른 방법에 불과했다.

> 만일 여러분들이 스스로 그러한 악의 주동자가 아니므로 죄가 없다고 여긴다면 여러분은 완전히 속고 있는 것입니다. 하나님은 주범만을 처벌하시는 것이 아니고 범죄에 동의하는 자들까지 정죄하십니다. 그리고 불경건이 자행되고 있는 줄을 알면서 그것에 대해 불쾌감을 표시하지 않는 모든 자들은 그것에 동의하는 것으로 간주될 것입니다.[35)]

평민들은 통치자들의 불법에 대한 공공연한 반대와 함께 그 불법을 제거하기 위한 행동을 취해야 한다고 낙스는 주장했다. 후일 메이틀랜드(Maitland of Lethington)와의 논쟁에서 천명되었던 것처럼, 낙스의 신념은

그리스도인들이 "모든 악을 힘닿는 데까지" 반대하는 것이 하나님의 뜻이라는 것이었다.[36)]

스코틀랜드의 종교 개혁을 위한 수단을 모색하는 중 낙스는 민주주의의 핵심 요소가 되는 견제와 균형 사상의 발전에 기여하고 있었다. 귀족이 왕들을 견제하고 평민들이 귀족들을 견제하라는 가르침은 결과적으로 권력의 배분과 국민의 참정권 확대에 일익을 담당했음에 틀림없다.

『여자들의 괴물같은 정권에 대한 첫 번째 나팔 소리』(*The First Blast of Trumpet against the Monstrous Regiment of Women*)는 1557년 말 경에 쓰인 것으로 주로 여자가 지배하는 정부의 적법성에 관한 문제를 다루고 있다. 가장 널리 알려진 글이기는 하나 불의한 권력에 대한 저항의 문제를 직접적으로 다루지는 않는다. 그러나 낙스는 그의 『두 번째 나팔소리』(*Second Blast*)의 요약에서는 폭군에 대한 저항권에 관해 아주 과격한 가르침을 주고 있다. 이 글은 네 개의 단도직입적인 명제를 제공한다. 첫째, 주권적 통치자의 정통성은 단지 "혈통"에 의해서만 이루어지는 것이 아니라 선거를 통해 확인되는 하나님의 규례에 의해서도 이루어진다. 둘째, 공직은 분명한 우상숭배자나 하나님의 율례를 깨뜨리기로 악명 높은 자들에게 주어져서는 안 된다. 셋째, 국민들이 맹세를 하고 서약을 한 뒤에라도 폭군에게 불순종하고 그를 제거하는 것은 합법적이다. 넷째, 만일 국민들의 조급함이나 무지로 인해 최고 주권자의 자리에 앉기에 합당치 않은 자가 통치자로 선출되었다 하더라도 나중에 국민들이 그를 폐위하고 벌주는 것은 아주 정당한 일이다.[37)] 이 『두 번째 나팔 소리』에서 가장 중요한 부분은 저항권을 보다 광범위하게 인정하고 있다는 점이다. 그는 단지 주로 종교적 폭군에 대해서만 언급하고 있지 않았다. 종교적이든 정치적이든 국민들은 모든 폭군에 대해 저항하고 그들을 제거할 수 있다는 것이었다.

낙스가 혁명의 합법성을 선언한 기념할만한 경우는 1561년 여왕 메리 스튜어트(Mary Stuart)와의 면담에서였다. 대화 가운데 정치 권력에 대한 순종의 문제가 나오자 메리는 낙스가 백성들에게 그녀가 허락할 수 없는 종교를 가르치고 있다고 지적하면서 이렇게 물었다. "하나님께서는 신민들이 군주에게 복종하라고 가르치고 계시는데 어떻게 그런 것이 하나님의 가르침이 될 수 있나요?" 이에 대해 낙스는 퉁명스럽게 대답했다. "신민들은 군주들의 취향에 따라 자기 종교를 선택할 의무가 없습니다. 왜냐하면 군주들은 종종 하나님의 참 종교에 대해 모든 인간들 중 가장 무지하기 때문입니다." 잠시 후, 메리는 그러면 신민들이 무력으로 군주에게 저항하는 것이 합법적일 수 있느냐고 물었다. 그러자 낙스는 "만일 군주들이 자기 분수를 넘어서 행동한다면 신민들은 그에게 무력으로라도 저항할 수 있음이 물론입니다."라고 대답했다. 여기서 낙스는 하나님과 군주들 사이에 언약이 존재함을 전제하고 있었다.

낙스는 칼뱅이 『기독교 강요』에서 사용했던 것과 흡사한 비유를 사용하면서 칼뱅과는 정반대되는 결론을 추출하고 있었다. 만일 어떤 아버지가 정신착란을 일으켜 자기 자녀들을 죽이려 한다면 자녀들은 "단결해서 아버지를 붙들고, 그에게서 무기나 칼을 빼앗고 그가 제 정신으로 돌아올 때까지 그의 손을 묶은 채 감금할 수 있다." 마찬가지로 만일 어떤 왕이 "완전히 정신이 나가서" "하나님의 자녀들"을 살해하려 든다면 위의 예에서 자녀들이 한 것과 꼭 같은 행동을 하는 것이 하나님의 뜻에 부합된다고 낙스는 주장했다. 그것은 군주들에 대한 불순종이 아니라 "정당한 순종"이라는 것이었다.[38)]

1563년 4월, 어떤 가톨릭 지도자들이 불법화된 미사를 집행했다. 개신교도들은 분개했으나 여왕은 그들을 처벌하기 위한 아무 조처도 취하지 않았다. 어떤 개신교 지도자들이 독자 행동으로 그들을 체포했다. 메리는 낙스를 불러 체포된 가톨릭 교도들을 위해 중재해 달라고 부탁했다. 낙스의 반응이 차가운 것을 본 메리는 범죄자들의 처벌이 군주의 배타적 사법권 하에 있다고 지적했다. "당신은 그들이 내 손에 있는 칼을 빼앗는 것을 허용할 작정이세요?"라는 질문에 낙스는 "만일 군주들이 하나님으로부터 위임받은 정의의 칼을 올바로 사용하지 않으면 군주 아닌 다른 사람들이 하나님을 거스르는 악을 처벌할 수 있습니다."라고 대답했다. 여기서 낙스는 주권자와 신민들 사이의 상호 계약에 주목하고 있었다.

> 당신이 상호 계약에 의해 그들에게 행해야만 하는 일이 무엇인지를 생각해 보십시오. 그들은 당신에게 순복하게 되어 있습니다. 그러나 단 하나님 안에서 말입니다. 당신은 그들에 대해 법을 지키게 되어 있습니다. 당신은 그들이 당신을 섬길 것을 열망합니다. 그들은 당신이 행악자들로부터 그들을 보호하고 방어해 줄 것을 열망하고 있습니다. 이제, 여왕이시여, 만일 당신이 그들에 대한 당신의 의무를 부인한다면 … 그러면서도 그들은 당신에게 완전한 순종을 바치리라고 기대하십니까? 두렵건데, 여왕이시여, 아마 그렇게 하지 않을 것입니다.[39)]

1564년 총회에서는 낙스와 레팅턴의 메이틀랜드 사이에 논쟁이 일어났다. 악한 군주에 대한 순종 혹은 저항의 문제가 나오자 낙스는 1558년 이래로 자기가 천명하고 있던 입장을 되풀이했다. 신민들은 권세에 순복해야 할 의무가 있지만 권세자들의 명령이 하나님의 명령에 저촉될 때는 그들에게 적극적으로 저항할 수 있다는 것이었다.

이 논쟁에서 낙스는 사람(person)과 직분(office) 사이의 중요한 차이를 소개한다. 로마서 13:1-2의 중심 단어인 "권세"라는 단어를 해석하면서 그는 인간에게 주어진 권세와 그 권세를 가진 인간은 별개라고 주장했다. 이 구별은 하나님이 권세를 세우신 목적에 관한 로마서 13:3-4의 말씀과 인간 통치자들의 경향에 대한 낙스의 관찰에 입각한 것이었다. 하나님께서 권세를 세우신 목적이 "인류의 보존, 악의 처벌 및 덕의 유지"임에도 불구하고 권력자들은 "흔히들 불경하고 불의하며 … 부패하기 쉽다 …."[40] 따라서 비록 신민들이 권세 그 자체에 저항하는 것은 금지되어 있지만 권세의 자리에 있는 사람들에게 저항하는 것은 합법적일 수 있다는 것이었다.

자리와 인물의 이러한 구별은 낙스로 하여금 사법 이론(Private-law theory)을 채용하게 만들었다. 그 이론에 의하면 왕이 극악무도한(flagrant) 죄를 범하면 그는 더 이상 왕이 아니라 사사로운 한 범인으로 취급된다는 것이었다.

> … 왕들은 백성들과 마찬가지로 하나님의 위엄을 거스릴 권한을 가지고 있지 않다. 만일 … 그들이 그렇게 한다면 그들은 다른 사람들과 마찬가지로 법의 처벌을 받아야 한다. … 만일 왕이 살인자, 간음자, 혹은 우상숭배자라면 그는 왕으로서가 아니라 한 사람의 범죄자로 하나님의 법에 따라 대가를 지불해야 한다. 그리고 백성들은 하나님의 법을 집행할 수 있다 ….[41]

이 논쟁에서 낙스가 보여준 가장 통찰력 있는 관찰은 칼뱅의 수동적 입장의 배경에 대한 해석이었다. 메이틀랜드가 칼뱅의 말에 호소하면서 하나님 외에는 아무도 왕을 처벌할 수 없다고 주장하자 낙스는 폭군에 대한 그리스도인의 저항의 한계는 특정한 사회정치적 상황 속에서 자신들의 능력에 대한 현실적 평가에 의해 결정된다고 대응했다. 낙스가 볼 때 칼뱅은 폭군들과 불신자들 아래에서 너무나 흩어져 있기 때문에 울면서 하나님의 구원을 간구하는 것 외에는 아무 힘이 없는 그리스도인 신민들에 관해 말한 것이었다. … 그러나 나의 주장은 다른 근거를 가지고 있다. 왜냐하면 나는 어떤 공동체에 함께 모여 있는 백성들에 관해 말하고 있기 때문이다. 하나님께서는 그들에게 모든 종류의 공개적 우상숭배에 저항하고 그것을 억누를 충분한 힘을 주셨다 ….[42)]

낙스의 하나님은 현실주의적이었다. 그는 모든 그리스도인들에게 동일한 정치적 책임을 부여하지 않으셨다. 여기서도 "무릇 많이 받은 자에게는 많이 요구할 것이요 많이 맡은 자에게는 많이 달라 할 것이니라"(눅 12:48)는 원리가 적용되었다. 이 점에 관한 낙스의 견해를 카일은 다음과 같이 묘사한다.

신자들이 소수에 불과할 경우 낙스는 콘스탄티누스 이전의 교회도 받아들일 수 있는 모델임을 인정했다. 그러나 그리스도인들이 충분한 수가 되면 구약을 모델로 삼아 기독교 공화국을 건설해야 한다.[43)]

교회와 국가의 관계

얼핏보면 낙스는 교회와 국가의 관계에 대해 자가당착적인 견해를 가지고 있는 것처럼 보인다. 어떤 때는 에라스투스주의자(Erastian: 국가가 교회를 통제하는 형태)처럼 보이고 어떤 때는 신정주의자(theocrat)처럼 보인다. 한편으로는 정부의 주된 목표가 하나님을 영화롭게 하고 참 종교를 보호하는 것이라 주장하고, 다른 한편으로는 지상의 어떤 권력도 시민 정부 위에 있지는 않다고 외친다. 심지어 그는 교회에 대한 국가의 사법권을 주장하기도 했다.[44] 그러나 이러한 외견상의 자가당착은 우리가 '신정'(theocracy) 즉 하나님의 통치를 '교회정'(ecclesiocracy) 즉 성직자가 좌우하는 정치와 구별할 때 해소된다.

낙스는 일차적으로 교황 절대주의를 분쇄하고자 공직자들의 권위를 고양시켰다. 그레이(Joh R. Gray)가 지적한 것처럼, 낙스는 "교황 우월권을 타도하기 위해" 왕권 우월(kingly supremacy) 사상을 채용했다. 그러나 왕들 역시 하나님의 위치를 찬탈하는 경향이 있음을 발견했을 때 그는 귀족들을 개입시킴으로써 왕권 우월 사상을 공격하고자 했다. 귀족들도 비슷한 경향이 있음을 보았을 때 그는 평민들에게로 시선을 돌렸다. 낙스는 평민들 속에서 스코틀랜드 종교개혁을 위한 진정한 저력을 발견했다.

> 그리하여 그는 교황에 대항해 왕을, 왕에 대항해 귀족을, 왕과 귀족에 대항해 백성들을, 그리고 모두에 대항해 교회를 사용했다. 그의 단 하나의 목표는 모든 것이 하나님께 순복해야 한다는 것이었다. 그것을 제외하면 누가 누구에게 순복하든 그는 별 관심이 없었다. 하나님의 명령에 대한 순종을 확보하는 수단은 그때그때 형편에 따라 결정되었다. 그는 에라스투스주의자이 되기도 하고 반에라스투스주의자가 되기도 하면서 때로는 왕권을, 그리고 때로는 반란의 신성한 권리를 옹호했다. 그러면서도 어떤 의식적 위선이나 진정한 비일관성이 있었던 것은 아니었다.[45]

낙스에게 있어 교회와 국가는 분리된 기관들이었다. 각각은 하나님께 직접 책임이 있었다. 낙스는 교회와 관련된 국가의 역할이 다음과 같이 제한되기를 원했다.

1) 진정한 종교를 옹호하고 우상숭배를 억제하는 것,

2) 『귀족들에 보낸 상소』에서 주장했던 것처럼 부패한 교회로부터의 상소 법정의 역할을 하는 것, 하지만 이 경우에 국가의 결정이 비성경적이면 상소자가 그 결정을 거부할 수 있는 장치가 있어야 했다.

3) 재정적 면에서 교회를 지원할 의무를 지는 것,

4) 범죄뿐 아니라 하나님을 대항하는 악들을 처벌하는 것,

5) 불경건한 귀족들을 제거하는 것.[46]

낙스는 또 스코틀랜드 가톨릭 교회가 그러했던 것처럼 교회가 국가를 통제한다든가 관원들에게 지시를 한다든가 하는 일은 없어야 한다고 믿었다. 그는 목사들이 공직에 채용되는 것을 반대했다. 그는 결코 '성직자 정치'(ecclesiocrat)를 신봉하지는 않았다. "일단 참 종교가 수립된 후에는 목사들이 국회로 나아갈 필요는 없다."고 생각했던 것이다.[47]

하지만 낙스는 목사들이 강단에서 당대의 정치적 문제들에 관해 언급하는 것을 금지하지 않았다. 오히려 그는 목사들이 선지자적 관점에서 정치적 문제들을 다룰 권리가 있다고 강조하고 그것을 몸소 실천했다. 낙스는 "하나님의 말씀의 선포에 관해서는 어떤 제한도 허용하지 않았다. 그리고 하나님의 말씀은 종교적이니 정치적이니 하는 구분을 인정하지 않았다. 그는 하나님의 사람들이 주제에 상관없이 성령이 인도하시는 대로 말해야만 한다고 믿었다."[48] 여왕 메리가 가톨릭 왕태자와 결혼하는 것에 대해 낙스가 반대하는 설교를 하자 그녀는 격노해서 그를 소환했다. 그녀가 낙스에게 공적인 문제에 간섭한다고 불평을 늘어놓자 그는 그 비난을 납득할 수 없는 것으로 거부하면서 이렇게 말했다. "여왕이시여, 그 점에 있어 나는 나 자신의 주인이 아닙니다. 나는 나에게 분명하게 말씀하시면서 지상의 어느 누구에게도 아

부하지 말라고 명하시는 그분께만 순종해야 합니다."[49]

낙스의 정치적 영향

낙스의 이 모든 글들과 노력들은 수포가 아니었다. 1557년 12월 스코틀랜드 귀족들은 "엄숙한 동맹과 언약"(Solemn league and covenant)에 서명하고서 "사탄의 회중"(the Congregationn of Satan)인 가톨릭 원수들을 대적하기 위하여 "그리스도의 회중"(the Congregation of Christ)을 형성했다. 그리하여 낙스는 "최초의 성공적 칼뱅주의 혁명"을 위한 사상적 기초를 스코틀랜드에 제공했다.[50]

낙스는 칼뱅주의 정치사상의 발전에 중대한 기여를 했다. 앨런(Allen)같은 학자는 1560년 이후 칼뱅주의 진영을 지배한 정치사상은 칼뱅의 것이라기보다는 낙스의 것이었다고 주장한다.[51] 17세기 청교도들은 낙스의 언약 사상을 즉각 받아들여 그것을 『웨스트민스터 신앙고백』과 『웨스트민스터 대요리 문답』에서 표현했다. 『제2차 치리서』(*The Second Book of Discipline*)는 언약 사상을 아주 선명히 표현하고 있는데 그것은 나중에 제임스 6세와 찰스 1세에 대한 저항의 근거가 되었다. 낙스의 언약 사상을 받아들인 사무엘 러더포드는 그것을 자신의 저서 『법과 군주』(*Lex Rex*)에서 활용했는데 이 책은 스코틀랜드인의 사상에 큰 영향을 미쳤을 뿐 아니라 17세기 후반의 모든 언약 운동에 기본이 되었다.[52]

주

1) 황제에 대한 루터의 저항 사상은 세 단계의 점진적이면서도 과격한 변화를 보여 준다. ① 1530년까지의 단계인데, 이 시기에 그는 어떤 경우에도 황제에 저항해서는 안 된다고 주장했다. ② 1530년 토르가우(Torgau) 선언이 있기까지의 시기인데, 이 때 그는 저항의 법적 권리가 있을 수 있다는 사실을 마지못해 받아들였다. ③ 만년에 그는 자신의 종전 입장을 전면 부정하고 황제에 대한 공공연한 저항의 주창자로 나섰다. 보다 자세한 논의는 Manfred Hoffman, "Martin Luther: Resistance to Secular Authority," *The Journal of International Theological Center* 12(Fall, 1984/Spring, 1985), 35-49; W. D. J. Cargill Thompson, "Luther and the Right of Resistance to the Emperor," Derek Baker ed., *Church, Society, and Politics* (Oxford: Blackwell, 1975), 159-202를 참조.

2) John Knox, "Epistle to the Congregation of Berwick." Peter Lorimer, *John Knox and the Church of England* (London: H.S. King&Co., 1875), 259에서 재인용.

3) W. Stanford Reid, "John Knox's Theology of Political Government," *The Sixteenth Century Journal* 19, No. 4(1988): 529, 532; Richard Greaves, *Theology and Revolution in the Scottish Reformation: Studies in the Thought of John Knox* (Grand Rapids: Christian University Press, 1980), 126.

4) John Knox, *The Works of John Knox*, David Laing ed.(Edinburgh: Printed for the Bannatyne Club, 1895), 3:190-91.

5) Reid, "John Knox's Theology of Political Government," 529.

6) *The Works of John Knox*, 3:193.

7) *The Works of John Knox*, 3:193.

8) *The Works of John Knox*, 3:194.

9) *The Works of John Knox*, 3:195.

10) *The Works of John Knox*, 3:184.

11) *The Works of John Knox*, 4:474.

12) Jasper Ridley, *John Knox* (New York: Oxford University Press, 1968), 171.

13) Greaves, *Theology and Revolution*, 134.

14) *The Works of John Knox*, 3:239-49.

15) *The Works of John Knox*, 3:325.

16) Quentinn Skinner, *The Foundations of Modern Political Thought* (Cambridge: Cambridge University Press, 1978), 189.

17) *The Works of John Knox*, 4:221-25.

18) John Calvin, Letter to Bullinger, April 29, 1554. Jules Bonnet ed., *Letters of John Calvin* (New York: Lenox Hill Pub. & Dist. Co., 1972), 3:37-38에서 재인용.

19) 낙스의 질문에 대한 불링거의 답변 전부는 1554년 3월 26일 그가 칼뱅에게 보낸 편지에 나타나 있다. *The Works of John Knox*, 3:221-26.

20) J. H. Burns, "John Knox and Revolution," *History Today* 8(8, 1958), 567-68; Ridley, *John Knox*, 179-80; Greaves, *Theology and Revolution*, 130-34.

21) Richard G. Kyle, *The Mind of John Knox* (Lawrence: Coronado Press, 1984), 266; Greaves, *Theology and Revolution*, 138; Reid, "John Knox's Theology of Political Government," 534.

22) Kyle, *The Mind of John Knox*, 261-62.

23) *The Works of John Knox*, 4:469, 497—98.

24) *The Works of John Knox*, 4:469-76.

25) *The Works of John Knox*, 4:484-85.

26) Skinner, *The Foundations of Modern Political Thought*, 238.

27) *The Works of John Knox*, 4:495-96, 490.

28) *The Works of John Knox*, 4:499—501, 503-504.

29) Michael Walzer, *The Revolution of the Saints: A Study in the Origins of Radical Politics* (Cambridge: Harvard University Press, 1965), 108.

30) *The Works of John Knox*, 4:506.

31) *The Works of John Knox*, 4:498.

32) John R. Gray, "The Political Theory of John Knox," *Church History* 8(June, 1939), 139; Kyle, *The Mind of John Knox*, 293.

33) *The Works of John Knox*, 4:526-27.

34) *The Works of John Knox*, 4:534.

35) *The Works of John Knox*, 4:534.

36) *The Works of John Knox*, 4:537; Gray, "The Political Theory of John Knox," 142.

37) *The Works of John Knox*, 4:539-40.

38) *The Works of John Knox*, 2:282.

39) *The Works of John Knox*, 2:370-76.

40) *The Works of John Knox*, 2:436.

41) *The Works of John Knox*, 2:451-52.

42) *The Works of John Knox*, 2:442-43.

43) Kyle, *The Mind of John Knox*, 290.

44) *The Works of John Knox*, 4:324.

45) Gray, "The Political Theory of John Knox," 144-45.

46) Reid, "John Knox's Theology of Political Government," 538; Kyle, *The Mind of John Knox*, 294.

47) *The Works of John Knox*, 5:519.

48) Gray, "The Political Theory of John Knox," 144.

49) *The Works of John Knox*, 2:387.

50) P. Hume Brown, *History of Scotland, Vol 2: From the Succession of Mary Stuart to the Revolution of 1698* (Cambridge: Cambridge University Press, 1902), 48, 57-73.

51) J. W. Allen, *A History of Political Thought in the Sixteenth Century* (London: Methuen and Co., 1928), 107.

52) Reid, "John Knox's Theology of Political Government," 538.

Reformed Social Ethics & Korean Churches

제3장

테오도르 베자와 정치 권력

1574년에 테오도르 베자가 쓴 『백성들에 대한 관원들의 권한과 관원들에 대한 백성들의 의무에 관하여』(*Concerning the Rights of Magistrates over their Subjects and the Duty of Subjects toward Their Rulers*)를 읽는 독자들은 충격을 받게 된다. 칼뱅이 죽은 지 채 10년도 되지 않아 그의 후계자의 정치사상이 너무 발전되어 버렸기 때문이다. 베자가 『관원들의 권리…』에서 과격한 저항권 사상을 전개하게 된 직접적 동기는 1572년에 있었던 성 바돌로뮤 축일의 대학살(the Massacre of St. Bartholomew's Day: 프랑스 왕의 칙령으로 성 바돌로뮤의 축제일 밤 프랑스 전국에 있는 개신교도, 즉 위그노 수만 명을 학살한 사건) 사건이었다. 사실상 『관원들의 권리…』는 이 대학살을 경험한 수천 명의 위그노들이 오랫동안 마음속에 품고 있던 질문, 즉 "사람마다 칼을 잡고 달려나가야 할 것인가? 아니면 저항 없이 이 폭정을 참고 견뎌야 할 것인가?"에 대한 답변이었다.[1]

베자는 "관원들에 대한 복종은 하나님께 대한 것과 같이 무조건적이어야 하나?"라는 질문으로 자신의 논문을 시작한다. 이 질문에 대한 그의 대답은 관원들에 대한 복종을 유보해야 하는 경우가 두 가지 있는데 즉, 그들의 명령이 '반종교적'(irreligious)이거나 '불법적'(iniquitous)일 때라는 것이다. '반종교적'명령이란 "십계명의 첫 돌판이 금지하는 것을 명하거나" 아니면 "그것이 명하는 것을 금하는" 것이었다. '불법적'인 명령이란 "동료 인간들에게 행해야 할 자비의 의무를 범하거나 소홀히 함이 없이는 순종할 수 없는" 명령을 의미했다.[2] 이것은 칼뱅주의 저항 이론사에 있어 중대한 발전이었다. 왜냐하면 칼뱅은 주로 종교와 직접 관련된 문제에 관해서만 불순종할 권리를 인정했기 때문이었다.

베자는 폭군들을 두 종류로 분류했다. 하나는 찬탈자이고 다른 하나는 권력 남용자였다.[3] 베자는 전자와 후자가 완전히 다른 경우라고 보았다. 왜냐하면 백성들은 찬탈자에 대해서는 “어떤 의무도 지지 않고”,“어떤 식으로도 복속되지 않기” 때문이었다.[4)]

어떤 폭군이 찬탈자의 범주에 속한다면 그에 대한 저항의 책임은 일차적으로 관원들에게 있다고 주장했다.

> 어떤 사람이 정당한 자격 없이 통치권을 소유하거나 아니면 이미 그것을 찬탈해 버렸다면 … 국민들은 합법적인 관원들에게 호소해서 가능하면 공적 권위를 가진 자들과 국민들의 동의에 의해 그러한 공공의 적을 격퇴하도록 해야 한다.[5)]

이 점에 있어 주목할 만한 사실은 심지어 찬탈이 성공적으로 이루어진 이후라도 찬탈자는 제거되어야 한다는 것이다. 이것은 칼뱅의 입장과 재미있는 대조를 이룬다. 1장에서 살펴본 바와 같이 칼뱅은 누가 어떤 경로를 통해 권력을 잡게 되었든 간에 현재 실권을 쥐고 있는 사람은 정통성을 가진다고 주장했다. 그러나 베자는 권력의 적법한 획득에 대해 칼뱅보다 훨씬 많은 의미를 부여하고 있었다.

정권의 정통성 보호의 책임을 진 두 번째 집단은 사사로운 시민들이었다. “만일 관원들이 찬탈을 묵인함으로써 자신들의 의무를 다하지 않는다면 사사로운 시민들이라도 온 힘을 다해 자기 나라의 정당한 제도를 수호해야 하며…그 권력이 합법적이지 않은 자들에게 저항해야 한다.”고 베자는 주장했다.[6)] 이것 역시 칼뱅과 베자 사이의 또 다른 중요한 차이점이었다. 칼뱅은 사사로운 시민이 폭군에게 반란을 일으킬 수 있는 경우는 오직 그 개인이 하나님의 특별한 부르심을 받을 때 뿐이라고 주장했다. 그러나 베자는 찬탈자에 관한 한 아무나 무력 저항을 해도 무방하다고 주장했다. 이스라엘의 사사들

이 어떤 "신적이고 예외적인" 소명을 받고 봉기했다는 것은 사실이었다. 그러나 그렇다고 해서

> 이스라엘 백성들이, 공직자였든 아니면 평민이었든, 백성들이 선출한 적도 없고 승인한 적도 없는 낯선 자의 폭정을 축출할 일반적 권리를 갖지 않았던 것은 아니다.[7)]

그렇다면 "왜 사사기에서는 모든 봉기가 비상한 신적 부르심을 받은 자들에 의해서만 이루어졌는가?" 라는 질문에 대해 베자는, "사사기는 규범이 아니라 사실에 관한 책"이라고 대답한다. 그 사실이란 백성들의 죄에 대한 하나님의 심판이었다. 즉 만일 이스라엘 백성들이 하나님과 올바른 관계 속에 있었다면 이스라엘 백성들 개개인이 폭군을 제거함으로써 자신들의 건전한 영성을 과시했을 것이다. 베자는 "그러한 해방이 하나님께서 특별한 방법으로 부르신 사람들에 의해서만 이루어졌다는 사실"이 자신의 주장에 대한 반박이 될 수 없다고 보았다. 그것은 오히려 "이스라엘 백성들의 영성이 죄로 말미암아 무디어지고 하나님의 의로우신 심판으로 인해 무감각해졌음"을 보여 줄 뿐이었다.[8)]

비록 찬탈자들은 사사로운 시민에 의해서도 제거될 수 있었으나 그럼에도 불구하고 그들이 완전히 절망할 필요는 없었다. 이 점에서 베자는 자신의 선임자만큼이나 현실적이었다. 비록 찬탈자들이 불법적인 통치자로 출발했다 하더라도 그들이 합법적 통치자로 변화될 수 있는 길이 있었다. 그것은 백성들의 "자유롭고도 적법한 동의"를 얻는 것이었다. 이것 또한 칼뱅과 베자의 차이점 가운데 하나였다. 칼뱅에게 있어 정권의 정통성의 유일한 원천은 하나님의 임명이었다. 그러나 베자는 권력의 정통성을 위한 또 하나의 요소

를 추가했다. 그것은 백성들의 의지이며 그들의 선출이었다.

> 찬탈로 인한 [자격의] 결함의 문제는 나중에 해소될 수 있다. 폭군으로 시작한 자가 적법하고도 떳떳한 통치자가 될 길이 있다. 그것은 통치자들에게 정통성을 부여해 주는 백성들의 저 자유롭고도 합법적인 동의를 얻음으로써이다.[9)]

찬탈자 폭군에게 어떻게 대해야 하는가 하는 것은 이처럼 비교적 간단한 문제였다. 그러나 합법적인 통치자였다가 폭군으로 전락한 경우는 보다 복잡한 문제를 야기했다. 이 경우의 대책은 신민이 누구인가에 의해 달라졌다. 베자는 모든 신민들을 세 종류로 분류했다. 사사로운 시민, 관료, 그리고 의회가 그것이었다.

사사로운 시민들은 비록 악명 높은 폭군에게라 할지라도 그가 합법적인 통치자라면 그에게 저항할 권리가 없었다. 칼뱅처럼 베자도 사사로운 시민들은 아직 완전한 정치적 주체가 못된다고 생각했다. 사사로운 시민들은 하나님으로부터 특별한 소명을 받기까지는 자기가 먼저 나서서 힘 대 힘으로 대응할 수 없다는 것이었다. 그들에게 허용되는 최대한의 저항은 수동적 불순종이었다. 평민들에게 적합한 저항은 그 영토를 떠나 거주지를 옮기든지 … 아니면 기도로 하나님께 피함으로써 참을성 있게 폭군의 멍에를 지는 것뿐이다.[10)] 이 점에 있어서는 베자의 대응책도 칼뱅의 그것과 별 차이가 없었다.

일반 시민들이 합법적 권세에 저항하지 말아야 하는 한 가지 이유는 통치자와 그들 사이에 맺어진 언약(covenant)이 있다고 간주되기 때문이다.

> … 자기 백성들에 의해 승인되고 수락된 통치자는, 비록 권력을 오용하는

경우에라도, 자신의 사사로운 신민들에 대한 권위의 근거를 유지한다. 왜냐하면 상호 동의에 의해 공적으로 성립된 의무는 어떤 사사로운 시민들의 의지에 의해 무효화되거나 파괴되지 않기 때문이다.[11]

베자는 일반 백성들이 통치자들과의 계약을 가볍게 생각하게 됨으로써 사회가 "끊임없는 무질서" 상태에 들어가게 될 것을 두려워했다. 그가 볼 때 무정부 상태는 "폭정 그 자체보다 더 나쁜" 것이었다. 그는 "한 사람의 폭군이 있던 자리에 … 수천 명이" 난립하게 되는 사태가 도래할까 우려했다.[12]

사사로운 시민들이 합법적 통치자에게 저항할 수 없는 또 하나의 이유는 성경에서 발견되었다. 베자의 해석에 의하면 권세에 순복하라는 베드로와 바울의 명령이 모든 신민들을 위한 것은 아니라 하더라도 적어도 일반 백성들을 위한 것이었다. 사도들은 당시 황제의 속성이 어떤 것인지 알고 있음에도 불구하고 그러한 명령을 신자들에게 주었다. 순교자들은 가장 잔인한 폭군들의 박해를 받을 때도 사도들의 명령을 준행함으로써 우리에게 본을 보여 주었다.[13]

두 번째 종류의 신민은 관원들(the lesser magistrates)이었다. 그들은 왕과 국민들 사이에 위치하고 있는 사람들이었다. 폭군에 대한 관료들의 저항을 정당화하기 위해 베자는 주권(the sovereignty)과 주권자(the sovereign)를 구별했다. 관료들은 주권자 개인(the sovereign magistrate)에게가 아니라 주권 그 자체(the sovereign magistracy as such)에 의존하는 사람들이었다.

… 비록 모든 관원들이 주권자로부터 명령을 받고 관직에 임명되며 그의 인준을 받는다는 점에서 주권자 아래에 있지만 정확히 말해서 그들이 받드는

> 것은 주권자가 아니라 주권이다. 바로 그 때문에 주권자는 죽어도 그들은 관직에 계속 머무른다. 주권 그 자체가 없어지는 것은 아니기 때문이다.[14)]

베자는 최고 통치자와 관료들 간의 관계를 계약적인 것으로 보았다. 그리하여 그 양자 사이에 존재하는 의무는 상호적인 것이었다. 다시 말해서 만일 왕이 "자기가 왕으로 인정되고 승인된 조건들"을 명백히 위반하면

> 국가, 도시, 그리고 지방의 관료들은 … 자신들의 직책과 특정한 관할권에 따라 보호하고 수호하겠다고 서약한 지역에 대한 극심한 압제에 저항할 수 있을 정도로 자신들의 [충성의] 서약으로부터 자유로워진다.[15)]

그들이 "불가피한 상황에서" 폭정에 항거하고 "자신들의 관할 하에 있는 사람들을 보호"하는 것은 전혀 반란적이거나 불충한 행위가 아니었다. 그것은 오히려 자신들을 그러한 지위에 임명한 자들에 대한 의무를 충실하게 이행하는 것이었다.[16)]

세 번째 신민의 집단은, 의회나 그와 유사한 기구였다. 군주에 대한 저항에 관한 한 이들이야말로 최대의 권위를 가졌다. "어떤 점에서" 이들이 주권자 밑에 있는 것은 사실이었다. 그러나 다른 면에서 의회는 '주권 그 자체'(the sovereignty itself)의 수호자였다. 그 목적을 위해 그들은 "필요하다면 주권자가 자기 직무를 벗어나지 못하게 할뿐 아니라 심지어 그를 제어하고 처벌"할 수도 있었다.[17)]

만일 의회가 폭군의 협박이나 매수 때문에 폭정에 대항해 아무런 행동을 취하지 않는다면 어떻게 할 것인가? 베자는 그러한 경우에도 여전히 사사로운 시민들은 "회개하고 참으면서 기도하는 것"외에는 다른 방도가 없다고 대

답한다. 하지만 그들은 관료들에게 가서 그들이 "단결해서 의회 소집의 압력을 넣도록" 부탁할 수는 있었다.[18)]

베자 이론의 기초

『관원들의 권리…』 전반에 걸쳐 베자는 자신의 저항 이론을 세 가지의 근본 전제 위에서 전개하고 있다. 그것은 국민 주권 사상, 사회 계약 사상, 그리고 법치주의 사상이다.

첫째는 국민 주권 사상이다. 베자는 모든 권력은 "그것을 그 자리에 둔 공공의 권력으로부터 추출되었다."고 믿었다. 분명한 것은 애초에 통치자들로부터 백성들이 나온 것이 아니라 백성들로부터 통치자들이 세워졌을 것이라는 사실이었다.

그러면 이러한 국민 주권 사상은 모든 권세가 하나님으로부터 말미암는다는 성경의 가르침과 상치되지 않는가? 즉 민주주의는 신본주의와 대립되는 것이 아닌가 하는 것이다. 베자는 그렇지 않다고 대답한다. 하나님은 인간적 통로, 즉 국민의 선출(election)을 통해 직분을 임명(ordination)하신다. 다윗 왕이 그 예이다.

> 비록 하나님께서 분명히 다윗을 지명하셨지만 그럼에도 불구하고 다윗은 백성들에 의해 선출되어야 했다. 그를 선택함에 있어 백성들은 신실하게 하나님의 뜻을 준행했다 … 다윗 가문에서는 하나님의 규례에 의해 왕권이 세습되었지만 백성들에게 자유가 있는 한 그들은 서거한 왕의 자녀들 중에서 자기들이 원하는 자를 선택했다 ….[19)]

둘째, 베자의 저항 이론은 계약(contract), 즉 언약(covenant) 사상에 입각해 있다. 존 낙스처럼 베자도 언약 사상을 구약에서 추출했다. 그는 유다 왕 요아스의 이야기에서 두 가지의 언약들을 발견했다. 하나는 왕과 백성들이 하나님의 율법을 지키겠다고 약속함으로써 스스로 하나님께 대한 의무를 지는 것이었고, 다른 하나는 왕과 백성들 사이의 상호 서약이었다. 베자는 바로 이 두 번째 종류의 언약에 주목했다. 세계사를 살펴볼 때 그는 "법과 공평"이 지배하는 나라라면 어디를 막론하고 왕을 받아들일 때 "한 가지 분명한 조건"을 제시했음을 발견했다. "정의롭고 공정하게" 다스려야 한다는 조건을 명시적으로든지 묵시적으로든지 첨부하지 않고 나라를 왕에게 맡길 정도로 자기 이익에 둔감한 나라는 하나도 없었다는 것이다.[20)]

베자에게 있어 계약이 존재한다는 것은 "계약이 성립되게 한 그 본질적 조건"이 명백히 침해될 때 계약은 무효화되며 의무는 해제된다는 것을 의미했다. 자연과 공평의 법에 의하면, 통치자들에게 권위를 부여할 권력을 가진 국민들은 또한 그들로부터 그것을 박탈할 권력도 가진다는 것이었다.[21)]

세 번째로 베자는 법치주의를 강조했다. 최고 통치권자는 결코 법 위에 있는 사람이 아니었다. 법이 그의 위에 있었다. 왕은 법을 지킬 필요가 없다는 주장은 가증스러운 아첨꾼들의 거짓된 논리 외에 아무 것도 아니었다. 비록 왕이 법을 만들었다 하더라도 그는 그 법에 순종해야 했다.

하지만 베자는 왕이 모든 법에 무차별하게 묶이지는 않는다고 생각했다. 민법에 대해서는 왕이 일반 시민들과 꼭 같은 구속을 받지는 않았다. 그러나 헌법이라 불리우는 소위 공법에 대해서는 왕도 일반인들과 꼭 같이 구속을 받아야 했다. 하나님의 법이나 자연법에 통치자가 순종해야 함은 이론의 여지가 없었다.

반론에 대한 답변

베자의 논문에서 특기할 만한 부분은 반대 이론에 대한 그의 답변이었다. 재미있는 것은 베자의 답변들이(의식적인지 무의식적인지) 칼뱅의 비저항 이론의 핵심 부분들을 정면으로 반박하고 있다는 점이었다.

폭군은 백성들의 집단적 죄에 대한 하나님의 심판이기 때문에 그들에게도 순종해야 한다는 주장에 대해 베자는 사법 이론(private-law theory)과 정당 방위론으로 대응했다. 그는 노상에서 강도를 만난 사람의 예를 든다. 하나님의 동의가 없으면 어떤 사람도 살해당하지 않는다는 말은 사실이다. 하지만 강도에게 저항할 법적 권리가 있다는 것도 역시 사실이다. 하나님께서 그에게 강도에 의해 살해당하라는 특별한 계시를 주시지 않는 한 그러한 저항 행위는 정당방위로 간주된다. 하지만 그러한 계시를 기대한다는 것은 비현실적인 일이다. 그러므로

> 하나님께서 폭군에게 순종하라는 분명한 명령을 주시지 않는 한 폭군에 저항해서 합법적인 자기 방위를 하는 것은 다른 범죄자에게 대한 것과 마찬가지로 허용될 수 있는 일이다. 비록 모든 일이 하나님의 뜻에 의해 일어나지만 어떤 특정한 상황에서 분명한 계시가 없는 한 하나님의 섭리를 예측할 수는 없다. 그런 계시가 없을 때는 하나님의 일반적 명령에 따라 행동해야 한다.[22)]

베자로서는 폭군이 하나님의 뜻에 의해 보냄을 받았다는 아무런 증거를 발견할 수 없었다. 만일 존재하는 모든 것은 하나님의 뜻에 의한 것이라고 누군가가 주장한다면 베자는 무력 저항에 의해 폭군 제거에 성공하는 것도 하

나님의 뜻에 의해 가능했다고 반박할 수 있었다. 어떤 사람이 어느 시점에 권력을 잡고 있다는 것만으로 그 정권의 정통성을 증명할 수는 없었다. 칼뱅을 비롯한 많은 사람들이 하나님께서는 자기가 원하시는 누구에게나 나라들과 왕국들을 주시며 그렇기 때문에 어떤 사람이 권좌의 찬탈에 성공하는 것도 하나님의 재가에 의한 것이라고 주장했지만 베자는 그렇게 생각하지 않았다. "결과가 좋거나 나쁜 것"이 어떤 일의 정당함이나 부당함을 입증하지는 못한다는 것이었다.[23)]

또 하나의 흔한 반대는 "누가 폭군을 벌할 권리를 가졌는가" 하는 질문과 관련되어 있었다. 그 질문에 대한 전통적 답변은 하나님께서 통치자를 세우셨으므로 그들은 하나님께만 직접 책임을 진다는 것이었다. 결과적으로 "그들이 아무리 잔인하고 불법적이라 하더라도" 하나님 외에는 최고 통치자를 심판할 사람이 없었다. 이러한 견해를 지지하기 위해 다윗 왕이 인용되었다. 그는 간음자요 살인자였지만 어떤 인간에 의해 판단을 받지는 않았다는 것이었다.

베자는 다른 견해를 가지고 있었다. 권력의 정당성은 단지 신적 임명에 의해서 뿐 아니라 국민의 선출이라는 과정에 의해서도 확보되기 때문에 통치자는 하나님에 대해서 뿐 아니라 국민들에 대해서도 책임이 있다는 것이었다. 다시 말해서 폭군이 하나님과 분명한 마찰을 일으킬 때 백성들은 그를 처벌할 권리를 가졌다. 이스라엘 백성들이 다윗을 처벌하지 않은 이유는 그들이 그 권리를 "보류"했기 때문이었다. 더군다나 다윗 왕은 일반적인 폭군으로 분류할 수 있는 사람이 아니었다. "단 한번" 죄에 빠진 사람과 "온갖 종류의 죄에 빠진" 사람 사이에는 큰 차이가 있었다.[24)] 그러므로 만일 주권자가 수호하겠다고 서약한 선한 법과 조건들을 저버리고 악명 높은 폭군이 되면

> 관료들은 극악무도한 폭군에게 저항함으로써 자신들과 자신들의 관할 하에 있는 자들을 보호해 줄 권리가 있다. 그리고 법률에 의해 그렇게 할 권위가 주어져 있는 국회나 그와 유사한 기구는 그의 범죄에 저항할 수 있고 또 마땅히 저항해야 한다 ….[25)]

칼뱅은 다윗이 사울을 처벌하지 않고 참았다는 사실을 폭군에 대한 순종의 가장 중요한 이유 중 하나로 제시했었다. 그러나 베자는 생각이 달랐다. 그 경우에 다윗의 행동은 일반적 원리를 제공하는 것으로 볼 수 없었다. 사울에 대한 다윗의 무저항이 모든 무장 저항은 불법이라는 증거가 될 수는 없다는 것이었다.

시드기야 왕의 경우도 비슷한 것으로 볼 수 있었다. 그는 느부갓네살에 대한 반란 때문이 아니라 그 침략자에게 항복하라는 하나님의 명령에 불순종했기 때문에 처벌되었다. 그러므로 이 경우도 폭군에 대한 저항의 합법 혹은 불법의 문제와는 무관한 것이었다.

하나님께서 유대인들에게 느부갓네살과 바벨론의 평화를 위해 기도하라고 명하신 사실은 폭군을 위한 기도가 하나님의 일반적 원칙임을 의미하지는 않았다. 그것은 특정한 유대인 세대를 위한 특수한 명령이었을 뿐이다.

어떤 사람들은 예수님이 찬탈자일 뿐 아니라 폭군이기도 했던 티베리우스 황제에게 반란을 일으키시지 않고 세금을 바치셨으므로 우리도 그렇게 해야 한다고 주장했다. 그러나 예수님이 그렇게 하셨던 이유는 그가 세상에 오신 목적이 인간적 방식으로 다스리시기 위해서가 아니기 때문이라고 베자는 반박했다. 오히려 그는 자신의 특권을 버리고 지상에서 사사로운 시민으로 사는 것을 선택하셨다는 것이었다. 게다가 당시 유대의 힘 있는 다수파들은 로마의 찬탈을 돌이킬 수 없는 현실로 받아들였었다. “우리에게는 카이사

르 외에 왕이 없나이다"고 외쳤던 것이다.[26)]

많은 사람들은 하나님이 세우신 권세는 존중되어야 하며 그것은 사회 질서에 기여한다는 이유로 폭군에 대한 순종을 강조했다. 그러나 베자의 견해는 완전히 달랐다.

> 폭정이 기어들어 오는 것을 막지 않는다면, 혹 이미 그것이 들어왔다면 그것을 제거하고 추방하지 않는다면 통치자들의 권세도 안정될 수 없고 공공 질서도 유지될 수 없다.[27)]

어떤 이들은 폭군에 대한 유일한 해결책은 기도라고 주장했다. 베자는 폭군을 만난 그리스도인들에게 있어 기도는 필요 불가결의 요소임을 인정했다. 기도 없는 "다른 어떤 대책은 그것이 아무리 합법적이라 하더라도 하나님의 저주의 위험을 내포한다."고 그는 말했다. 그러나 그렇다고 해서 기도가 유일한 대책이라는 말은 아니었다. 심지어 그러한 경우라 하더라도 배교자 율리아누스(Julian the Apostate)를 대적하는 기도를 한 저 기독교인들처럼 폭군을 대적하는 저주의 기도(imprecations)를 할 수도 있었다.[28)]

어떤 사람들은 폭군 르호보암에 대한 이스라엘의 반란이 정죄를 받았음을 지적한다. 그러나 베자는 그들이 정죄된 것은 폭군에 대항해 일어났기 때문이 아니고 "불법적 방법으로" 그렇게 했기 때문이었다고 대답한다. 그는 반란이 합법적이기 위한 세 가지 조건을 제시했다. 첫째, 그것이 폭정임이 완전히 명백할 것, 둘째, 모든 다른 수단을 다 써 보았고 남은 것은 무력 저항뿐일 것, 셋째, 해결책을 사용한 후가 그 전보다 더 나쁜 것으로 판명되지 않도록 가장 적절한 방법을 잘 생각할 것 등이다.[29)]

베자의 영향과 역사적 의미

16세기 유럽에서는 민족 주권 국가들이 대두되고 있었다. 그것은 중앙집권과 절대주의 이론으로 국민의 권리와 자유를 위협하고 있었다. 『기독교 강요』 마지막 판이 출판된 지 채 20년도 지나지 않았었지만 정치적 상황은 훨씬 더 첨예해졌다. 국민 저항권을 행사해야 할 필요성이 더 절실해졌던 것이다. 이 위태로운 역사의 시점에서 베자의 『관원들의 권리…』는 국민들의 자유와 권리 옹호에 결정적인 역할을 수행했다. 그것은 폭군의 압제와 불의 하에 있는 백성들이 호소할 수 있는 기독교의 원리들을 제시했던 것이다.[30)]

셸븐(Schelven)은 이 작은 책자에 있는 베자의 가르침과 이론들이 여러 유명한 문서들에 반영되고 있다고 주장한다. ① 1581년 17개의 저지대에 위치한 주들이 스페인의 펠리페 왕에 대한 충성을 포기한다고 선언한 문서(Plakkaat van Verlating), ② 미국의 독립 선언, ③ 1789년 프랑스 대혁명을 촉발한 『인간과 시민의 권리 선언』(*the French Declaration of the Rights of Man and Citizen*), 그리고 심지어는 ④ 베자의 원리들의 20세기 번안인 『대서양 헌장』(the Atlantic Charter) 등이다. 셸븐의 말처럼 "성 바돌로뮤 축일의 학살 이후 칼뱅의 후계자의 『관원들의 권리…』 속에서 새로운 시대가 도래하고 있었던 것이다."[31)]

칼뱅, 베자, 낙스의 비교

불의한 정치 권력에 대한 순종과 저항의 문제에 관한 한 칼뱅의 후계자 베자나 낙스는 자기들 스승보다 훨씬 적극적인 이론을 제시했다. 특별히 낙스는 폭군에 대한 대중 혁명권을 전적으로 인정하는 데까지 나아갔다. 그에게 있어 불의한 권세에 저항하고 그것을 처벌하는 것은 권리일 뿐 아니라 의무였다. 특별히 하나님의 모든 법에 순종하겠다는 언약을 맺은 하나님의 백성들에게 있어 하나님의 법을 침해하는 폭군을 방임하는 것은 하나님과의 언약을 파기하는 것이었다. 그런 경우 언약의 백성들은 불의한 정치 권력의 악에 동참하는 것으로 간주되어 그 악에 대한 연대 책임을 져야 했다.

칼뱅과 달리 권력의 정통성이라는 문제에 큰 관심을 보였던 베자는 정통성이 없는 정권에 대해서는 심지어 일반 시민까지 저항할 수 있다고 가르쳤다. 그러나 정통성이 있지만 후에 폭군으로 변질된 정권에 대해서는 일반 시민에게 적극적 저항권이 없다고 보았다. 그런 경우 저항은 귀족, 관료, 그리고 의회의 몫이었다.

칼뱅과 베자에게 있어 일반 시민은 아직 정치 주체가 아니었다. 당시까지만 해도 국민의 참정권 사상은 대부분의 사람들에게 생소한 것이었다. 정치는 왕이나 귀족, 혹은 국민의 대표자들 같은 엘리트들의 독점물이었다. 칼뱅과 베자가 폭군에 대한 저항권을 국민의 대의 기관이나 귀족, 관리들의 전유물로 간주하고 일반 백성들에게는 그것을 인정하지 않은 것은 바로 그 때문이었다. 칼뱅과 베자도 아직 중세 정치사상의 영향을 완전히 탈피하지 못했던 것이다.

그러나 그 후의 칼뱅주의자들은 곧 국민 참정권 사상을 발전시키게 된다. 특별히 청교도 목사들과 프랑스 위그노 같은 칼뱅주의자들은 국민들이 정치주체로서 정치에 참여하는 근대적 정치 풍토의 선구자들이 되었다.[32]

정치 권력에 대한 복종과 저항에 관한 칼뱅의 이론을 현대의 그리스도인들이 액면 그대로 수용하고 답습하는 것은 시대착오적 태도가 될 것이다. 이런 면에서는 종교개혁 시대로부터 벌써 400년이라는 시간이 흘렀다는 요소를 간과할 수 없다. 17-18세기 이후 국민 주권 사상, 사회 계약론, 법치주의는 상식이 되었다. 그러나 17세기만 해도 왕이 법을 지켜야 하는가, 아니면 왕은 법 위에 있는가 하는 것이 신학적으로나 정치학적으로 열띤 논쟁거리였다. 오늘날 법 위에 존재하는 권력자가 있다고 주장할 사람이 어디 있겠는가? 이 점에서는 베자가 칼뱅보다 훨씬 근대적 정치사상에 접근되어 있었다.

그러나 낙스와 베자의 저항 이론이 칼뱅의 그것과 완전히 대조적이라고 생각하는 것은 잘못일 것이다. 오히려 칼뱅의 후계자들은 칼뱅이 조심스럽게 시사했던 가능성을 발전, 만개시켰다고 보는 것이 보다 정확한 평가일 것이다. 칼뱅의 추종자들의 적극적 저항권 이론은 칼뱅의 "에포"(Ephors) 이론이나 "사람보다 하나님을 순종해야 한다"는 가르침으로부터 힌트와 격려를 얻어 출발한 것이라 볼 수 있다.

불의한 권력에 대한 불순종과 저항권을 인정하는 정도에 있어 칼뱅과 그 후계자들 사이에 그처럼 심한 차이가 발견되는 이유는 그들 각자의 기질과도 관계가 있었다. 칼뱅은 "차갑도록 지적이고 극도로 자제력이 뛰어난 사람"인 반면 낙스는 "뜨겁고 격렬하며 조급할 정도로 열렬할 뿐 아니라 … 솔직하고 시원시원하며 야성적이었다." 낙스는 칼뱅보다는 루터나 라티머(Latimer)를 더 닮은 사람이었다.[33] 베자도 법률을 전문적으로 공부하기는 했으나 그의 "천부적 충동은 인간 사회의 법률적 관계에 대한 정의와 고려보다는 문학과 시가의 방향에 놓여 있었다."[34]

단지 기질뿐 아니라 각자가 놓인 상황도 그들의 견해 차이의 원인이 되었다. 칼뱅은 제네바의 관원들과 비교적 우호적인 관계 속에서 그들의 협조에 힘입어 종교 개혁을 추진해 나갔다. 반면에 낙스는 로마 가톨릭을 옹호하는 권력(예를 들면 스코틀랜드 여왕 메리 스튜어트, 잉글랜드 여왕 메리 등)을 상대하면서 그들의 끊임없는 박해를 받았다. 베자의 경우, 제네바에는 적대적 정치 세력이 없었지만 자기 조국인 프랑스에서는 가톨릭 절대 군주가 수많은 위그노들을 박해하고 있었고 성 바돌로뮤 축일의 대학살 사건에서 그것은 절정에 달했다. 개신교도의 씨를 말리려 하는 이런 폭정을 경험한 베자가 폭군은 백성들의 죄에 대한 하나님의 몽둥이라고 간단히 넘겨 버리기는 어렸웠을 것이다.

낙스와 베자에게서도 차이는 발견된다. 낙스는 주로 종교 문제에 관련해서 폭군을 논했으나 베자는 단지 종교뿐이 아니라 정치적 폭군도 아울러 논했다. 이 점에서 베자는 낙스보다 더 포괄적인 관심을 가지고 있었다 할 수 있다. 그러나 저항의 주체에 관해서는 낙스가 보다 포괄적이었다. 즉, 낙스는 심지어 사사로운 시민도 폭군에 저항할 수 있다고 한 반면 베자는 정통성 있는 폭군이라면 사사로운 시민은 건드릴 수 없고 관료들이나 귀족, 혹 의회가 처리할 수 있다고 보았다.

낙스와 베자의 이론을 종합하면 거의 완전한 근대적 시민 혁명권 사상이 나타난다. 즉 어떤 종류의 폭군이든 법과 계약을 위반해서 폭정을 하는 자에 대해서는 시민들이 저항할 수 있고 또 해야 한다는 것이었다. 근대 민주주의 발전에 핵심적인 요소들, 즉 절대 권력의 제한, 국민 주권 사상, 법치주의 사상 등의 사상과 제도들의 형성에 칼뱅주의자들은 결정적 기여를 했던 것이다.

칼뱅주의자들의 이러한 글과 행동은 대부분의 한국 보수 장로교인들에게 충격으로 받아들여질 것이다. 왜냐하면 그들은 폭군에 대한 저항은 고사하고 불의한 정치 권력에 대해 선지자적 경고나 비판, 심지어 충고나 조언의 말 한 마디 하는 것도 비기독교적인 것으로 인식되는 교회 풍토 속에서 신앙 생활을 해 왔기 때문이다. 그러나 지금까지 살펴본 바와 같이 칼뱅, 베자, 낙스 같은 칼뱅주의자들은 인간 삶의 한 긍정적 요소로서의 정치에 대한 심오하고도 적극적인 관심을 가지고 정치 권력의 행태를 예리하게 관찰하고 있었다. 나아가서 그들은 불의한 권력에 대한 그리스도인의 순종과 저항의 범위가 어디인가 하는 문제까지 심도 있게 논의하고 있었다. 그들에게 있어 그러한 주제의 논의는 자신들의 신앙고백에 충실하려는 그리스도인들이 회피할 수 없는 중요한 신학적 노력의 일환이었던 것이다.

주

1) A. A. Schelven, "Beza's De Iure Magistratuum in Subditos," *Archiv für Reformatyions-geschichte* 45(1954): 72.

2) Theodore Beza, *Concerning the Rights of Rulers over Their Subjects and the Duty of Subjects towards Their Rulers*, A. H. Murray ed., trans. Henry Louis Gonin(Cape Town: H.AU.M, 1956), 25; 라틴어로 된 원서를 보다 정확하게 이해하기 위해 Julian H. Frankin이 번역하고 편집한 *Constitutionalism and Resistance in the Sixteenth Century* (New York: Pegasus, 1969), 101도 참조하라. 지금부터는 두 번역을 각주에 동시에 표기한다(이하 Murray, Franklin).

3) Murray, 32.

4) Murray, 37.

5) Franklin, 106-107; Murray, 34.

6) Franklin, 107; Murray, 34.

7) Murray, 34.

8) Murray, 34.

9) Franklin, 107; Murray, 35.

10) Franklin, 108; Murray, 36-37.

11) Murray, 37; Franklin, 109.

12) Murray, 34.

13) Murray, 37-38; Franklin, 109.

14) Franklin, 111; Murray, 38-39.

15) Franklin, 111-12; Murray, 40.

16) Franklin, 112; Murray, 41.

17) Franklin, 113.

18) Franklin, 129-30; Murray, 72.

19) Franklin, 117-18; Murray, 51-52.

20) Franklin, 114; Murray, 44-45, 64.

21) Franklin, 114, 124; Murray, 64, 45.

22) Franklin, 131; Murray, 77-78.

23) Murray, 33.

24) Murray, 68-69.

25) Franklin, 124; Murray, 63.

26) Franklin, 131; Murray, 79.

27) Murray, 29; Franklin, 103.

28) Franklin, 131; Murray, 78-79.

29) Franklin, 130-31.

30) Murray, 서문, vi.

31) Schelven, "Beza's De Iure Magistratuum in Subditos," 77-78.

32) Michael Walzer, *The Revolution of the Saints: A Study in the Origins of Radical Politics* (Cambridge: Harvard University Press, 1965)를 보라.

33) J. W. Allen, *A History of Political Thought in the Sixteenth Century* (London: Methuen and Co., 1928), 107; John R. Gray, "The Political Theory of John Knox," *Church History* 8(June, 1939), 134.

34) Schelven, "Beza's De Iure Magistratuum in Subditos," 76.

Reformed Social Ethics & Korean Churches

제4장

미국 청교도와 민주주의 사상

현대 민주주의의 발전에 가장 크게 기여한 나라들 가운데 하나가 미국이라는 평가에 이견을 제시할 사람은 별로 없을 것이다. 근세사를 통해 인간의 평등, 자유, 국민 주권, 사회 계약론, 절대 권력의 제한, 삼권 분립, 폭군에 대한 저항권, 종교의 자유사상 등의 많은 부분은 다른 어느 나라보다 미국에서 가장 활발하게 발전되었다. 그러면 미국의 기독교, 즉 교회와 그리스도인들은 이러한 민주주의 사상의 확립에 어떠한 역할을 했는가? 보다 구체적으로 미국 건설 초기, 즉 뉴잉글랜드 식민지 개척 시작인 17세기 초부터 독립국을 건설한 18세기 후반까지 약 150년 동안 미국 기독교는 민주주의의 확립을 위해 어떠한 이론적 기초를 제공했는가?

이것은 대단히 중요한 질문이다. 왜냐하면 이 질문에 대한 대답이 기독교와 민주주의의 관계를 상당 부분 보여 줄 것이기 때문이다. 즉 기독교가 민주주의라는 태도와 신념, 가치 및 제도를 낳는 경향이 있는가, 아니면 그것을 억압하고 그것에 반대하는 성향이 있는가 아니면 양자는 전혀 무관한 것인가 하는 보다 근본적 질문에 대한 대답과 관련되기 때문이다.

민주주의와 기독교의 본질의 상관관계에 대한 연구가 한국 사회에서 특별히 필요한 이유는 한국 그리스도인들 사이에 민주주의에 대한 확신이 결여되어 있는 경우를 종종 보기 때문이다. 한국에서 우리는 "기독교는 민주주의가 아니다!" "민주주의는 기독교와 대립되는 것이다!" "기독교는 신본주의다!"라고 소리치는 신자들을 종종 목격한다. 그러한 신념 때문인지 한국의 기독교인들은 한국의 민주주의가 위협을 당할 때 아무 위기의식을 느끼지 못하거나 민주주의를 지키고 발전시키기 위해 노력해야 한다는 책임감을 전혀 느끼지 못한 경우들이 한국 현대사에서 자주 발견된다.

민주주의와 기독교의 상관관계에 대한 유추를 끌어내기 위해 필자는 본고에서 미국의 국가적 기초가 수립되던 초기 150년간 미국 목사들에 의해 집필된 정치적 문헌들 가운데 대표적인 것들을 분석 검토했다. 이 작업의 결과 발견할 수 있었던 것은 미국 식민지 건설에서 독립 전쟁에 이르는 한 세기 반 동안 미국 기독교는 민주주의를 포함한 미국의 정치사상 형성에 결정적 영향을 미쳤으며 미국 민주주의의 발전은 미국 목사와 신학자들의 설교와 저술들의 영향을 제외하고는 생각하기 어렵다는 것이다.

존 윈스롭과 뉴잉글랜드 개척 이념

천여 명의 청교도들을 다섯 척의 배에 태우고 신대륙을 향하고 있던 어느 주일 아침, 아벨라호 선상에서 윈스롭(John Winthrop)은 "기독교적 사랑의 모델"이라는 유명한 설교를 행했다.[1] 역사가들은 이 설교를 뉴잉글랜드의 건설 이념이 담긴 문서로 인정한다. 이 설교는 자세히 분석할 가치가 있다. 얼마 후면 도착할 신대륙에서 미국 청교도들이 어떤 모습의 공동체를 건설해야 할 것인지에 대한 지도 원리가 담겨 있기 때문이다. 이 설교에는 뉴잉글랜드 건설의 초석이 된 사상들이 담겨 있다. 그 중에서도 특히 뉴잉글랜드가 "산 위의 동네"(a city on the hill)가 되어야 한다는 구절은 너무 유명하다.

먼저, 윈스롭의 정치사상에는 중세적 계층 구분의 흔적이 잔재했음을 발견할 수 있다. 그는 하나님이 부자와 빈민의 두 계급을 만드셨다고 주장했다. "모든 사람은 그리하여 <하나님의 섭리에 의하여> 두 종류로 구분되는데 부자와 빈민이다." 전자는 "정당하게 취득한 재산으로 안락하게 살 수 있는 사람들"이며 후자는 "나머지 모두"이다. 인간은 하나님의 섭리에 의해 귀천의 양 계급으로 나뉜다. "전능하신 하나님은 자신의 가장 거룩하고 지혜로운 섭리 가운데 인간의 상태를 항상 … 혹자는 권력이 있고 존귀하며 혹자는 비천하여 예속되도록 만드셨다."[2] 초기 미국 청교도들은 인간이 사회적으로 평등하다고 생각지 않았다.

윈스롭은 그리스도인들을 공동 운명체로 생각했다. 그 사상의 성경적 기초는 고린도전서 12장에 나타난 교회의 인체에 대한 비유였다. 그리스도인들은 그리스도의 한 몸을 이루는 지체들이므로 서로의 형편에 대해 관심을 가지고 그것을 자기 일처럼 돌보아야 한다. "우리는 스스로 그리스도의 동료 지체라고 고백하는 집단이다." 그러므로 "스스로를 사랑의 유대에 의해 결속된 것으로 생각해야 한다." 그것을 실천하는 방법은 "다른 사람의 강함과 약함, 기쁨과 슬픔, 행복과 불행에 동참"하는 것이다. 고린도전서 12:26이 가르치는 바와 같이 만일 한 지체가 고통을 당하면 모두가 함께 고통하며 한 지체가 영광을 받으면 모두가 함께 기뻐하는 것이다. 즉, 다른 사람과 자신을 동일시하여 그들과 동고동락하는 것이다. "우리는 다른 사람을 기뻐해야 하며 다른 사람의 상태를 자기 자신의 것으로 삼아야 하며 함께 기뻐하고 함께 슬퍼해야 하며 함께 일하고 함께 고난당해야 하며 우리의 사명과 공동체를 항상 우리 눈앞에 두어야 하며, 그 몸의 지체들로서 우리 공동체를 항상 염두에 두어야 한다." 윈스롭은 다른 사람의 상태에 대한 이러한 민감성과 동정이 각 지체로 하여금 다른 지체들을 "강하게 하고 보호하며 보존하고 위로하고자 하는 순수한 욕망과 노력"을 낳는다고 보았다.[3] 이것은 현대 미국 사회를 특징짓는 개인주의와는 상당히 거리가 있는 사상이었다.

윈스롭에게 있어 공동체 의식은 궁핍한 지체들에 대한 관대한 물질적 공급으로 표현되어야 했다. 즉 그들은 가난한 형제들을 돕기 위해 "자신의 사치품들을 기꺼이 포기할 수 있어야" 했다. 뉴잉글랜드 공동체가 "파선을 피하고 자손들에게 유산을 남겨 줄 유일한 길"은 미가서 6:8이 보여주는 바와 같이 "공의와 인자"를 행하며 "하나님과 함께 겸손히 행하는" 것이었는데 여기서 "자비"는 가난한 형제를 물질적으로 돕는 것을 의미했다. 신자들은 궁핍한 이웃을 "능력 이상으로 도와야" 할 때도 있었다. 스스로 자비를 행해야 할 때 "하나님이 기적적이고도 비상한 방식으로" 빈민들을 돕도록 버려두는 것은 "하나님을 시험하는" 것이었다.[4]

윈스롭은 자신을 포함한 일단의 청교도들이 하나의 거대한 정치적 실험을 행하고 있다는 사실을 의식하고 있었다. 이들은 전 세계가 지켜보는 가운데 그리스도인들의 사랑의 공동체 건설에 착수했으며 이 실험의 성공 여부는 하나님에 대한 그들의 태도에 달려 있다고 그는 보았다. "우리는 우리가 언덕 위의 도시처럼 될 것이라 생각해야 합니다. 모든 사람들의 눈이 우리 위에 있습니다. 만일 우리가 착수한 이 일에서 우리가 하나님을 그릇 대하면, 그래서 그가 현재의 도움을 우리에게서 거두어들이시면 우리는 온 세상의 웃음거리와 말거리가 되고 말 것입니다."[5] 세계를 향한 미국인들의 소명 의식은 이때 싹트고 있었다.

존 카튼과 민주주의

윈스롭을 비롯한 청교도들이 보스턴을 건설하고 있던 중 청교도적 경향을 가진 몇 명의 영국 본토 귀족들이 한 가지 제안을 해 왔다. 만일 뉴잉글랜드 식민지가 그들이 원하는 대로 정부를 개조한다면 그들도 매사추세츠로 건너가 정착하겠다는 것이었다. 그러자 식민지 지도자들은 존 카튼(John Cotton)에게 그 요청에 대한 답변서의 작성을 위임했다.[6] 다른 지도급 뉴잉글랜드인들과 상의한 후 카튼이 보낸 회신에서 우리는 당시 청교도들의 정치사상의 일단을 엿볼 수 있다.

뉴잉글랜드 청교도 1세들은 통치자의 자격 요건을 다름 아닌 성경에서 추출했다. 이들은 경건을 위정자의 일차적 조건으로 제시했다. 바람직한 관원은 하나님을 두려워하는 사람으로서(출 18:21) 동족들 가운데서 선출되어야 했으며(신 17:15) '성도'여야 했다. 고린도전서 6장을 근거로 그들은 자기들 중에서 공공 문제를 처리할 수 있는 현명한 사람들을 배출하지 못하는 것은 '교회의 수치'라 생각했다.[7)]

뉴잉글랜드에서 선출직 공무원이 되기 위해서는 교회 회원권(chruch membership)이 필수적인 조건이었다. 교회의 정식 회원이 아닌 사람은 피선거권이 없었다. 철저히 성경에 근거해 교회와 사회를 조직하고자 했던 청교도들은 회원이 아닌 사람들에게는 선거권조차 부여하지 않았다. 정식 교인이 아닌 사람들은 뉴잉글랜드에서 아예 시민권을 얻을 수 없었다. 불신자들 중에 하나님으로부터 "지혜, 용기, 정의감"을 받아 정부의 일을 하기에 적합한 뛰어난 재능을 가진 사람은 임용직 공무원이나 자문관이 될 수는 있었으나 선출직 공무원이 될 수는 없었다.[8)]

뉴잉글랜드 청교도들은 교회와 국가가 상호 독립해야 한다고 주장했다. "교회가 국가의 권한을 침범하거나 국가가 교회의 행정에 간섭하는 것은 피해야" 했다. 비록 그 두 기관이 "하나님의 기관들"이기 때문에 "긴밀히 상호 협력"할 수는 있었으나 "혼동"되어서는 곤란했다. 그들이 보기에 성경에는 올바른 국가 수립을 위한 모든 지침들이 제시되어 있으므로 혹 국가를 수립할 일이 있으면 성경의 지시만 따르면 되었다. 그들은 교회의 틀을 본떠 국가의 틀을 짜는 것이 바람직하다고 생각했다. 왜냐하면 교회는 "하나님의 집"이기 때문이었다.[9)]

17세기 청교도들은 민주주의적 정부 형태는 교회나 국가를 위한 하나님의 뜻이 아니라 생각했다. 성경은 군주정이나 귀족정을 지지한다는 것이었다.

"나는 교회와 공화국을 위해 하나님이 민주주의를 적당한 정부 형태로 명하셨다고 생각지 않는다."고 카튼은 단언했다. "만일 인민이 통치자가 된다면 누가 피치자가 될 것인가?"하는 것이 그의 걱정이었다.[10] 정치적으로 보수적이었던 카튼은 한때 선출직 관원들이 종신직이어야 한다고 주장했다.

그러나 청교도들은 독재 정부에 대해서는 동의할 마음이 전혀 없었다. 그들은 권력이 하나님의 말씀을 따라 철저히 제한되어야 한다고 확신했다.

> 주께서 그것을 제지하지 않으시면 언제든 과도하게 될 성향이 인간에게 있기 때문에 지상의 모든 권력은, 교권이든 무엇이든, 제한되는 것이 필요하다. 그것이 제한되지 않으면 마치 폭풍과 같을 것이다. 왕 자신도 자기가 어디서 멈추어야 할지 모르고 백성들도 모른다 …. 그러므로 모든 사람은 주께서 정하신 한계를 부지런히 연구하는 것이 좋다. 그리고 인민들은 인간들에게 권력을 주되 하나님이 말씀 속에서 주신 것만큼만 주는 것이 좋다.[11]

청교도들은 사람이 권력의 한계를 범하는 것이 "시험이요 올무"가 된다고 믿었다. 그것은 "틀림없이 조만간에 사람의 영혼을 정도에서 이탈시킬 것"이라는 말이었다. 과도한 권력은 관계 당사자 모두를 위해 불행한 결과를 낳는다고 카튼은 주장했다.

> 본성의 깊은 부패 때문에 교회와 국가의 관원들과 직원들에게 그들과 인민들에게 유익을 가져다 줄 정도 이상의 자유와 권위를 절대 주지 않는 것이 아주 바람직하다. 왜냐하면 어떤 초월적 권력이 주어지면 그것은 틀림없이 권력의 수여자와 수령자 양쪽을 모두 짓밟아 버릴 것이기 때문이다.[12]

당시 청교도들은 주권 재민 사상을 가지고 있었다. "모든 권력은 본래 인민들에게 있다"는 것이었다. 즉 민주주의를 거부하면서 어떻게 인민 주권 사상을 수용할 수 있었는지는 현대인들에게 쉽게 이해되지 않는 점이다.

계몽주의의 영향

18세기에 들어오면 청교도들의 정치 사상에 특기할 만한 변화가 일어났다. 그것은 유럽의 계몽주의와 영국의 존 로크(John Locke)의 영향 때문에 일어난 변화였다. 1688년 영국 의회는 국가와의 계약을 깨뜨렸다는 이유로 왕을 폐위하고 새 왕을 옹립했다. 당시 영국에서는 정부가 계약에 근거한다는 견해가 인기를 얻고 있었다. 1690년 출판된 두 개의 정부론에서 로크는 사회와 정부의 기원이 계약(covenant)에 있다고 주장했다. 1703년에 바실 켄네트(Basil Kennett)는 사무엘 폰 푸펜도르프(Samuel von Pufendorf)의 『자연법과 국제법』(*De Jure Naturae et Gentium*)의 영어판을 출판했는데 이러한 글들은 비록 모든 인간 관계의 기초로서의 언약 개념을 분명히 인정했지만 그럼에도 불구하고 16-17세기의 청교도들과 비교해 볼 때는 사회와 정부를 구성함에 있어 하나님의 역할을 덜 중요하게 다루었다.

18세기의 이러한 변화는 뉴잉글랜드 입스위치(Ibswich)의 청교도 목사인 존 와이즈(John Wise)의 책에 반영되었다.[13] 와이즈는 정부의 필요불가결성을 인정함으로써 칼뱅주의 전통을 따랐다. "어떤 인간 사회도 정부 없이는 존속할 수 없으므로 정부는 필요하다." 그러나 정부의 기원에 대해서는 부분적으로 전통적 칼뱅주의 입장을 수용하나 부분적으로는 그것을 수정했다. 즉 시민 정부는 "하나님의 섭리"의 결과로 "인류에게 비길 데 없는 유익"

이지만 그것이 "신적인 기관"은 아니다. 정부는 "인간의 자유로운 계약의 결과"로서 "인간 이성" 즉 "합리적 사고"의 산물이지 "하나님의 무한하신 지혜가 직접 명령하신 결과"는 아니다.[14)]

와이즈는 이성과 하나님을 거의 동일시함으로써 이성을 극단적으로 찬양했다. "하나님을 따르는 것과 이성에 순종하는 것은 같은 것이다" "이성에 순종해 사는 사람이야말로 자유롭다고 인정될 가치가 있다." 그리고 자연법은 하나님이 "정부의 일반적 규칙"으로 세우신 것이다.[15)] 정부 형태에 대해 성경이 특별히 지시하거나 권장하는 것은 없다고 생각한 점에서 와이즈는 다른 청교도들과 대체로 생각이 같다. 그것은 "한 국민의 기질과 성향에 가장 잘 맞는 것이면 된다. 성경에는 어떤 특정한 형태의 정부가 명시되어 있지 않다."[16)]

인간의 평등은 18세기의 중요한 주제였다. "인간은 평등하다 …. 시민 국가를 위해 인간이 스스로 자기의 모든 권리를 포기할 때까지"라고 와이즈는 주장했다. 인간이 모두 한 창조주에게서 기원한다는 것에 평등의 원천이 있었다. "모든 사람이 다른 사람과 동등하다고 인정되어야 하는 이유는 인간은 모두 "존재를 한 뿌리, 즉 인류의 공통의 아버지로부터 물려받았기" 때문이다. 자연법은 모두가 남을 본래 자기와 동등한 자, "자기와 꼭 같은 인간으로 존중"해야 한다고 명한다.[17)] 1762년에 선거 설교를 행한 아브라함 윌리엄스(Abraham Williams)는 "모든 인간은 본래 평등하다"고 외쳤다. 왜냐하면 인간은 한 조상으로부터 나왔고 같은 기능과 성향을 가지고 있으며 동등한 권리를 소유하기 때문이었다. 그러므로 한 인간이 다른 인간을 지배해서는 안 되었다.[18)] 이러한 자연적 평등이 깨어지는 것은 몇 가지 요인 때문이었다. 예를 들면 인간의 "교만"이나 "완력" 혹은 다른 사람의 "권리 박탈"에 의해 "노예 상태" 혹은 "복속"이 이루어졌다. 때로 평등은 "자유를 스스로 포기하는

자발적 순응"(compliance)에 의해서도 파괴되었다.[19)]

자연 상태의 인간은 평등할 뿐 아니라 또한 자유롭다고 와이즈는 보았다. "하늘나라 임금 아래 자유로이 태어난 신민"인 인간은 "하나님 외의 누구에게도 충성의 의무가 없다." 그러므로 "모든 인간에게는 자연 상태에서 자유가 허용되어야 한다." 그런데 이처럼 자유로운 인간은 사회적 본능 때문에 혹은 필요에 의해 사회를 이루고 그것의 간섭을 받게 된다. "사회를 이루고자 하는 성향 때문에 혹은 특별한 방법으로 자기의 필요를 채우기 위해" 인간은 "공공의 규범과 질서 속으로 들어간다." 즉 "시민 공동체에 편입되어 자기의 자연적 자유를 버리고 자신을 정부 아래 두게 된다."[20)]

와이즈에 의하면 정부의 주된 목적은 다른 사람의 부당한 공격으로 인한 상해(injuries)로부터 사람들을 보호하는 것이었다. 만일 사람들이 스스로 자기를 보호할 수 있다면 자유를 버리고 사회 속으로 들어가는 것은 어리석은 일일 것이라는 말이었다. "인간은 자신의 보전을 간절히 원하는 피조물이다. 그러나 혼자서는 … 자신의 안전을 확보할 수 없고 동료 인간들의 도움 없이는 생존을 유지할 수도 없다." 그래서 자발적으로 하나의 새로운 공영체(commonwealth)를 만든다.[21)]

정치체를 만들기 위해서는 여러 가지 계약들(covenants)이 필요하다고 와이즈는 주장했다. 즉 각 사람이 하나의 영속적 사회를 만들기 위해 함께 모이기로 계약하고 투표나 선언에 의해 어떤 형태의 정부를 수립하며 주권을 양도받은 자들이 공동의 평화와 복지를 돌보는 일에 종사하기로 계약하는 것이다.[22)] 여기서 민주주의가 탄생했다. 즉 자유인들이 모여 계약을 맺고 한 결사체로 연합할 때 민주주의는 수립되었다.

와이즈는 "인민에 의한, 인민의" 정부가 민주정이라고 보았다. "공공의 안전에 관계된 모든 문제들의 결정권이 실제로 인민의 총회에 있거나, 그들 자신의 계약과 상호 동의에 의해 주권 행사를 위한 적절한 주체를 결정하기까지는 민주정이라 부를 수 없다"는 것이었다. 여기서 와이즈는 국민주권 사상을 주창하고 있었다. "정부 권력의 최초의 인간 주체요 원천은 인민"이라고 그는 단언했다. 직접적이든 간접적이든 통치는 주권자인 인민에 의해 이루어져야 한다는 개념이 18세기 초에 이미 뉴잉글랜드의 청교도들 사이에서 대두되고 있었다.[23] 민주주의를 실현하기 위한 방편으로 와이즈는 다수결의 원칙을 제시했다. "다수의 투표"(the vote of the majority)가 전체 의사를 결정하는 것은 민주주의 원칙의 당연한 귀결이었다.[24]

뉴잉글랜드의 선거설교

17세기 초 뉴잉글랜드 청교도들은 주지사(Governor)와 그의 자문관(Councilmen)들을 각 촌락(town) 대표들(Representatives)로 이루어진 선거인단의 투표에 의해 선출하고 있었다. 무려 350여년 전에 청교도 사회에서는 이미 상당한 정도의 민주주의가 실현되고 있었던 것이다. 청교도의 이주 초기에서 독립 전쟁이 일어난 1770년대까지 150년 동안 매년 5월에 있었던 선거일(election day)은 청교도들에게 연중 가장 중요한 공휴일이었다. 일종의 축제일이었던 그 날에는 군대의 시가행진과 더불어 다양한 행사와 의식들이 거행되었으며 그 날부터 주의회(General Court)가 시작되었다.

그런데 뉴잉글랜드 청교도들은 투표 직전에 "선거 설교"(election sermon)를 듣는 것을 아주 중요한 순서로 채택하고 있었다. 설교자는 주지사와 주의회에 의해 교대로 지명된 당대 뉴잉글랜드의 저명한 목사들이었다. 청중으로는 주지사(총독)를 포함한 자문관들, 각 마을에서 두 사람씩 뽑힌 대표들, 그리고 목사들 등 뉴잉글랜드의 지도급 인사들이 총망라되었다. 설교 장소는 처음에는 교회당을 이용하다가, 차츰 시청 건물, 의사당 건물 등으로 옮기어 갔다. 선거 설교의 전통은 코네티컷주에서 1674-1830, 뉴햄프셔주에서 1784-1831, 버몬트주에서 1777-1834까지 그리고 매사추세츠주에서는 1634-1884까지 무려 250년 동안 계속되었다.[25)]

선거 설교는 동일한 정체성으로 결속되어 있던 뉴잉글랜드인들에게 대단히 중요한 의미를 지니고 있었다. 그것은 뉴잉글랜드 청교도 지도자들이 모두 한 자리에 모여 하나님께 감사드리고 하나님의 축복이 그들 위에 임할 것을 기도하는 자리였다. 그들은 선거 설교를 들으면서 "황무지로 파송받은 자신들의 소명"(an errand into the wilderness)을 상기하곤 했다. 선거 설교의 메시지를 통해 그들은 하나님을 올바로 믿고 예배하기 위해 정든 고국을 떠나 왔던 자신들의 본래의 목표가 제대로 달성되어 가고 있는지 어떤지, 만일 그렇지 못하다면 어떤 죄가 그것의 원인인지 등을 평가했다. 특히 제1세대가 다 죽고 제2, 3세대가 활약하던 17세기 후반부의 선거 설교에는 예레미야 애가조의 내용이 많았다. 선거 설교를 통해 설교자들은 전체 뉴잉글랜드인들에게 각성과 회개를 촉구하면서 제2, 3세대들이 제1세대들의 그 순전하고 진실했던 신앙으로 돌아갈 것을 촉구했다. 청교도 목사들은 사회의 "파수꾼"으로서 자신들의 역할에 대한 깊고도 예민한 감각을 가지고 있었다. 선거 설교는 그들에게 있어 이 선지자적 책임을 수행할 수 있는 최고의 기회였다. 당시 뉴잉글랜드의 당면 문제들을 숙지하고 있었던 설교자들은 선거 설교를 통해 그러한 현안들에 대해 코멘트하기도 했다.[26)] 선거 설교는 선지자들이 공동체의 사명을 재음미하면서 미래를 향한 비전을 제시하는 의미심장한 기회였다.

선거 설교는 뉴잉글랜드 전체를 향해 연설할 수 있는 연중 유일한 기회였다. 뿐만 아니라 황무지에서 "거룩한 공영체"(The Holy Comnmonwealth)

를 건설하고자 하는 대담한 시도가 과연 성공할 것인지를 주목하고 있던 유럽인들을 향한 청교도들의 메시지이기도 했다. 실제로 이 설교는 후에 의회의 비용으로 출판되어 전 미국의 목사들에게 배부되었으며 일부는 유럽에 배포되어 왕실에까지 전달되기도 했다. 그것은 청교도의 "사회 이론과 관련해 가장 중요한 단일 출판물의 형태"였으며 사실상 최초의 "미국의 소리"(Voice of America)였다.[27)]

선한 통치자의 자질

선거 설교의 주제로 가장 자주 등장한 것은 "선한 통치자의 자질"(The character of the good ruler)에 관한 것이었다. 초창기인 1630년대부터 1775년 미국 혁명 직전까지 출판된 선거 설교들의 절반 이상은 유권자들이 어떤 후보에게 투표해야 하며 관원들은 어떤 종류의 사람이 되어야 하는가 하는 내용을 담고 있었다. 통치자는 세 가지 자질을 갖추어야 했는데 그것은 '현명함, 경건함, 그리고 정의감'(wise, godly, and just)이었다. 좋은 통치자는 무엇보다도 '공공의 유익'(common good)을 위해 통치하는 사람이었다. 그것을 위해서라면 통치자들은 자신의 생명과 재산을 버릴 각오까지 할 수 있어야 했다. 또 그들은 사치와 개인적 만족을 위해 권력을 이용하려는 유혹을 경계해야 했다. 1638년 현존하는 최초의 선거 설교를 행한 토마스 셰퍼드(Thomas Shepherd)는 선거인단에게 "가시나무 통치자"를 선출하는 것을 경계하라고 요청했다. 구약 성경의 사사기에 나오는 "가시나무"는 신앙심의 뿌리가 얕아 야심과 자만으로 국가를 해치며 파벌 의식과 속임수로 통치하는 통치자의 상징이었다.[28)] 한편 유권자들은 혈연이나 사적 관계 등 "사사로운 고려"에 의해 투표하지 말아야 한다고 청교도 설교자들은 역설했다.

정부론

당시의 어떤 선거 설교들은 너무 구체적으로 정치 이론을 다루고 있기 때문에 마치 헌법 개론, 혹은 정치학 개론 교과서 같은 인상을 준다. 예를 들면 당대의 가장 박식한 자로 존경받았던 존 버나드(John Barnard) 목사는 1734년에 행한 선거 설교에서 정부의 기원, 목적, 형태, 사명, 관원의 권위 등을 해설했다.[29] 그에 의하면 정부는 신적 기원을 가진다. 즉 하나님이 정부를 만드셨다. "하나님의 주권과 정확무오한 지혜가 인간의 본성을 정부와 규칙이 필요하도록 만드셨다." 버나드는 정부에 대해 대단히 긍정적이다. 그에 의하면 인간이 설령 범죄로 타락하지 않았을지라도 정부는 필요했을 것이다. 제5계명을 위시한 다른 도덕법들이 무죄 상태의 인간들에게도 의무적으로 적용되었을 것이라는 말이다. 심지어 그는 거룩한 천사들 사이에도 정부가 있다고 주장한다. "하물며 부패하고 연약한 인간들의 정욕을 억제하고 약육강식을 막기 위해서는 얼마나 더 정부가 필요하겠는가?"[30]

정부 형태에 대해 버나드 역시 성경이 특정한 계시를 주지는 않는다고 말한다. "하나님은 그것을 각국의 백성들의 자연 이성에 맡기셨다." 어떤 정부 형태를 선택하든 그것이 올바른 이성의 결과라면 그것들은 하나님으로부터 온 것이다. 그러나 정당한 사유가 있을 때 정부 형태를 바꾸는 것은 각 시민 사회에 속한 권리이다. 정부 형태는 그 사회의 가장 현명한 사람들에게 맡겨 그들이 결정하게 해야 한다.[31]

버나드에 의하면 정부의 궁극적인 목적은 모든 피조물들의 존재 목적과 마찬가지로 하나님의 영광을 위해 봉사하는 것이다. 그러나 인간과 관계된 부차적 목적은 사회와 국가의 '공동선'(the common good)이다. 즉 사기, 폭력 등으로부터 사람들의 권리를 보호하여 공동체 전체의 안전과 복지를 증진시키는 것이다.[32] 정부가 수행해야 하는 의(righteousness)는 첫째, 헌법에 기초해서 행동하고 그것을 수호하는 것, 둘째, 의롭고 선하고 건전한 법률을 제정하는 것, 셋째, 제정된 법률을 시행하여 선행을 보상하는 것, 즉 배분적 정의(distributive justice)의 수행, 넷째, 각 사람의 몫을 주는 쌍무적 정의(commutative justice), 다섯째, 국가를 보위하고 평화를 수호하며 번영을 증진하는 것, 여섯째, 이웃 국가들과 맺은 동맹이나 조약을 엄격히 준수하는 것, 일곱째, 국민의 종교적 권리를 보호하는 것, 즉 종교의 자유를 보장하는 것 등이었다.[33]

아브라함 윌리엄스에 의하면 정부 혹은 "시민 사회"는 "동의에 의해 연합된 다수의 사람들이 이 세상에서의 상호 방위와 편의를 위해 법률을 제정 시행하는 권력을 가지고 인간의 시민권과 재산을 존중하면서 범법자들에게 적절한 처벌을 가하는 것"이었다.[34] 즉 정부의 목적은 구성원들의 "권리와 재산"을 보호하고 그들의 "복지를 증진"시키는 것이다. 성경적으로 말하면 정부의 사명은 인민들로 하여금 "경건과 정직 속에서 고요하고 평화로운 삶을 영위"하게 하는 것(딤전2:1)이다.[35] 윌리엄스는 세습제나 장기 집권은 이러한 목적에 부합되지 않는다고 보았다. 왜냐하면 권력이 세습되거나 장기화되면 "자의적 원리와 관행" 즉 독재가 지배하기 쉽기 때문이었다. 그리하여 그는 인민들에 의한 선거를 지지했다. "공동체는 본래 그 관원들을 선택할 권리가 있다."[36]

청교도들은 공직을 높게 평가했다. 공직자들은 "하나님의 보좌에 가장 근접한 유사성"을 지닌다고 버나드는 강조했다. 그들은 "하나님의 가시적 형상"이었다.[37] 위정자는 세 가지 방법으로 권위를 받게 되는데 첫째, 세습, 둘째, 하나님의 직접적인 임명, 셋째, 공동체의 선출 내지는 동의였다.[38] 버나드는 현대에 있어 하나님의 임명은 백성들의 선거에 의해 확인된다고 보았다. 그 성경적 근거로 그는 사무엘과 다윗이 하나님의 기름부으심을 통해 이스라엘의 왕으로 엄숙히 성별되었으나 백성들의 선출에 의해 권력을 공인받기까지는 정사를 돌볼 권리가 없었다는 구약의 사례를 제시했다. 말하자면 권력은 공동체의 동의와 선거로부터 나온다. 하나님은 거룩하고 지혜로우신 섭리 중에 시민들의 목소리, 동의, 그리고 헌법에 의해 간접적으로 (mediately) 신성한 권리(divine right)를 통치자에게 부여하셨다.[39]

치자와 피치자에게 모두 필요한 의(righteousness)로서 버나드는 공공 정신(a public spirit)의 중요성을 강조했다. 공공 정신이란 각각의 시민들이 사회 전체의 이익을 구하는 것으로 사회 전체를 위해 자신을 바치겠다는 정신을 의미했다. 인간은 아무도 자신만을 위해 태어나지 않았고 인류를 위해 났기 때문에 편협하고 이기적인 정신은 이웃에 대해 무관심하며 그렇기 때문에 필경 불의하게 된다는 것이었다. 반면 공적 정신의 소유자들(public-spirited man)은 틀림없이 정의롭다고 버나드는 믿었다. 그들의 관대한 영혼은 자기 나라를 위해 고상하고 위대한 행위를 낳는다. 예를 들면 그들은 자라나는 세대가 공적으로 쓸모있는 사람들이 되기 위해 훈련되고 양육 받는 학교와 대학 같은 것을 설립하고 거기에 기부한다. 그렇게 함으로써 그들은 사회 덕분에 얻은 것의 일부나마 사회에 환원한다.[40]

사회 계약론

1741년의 대각성은 대규모 신앙 부흥으로서 뉴잉글랜드로부터 조지아에 이르기까지 당시 모든 미국 식민지 주들에게 충격을 주었다. 순회 설교자들은 기성 교회의 목사들을 "회심하지 않은 자들"이라고 비난하면서 그 목사 교회의 교인들은 자기 교회들을 떠나 참으로 "회심한" 목사들이 있는 곳으로 옮기라고 설교했다. 순회 설교자들의 설교를 듣고 자기가 생전 처음으로 성령을 느꼈다고 믿은 흥분되고 열광적인 사람들은 그러한 충고를 따라 종종 자기 교회를 버리고 새 교회를 세웠다. 그렇게 함으로써 그들은 자신들에게 그토록 중요한 의미가 있었던 그 체험을 유지하고자 했다. 대각성에 참여하지 않은 많은 사람들은 이 과정들을 두려움으로 지켜보았다. 그들이 보기에는 대각성이 모두 마귀와 그 하수인인 순회 설교자들의 장난으로 보였다. 그리하여 코네티컷 의회는 순회 설교자들의 순회 전도에 심한 제약을 가하는 법률을 통과시킨다. 여기에 충격을 받은 앨리샤 윌리엄스(Elisha Williams)는 18세기 전반부 뉴잉글랜드에 나타난 양심의 자유를 위한 탄원들 가운데 가장 강력한 글을 썼다.[41] 종교의 자유를 변증하기 위한 이 글의 전반부에서 그는 자기주장을 전개하기 위한 기초로 존 로크가 『정부론』에서 증명한 내용들을 간단하게 요약하는데 이것이 당시 청교도들이 신봉하던 정치사상의 내용을 잘 반영했다.

18세기 계몽주의의 영향을 받은 정치적 문헌들이 으레 그러하듯 윌리엄스도 인간의 평등을 주장하면서 자신의 글을 시작했다. "자연 상태에서 모든 인간은 평등하다." 모두가 자연적으로는 평등하게 태어난다는 말은 "자신의 인격에 대해 동등한 권리를 가지며 그리하여 그것의 보전을 위한 동등한 권리를 가지며 자기의 생계를 위해 자연이 제공하는 것들에 대한 동등한 권리를 가진다."는 말이라고 윌리엄스는 본다. 이 목적을 위해 하나님은 인간들에게 이 땅을 공통으로 부여하셨다. 그것에 대한 배타적 권리를 주장할 수 있는 사람은 본래 아무도 없었다.[42]

인간은 본래 평등할 뿐 아니라 또 자유하다는 데 윌리엄스는 동의했다. 하나님이 인간에게 "의지의 자유"(a freedom of will)와 "행위의 자유"(liberty of acting)를 함께 주셨다는 것이다. 그러나 윌리엄스에게 있어 자유(freedom)란 "모든 사람이 어떤 법률에도 개의치 않고 제멋대로 할 수 있는 자유(liberty)"를 의미하지는 않는다. 오히려 자연적 자유란 지상적 권세로부터의 자유를 의미한다. 즉 "인간의 의지나 사법적 권위 밑에 있는 것이 아니라 오직 자연의 법(the Law of Nature), 다른 말로 조물주의 법(the Law of its Maker)을 자기 규범으로 삼는 것"이다.[43]

윌리엄스는 모두가 동등한 권리를 가진 자연에 인간이 자유 의지에서 비롯된 육체의 일을 행함으로 사유 재산이 발생한다고 주장했다. "본래 공동의 소유였던 자연에 인간이 노동을 가함으로 그것을 자기 사유 재산으로 만든다 … 적어도 아직 다른 사람들을 위해서도 충분하고 그만큼 좋은 것들이 남아 있는 곳에서는 그러하다." 그러나 윌리엄스는 자연인은 그렇게 정의롭거나 공평하지 못하기 때문에 이런 인간들 속에서는 사유 재산에 대한 위협이 항상 존재한다고 생각했다. 그래서 일단 사유 재산이 형성되면 그것에 대한 정당방위권이 발생한다고 그는 생각했다. "만일 모든 사람이 자기 신체와 재산에 대한 권리가 있다면 또한 그것들을 방어하기 위해 필요한 제 수단을 사용할 권리도 있다." 이 말은 "자기 신체와 재산에 대한 모든 침해를 처벌할 권리가 있다"는 말이었다.[44] 1762년에 아브라함 윌리엄스도 정확히 같은 말을 하고 있었다. 그는 인간이 자신의 생명과 재산을 보호할 권리는 천부적인 것이라고 강변했다. 인간에게는 자신의 행복과 재산을 보호할 "천부적 권리,

혹은 자연적 권리"가 있다. 그러므로 자기 행복이 방해받거나 재산이 침해를 당하면 그것은 "불변하는 공평의 법"에 대한 침해이므로 자기 자신의 권리를 방어하고 침략자에게 적절한 보응을 가할 수 있다. 이러한 "정당 방어의 권리"는 정부가 생기기 전부터 "우주의 왕"께서 인정하신 것이다.[45)]

그러나 자연 상태에서 인간이 자신의 재산권과 생명을 보호하기 위해 행동을 취하는 데는 여러 가지 문제가 따른다. 첫째 문제는 각 사람이 스스로의 재판관이자 법집행관이 되어야 한다는 것이다. 윌리엄스의 말을 빌면, "자연 상태에서는 각자가 다 심지어 자기 문제에 있어서조차 자연법의 침해에 대한 재판관이자 동시에 형집행자(executioner)가 되어야 한다." 그러나 이것은 대단히 위험한 방식이라고 그는 본다. 왜냐하면 사람은 자기 자신의 이해관계가 개입된 문제에 있어서는 "편견"으로 인해 자연법을 공평하게 적용하기 어렵기 때문이다. 즉 자연 상태에서 분쟁이 발생할 경우 "사심 없는 재판관"이 없다. 그뿐 아니라 자연 상태에서 사는 사람들이 자연법을 항상 잘 알고 있는 것도 아니다. 즉 자연 상태에서는 "확립되고 잘 알려진 법"이 존재하지 않는다. 마지막으로 설사 자연법이 명하는 처벌의 정도를 알게 되었다 하더라도 누구나가 다 그것을 시행할 수 있는 힘을 가지지는 못했다. 즉 가해자가 피해자보다 더 강한 경우에는 법을 집행할 수가 없다. 결국 입법, 사법, 행정 세 분야 모두에 결핍이 있다. 이 문제를 해결하기 위해 사회, 혹은 공영체(commonwealth)가 필요하게 된다. 즉 사람들(people)은 함께 모여 직접 법을 "제정, 집행"하거나 아니면 "대표"로 그렇게 할 사람들을 "선임"한다. 정부가 구성되는 것이다. 그러므로 정부는 인민이 "일반적 동의"(common consent)에 의해 자연법에 상응하는 법률 체계, 혹은 시시비비의 표준-그들 사이의 모든 논란을 해결할 보편적 척도-을 만들고 그것들이 지켜지게 하기 위해 수립한 하나의 보편적 권력이다. 여기서 사회 계약론이 탄생한다.[46)]

그러므로 모든 정치 권력 인민으로부터 나온다. "모든 시민 권력의 원천이자 기원은 인민"이다. 그리고 그것은 그들을 위해 제정된 것이라고 윌리엄스는 주장한다. "시민 정부의 위대한 목적은 인민의 신체, 자유, 그리고 재산을 보존하는 것, 즉 자연 상태에서보다 그들의 상태를 더 낫게 만드는 것이다." 사람들이 함께 모여 자신들이 최선이라 여기는 정부를 만드는 "유일하게 참된 이유"는 "자기 자신의 이익(good)"인데 그 이익이란 "자기에게 속한 것을 보다 안전히 향유하는 것"이다.[47] 정부의 존재 목적이 오직 인간의 행복을 위한 것이라는 이러한 정의는 17세기 청교도들의 생각과는 상당한 거리가 있는 것임에 분명하다. 17세기 초의 청교도들은 칼뱅의 견해를 따라 정부의 가장 중요한 기능이 하나님의 영광을 위해 봉사하는 것이라 믿었었다. 즉 참 교리와 참 교회를 보호 육성하는 것이 정부의 제일차적 사명이라 생각했었다. 그러한 의미에서 18세기 청교도들의 정부관은 보다 인본주의적으로 변화되었다. 즉 세속화되었다고 말할 수 있을 것이다.

윌리엄스는 정부와 폭군을 구분한다. 세상에는 너무 많은 "자의적 정부"들이 있는데 그것은 "인민들이 자기들 자신의 법을 제정하지 않는" 정부들이다. 이것들은 엄밀하게 말해 "정부가 아니라 폭정"이라고 그는 주장한다. 그러므로 그의 견해에 따르면 군주정은 정부가 아니다. 폭정은 "하나님의 법과 자연법"에 정면으로 반대된다고 그는 생각했다.[48]

종교의 자유

사람들이 정부를 이루고 그 밑에서 살기로 작정하면 본래 자기에게 속한 자유나 권리의 일부를 정부에 양도하는 것이 불필요하다. 그러면 그 중 어떤 것을 양도하며 어떤 것은 우리에게 남아 있는가는 정부를 만든 목적에 의해 결정된다고 윌리엄스는 주장했다. 신체와 재산의 보호가 정부의 존재 목적이라 할 때 정부에 양도되는 개인의 자유와 권리는 두 가지라고 그는 보았다. 첫째, 자연 상태에서는 자기 자신과 다른 사람들의 신체와 재산의 보전을 위해 자연법이 허용하는 한도 내에서 자기가 옳다고 보는 대로 행할 권리를 가지고 있었는데 그것이 정부에 양도된다. 둘째, 개인은 처벌권을 전부 정부에 양도하고 자기의 자연적 힘은 정부의 처벌권을 돕게 한다.[49] 이 둘을 제외하고는 모든 개인의 자유와 권리는 그대로 우리에게 남는다. 예를 들면 언론의 자유는 양도될 수 없다. 모든 사람은 전체의 유익에 영향을 미치는 그러한 문제들에 관해 자기 감정을 자유롭게 말할 수 있어야 한다. 그것은 권리일 뿐 아니라 "의무"이기도 하다고 윌리엄스는 주장했다. 왜냐하면 "공동체의 모든 구성원은 자기의 특별한 문제뿐 아니라 전체에 대해서도 관심을 가져야 하기" 때문이다. "모든 경우에 입을 다물고 있기로 작심하고 실권을 가진 자들의 우매, 무지, 실수에 대해 결코 괘념치도 않고 발언하지도 않으며 그것을 경계치 않는 자들은 사회의 훌륭한 구성원으로서의 자질을 갖고 있지 않다."[50] 사회적으로 무관심한 사람은 시민으로서의 자질이 부족하다는 것이었다.

종교의 자유도 양도될 수 없는 권리들 가운데 하나라고 윌리엄스는 주장했었다. 그것도 정부를 만드는 목적과는 무관한 것이기 때문이다. 성경은, "모든 개신교도들이 동의하는 것처럼" 그리스도인에게 "신앙과 행위의 유일한 규범"이므로 모든 그리스도인은 종교 문제에 있어 "자기가 무엇을 믿어야 하며 행해야 할 것인지를 스스로 판단할 권리를 가진다." 그러므로 관원들이 종교 문제에 있어 어떤 형벌 규정을 만들 권력은 전혀 없다. 각 사람은 하나님의 뜻, 그리스도인의 책임 및 기독교의 성격을 알기 위해 스스로 성경을 연구하고 그것의 의미를 스스로 판단해서 그것이 어디로 인도하든 자기의 판단을 따를 "불가양의 권리"를 가진다. 그리고 이 권리는 세속적, 혹은 종교적 권세자들의 권리와 동일하다.[51]

종교에 관해 자신의 판단과 선택 대신 다른 사람의 그것에 의존하는 관행은 "사탄의 회당"에서나 통용될 일이다. 사탄의 교리는 "무지가 경건의 어머니"이기 때문이다. 그러나 자발적 판단에 의한 것일 때만 종교가 의미를 지닌다. "행위자 자신이 스스로 이해하고 선택한 행위가 아니면 어떤 것도 종교적 행위가 아니다. 종교의 자유는 인간의 본성에서 비롯되는 것이므로 그것을 포기하는 것은 "생각하는 힘"(the power of thinking)을 버리는 것과 마찬가지라고 윌리엄스는 주장했다. 그러므로 누구든지 다른 사람의 종교의 자유를 침해하는 자는 그가 교황이든 황제든 사람을 "짐승과 같은 존재"로 격하시키는 셈이 된다. 종교의 자유란 "양심의 자유"와 불가분의 것이다. 양심의 자유는 "신성하고 모두에게 평등하며 불가양의 것"이었다.[52]

모든 사람이 각각 성경을 읽고 종교에 대해 스스로 판단해야 한다면 왜 목사들은 성경을 가르치는가? 즉 "교역자의 가르침과 개인의 성경 연구권은 어떻게 조화되는가?"하는 질문에 대해 윌리엄스는 교인들이 목사의 가르침을 맹목적으로 수용할 것이 아니라 성경에 비추어 그것을 취사선택해야 한다고 대답한다. "교역자의 임무는 성경을 풀어 설명하는 것이고 교인들의 임무는 그들의 가르침이 과연 그러한가 알기 위해 성경을 상고하는 것"이라고 주장함으로써 윌리엄스는 목사들의 가르침의 신빙성을 상대화한 것이다. 결국 진리에 대해 최종적으로 선택하는 것은 개개인들 자신이라고 말함으로써 목사들의 권위에 맹목적으로 복종하는 것을 그는 경계했다. 사역자들은 직무상 그리스도의 법을 가르치고 설명하지만 그것이 정언적인 것은 아니라는 말이다.[53]

법적 국교 수립에 의해 종교의 통일이 이루지지는 않는다고 윌리엄스는 주장했다. 교황제 국가에서도 신앙의 통일은 이루어지지 못했고 개신교 국가들에서도 국교 제도와 그것에 부가된 처벌에 의해 모든 사람이 종교 문제에 대해 획일적으로 생각하고 행동하도록 만들려는 시도들이 있었다. 국교에 동조하지 않는 자들은 발견되는 족족 사형이나 추방을 당했다. 그러나 "오늘 그들을 짤라 버리면 내일 또 다른 자들이 나타났다." 그것은 처벌이나 박해가 종교적 통일을 만들지 못한다는 증거였다.[54]

윌리엄스는 신앙의 통일과 일치가 국가의 평화와 질서에 불필요하다고 주장했다. 종교 문제에 대해 감각이 다른 것은 오히려 "자연스럽고 불가피한" 일이었다. 그리고 그러한 차이는 시민 사회에 "해되는 일이 아니다." 윌리엄스는 당시 미국에 기독교의 여러 교파들, 즉 장로교, 침례교, 회중교, 성공회, 퀘이커 등이 한 공동체에서 평화롭고 조용하게 살고 있음을 지적했다. 반면 국교 제도가 오히려 국가의 평화를 파괴한다고 그는 주장했다. "종교의 자유에 대한 침해야말로 국가의 평화에 크게 유해"했다. 그러므로 국가의 평화를 가져오는 가장 확실한 방법은 종교의 자유를 보장하는 것이었다.[55] 종교의 자유에 포함되는 것은 그리스도인들이 출석할 교회를 선택하는 자유, 예배의 방법을 결정할 자유, 권징의 자유, 교회 직원 선택의 자유 등이었다.[56]

정부는 종교의 자유를 보호할 책임을 진다고 윌리엄스는 주장했다. "정부는 모든 신민들이 종교 문제에 있어 사적 판단의 권리와 양심에 따라 하나님을 예배할 자유를 향유할 수 있도록 보호해야 한다." 정부의 목적은 본래 "각 사람에게 속한 것을 각 사람이 보다 안전하게 누리게" 하는 것이기 때문이다. 예배 모임은 공민적 문제를 의논하기 위해 모인 마을 주민들의 회집처럼 방해받지 말아야 한다. 여기서 "집회의 자유"라는 인간의 기본권이 등장했다. 예배를 위한 종교적 집회의 자유는 "가장 소중한 자유"라는 것이었다. 윌리엄스는 16세기에는 로마 천주교에 대항해 양심의 자유와 종교의 자유를 주창했던 개신교도들이 17-18세기에 자기들의 입지를 강화한 후에 자기들의 영역 내에서 종교 자유의 원리를 부인하는 처신을 하는 것을 개탄했다. "모든 종교개혁은 본래 이 종교의 자유의 원리 위에 이루어졌다. 그런데 개혁자들이 이 원리에서 떠나버렸다. 그것은 슬픈 일이다."[57)]

폭군에 대한 저항권

선한 통치자의 자질에 관한 설교를 한 청교도들에게 있어 가장 중요한 고려 사항은 혁명의 정당화였다.[58)] 1750년 조나단 메이휴(Jonathan Mayhew) 목사는 잉글랜드의 청교도 혁명에 의해 처형당한 왕 찰스 1세의 서거 100주년 기념일에 "위에 있는 권세에 대한 무제한적 순종과 비저항"이라는 책을 출판했다.[59)] 당시 잉글랜드 국교인 성공회는 그 날을 금식과 회개의 날로 정하고 엄숙히 지키려 하고 있었다. 이에 반발하여 조나난 메이휴는 로마서 13장을 본문으로 하는 설교를 통해 폭군에 대한 저항의 정당성을 성경적으로 입증하려 했다.

먼저 그는 두 종류의 권력을 대조했다. 하나는 합리적이고 정당한 권위이며, 다른 하나는 불법적이고 비합리적인 권위다. 합당한 방식으로 행사되는 올바른 권위는 하나님을 기쁘시게 한다. 그러나 폭군적이고 억압적인 권세는 마귀를 즐겁게 한다. 전자는 사회 일반에 대한 축복이 되나 후자는 사회 전반에 걸친 저주가 된다. 전자는 악행자를 처벌하고 선행자를 격려함으로써 사회의 질서를 유지하고 공공의 복지와 유익을 위해 일하나 후자는 공공

의 파괴를 위해 기여한다.[60]

권력에 대한 인민들의 순종은 권력이 위의 두 종류 중 어느 쪽에 속하느냐에 따라 달라져야 한다고 메이휴는 주장했다. 정당하고 합법적인 권세에 대해 신민들은 즐겁고도 양심에서 우러나오는 순종을 바쳐야 한다. 그러나 자의적이고 불합리한 권력은 마귀를 대적하듯 대적해야 한다. 메이휴는 성경이 폭군에 대한 무력 저항을 인정한다고 해석한다. 흔히 통치자에 대한 무제한적 복종을 가르치는 것으로 알려진 로마서 13:1-7은 사실상 폭군에 대한 저항을 묵시적으로 승인하고 있을 뿐만 아니라 요구하고 있다. 만일 왕을 포함해서 어떤 공직자든지 자기 권한의 한계를 넘어서면 인민들은 무력 저항에 의해 그 상황의 해결을 시도하도록 허용된다. 공공의 안전과 행복을 위해 필요하다고 판단될 때, 그리고 다른 모든 수단들을 통한 문제의 해결이 수포로 돌아갔을 때 인민들이 무력 저항을 통해 자신들의 생명과 재산을 보호하는 것은 정당하다. 수백만의 사람들이 단 한 사람의 변덕스럽고 무법한 광기와 즐거움을 위해 희생해야 한다는 것은 상식에 반하는 일이다. 인명을 포함한 인생의 모든 소중한 가치들을 한 사람이 제멋대로 처리할 수 있다는 왕권신수설은 "이단적"이요 "괴물스럽고 설명할 길 없는 가르침"이다.[61]

한 나라가 폭군의 횡포 하에 신음할 때 국민들은 일심단결 궐기해서 폭군에게 저항할 수 있고 나아가 그를 자리에서 쫓아낼 수 있다. 그것은 범죄가 아니라 자신들의 자유와 정당한 권리 천명하는 합리적 방식이요 하나님이 국민들에게 주신 정당방위권을 사용하는 수단이다. 그러므로 그 수단을 사용하지 않는 것은 지극히 큰 범죄다. 온 나라가 한 사람의 횡포와 잔인성 때문에 고통당하도록 버려두는 것은 "바보스러운 유순함이요 설명될 수 없는 우매함"이다. 이런 경우 "폭군에 저항하는 자들이 아니라 저항하지 않는 자들이 저주를 받을 것"이다.[62]

물론 문제는 있다. 어디까지 참고 복종하며 어디서부터 저항해야 할 것인가 하는 명백한 선을 긋는 것은 어려운 일이다. 그러나 분명한 것은 합리적이고 적법하게 저항할 권리가 발생하는 시점이 있다는 것이다. 또 소요적이고 선동적이며 불순한 사람들이 이 원리를 악용해서 사회를 무정부적 혼돈 상태로 빠뜨릴 수도 있다. 그러나 그럼에도 불구하고 저항권은 인정되어야 한다. 왜냐하면 세상에 어떤 것도 악용될 위험이 전혀 없는 것은 없기 때문이다. 모든 선한 것이 악한 목적을 위해 오용될 수 있다. 그러므로 폭군에 대한 저항권도 단지 그것이 오용될 수 있다는 이유로 부인될 수는 없다.[63]

저항권과 미국 혁명

실제로 1775년에 선거 설교를 행한 하버드대학의 총장 사무엘 랭던(Samuel Langdon) 목사는 설교를 통해 영국에 대항해 무력 저항을 할 것을 촉구했고 며칠 후 독립 전쟁의 시작을 고하는 최초의 총성이 들렸다. 인간의 천부적 자연권과 사회계약설을 긍정하는 점에서 그의 설교에는 계몽주의적 정치 사상의 영향이 나타난다. 하나님은 인간에게 모든 인간들의 법률에 우선하는 "자연적 권리들"을 주셨다. 어떤 인간의 집단에 정부와 그것이 주는 질서가 존재하지 않을 때 그들은 자신들의 최선의 판단에 따라 "시민 사회"(civil government)를 형성하여 자신들의 공동의 안전과 이익을 도모할 수 있다. 청교도 목사는 나아가 시민 혁명권을 인정한다. 어떤 정부 형태가 "자신들의 목적" 달성에 적합치 않다고 다수에 의해 판단되면 그들은 "공동의 합의"에 의해 그것을 청산하고 다른 형태의 정부를 수립할 수 있다. 그러나 이 일은 "절박한 필요"가 있을 때 공동체의 "가장 현명하고 훌륭한" 구성원들의 일반적 목소리에 의해 결정되어야 했다. 청교도 목사는 이 당시에 이미 공직자들에 대한 국민 해임권을 주장할 정도로 진보적이었다. 만일 공공의 종복들, 즉 관원들이 자신들의 임무를 망각하고 또 자신들에게 맡겨진 국민들의 신뢰를 저버리고 나라를 팔아먹거나 인민들의 가장 소중한 권리와 특권들을 침범하면 이성과 정의의 법에 따라 그들은 "버림을 당해야"(discarded) 하며 대신 다른 이들이 임명되어야 했다.[64)]

청교도 설교자들은 악하거나 비능률적인 관원들을 보다 나은 사람들로 대체해야 하는 시민들의 도덕적 의무를 강조했다. 그들은 자기들의 치리자들이 하나님과 인민들에 대한 의무를 수행하고 있는지 각자가 판단할 책임이 있다고 주장했다. 인민들은 정부의 일에 참여함으로써 악한 치리자들을 경계해야 할 책임이 있다는 것이었다.[65)] 선거 설교는 관원들의 권세의 한계가 무엇이며 공공 정책을 결정함에 있어 인민의 권한이 무엇인지, 관원들은 오직 하나님에게만 책임이 있는지 아니면 자기들을 뽑아 준 인민들에게도 책임을 져야 하는지 하는 문제들도 분석했다.[66)] 그리하여 선거 설교는 뉴잉글랜드의 지성사뿐 아니라 정치 사상의 발전에 중요한 역할을 담당했던 것이다.

정치와 종교의 관계에 대한 청교도 목사들의 견해

정통 칼뱅주의자들이었던 청교도 목사들이 선거를 앞두고 사회의 모든 지도자들 앞에서 정치적 설교를 행했다는 사실을 듣는 한국의 많은 보수 교회 목사들과 신자들은 아마 적잖은 당혹감을 갖게 될 것이다. "도대체 왜 목사들이 선거를 설교의 주제로 다루었을까?" "선거와 같은 세속사에 대해 설교할 게 뭐가 있는가?" "정치와 종교가 무슨 상관이 있는가?" 하는 등의 의문을 가지게 될 것이라는 말이다. 그러면 어떤 신학적 견해와 성경 이해가 청교도들로 하여금 매년 선거 설교를 행하게 만들었는가?

미국에서 청교주의 연구를 부흥시킨 하버드대의 페리 밀러(Perry Miller) 교수에 의하면 청교도 운동에는 두 가지의 주요한 흐름이 있다. 하나는 소위 "아우구스티누스적 경건"의 흐름으로 개인 영혼의 구원을 확보하기 위한 내면의 투쟁의 흐름이요 다른 하나는 "지금 여기서", "언덕 위의 도시"(City on the hill)를 건설하고자 하는 사회적이고 정치적인 흐름이었다. 후자는 일종의 "사회를 위한 프로그램"을 가지고 공동체의 삶 전체를 하나님의 뜻에 맞게 가꾸어 나가는 데 집요한 관심을 쏟았다. 선거 설교는 이 청교도주의의 공민적 줄기(civil strain)를 정의하는 가장 중요한 기회였다. 언약의 백성들로서 그들이 어떻게 하나님이 원하시는 대로 자신들을 다스려 나가야 할지를 검토하는 시간이었다는 것이다.[67] 한국의 보수교인들과는 달리 청교도들에게 있어 이 두 흐름은 서로 배치되거나 상반되는 것이 아니었다. 오히려 이들에게는 개인적으로나 집단적으로 그 두 흐름이 아무런 갈등을 일으킴이 없이 조화롭게 공존했다. 그들은 그 두 관심이 결코 분리될 수 없는 통합적인 것이라 생각했다.

어떻게 그것이 가능했을까? 그것을 이해하기 위해서는 청교도들의 신학적 배경이 된 칼뱅의 세상관과 사회관을 주목할 필요가 있다. 세상에 대한 태도에 있어 개신교에는 대체로 세 가지의 주요한 흐름이 있다. 하나는 칼뱅주의, 혹은 개혁주의 전통, 둘째는 루터란의 전통, 셋째는 재세례파적 전통이다. 세상에 대해 가장 비관적 견해를 가진 재세례파는 세상은 영원히 기독교화될 소망이 없는 곳이기 때문에 교회는 필연적으로 세상으로부터 나와야 한다고 주장한다. 성도들은 세상과 격리된 곳에서 자기들만의 공동체를 건설해야 한다는 것이다. 그리하여 재세례파는 여러모로 분리주의적이다. 교회를 세워도 지역 교회(local church)가 아니라 자신들만의 비밀 집회(conventicle)를 만든다. 심지어 그들은 종종 그리스도의 재림 일자를 예언하기도 했다.

한편 루터파는 세상에 대해 마지못한, 즉 반쯤은 체념한 상태의 참여를 허용한다. 루터는 자신의 죽음 전에 세상의 종말이 올 것을 기대했다. 정치는 필요한 것이지만 그 자체로서 선한 것은 아니다. 그것은 필요악이다. 그리하여 루터의 신학에도 특히 초기에는 이원론적 요소가 강하다. 세상에 대해 상당히 비관적이라는 것이다.

역사적으로 개신교에서 세상에 대해 가장 적극적인 태도를 가진 것은 칼뱅주의자들이었다. 이들은 신자들이 사회의 여러 영역에서 활동할 것을 강력히 요청했다. 성도들이 세상의 한 복판에서 거룩한 신정국가(Holy Commonwealth)를 건설하는 것이 그들의 꿈이자 비전이었다.[68)]

교회와 국가의 관계에 대한 견해에 있어서도 재세례파와 칼뱅파의 입장은 현저한 차이를 보여 준다. 재세례파의 모토 가운데 하나는 '회복'(restitution)이었다. 초대 교회의 모습을 회복한 교회를 만드는 것이 그들의 이상이었다는 것이다. 초대 교회에 있어 교회와 국가의 관계는 적대적이었다. 국가는 교회를 억압하고 핍박했고 교회는 국가와 아무런 상관이 없었다. 재세례파가 보기에 그 이상적인 상태의 초대 교회가 타락하게 된 것은 콘스탄티누스 이후 교회가 국가의 보호와 수혜의 대상이 되면서부터였다. 모든 면에서 초대 교회의 모습을 문자적으로 회복하고자 했던 재세례파들은 교회가 국가의 박해를 받는 상태도 회복해야 한다는 극단적 주장을 전개했다. 일종의 기독교적 매조키즘(masochism)이라 할 수 있는 이 심리는 핍박을 받는 것이 좋고 순수한 신앙의 증거라는 신념이었다.

재세례파는 종교의 자유를 신조의 주요 사항으로 삼은 최초의 집단이었다. 신앙은 개인의 양심의 문제이기 때문에 국가가 간섭할 영역이 아니라는 것이었다. 그러므로 이들은 국교 제도를 반대했다. 개인이 어떤 신앙을 가지든 국가는 상관말라는 것이었다. 신앙은 국가의 물리력으로 강제할 사항이 아니라는 이들의 생각은 종교 다원주의, 혹은 복수 종교주의로 연결되었다. 이 점에 있어서는 현대에 들어와 재세례파의 주장이 승리를 거둔 것이라 할 수 있다.

칼뱅은 교회와 국가의 관계에 대해 전혀 다른 생각을 가지고 있었다. 그는 "모든 권세는 위로부터 왔다"는 로마서 13장 말씀에 근거하여 국가의 기원이 신적이라 믿었다. 정부의 권위는 인간의 고안이 아니라 하나님이 세우신 신성한 것이었다. 그러므로 국가는 하나님에 대해 일차적인 책임을 진다. 즉 국가의 가장 중요한 사명은 종교적인 것인데 그것은 참 교회(이 경우 칼뱅주의 교회)를 이단으로부터 보호하고 참 교리와 올바른 예배를 확장하는 것이었다. 참 진리는 하나이고 참 교회도 하나이며 나머지는 다 거짓 교회요 이단이다. 국가는 이단을 억압하고 추방해야 하므로 복수 종교가 허용될 여지는 없고 종교의 자유란 신성모독적인 개념이다.

칼뱅주의자였던 청교도들이 정부, 정치, 선거에 대해 설교했던 것은 바로 이러한 신학적 배경에서였다. 그들은 정부가 하나님이 만드신 기관이며 하나님의 영광과 인류의 유익이라는 하나님이 주신 소명을 가졌다고 믿었기 때문에 정치와 정치인들을 향해 전할 메시지가 있었다. 하나님께서 어떤 기관을 제정하실 때 품으셨던 의도가 없었겠는가? 있었다면 지금도 그것에 대해 하고 싶은 말씀이 틀림없이 있으실 것인데 그렇다면 설교자들이 성경에 근거해서 그 메시지를 대언해야 한다는 것이 칼뱅주의 목회자들의 생각이었다.

사실 한국적 정교분리는 마키아벨리즘에 더 가까운 것이다. 정치는 종교적, 혹은 도덕적 원리에 구애받을 필요가 없다는 것은 바로 마키아벨리의 지론이었다. 그 때문에 청교도들은 마키아벨리즘에 대해 대단히 적대적이었다. 대표적 청교도 목사 리처드 십스(Richard Sibbes)는 마키아벨리즘을 비판하여, “종교의 논리와 정치의 논리는 별개의 것인 양 정치와 종교를 구별하는 것은 가증스러운 속임수”라고 신랄하게 비난했다.[69]

한국 교회에 적용

혹자는 현대와 같은 종교 다원주의의 사회에서 왜 국가가 교회의 윤리적 판단의 대상이 되어야 하느냐는 의문을 제기할 것이다. 기독교를 신봉하지도 않는 현대의 많은 정치인들과 정부들이 왜 기독교 윤리의 적용을 받아야 하는가 하는 것이다. 물론 국가는 기구적으로 그리고 법적으로 교회로부터 독립되어 있다. 그런 의미에서 교회와 국가는 분리되어야 한다. 중세적 의미의 교회와 국가의 연합이나 유착은 있을 수 없다. 그러나 국가가 법적, 제도적으로 교회로부터 독립되어야 한다고 해서 그것이 모든 인간의 양심과 자연법에 공통적으로 존재하는 도덕률로부터도 자유하다는 말은 결코 아니다. 양심과 도덕법의 원칙은 법률이나 제도 이전의 문제이다. 교회가 정치적 사안에 대해 견해를 표명하고 국가의 불의를 비판할 때 그것은 기독교가 포함하는 정의와 자연법이라는 보편적 원리에 근거해서이다. 제도적으로 국가가 교회로부터 독립한다는 것은 국가가 인류 보편의 양심의 기준이나 정의의 원칙을 초월할 수 있다는 말은 아니다.

성직자들이 공직이나 당직을 겸할 수 없다는 의미에서 종교와 정치는 분리되어야 한다. 그러나 기독교가 가진 윤리적 관심이 정치나 사회 문제에 적용될 수 없다는 의미의 정교분리는 사악한 개념이다. 그런 경우 사회는 권위 있는 도덕적 음성을 상실하게 된다. 교회는 한 사회의 도덕과 양심의 최후의 보루로 남아야 하며 그 역할을 감당하기를 주저하지 말아야 한다. 정교분리라는 어구를 구실로 교회가 사회와 정치를 향해 선지자적 사명을 포기할 때 그 사회는 도덕적 무정부 상태로 전락하게 된다.

그러한 의미에서 한국 교회의 설교자들은 민족 공동체의 운명에 지대한 영향을 미치는 총선이나 대선 같은 선거를 앞두고 교인들을 정치적으로 지도할 수 있는 성경적 원리들을 제시해야 한다. 청교도 목사들처럼 선거 설교를 일년이나 몇 년에 한두 번씩은 행하는 것이 바람직하다는 것이다. 그것은 "주제넘게 목사가 정치에 간섭하는" 것도 아니요 정부의 권위를 침해하는 것도 아니요 교회와 국가의 구별을 흐리게 하는 행위도 아니다. 그것은 하나님의 뜻이 이 땅 위에서도 이루어지게 해야 하는 모든 그리스도인들의 사명을 설교자로서 행하는 것일 뿐이다. 만일 어떤 설교자가 선거나 정치는 '영적'인 문제가 아니라 '세속적'인 문제이기 때문에 관심이 없다고 말한다면 그것은 그가 자신도 모르는 사이에 성경적 견해보다는 플라톤적 이원론 철학의 지배하에 들어와 있다는 증거일 것이다.

맺는 말

우리는 앞에서 미국 건국 직전의 150년, 즉 미국의 이념적 토대 건설에 결정적이었던 시기 동안에 미국 목사들에 의해 쓰인 정치적 문헌들 중 대표적인 것들을 분석해 보았다. 청교도 목사들이 강단과 저서를 통해 제시했던 정치 사상들은 미국 정치의 방향을 안내했다. 그들은 권력의 제한, 국민 주권,

인간의 평등과 자유, 천부적 권리, 양심의 자유 및 종교의 자유, 사회 계약론, 국민 저항권 사상 등을 통해 민주주의의 이념적 기초가 되었다. 물론 17세기 초에는 민주주의를 성경적 정부 형태로 생각지 못한 때도 있었다. 그러나 18세기에 들어오면서 계몽주의적 정치 사상들이 청교도들에게 깊은 영향을 미쳐 민주주의의 가치에 대한 확신은 부동의 것이 되었다. 그러나 청교도들이 무작정 계몽사상을 받아들인 것은 아니었다. 그들은 그것이 자신들이 이해하는 성경의 정신에 일치한다고 보이는 한 수용했다. 뿐만 아니라 존 로크의 『정부론』 등에 나타난 사회 계약 사상은 최소한 부분적으로 청교도들의 언약 사상의 영향의 산물이라 할 수 있을지 모른다. 사실상 계몽주의의 사회 계약론은 언약 사상의 세속판이라 할 수 있기 때문이다. 청교도 혁명을 비롯한 여러 시기에 활동했던 영국 청교도들의 정치사상이 계몽주의 정치사상의 형성에 심대한 영향을 미쳤던 것이다. 이렇게 볼 때 근세의 민주주의 사상은 결국 칼뱅주의적 기독교의 산물이라 할 수 있을 것이다.

주

1) 존 윈스롭(1588-1649)은 케임브리지대 출신의 법률가로서 미국 뉴잉글랜드 식민지 개척의 지도자였다. 그는 영국 왕으로부터 신대륙의 매사추세츠에 새로운 자치 식민지(company)를 건설해도 좋다는 인허장(charter)을 받아 청교도 무리를 이끌고 미국으로 건너가 보스턴을 건설했다. 그는 잉글랜드를 떠나기 전에 총독으로 선택되었고 식민지 개척 시작 후에도 생애의 대부분의 기간 동안 총독으로 선출되었다. 그는 뉴잉글랜드에 숭고한 사명감을 불어 넣은 사람으로 그 곳의 정치적 성공에 누구보다 공이 컸던 개인이었다.
2) John Winthrop, "A Model of Christian Charity, Written on Board the Arbella on the Atlantic Ocean," Allen Heimert, Andrew Delbanco ed., *The Puritans in America* (Cambridge: Harvard University Press, 1985), 82-83.
3) Winthrop, "A Model," 89, 87.
4) Winthrop, "A Model," 91, 83-84.
5) Winthrop, "A Model," 91.
6) 존 카튼(1584-1652)은 케임브리지대 출신으로 잉글랜드에 있을 때 이미 목회자로 명성을 얻은 인물이었으나 뉴잉글랜드로 건너가 보스턴에서 목회하면서 뉴잉글랜드 청교도주의의 대표적인 신학자가 되었다.
7) John Cotton, "Certain proposals made by lord say, lord Brooke, and other persons of quality, as conditions of their removing to New England, with the answers thereto," Edmund Morgan ed., *Puritan Political Ideas 1558-1794* (Indianapolis: Bobbs-Merrill co., 1965), 166.
8) Cotton, "Certain," 166.
9) Cotton, "A Letter to Lord Say and Seal," *Puritan Political Ideas*, 169.
10) Cotton, "A Letter," 169.
11) Cotton, "On Limitation of Government," *Puritan Political Ideas*, 175.
12) Cotton, "On Limitation," 175.
13) 와이즈는 정치와 정부에 직접 관심을 가진 사람은 아니었으나 보다 장로교적 형태의 교회 정부를 수립하자는 당시의 움직임에 반대해서 회중 교회 형태를 변호하면서 자기 주장의 기초를 놓기 위해 1717년 『뉴잉글랜드 교회 정부의 옹호』(*A Vindication of the Government of the New England Churches*)를 출판했는데 이 책에는 푸펜도르프(Punfendorf)의 영향이 강하게 나타난다. 와이즈 같은 목사들의 책과 그들을 통해 유럽의 세속적 언약 개념이 청교도들의 과거의 언약 개념과 자유로이 뒤섞이게 되었다.
14) John Wise, "On the Principles of the Government," *Puritan Political Ideas*, 253.

15) Wise, "On the Principles," 255, 257.

16) Wise, "On the Principles," 253.

17) Wise, "On the Principles," 257-58.

18) Abraham Williams, "From the Social ladder to the Separation of Powers," *Puritan Political Ideas*, 334.

19) Wise, "On the Principles," 259.

20) Wise, "On the Principles," 252, 260.

21) Wise, "On the Principles," 263, 55.

22) Wise, "On the Principles," 261.

23) Wise, "On the Principles," 265, 260.

24) Wise, "On the Principles," 265.

25) 이러한 선거 설교의 관습은 이미 칼뱅 당시의 제네바에서도 발견된다. 그것은 최소한 칼뱅 시대부터 시작되었다. John. T. McNeill, *History and Character of Calvinism* (New York: Oxford University Press, 1954), 214를 보라.

26) T. H. Breen, *The Character of a Good Ruler: Puritan Political Ideas in New England* (New Heaven: Yale University Press, 1970), xiv.

27) Perry Miller and Thomas H. Johnson ed., *The Puritans* (New York: American Book co., 1938), 792.

28) A. W. Plumstead, *The Wall and the Garden* (Minneapolis: University of Minnesota Press, 1967), 47-48.

29) 그의 설교는 영어 원서 50여 페이지를 넘는다. 청교도 목사들은 보통 90분 내지 120분 걸친 설교 시간에 아주 빠른 속도로 원고를 읽어 내려갔다. Harry Stout, *The New England Soul: Preaching and the Religious Culture In Colonial New England* (New York: Oxford University Press, 1986), 3.

30) John Barnard, "The Throne Established by Righteousness," *The Wall and the Garden*, 234-36.

31) Barnard, "The Throne," 238-40.

32) Barnard, "The Throne," 244-46.

33) Barnard, "The Throne," 248-66.

34) Williams, "From the Social ladder," 339.

35) Williams, "From the Social ladder," 335-36.

36) Williams, "From the Social ladder," 348-49.

37) Williams, "From the Social ladder," 233.

38) Williams, "From the Social ladder," 241.

39) Williams, "From the Social ladder," 243.

40) Williams, "From the Social ladder," 270.

41) 앨리샤 윌리엄스(1694-1755)는 하버드 대학을 졸업한(1711) 후 예일 대학의 교목으로 봉사했다(1725-1739). 그는 자기 앞의 교목이 영국 국교회로 개종을 해버림으로써 상실해버렸던 예일의 종교적 정통성에 대한 평판을 예일에 회복시켜 준 사람으로 평가된다. 그러나 그는 앞 뒤가 꽉 막힌 그런 종류의 정통주의자는 아니었다. 종교의 자유를 주장하면서 그가 쓴 글의 본래 제목은 *The Essential Rights and Liberties of Protestants: A Seasonable Plea for the Liberty of Conscience, and the Right of Private Judgement, in Matters of Religion, Without any Control from Human Authority, Being a Letter, from a Gentleman* (Boston: S. Kneeland & T. Green, 1744)였다.

42) Elisha Williams, "Inalienable Rights of Conscience," *Puritan Political Ideas*, 269-70.

43) Williams, "Inalienable Rights of Conscience," 270.

44) Williams, "Inalienable Rights of Conscience," 271.

45) Williams, "From the Social ladder," 337.

46) Williams, "Inalienable Rights of Conscience," 271-72.

47) Williams, "Inalienable Rights of Conscience," 272-73.

48) Williams, "Inalienable Rights of Conscience," 273.

49) Williams, "Inalienable Rights of Conscience," 273-74.

50) Williams, "Inalienable Rights of Conscience," 273-74.

51) Williams, "Inalienable Rights of Conscience," 275-77, 268.

52) Williams, "Inalienable Rights of Conscience," 277-78.

53) Williams, "Inalienable Rights of Conscience," 279.

54) Williams, "Inalienable Rights of Conscience," 279-81.

55) Williams, "Inalienable Rights of Conscience," 282, 284, 87. 그러나 재미있게도 윌리엄스는 로마 천주교는 종교의 자유에서 제외된다고 주장했다. 왜냐하면 "개신교는 (심지어 교황제 국가에서조차도) 국가의 좋은 백성이 되기 때문에 모든 나라에서 허용되어야 한다." 그러나 교황주의자들은 "자기들의 원리상 개신교 국가에 대해 원수요 반역자"다. 엄격히 말해 로마 천주교는 "종교라는 이름으로 불릴 자격도 없다."고 그는 단정했다. 그것은 "차라리 종교에 대한 음모요, 이성, 자유 및 인간의 평화에 대한 음모'라는 것이었다. 282.

56) Williams, "Inalienable Rights of Conscience," 290.

57) Williams, "Inalienable Rights of Conscience," 287-89.

58) Breen, *The Character of a Good Ruler*, xiv.

59) 조나단 메이휴(1720-1766)는 하버드 졸업생(1744)으로 재학 중에는 신학적으로 진보적인 견해를 지닌 것으로 유명했다. 그는 졸업 후에도 리버럴이라는 그의 명성에 걸맞는 생을 살았다. 여기에 소개된 폭군에 대한 그의 저항 이론은 그 후 수십 년간 뉴잉글랜드인들에게 심대한 영향을 미쳤다.

60) Jonathan Mayhew, "A Discourse Concerning Unlimited Submission and Non Resistance to the Higher Powers: With the Some Reflections on the Resistance made to the King Charles I," *Puritan Political Ideas*, 305-10.

61) Mayhew, "A Discourse," 309-13.

62) Mayhew, "A Discourse," 317-18.

63) Mayhew, "A Discourse," 315.

64) Samuel Langdon, "Government Corrupted by Vice, and Recovered by Righteousness," *Puritan Political Ideas*, 358-68.

65) Langdon, "Government," xiv.

66) Breen, *The Character of a Good Ruler*, xiii; Plumstead, The Wall and the Garden, 22-23.

67) Plumstead, *The Wall and the Garden*, 15-18.

68) Roland Bainton, *The Reformation of the Sixteenth Century* (Boston: Beacon Press, 1952), 207, 109. 『16세기 종교개혁』. CH북스 역간.

69) Alexander B. Grosart ed., *The Works of Richard Sibbes* (London: The Banner of Truth trust, 1973), 3:279.

Reformed Social Ethics & Korean Churches

제5장

미국 혁명에 대한 기독교의 영향

18세기 미국의 독립 혁명은 모국인 영국에 대한 무력 저항이었다. 8년간의 전쟁은 식민지 미국의 승리로 끝났다. 종교적으로 당시 식민지의 주류는 그리스도인들이었다. 그러므로 만일 이들이 무력 사용을 거부하였더라면 독립 혁명은 시작될 수 없었을 것이다. 미국 혁명이 성공했다는 것은 미국 그리스도인들 다수가 무장 혁명에 동조하고 적극적으로 참여했음을 의미한다. 『미국 혁명과 기독교』의 저자인 하버드 대학의 마크 놀(Mark A. Noll) 교수가 지적했듯이 "거대한 수의 미국 그리스도인들이 대영 제국으로부터의 분리로 귀결되는 그 운동을 온 마음으로 지지했다." 그 때문에 어떤 관측자들에게 식민지 애국자들은 종교적 십자군들로 보였다."[1)]

특별히 앵글로-아메리칸 청교도주의의 직계 후손들인 회중교도들과 장로교도들은 식민지의 권리들을 방어하는 데 아주 두드러진 역할을 했다. 뉴잉글랜드 청교도들과 중부 식민지의 장로교도들은 독립 혁명을 가장 적극적으로 지지했던 집단이었다. 필라델피아 출신의 영향력 있는 변호사요 펜실베니아 지역 입법부의 대변인이었던 조셉 갤러웨이(Joseph Galloway)는 동인도 회사가 차 독점을 확보했을 때 일어났던 식민지의 일반적 봉기는 "회중교도들, 장로교도들, 그리고 밀수업자들"이 주도했다고 적었다.[2)]

그리스도인들이 독립을 위한 혁명에 적극적이 될 수 있었던 배후에는 설교를 통해 혁명을 정당화하고 격려한 많은 교회 지도자들이 있었다. 영미 간의 갈등에 대해 글을 쓴 "절대 다수의 목사들"이 식민지의 독립을 위한 전쟁을 지지했다. 현대 미국사학자들은 그 사실을 인정한다. "많은 기독교인 애국자들, 특히 목사들이 금식일이나 감사절에 독립 운동을 지지하기 위해 성경으로부터 본문을 끌어내는 것은 흔한 일이었다."[3)]

그러면 과연 미국 혁명기의 목사들은 어떤 성경 해석과 논리로 자기 교인들에게 무력 저항의 정당성을 설득했던가? 일반적으로 평화주의자들로 알려진 그리스도인들에게 폭력적 수단 사용의 정당성을 확신시켜 준 것은 목사들의 어떤 메시지들이었는가? 만일 미국 혁명의 발발에 기독교 외의 다른 사상적 영향이 있었다면 그것은 무엇이었는가? 전체적으로 미국 혁명은 어느 정도로 기독교의 영향 하에 수행되었다고 말할 수 있는가? 필자는 당시의 설교들, 팜플렛들, 그리고 저술들을 분석함으로써 위의 질문들에 대답하고자 한다.

미국 혁명의 역사적 배경

프랑스와의 전쟁이 끝난 직후 미국에서는 영국에 대한 원망이 고조되기 시작했다. 영국이 퀘벡으로 하여금 감독제를 계속 보유하도록 허락했다는 소문은 미국인들의 마음에 북쪽으로부터 교황의 군대가 쳐내려오는 묵시록적 두려움을 재생시켰고 영국의 고위 관리들이 뉴잉글랜드의 공민적, 종교적 자유를 말살하기 위해 음모를 꾸미고 있다는 의심을 강화시켰다. 이 음모에 대한 의심은 1764년 「설탕 혹은 세입 조례」(Sugar or Revenue Act)가 발표되자 더 확고해졌다. 이 조례는 영국의 재무성 장관 조지 그렌빌(George Grenville)이 밀수를 방지하고 국왕을 위한 세입을 증대시키기 위해 고안한 것이었다. 이 조치에 대한 순종을 끌어내기 위해 그렌빌은 식민지 세관원들에게 수색 영장, 혹은 협조 서한을 발부하여 영국 관원들이 왕에 의해 지정된 해사 법원에서 무역이나 항해상의 범법 행위들을 재판할 수 있게 했다.

이러한 사법적 장치와 함께 법적 양식들, 신문들, 그리고 1765년 3월부터 효력을 발하는 모든 문서들에 인지세(stamp tax)를 부가했다. 그렌빌은 "외적" 무역 규칙들이 이론적으로는 항상 존재했었고 영국 표준으로 볼 때는 제안된 인지세가 관대함의 모델이었기 때문에 식민지인들이 프랑스와의 전쟁 중에 있었던 영국의 도움에 대한 감사로 그것에 기꺼이 응하리라 생각했었다. 이 새 입법은 1765년 8월의 인지 조례 폭동으로 절정에 달하게 될 일련의 항거를 야기했다.

설탕과 인지 조례에 대한 최초의 항거는 주의회원인 제임스 오티스 2세(James Otis, Jr.) 및 변호사들, 상인들, 신문 편집인 등으로 이루어진 일단의 보스턴 과격파들이 주도했다. 이들이 작성한 항의문은 배심원에 의한 재판을 받을 권리, 영국 의회의 주권의 한계 및 세금들에 관한 광범위한 헌법적 권리론이 요약되어 있었다. 1765년에는 또 보스턴 상인들이 매사추세츠와 코네티컷의 인민 의회와 함께 선언서를 발표하여 영국 의회에 그들의 대표의 참석이 허용되지 않는 한 의회가 식민지에 과세할 권리가 없다고 주장했다. 이 초기의 저항자들 중 혁명을 권고한 사람들은 하나도 없었지만 그들은 영국의 입법을 식민지의 권리에 대한 침해로 묘사하고 만일 그것들이 저지되지 않으면 결국 폭정으로 귀결될 것이라고 주장했다.[4)]

1765년 여름 "자유의 아들들"이라고 불리우는 저항 그룹이 나타났는데 이들은 주로 일반 노동자들로 이루어진 무리였다. 일단 모이자 이들은 신세계에서 아무도 대적할 수 없는 세력이 되어 버렸다. 그들이 곧 법이었다. 모든 공권력이 일시에 중지되었다. 놀란 총독 버나드(Sir Francis Bernard)는 "격분하여 달랠 길이 없는 폭도들의 수중에 보스턴이 들어갔다. 나는 그들을 대적할 힘이 없다"고 편지했다.[5)]

1766년 뉴잉글랜드 식민지의 항의의 물결에 밀린 영국 의회는 인지세를 "전면" 취소했다. 그러나 「조세 조례」(Revenue Act)를 유지하고 선언 조례(Declaratory Act)는 새로이 제정했다. 그것은 "모든 경우를 막론하고" 식민지에서의 의회의 주권을 선언한 것이었다. 그러나 회중교회의 목사들을 포함한 주민들 대다수는 그 취소를 하나님의 구원으로 보았고 선언 조례에 대한 코멘트를 무시해 버렸다. 한 번 더 백성들은 집단으로서의 자신들의 압도적인 힘을 발견했던 것이다.

그러나 영국인들의 존재가 가장 직접적으로 느껴지던 보스턴에서는 1760년대 말과 70년대 초까지도 긴장이 감돌고 있었다. 거기서는 총독 허친슨이 주도하던 국왕파와 지방 휘그파 사이의 극심한 경쟁심이 심화되어 권리와 자유의 문제가 계속 공론화되고 있었다. 그리하여 다른 시골 마을들은 일상으로 돌아간 뒤에도 보스턴의 애국적 의회원들과 목사들은 경계를 늦추지 않고 만일의 사태가 발생하면 목청을 높일 준비가 되어 있었다. 드디어 1770년 3월 5일에 사건이 발발했다. 보스턴 시민들과 영국 정규군들의 사흘간의 대치 끝에 군대가 총격을 개시하여 식민지인 다섯 명을 살해했다. 휘그 정치평론가들은 즉시 그 사건을 "보스턴 대학살"이라 명명하고 보복을 요구했다.

1772년 경 영국이 보스턴에 압력을 집중하고 있다는 사실이 명백해졌다. 보스턴이 살아남으려면 다른 도시들과 식민지들의 협조를 얻어야만 했다. 1772-73년 가을과 겨울 사이에 뉴잉글랜드 내부로부터의 협조의 확약이 이루어졌다. 100여개의 매사추세츠 동네들이 보스턴이 발행한 「보스턴 시의… 투표들과 절차들」이라 이름 붙여 출판된 팜플렛에 서명했다. 동의에 의한 정부, 배심원에 의한 재판, 상비군, 감독제의 확립 등은 이들 모두에게 관련된 문제였기 때문에 이들은 연합 전선을 형성했다. 1773년경 보스턴 신문들은 공개적으로 독립의 가능성을 토론하고 있었다.

1773년 영국 의회는 「차 조례」(Tea Act)를 통과하여 동인도 회사에 미국에서 차를 판매할 배타적 권리를 부여했고 모든 차의 판매에는 세금이 부과되게 했다. 거의 즉각적으로 뉴잉글랜드 도시들은 강력한 항의 성명을 발했고 대중 집회로 모여 그 세금에 항의하기 위해 어떤 조치를 취할 것인지 의 논했다. 가장 강력한 조치를 취한 것은 보스턴이었다. 거기서는 12월 16일 "이삼백 명의 사람들이 인디언 같은 복장과 변장을 하고서" 항구로 달려갔다. 거기는 하역된 차들이 운송을 기다리고 쌓여 있었는데 그들은 그것들을 순식간에 바다 속으로 던져버렸다.

이번에는 영국 의회가 무력으로 대응했다. 1774년 3월 동인도 회사가 차에 대한 배상을 받을 때까지 보스턴 항은 봉쇄되었다. 연이어 4월, 5월, 6월에 '불관용의' 혹은 '강압적' 조례가 발표되어 매사추세츠의 대의 정부를 폐지했고 총독 허친슨은 영국 출생의 장군 토마스 게이지(Thomas Gage)로 교체되었다. 그는 막강한 권력을 부여받았는데 그 속에는 영국 군대의 막사로 쓰기 위해 사사로운 건물들을 징발할 수 있는 권한도 포함되어 있었다.

강압적 조례들에 대한 소식은 전 식민지에 유포되어 대영 제국에 대한 식민지인들의 태도에 심각한 변화를 초래했다. 그때까지만 해도 미국인들은 의회의 권위 문제가 어렵기는 하지만 해결 불능은 아니라고 여기고 있었다. 독립 문제는 생각의 전면에 부상하지 않고 있었던 것이다. 강압적 조례들로 인해 이 모든 것이 변해 버렸다. 그 조례들에 순응하기는커녕 보스턴인들은 노골적 저항의 정책에 착수했다. 이제 루비콘 강을 건넌 것이었다. 최종 결과가 반역죄로 처형당하는 것이 될 것인가 아니면 독립국을 이루는 것이 될 것인가는 주로 식민지의 집단적 결단에 달려 있었다. 시골 사람들도 그들의 도시 형제들처럼 동일한 대의를 위한 동일한 열심을 가지고 있었다. 9월에 전쟁의 소문이 나자 수천 명의 무장한 뉴잉글랜드인들이 케임브리지 광장으로 몰려들었다.

그러나 뉴잉글랜드 밖에서는 문제가 달랐다. 지난 전쟁 중 프랑스와의 느슨한 동맹은 차지하고라도 뉴잉글랜드는 이미 150년 동안 완전히 독자적인 노선을 걸어 왔었다. 이제 그들이 살아남기 위해서는 그들의 충성과 언약을 확대해서 모든 애국적 미국인들을 포함해야 했고 다른 미국인들도 그들을 위해 그렇게 해 주어야 했다. 보스턴인들의 시름을 덜어 주는 일이 드디어 발생했다. 강압적 조례의 소식은 식민지 사회의 모든 계층에서 조직적인 항의와 저항을 유발했다. 전 식민지에 걸쳐 동네 집회들과 지역 회집들에서 일반 백성들과 유지들의 "위원회들"이 구성되었다. 모든 식민지들을 연결시킨 것은 지방의회들이나 인민회의에서 임명된 애국적 지도자들로 이루어진 '대륙의회'(Continental Congress)였다. 이들은 1774년 9월 필라델피아에서 만났다. 메사추세츠의 사무엘 애덤스(Samuel Adams)와 존 애덤스(John Adams)나, 버지니아의 패트릭 헨리(Patrick Henry)와 리처드 헨리 리(Richard Henry Lee) 같은 급진적 대표들의 지도하에 의회는 뉴잉글랜드의 저항을 지지하는 "권리와 불만 사항들의 선언들"이라는 가시 돋힌 성명을 내었다. 그들은 영국 의회가 강압적 조례들을 취소할 때까지 영국 상품들의 수입과 소비를 금지하는 권한을 가진 전 미국 위원회의 "대륙연합"(Continental Association)을 승인했다.

1775년 4월 19일, 팔백인의 영국군이 식민지군의 탄약고를 파괴하기 위해 렉싱턴(Lexington)과 콩코드(Concord)로 진격해 들어갔다. 도중에 그들은 게릴라식으로 조직된 애국군의 기습을 받았다. 그들이 보스턴에 도착했을 때는 이미 293명의 영국군과 93명의 미국인이 사상당한 상태에 있었다. 독립을 위한 뉴잉글랜드의 식민지 전쟁이 시작된 것이었다. 필라델피아에서는 제2차 대륙 의회에 파견된 대표들이 대륙군의 조직을 승인했다. 사령관은 버지니아 출신의 조지 워싱턴이었다. 8월에 영국의 조지 3세는 평화를 위한 대륙 의회의 마지막 희망인 "감람나무 가지 청원"을 거부했고 미국 모든 식민지가 반란 상태에 있다고 선언했다. 지금부터는 영국군이 애국군을 향해 마음대로 발포해도 상관이 없게 되었다. 그리고 영국 군함들은 미국 선박들을 나포해도 좋았다. 무정부 상태와 해체를 막기 위해 대륙 의회는 뉴잉글랜드로부터 힌트를 얻어 1775년 7월 20일을 국가적 금식 통회의 날로 지정했다. 1776년 대륙의회는 미국 식민지들의 독립을 선언했다.

개혁파(장로교와 청교도들)의 반응

개혁주의 전통의 그리스도인들은 미국 독립 혁명에 가장 적극적으로 동조하고 참여했던 그룹이다. 어떤 이들은 그래서 독립 혁명을 다름아닌 "장로교들의 반란"이라고 단정했다. 영국과의 갈등이 처음 야기되어 보스턴의 엘리트들이 영국에 항의하던 초기에 목사들은 대부분 당시의 입법에 대해 공적 비판을 피하고 있었다. 1765년 봄과 여름에 걸쳐 대부분의 목사들은 자제와 복종을 권했다. 예를 들면 연례 춘계 금식 설교에서 에즈라 스타일즈(Ezra Stiles)는 인지 조례에 대해 격노와 저항으로 반응할 것이 아니라 뉴잉글랜드의 죄에 대한 심판으로 받아들이라고 권고했다. 대중의 항의와 봉기가 고조되고 난 후에야 비로소 뉴잉글랜드의 청교도 목사들은 영국 의회의 입법을 자유에 대한 위협으로 묘사하고 식민지인들의 저항권을 인정했다. 그때로부터 목사들은 그들의 청중들을 동원하여 하나님으로부터 받은 그들의 권리를 방어하는 데 지도적 역할을 수행하게 된다.[6)]

1765년 8월 26일에 일어난 폭동은 최소한 부분적으로 조나단 메이휴 목사의 갈라디아서 1:7-9을 본문으로 한 열정적 설교에 대한 반응이었다. "…그 박사님이 설교를 진행하고 있는 동안 청중들은 도저히 더 이상 참고 앉아 있지를 못하고 일을 저지르기 시작했다." 그 저지른 일이란 해사 법원과 관세청 공무원들의 집들로부터 시작해서 부총독 토마스 허친슨의 집에 불을

질러 "앙상한 벽과 복도 외에는 아무 것도 남아 있지 않게 한 것이었다."[7] 이때 허친슨의 집에 행해진 폭력을 개탄한 메이휴는 공개 사과서를 발표했지만 메이휴를 비롯한 목사들은 부분적으로나마 자신들의 설교에 의해 분출된 대중의 힘을 생생히 목도하게 되었다. 이 날의 폭력을 찬성한 존경받는 지도자는 교계에나 사회에 아무도 없었지만 그렇다고 그것을 무조건 정죄하거나 묵종을 권고한 지도자도 없었다.

이와 유사한 폭동은 다른 곳들에서도 있었지만 군중들의 행위로 말미암아 '무정부 상태'가 연출된 곳은 없었다. 그것들은 사상적으로 무장된 "제도권 밖의"(extrainstitutional) 집회로서 그 행위는 그들의 권리와 자유를 거부한 데 대한 항의로 끝난 계산된 것이었다. 폭동 중에 어떤 인명의 살상도 없었고 재산을 함부로 파괴한 일도 없었다. 오히려 그것은 다른 어떤 공식적 통로를 통해 표현될 길이 없었던 공적 불만을 고도로 의식적이고 제의적인 방법으로 표현한 것이었다.

제국의 제도권 밖의 많은 지도자들은 자유를 수호하기 위한 대중의 주도적 행위들을 찬성하고 "뉴잉글랜드의 보통 사람들은 … 영국의 보통 사람들과 비교하면 모두 철학자요 신학자들이다"는 메이휴의 평가에 동의했다.[8] 이 급진적 지도자들은 공중의 항의를 그들의 정치적 권력과 영향력을 진작시키는 활동으로 집결시키고자 했다. 강연과 글을 통해 그들은 동네 집회에서 지역 청원들과 항의서들을 작성하고 인지 조례에 대한 "휘그파" 반대자들을 선출하여 식민지 의회에 보내고 1765년 10월 뉴욕에서 열릴 범식민지 집회인 "인지 조례 회의"(불법적이고 탈제도권적인 모임)를 지지하라고 사람들에게 촉구했다. 보스턴 인근의 동네 집회들은 정부가 "자연과 하나님의 법"에 따라 "인민의 동의로부터 유래한다"는 전제와 "그들에게 부과된 저 조례들의 시행을 모든 합법적 수단들을 총동원하여 반대하는 것이 전 식민지

인들의 임무"라는 전제에 근거한 결의서를 작성하였다.[9)]

대부분의 목사들은 마을 집회에 열렬히 참석했고 절기 설교(occasional sermons)를 통해서도 지역 차원에서 협조했다.[10)] 도처에 산재된 그들의 위치와 법과 도덕에 있어서의 우월한 학식 덕분에 목사들은 인민들에게 그들의 정치적 권리들과 신성한 의무에 대해 영감을 불어넣고 "의식화시킬" 수 있는 이상적인 입장에 있었다. 1765년 코네티컷의 목사 사무엘 존슨(Samuel Johnson)은 출판된 그의 금식 설교에서 다른 동료들보다 훨씬 앞서 언약의 개념을 채용했다. 뉴잉글랜드의 공민적 종교적 자유는 하나님의 허가에 의한 것이다. 그 자유를 상실하는 것은 단지 정치적 권리의 상실이 아니라 뉴잉글랜드가 하나님과 맺은 특별한 언약이 끝장나는 것을 의미한다. 그는 출애굽기로부터 교훈을 끌어냈다. "자유로운 백성들, 하나님의 언약의 백성들을 비참한 종속 상태로 노예화하는 것은 아주 큰 죄이며 하나님 보시기에 심각한 도발입니다. 애굽인들에 대한 그의 분노는 높고도 두렵습니다." 존슨은 무제한적 복종의 교리는 "자기 보존의 위대한 법에 대한 중대한 침해"라고 주장했다. 뉴잉글랜드 식민지인들은 "독립의 유혹"을 전혀 느끼지 않고 있지만 상속받은 자유가 사라지는 것을 가만히 앉아 지켜보고만 있지는 않을 것이었다. "만일 노예화냐 독립이냐의 두려운 양자택일만 남게 된다면 그들은 무엇을 선택할 것인지 고민하느라 시간을 보내지 않을 것"이라고 그는 단언했다.[11)] 이때부터 목사들은 강단에서 조심스럽고 완곡한 투로 말하지 않고 곧바로 정치에 대해 설교함으로써 절기 설교들을 국력 총동원을 위한 가장 강력한 수단으로 이용한다.

1766년 매사추세츠의 선거 설교를 맡은 에드워드 버나드(Edward Bernard)는 그런 경우에 일반적으로 채용되던 조심스러운 말투를 던져 버리고 공의회와 왕의 총독에게 직설적으로 선언했다. "공동체의 행복과 복지"

를 추구하는 통치자는 모든 존경과 경의를 받기에 합당하다. 그러나 그들에게 설정된 한계를 뛰어넘을 때 "무제한적 복종-모든 경우에 있어서의 복종-이 [백성들의] 의무가 될 수 없음은 명백하다." 그러한 경우에는 하나님의 말씀이라는 보다 높은 권위와 그것이 선포하는 자유에 대한 존중심 때문에 저항하는 것이 백성들의 임무였다.[12] 1766년의 모든 감사절 설교들은 보통 사람들을 열광주의자들이나 무정부주의자들이 아니라 영웅들이요 자유 신봉자들로 묘사했다. 이 당시 설교자들은 폭정은 무정부보다 더 큰 위협이라고 가르치고 있었는데 이것은 자기 선조들의 가르침과는 정반대되는 것이었다. 찰스 촌시(Charles Chauncy)는 백성들이 자기들의 권리를 알고 있으며 법에 정한 경계선을 넘지 않을 사람들이라고 설교했다.[13]

보스턴 학살 사건은 더 이상의 유혈 사태나 폭동으로 연결되지는 않았지만 뉴잉글랜드 연설사에 유례가 없는 탁월한 설교와 웅변들을 낳았다. 당연히 목사들은 총격 사건을 미국인의 생명과 재산에 대한 음모의 맥락에서 해석했다. 그들은 그 사건을 도덕적 분노를 위한 발판으로 또한 폭정에 대한 저항의 의무를 일깨우는 기회로 사용했다. 영국 관리들은 "검은 제복을 입은 연대"인 목사들이 자제와 용서를 권면하는 대신 "반란의 불길을 부추기는"데 바빴다고 비난했다. 그러나 자기 사회의 주된 선견자요 파수꾼으로서 사건들의 의미를 해석하는 것은 목사들의 의무였다.[14]

학살 사건이 일어난 바로 다음 주일 보스턴의 목사들은 평소의 관례를 깨고 평소에 해 오던 설교 시리즈를 중지하고는 곧바로 총격 사건에 관해 언급했다. 올드 노스(Old North) 교회의 존 래스롭(John Lathrop) 목사는 창세기 4:10("네 아우의 핏소리가 땅에서부터 내게 호소하느니라")의 가인에 대한 하나님의 정죄를 외쳤다. 목사들이 이 배신 행위를 무시하는 것은 "범죄"에 속하는 일이라는 것이었다. 만일 영국이 무력에 의한 통치 정책을 바꾸지 않으면 그것은 통치의 자격이 없다고 그는 외쳤다. "검으로 다스리고자 하는 정부는 빨리 망하면 망할수록 더 바람직합니다." 그러한 정부에 저항하는 것이 정당하다는 것은 의심의 여지가 없다고 그는 결론지었다. "만일 정부의 어떤 체제의 본질적 부분이 일반의 유익에 일치되지 않는다고 판명되면 정부의 목적을 생각할 때 그러한 악한 체제는 제거되고 공공의 복지가 보다 효과적으로 확보될 수 있는 새로운 체제가 수립되어야 합니다."[15] 래스롭의 이 설교는 대학살 다음 주일에 행해진 설교들 중 가장 유명한 것이었다.

대학살 설교를 통해 자유의 대의(cause)와 언약(covenant)은 너무 밀접히 연관되어 목사들이 양자를 구분하는 것이 거의 불가능해져 버렸다. 단 한 시라도 그들은 뉴잉글랜드의 특별한 언약이 폭정과 무단 통치 하에서 생존할 수 있다고 믿지 않았다. 하나님의 백성들이 자발적으로 말씀에 순종하기 위해 필수적으로 요청되는 것은 자유라는 것이었다. 1770년 5월 30일의 선거 설교에서 찰스 촌시는 폭정에 대한 저항과 언약의 보존을 아주 분명히 결합시키고 있었다. 뉴잉글랜드 인민들은 비록 "반란이나 반역의 의도는 없었지만" 영국법보다 상위의 법인 하나님의 법 아래서 살고 있었다. 그런데 그 하나님의 법이 요구하는 것은 그들이 정치적 및 종교적 자유를 지키는 것이었다.[16] 촌시의 이러한 과격한 설교는 뉴잉글랜드의 목사들이 어떻게 일반의 소요와 저항에 발을 맞추었거나 그것을 주도했는가를 잘 보여 준다.[17]

많은 청교도 목사들은 영국법과 하나님의 말씀에 의해 정당화된다고 여긴 항거를 주도하는 데 아무런 갈등을 느끼지 않았으나 어떤 이들은 노골적인 저항에 두려움을 느꼈다. 종종 그들은 목청이 큰 대중들에 의해 등을 떠밀리는 느낌을 받았다. 1771년 가을 추수 감사절에 보스턴 회중들은 자기들의 목사들이 총독의 연례 감사 선언문을 읽지 말도록 설득했다. 왜냐하면 그 선언문에는 "우리의 특권들이 계속되는 것"에 대해 하나님께 감사한다는 구절이 포함되어 있었기 때문이었다. 백성들은 이러한 구절들을 자기들에 대한 공공연한 모욕이요 하나님에 대한 신성모독적인 조롱으로 여겼다. 그리하여 대부분의 목사들이 강단에서 그 선언문을 읽는 것을 거부했는데 설사 그들이 그것을 읽고 싶었다 하더라도 그렇게 할 힘이 없었다. 그것이 낭독된 유일한 교회는 총독이 다니던 팸버튼(Pemberton) 박사의 교회였다. 그는 혼란 속에서 그것을 읽었다. 그러자 많은 교인들이 그에게 등을 돌리고 크게 분개해서 교회를 떠나 버렸다.[18] 그러나 1770년부터는 목사들과 교인들 사이의 차이는 점차 사라져갔다. 양자는 모두 자유에 대한 공동의 위협에 대항해 맞섰다.

1770-72년에 걸쳐 목사들은 금식일과 기념일의 특강을 통해 정부의 목적들, 깨어지기 쉬운 자유의 속성, 저항의 신성한 의무 등을 가르쳤다. 하나님이 그들과 맺은 언약이 아직도 유효하기 때문에 뉴잉글랜드인들은 하나님의 버리심이나 패배의 두려움 없이 폭정에 저항할 수 있었다. 하나님의 계속적인 임재가 위협당하는 것은 저항 때문이 아니라 폭정에 대한 무관심과 수동적 순종 때문이라고 그들은 믿었다. 1770년대 초에 전해진 모든 설교들 가운데 가장 널리 읽히고 거듭해서 출판된 것은 침례교 평신도 권사인 존 앨런(John Allen)이 12월에 보스턴 제이 침례교회에서 행한 "자유의 아름다움"이라는 설교였다. 식민지 항거자들은 그때까지 사실상 왕을 건드리지는 않고 있었다. 그러나 앨런은 왕을 포함하여 영국 의회를 공격하는 데까지 나아갔다. 왕들이 "백성들을 위해 만들어졌다"고 본 그는 청중들에게 "왕들이 자신들을 너무 높게 생각하지 말게 하십시오. 왜냐하면 하늘의 하나님께서 그들을 백성들의 종 이상 되는 것을 의도하신 바가 없기 때문입니다"고 외쳤다. 르호보암 왕의 폭정에 항거한 이스라엘의 전례를 들어 앨런은 부당한 왕들과 그들의 꼭두각시 재판관들에 대한 항거를 정당화했다.[19] 자유는 비록 잃

어버리기 쉽고 끊임없이 경성해야 지킬 수 있는 것이지만 백성들이 그것을 포기하기 전에는 상실되지 않는 것이라고 그는 주장했다. 자제와 영국 관원들에 대한 복종을 권고하는 겁많은 사람들에게 그는 식민지가 이미 너무 많은 양보를 했다고 반박했다. 이제는 적극적 방어의 때가 임박했다는 것이었다.[20] 이것은 토마스 페인의 『상식론』이 나오기 전까지 식민지인들이 들은 행동에의 요구들 중 가장 직접적인 것이었다.[21]

1773년경 목사들은 항거의 의무를 계속 설교하면서 뉴잉글랜드 밖의 청중들을 겨냥한 설교들을 출판하기 시작했다. 1773년 찰스 터너(Charles Turner)가 선거 설교를 했는데 그 원고가 다른 식민지들과 영국에 배포되었다. 터너는 뉴잉글랜드의 언약적 특권과 독립의 주제에 관해서는 톤을 낮추고 대신 모든 미국인들이 공유하는 자연법과 영국의 헌법으로부터 빌어 온 논증에 집중했다. 일단 헌법이 만들어지면 백성들은 교회에서건 국가에서건 자기들의 지도자들이 헌법의 규정을 잘 지키는지 감독해야만 한다. 그것은 "백성들이 정부의 행위와 경향을 판단할 권리를 가지며 그들이 그러한 성격의 일들을 판단할 능력이 있다는 것을 상정한다." 모든 백성들이 그러한 능력을 가지는 것은 아니다. 그러나 미국에서는 그것이 문제가 아니다. 미국이 순수 문학에서는 유럽을 필적할 수 없으나 평민들에 관해서는 유럽이 미국을 필적할 수 없다. "이 땅의 평민들은 여러 가지 혜택을 힘입어 자신들을 향상시켰기 때문에 세상의 어느 지역 사람들 못지 않게 많은 것을 알고 있다"[22]

터너와 같은 자유주의적 정서가 널리 확산됨에 따라 식민지들, 특히 뉴잉글랜드는 영국 왕과 갈등 관계에 놓이게 되었다. 영국 의회가 강압적 조처들을 취한 1774년 경 독립이냐 반역이냐의 고통스러운 양자택일이 불가피하다는 사실이 점점 분명해지자 뉴잉글랜드의 회중 교회 목사들은 성경을 애국적으로 주해하는 활동을 배가했다. 그때까지도 이들은 정치적 저항을 정치적 권리이자 신성한 의무로 지지해 왔었다. 그러나 이제 그들은 반란을 정당화하는 보다 어려운 과제에 대해 언급해야만 했다. 뉴잉글랜드의 독점적 언약을 이해하거나 인정하지 않는 비뉴잉글랜드인들 가운데 있는 애국적 미국인들에 대해서는 자기 이익이라든지 피치자의 권리라는 보다 세속적 개념으로 접근해야만 했다. "혁명에의 위험한 과정에서 뉴잉글랜드인들을 상담하고 붙들어 주었던 그때만큼 웅변과 설교가 결정적인 역할을 담당했던 적은 일찍이 없었다."[23]

인지 조례의 취소 때부터 뉴잉글랜드의 회중교회 목사들은 저항, 그리고 1774년 이후에는 반란의 정서를 일으키는 데 주도적 역할을 담당했다. 그들은 동네 집회의 서기로, 위원회 고문으로, 신문 기고가로, 군목으로, 그리고 심지어는 민병대의 사령관으로 활약했다. 많은 목사들이 "엄숙한 동맹과 언약"을 통해 영국 상품 불매 운동을 지지했다. 그들은 공격적 저항 전술의 최전선에 있었다.[24]

이러한 정치적 활동 외에도 목사들은 신세계를 향한 하나님의 뜻을 선포하는 선지자로서 결정적 역할을 담당했다. 금식일이나 특별 절기 때면 오백 이상의 마을들과 교회들에서 600 이상의 권위있는 음성들이 동시에 소리를 발했다. 목사들은 정치 설교와는 아무 상관이 없다는 성공회와 왕당파들의 반대에 대해 그들은 어떤 주제도 하나님의 말씀과 무관한 것은 없으며 정치적 설교는 제 일세대 이후로 그들의 책임들 가운데 일부였다고 대답했다. 게이지 장군의 금지에 반항하는 금식일 설교에서 락스베리의 윌리엄 고든(William Gordon)은 "목사들이 정치를 다루어도 되는 특별한 시대와 경우들이 있다"고 잘라 말했다. 지금이 바로 그런 때이며 만일 목사들이 하나님의 파수꾼으로서 경고를 발하지 않으면 그것은 직무유기가 된다는 것이었다.[25]

1774년 1월 자디엘 애덤스(Zabdiel Adams)는 루넌버그(Lunenburg) 민병대에게 압제당하는 자들은 저항할 권리가 있다고 설교했다. 통치자들이 자기들의 한계를 벗어날 때 전쟁은 허용될 수 있을 뿐 아니라 필요한 것이다.[26] 1774년 선거 설교에서 래스롭은 포병 부대에게 "우리는 저항해도 좋을 뿐 아니라 저항해야만 한다. 그리고 헌법에 의해 그들에게 주어진 제한을 넘어서서 신민들을 압제하고 노예화하려는 저 통치자들에 대항해서 전쟁해야만 한다"고 외쳤다.[27] 뉴잉글랜드 목사들이 저항을 주도할 때 그들에게 있었던 확신은 자기들이 충성된 영국인으로서 바라는 것은 단지 모든 영국인들이 자명한 것으로 받아들이고 있던 근본적 권리를 회복하는 것이라는 생각이었다. 그러나 그렇지는 않았다. 영국 헌법에 대한 그들의 급진적 관점은 미국의 별개의 입법부 및 사실상의 대의 기관에 대한 강조와 더불어 영국 사상의 주류 바깥에 있는 것이었다. 국교회의 왕당파인 사무엘 시버리(Samuel Seabury)가 바로 지적한 것처럼 그것은 "그 본질에 있어 공화주의적이며 영국의 군주정을 완전히 전복시키는 경향이 있었다." 그것은 인민이 최선의 위정자들이자 어떤 법에 복종해야 할 것인가에 대한 최선의 판단자라는 사상이었다. 시버리가 보기에 그것은 단지 혼돈으로 인도할 뿐인 사상이었다.[28] 그러나 미국인들은 다른 것을 경험하고 있었다. 회합과 의회를 통해 그들은 무정부 상태로 빠져들어 감이 없이 자치와 질서를 유지하고 있었다. 적어도 뉴잉글랜드에서는 식민지인들이 영국의 통치 이전에 이미 두 세대 동안 왕과 영국 의회 없이 자치를 행하고 있었다.

1775년 5월 31일 새로운 정치적 정통이 공식적으로 선언되었다. 게이지 장군이 보스턴을 점령하고서 자문관들의 선출과 선거 설교를 불허하고 있었지만 지방 의회는 워터타운에 모여 하버드 대학의 학장 랭던을 불러 선거 설교를 행하게 했다. 이스라엘 백성들은 하나님의 뜻을 거슬러 왕을 구했다. 그

때부터 그들은 학정과 포로 됨으로 점점 말려들어갔다. 그들이 '공화국'을 저버렸을 때 타락하기 시작했다. "하나님이 세우신 본래의 헌법에 따른 유대인의 정부는 단지 정치적으로만 보자면 완전한 공화국이었다. … 왕권신수설을 주장하는 자들은 신적 기원을 합법적으로 주장할 수 있는 유일한 정부 형태가 왕의 개념을 포함하는 것과는 거리가 멀었다는 것을 기억하라. 이 점에서 이스라엘이 다른 나라들과 같기를 구했던 것은 커다란 죄악이었음을 기억하라."[29)]

뉴잉글랜드인들도 한 때 자치를 행했고 모든 점에서 자연법 및 하나님의 법에 일치되는 정부 형태를 소유했었다. 1775-1776의 전쟁 기간 내내 목사들은 랭던의 선거 설교의 주제들을 반향하는 금식일 설교들을 끊임없이 쏟아내었다. 그들은 미국의 국민 의식과 소명은 영국 헌법이 아니라 아브라함에서 시작되어 뉴잉글랜드의 건설에 이르는 특별한 언약의 약속에 의존한다는 것을 청중들에게 상기시켰다. 뉴잉글랜드의 최초의 언약 공동체에서는 이론상으로는 아니더라도 사실상 공화정 형태가 존재했었다. 그러나 도시는 그 이상 더 연합되고 안정적일 수 없었다는 것이었다.

당시의 뉴잉글랜드 설교자들은 '미국'을 뉴잉글랜드의 확장으로 보았다. 미국은 인민들이 하나님과 서로에 대한 공식적 의무에 의해 묶인 언약 공동체라는 것이었다. 혁명 전 미국의 정치적 위기 속에서 언약의 주제는 더 강화되었고 전 식민지로 확대되었다.

지금까지 영국 의회에 대한 식민지의 반대는 단지 '저항'이었을 뿐이었다. 그것의 목표는 분리가 아니라 개혁이었다. 즉 헌법적 권리를 회복하는 것이었다. 그러나 이제 조지 3세와 군주정을 거부하는 것은 저항이 아니라 반란이었다. 정치적 용어를 빌면 그것은 새로운 혁명적 질서를 창조하는 것이었다. 그 일은 가장 강력한 정당화를 필요로 하는 일이었다. 이 일을 위해 뉴잉글랜드인들은 군주정이 도입되기 이전의 이스라엘 역사로 돌아갔다. 사실 구약 성경은 항상 뉴잉글랜드의 '고대 헌법' 노릇을 해 왔었다. 각각의 세대는 자신들의 고유한 시각에서 그것을 읽고 해석했다.

1776년 독립선언서는 전국에 걸쳐 설교단에서 낭독되었으며 절기 설교 때에 언급되었다. 9월 12일 목요일 피터 위트니는 공개 강연 때에 독립 선언문을 읽고 열왕기상 12장 16절을 본문으로 설교했다. 그 때쯤 억압적 왕 르호보암에 대항한 이스라엘 열 지파의 봉기를 상술하는 성경 본문은 뉴잉글랜드 회중교인들에게는 익숙한 것이었다. 그 전에 목사들은 군주정이 좋은 정부에 필수적인 것은 아니라고 말했었다. 그러나 이제 그들은 그것이 잘못된 것이라고 말할 준비가 되어 있었다. 본문으로부터 위트니는 왕권신수설을 부정하면서 "군주정은 하나님의 뜻에 부합되지 않으며 종종 아주 커다란 악이 됩니다"는 새로운 정치적 정통을 선언했다. 조지 3세가 바로 그러한 경우였다. 휘그 사상의 판단, 식민지의 경험, 그리고 성경의 전례들이 모두 "독립은 어느 모로 보나 미국의 이익에 부합한다"는 사실을 보여 주고 있다는 것이었다.[30] 그는 한 가지를 확신했다. 새로운 나라는 "새로운 형태의 정부"를 필요로 한다는 것이었다. 유럽 나라들과는 달리 그것은 "유대인의 공화국"과 공중 집회를 통한 식민지의 초기 자치 경험들을 참조로 할 것이었다. 이러한 전례들로부터 그는 "인민들이 아주 자주, 최소한 일 년에 한 번 선거를 통해 입법권을 견제하는 권리를 보유해야 한다"고 그는 결론지었다.

1776년 몰든(Malden)의 피터 타처(Peter Thatcher) 목사는 매사추세츠 민병대에게 설교하면서 기독교적 '권리'의 존재를 인정했을 뿐 아니라 그 권리를 지키기 위해 무력에 호소하는 것이 정당하다고 주장했을 때 그것은 불의한 피해를 당하더라도 참고 자기 권리를 지키거나 회복하기 위해 악에 저항하지 않는 것이 기독교적이라는 사고를 완전히 부인하고 있었다. "하나님이 주신 양도할 수 없는 권리들을 지키고 주장하는 것이 합법적이라면 … 사람에게서 종교적인 자유와 공민적인 자유를 박탈하려는 자들의 음모를 반대하는 것이 합법적이라면, 우리 형제들을 살육하고 평화롭고 번영하는 땅에 황폐, 파멸, 그리고 폐허를 가져온 자들에게 저항하는 것이 합법적이라면, 그렇다면 우리가 영국의 조지에게 반항하는 것이 합법적이며, 우리의 명분은 정당하고 올바른 것입니다." 뉴잉글랜드의 청교도 목사들은 설교를 통해 합법적 권리를 지키기 위한 혁명을 정당화하고 있었던 것이다.

1775-76에 인센티브와 소망을 주기 위한 추가적 원천으로서 천년 왕국의 개념이 재활되었다. 전쟁이 진행되는 동안 투쟁은 헌법적 논란 이상의 것이며 새로운 질서를 수립하기 위한 예정된 계획의 일부임을 확인해 주는 데 천년 왕국 개념은 결정적 역할을 했다. 그 새로운 질서는 때가 찰 때 하나님의 천년 왕국이 궁극적으로 취하게 될 형태를 종교적, 정치적으로 예시할 시대를 위한 것이었다. 혁명 중 천년 왕국 수사가 초점을 맞춘 것은 적그리스도에 대한 공격보다는 다가오는 왕국의 실제 모습이었다. 미국이 새 하늘과 새 땅은 아니었지만 이전 어떤 사회에 비해서도 미래의 완전한 상태에 가장 근접한 것이라는 말이었다. 목사들은 그들의 새로운 공화국을 새 하늘과 새 땅의 원형으로 변혁시킬 수 있는 가능성을 생각하고 있었다. "미국은 성경에 예언된 천년 왕국의 운명을 이제 막 시작하려 하고 있었던 것이다."[31]

혁명에 반대한 소수의 개혁파 그리스도인들

극소수여서 대세에는 아무 영향을 미치지 못하기는 했지만 청교도들 사이에도 혁명에 반대하고 왕에 대한 충성을 견지한 사람들이 있었다. 이들은 성경적인 이유들보다는 주로 정치적이고 헌법적인 이유로 그렇게 했다. 약 20여 명의 회중교회 목사들이 왕과 영국 의회에 지조를 지켰다. 비록 이들 대부분의 왕당파 목사들은 옛 빛파들(Old Lights)이었지만 옛 빛 신학과 충절주의 사이에 어떤 절대적인 관련은 없었다. 왜냐하면 조나단 에드워드들의 추종자들 사이에서도 충절파들이 있었기 때문이다. 옛 빛파들은 대각성을 반대했던 바로 그 이유-종교에서든 정치에서든 폭도들의 광신적 행위, 무질서는 내적 안정성과 질서로 대체되어야 한다는-에 의해 정치적 보수주의를 견지했다.[32]

장로교인들도 모두 혁명에 찬성한 것은 아니었다. 비록 장로교가 혁명에 가장 적극적인 집단이었지만 그래도 그 속에 소수의 반대자들이 있었다. 그들의 반대 이유는 영국 왕에게 했던 맹세를 깨기 곤란하다는 것, 독립을 위한 혁명의 적법성에 대한 확신의 부족, 합법적 권세자에게 순종해야 할 기독교인의 의무 등이었다.[33]

성공회

다른 많은 식민지인들은 이런저런 이유 때문에 애국주의에 반대하고 대영 제국에 대한 충성을 유지했다. 어떤 사람들은 단지 체질상 사회적 격변과 혼란을 싫어해서, 또 어떤 사람들은 기독교적 이유로 혁명에 반대했다. 약 오분의 일 내지 삼분의 일 정도의 식민지인들이 토리적 성향으로 기울었거나 영국을 편들었다.[34] 특별히 대영 제국 관리들과 성공회 성직자들이 왕당파쪽으로 기울었다. 성공회 신자들은 몇 가지 이유로 식민지 독립에 반대했다. 첫째, 영국 군주정 체제는 미국 독립주의자들이 제안하는 민주 공화정보다 훨씬 더 나은 형태의 정부다. 둘째, 사람들은 자기들의 합법적 통치자들에게 복종할 도덕적, 그리고 기독교적 의무가 있다. 셋째, 성경은 애국자들이 취하는

식의 행동을 명백히 정죄하고 있다.[35)]

챈들러(Thomas Bradbury Chandler)는 합당하게 수립된 정부에 대한 충성은 선택적이 아니라 필수적이라 주장했다. "모든 합법적인 권위에 대한 순복의 원리는 다른 종교적 원리들과 마찬가지로 건전하고 참된 성공회 멤버들로부터 불가분의 것이다. 성공회는 항상 그 충성심으로, 그리고 질서와 정부에 대한 존경으로 명성을 떨쳐 왔다."[36)] 챈들러는 로마서 13장에 근거해서 사도 바울은 최악의 폭군인 네로에 대해서도 복종을 요구했다고 주장했다. "헌법에 의해 최상의 권위를 부여받은 자들에 대한 존중, 존경, 그리고 순종이 거부되면 사회의 유대는 해체되고 세상의 조화는 혼란에 빠지고 자연의 질서는 뒤집혀질 것이다."[37)]

매릴랜드의 조나단 바우처(Jonathan Boucher)도 독립 반대의 근거를 성경에서 발견한 성공회교도 가운데 하나였다. 그는 1775년 "정치적 자유, 수동적 순종, 그리고 비저항"이라는 설교에서 갈라디아 5:1의 "자유"는 정치적 자결(self-determination)이 아니라 죄로부터의 해방을 의미한다고 외치면서 디도서 3:1("너는 저희로 정사와 권세 잡은 자들에게 복종하며 순종하며 모든 선한 일 행하기를 예비하게 하며")은 적법한 권위에 대한 순복을 바울이 얼마나 중시했는가를 보여 주는 많은 예들 가운데 하나라고 주장했다.[38)]

뉴욕 시의 트리니티 교회의 찰스 잉글리스(Charles Inglis)는 영국을 지지하기 위해 공사간에 필봉을 휘둘렀다. "현재의 반란은 확실히 어떤 나라를 수치스럽게 만들었던 반란들 가운데서도 가장 이유 없고 뚱딴지같으며 부자연스러운 것들 가운데 하나입니다."[39)] 그는 토마스 페인의 『상식론』에 반대하여 군주정이야말로 가장 단순하고 안정된 형태의 정부인 반면 민주정은 검증되지 않은 체제로서 미지의 무질서의 위험이 있다고 주장했다.

성공회와 혁명파들 사이에는 세계관의 차이가 있었다. 성공회 교인들은 사회가 복을 받고 개인이 구원을 얻기 위해서는 단지 개인이 자기 자신의 성취만을 추구할 것이 아니라 동료들과 은혜스럽게 살아야 한다는 세계관을 가지고 있었다. 그러나 혁명가들은 사회 그 자체에는 거의 관심이 없었다. 그들에게 신성한 것은 개인의 삶이었고 그들의 사회 이론은 개인에 대한 그들의 관심이 투영된 것에 불과했다.[40)]

그러나 모든 성공회 교인들이 영국 편에 섰던 것은 아니었다. 미국에서 자리를 잡고서 안정된 생활을 하고 있던 성공회 교도들 중에는 미국의 입장을 옹호하던 사람들도 없지 않았다. 예를 들면 조지 워싱턴이나 패트릭 헨리 같은 사람들은 성공회 신자들이었다. 특히 평신도들 중에 그러한 사람들이 많았다. 1775년 6월, 영국의 감독에게 식민지 미국에 있는 자기 교회의 상황을 보고하던 펜실베니아의 한 성공회 신부의 편지에 그러한 사실이 나타나 있다. "대륙 의회는 다음 달 20일을 전 식민지에 걸친 금식 기도와 회개의 날로 선포했습니다. 각 계층의 우리 회중들도 거기에 관련되어 있습니다. 그들은 자기들에게 마음대로 과세하는 영국 의회의 권리 주장에 결코 승복하지 않겠다고 각오하고 있습니다. 그리고 그 권리를 주장하느라 흘린 피로 인해 불행히도 많은 사람들의 마음이 모국으로부터 멀어지고 있습니다. 그리고 항거의 결심을 굳힌 사람들과 점점 가까이 접근하고 있습니다. 생각만 해도 끔찍한 일입니다."[41)]

감리교

당시는 감리교의 창시자인 존 웨슬리가 영국에서 절대적 지도력을 발휘하고 있던 시절이었기 때문에 감리교도들은 아무래도 영국 쪽으로 기울어질 수밖에 없었다. 미국에 있던 많은 감리교 선교사들은 자기들 지도자의 정치적 정서를 공유했다. 전쟁이 발발하자 프란시스 애즈버리(Francis Asbury)

를 제외한 모든 영국 선교사들은 자의든 타의든 모국으로 돌아가야만 했다.[42] 존 웨슬리는 미국 혁명을 만류하기 위해 1775년 "우리 아메리카 식민지들에게 보내는 조용한 권면"이라는 글을 출판했다. 그는 미국과 영국 간의 문제의 핵심을 "영국 의회가 미국 식민지들에 과세할 권한이 있는가?"하는 질문이라고 규정하면서 "그렇다!"고 답한다. 백성의 동의가 있어야 과세할 수 있으며 그 동의는 백성들의 대표들이 의회에서 제공한다는 주장은 잘못된 것이라고 그는 단언했다.

웨슬리는 영미간의 소요를 일으키는 주범들은 바로 군주정을 결사 반대한 휘그파라고 단정했다. 그는 휘그파들을 "속이는 사람들"이라 매도했다. 그에게 있어 당시의 영국 정부 형태는 최상의 것이었다. 아울러 식민지 미국인들은 모든 자유를 충분히 누리고 있으며 그것은 세상에서 가장 많은 자유로 보였다. "당신들이 이미 소유하고 있는 것 외에 무슨 시민적 자유가 더 필요한가?"[43]

웨슬리는 정치적으로 보수적이었다. 그는 군주정을 찬양하고 공화정을 폄하했다. "… 무수한 위험들과 불행들을 겪은 끝에 당신들이 공화정을 수립한다 합시다. 그 공화국 정부가 여러분들에게 종교적이든 정치적이든 더 많은 자유를 줄 줄 아십니까? 천만의 말씀입니다. 하늘 아래 공화정만큼 전제적인 정부는 없습니다. 공화국 신민들만큼 자의적으로 통치 받는 사람들은 없습니다." 그는 베니스, 제노아, 혹은 홀란드를 보면 자기 말이 사실임을 알 수 있을 것이라 주장했다. 미국 식민지의 독립 운동에 대한 반대로 웨슬리가 채용한 근거는 성경적이라기보다는 주로 논리적이고 경험적인 것들이었다.

재세례파(모라비안, 메노나이트 등)

소수였지만 당시 아메리카 식민지에는 평화주의적 기독교인들도 있었다.

이들은 신약 성경의 산상 설교의 비폭력 무저항주의적 교훈을 문자적으로 준수하는 것을 중시했던 사람들이었다. 그리하여 이들은 혁명의 와중에 영국과 미국 어느 편도 들지 않고 중립을 유지했다. 1775년 메노나이트들은 펜실베니아 의회에 청원서를 보내어 자기들의 신학적 입장과 양심적 확신을 분명히 밝혔다. 그들은 "원수를 사랑하고 악에게 저항하지 말라"는 예수 그리스도의 가르침을 따라 참전을 거부하는 "양심의 자유"를 누리고자 했다. 그들은 자기들의 양심 때문에 무장할 자유를 가질 수 없었다. "우리는 우리의 원수들을 정복할 양심의 자유를 느끼지 못합니다. 오히려 우리와 그들을 위해 하늘과 땅의 모든 권세를 가지신 하나님께 기도할 자유만을 느낍니다."

그러나 그들은 다른 식으로 카이사르의 것을 카이사르에게 바칠 만반의 준비는 되어 있다고 확언했다. "주린 자에게 양식을 주고 갈한 자에게는 마실 것을 주는 것이 우리의 원리입니다. 인간의 생명을 보호하는 데 도움이 되는 모든 것들에 있어 우리는 모든 사람들을 섬기는 데 헌신해 왔습니다. 그러나 우리는 인간의 생명이 파괴되거나 손상당하는 일이라면 그것이 무엇이든지 그것을 돕거나 행하거나 물질적 보조를 할 자유가 우리에게 없음을 발견합니다." 그들은 겸손히 덧붙였다. "이 점에서 우리가 잘못 생각하고 있다고 믿는 모든 분들의 인내를 간구합니다."[44]

침례교

침례교도들은 기본적으로 미국 독립 운동에 협조적이었지만 동시에 식민지 미국 내부의 문제점들을 비판했다. 만일 미국이 영국의 압제에 항거하는 자신들의 태도를 정당화하려면 미국 자신도 자기들 사회 내부에 있는 불의와 모순들을 해결해야 한다는 것이었다. 이삭 배커스(Isaac Backus)가 그 입장의 대표적인 논객이었다.[45] 그를 비롯한 침례교도들이 지적한 미국의 양면성이란 노예제와 국교 제도였다. 미국인들은 자기들의 조상이 종교의 자유를 찾아 신대륙으로 건너왔다고 말한다. 그런데 그들 자신은 어떠한가? 이들은 주마다 국교라는 것을 수립하고서는 국교가 아닌 다른 교파의 기독교를 믿고자 하는 소수파들을 억압하고 있었다. 자기들은 "대표 없이 과세 없다"는 슬로건을 내걸고 영국 의회에 대항하고 있지만 미국 내에서는 대표할 사람이 없는 집단들에게 종교세를 물리고 있지 않은가? 이것은 미국이 이중 잣대를 가지고 있다는 증거 아닌가? 그러므로 미국은 자신들의 행위에 일관성을 가지기 위해 마땅히 국교 제도를 철폐하고 종교의 자유를 허용해야 한다는 논리였다.

노예제도 마찬가지였다. 미국인들 자신은 결코 양도할 수 없는 천부의 권리를 운운하고 있으면서도 국내에서는 흑인들을 노예로 취급하고 있다. 이것이 "네 이웃을 네 자신처럼 사랑하라"는 계명에 순종하는 일인가? 자신들은 자유를 자연권이라 주장하고 있지만 흑인들에게 자유가 어디 있는가? 노예야말로 가장 부자유스러운 집단 아닌가? 자연권과 천부의 인권이라는 것이 백인들에게만 해당되는 것이고 흑인들에게는 해당되지 않는 것이란 말인가? 이러한 논리에 동의하는 현대의 역사학자들인 마크 놀, 내이던 해치, 그리고 말스덴은 이 점에 있어 미국 독립 혁명가들은 위선적이었다고 지적한다.

미국 혁명의 사상적 배경으로서의 언약(covenant)사상

학자들은 중세로부터 현대로의 이행은 한 인간의 다른 인간에 대한 관계가 각 사람이 차지한 사회적 신분이나 계급(the estate or station in life)에 의존하기를 그치고 언약(covenant), 즉 그들 사이에 존재하는 계약

(contract) 혹은 동의(agreement)에 보다 많이 기초하게 된 변화에 의해 구별된다는 데 동의한다. 거의 모든 역사가들이 미국 혁명의 배경을 이루는 양대 사상 가운데 하나는 청교도들의 언약 사상이었다는 데 동의하고 있다. 미국 혁명 사상에 관한 가장 권위 있는 해석자인 버나드 베일린(Bernard Bailyn) 뉴잉글랜드 청교주의의 정치적, 사회적 이론들, 특별히 언약 신학과 관련되어 있는 사상들이 혁명 세대의 사상과 태도의 주요한 원천이 되었음을 인정한다.[46] 그것은 그들의 청교도 조상들과 동일한 신학적 세계관을 가진 사람들에게만 호소력을 가졌다는 의미에서 혁명에 기여한 주요한 글들 중 가장 제한적이고 지역적인 전통을 가진 사상이기는 했지만 그럼에도 불구하고 식민지 정착 시대의 설교들과 소책자들 속에 표현되었던 사상, 즉 미국의 식민지화는 하나님의 궁극적 목적을 실현하기 위해 하나님의 손에 의해 일어난 사건이라는 사상을 18세기의 혁명가들에게까지 전달해 주었다.[47] 이 강력한 사상의 흐름은 18세기 북미 식민지 어디서나 발견되었다. 그것은 미국이, 아직 온전히 드러나지는 않았지만, 하나님의 계획 속에서 특별한 위치를 차지하고 있다는 사상에 대한 신념을 자극했다.[48] 청교도들의 설교에 나타나는 언약 사상의 집요함과 우세함은 세속적 공화주의 사상과 더불어 뉴잉글랜드 종교 문화에 있어 혁명적 변화의 정도와 한계를 잘 보여 준다. 정부에 관한 사회 계약설은 미국 혁명 전 뉴잉글랜드의 애국적 설교자들에게 결정적 영향을 미쳤다.[49] 정치적 주제에 대한 뉴잉글랜드의 설교를 이해하는 주 열쇠는 존 낙스가 수립한 틀을 따른 언약의 개념이었다. "뉴잉글랜드 청교도들과 그들의 18세기 자손들의 모든 공민적 관계들은 언약들을 통해 이루어졌다." 미국 청교도 제1세대의 지도적 설교자였던 존 카튼은 이렇게 말했다. "모든 공민적 관계들은 언약 안에 수립되어 있다. …" 그 관계들이 가족이든, 도시든, 아니면 공화국이든 상관없이 "한 백성이 하나의 가견적 체

제로 연합되고 단합될 수 있는 길은 … 상호 계약 뿐이다."[50]

뉴잉글랜드 목사들은 자신들을 하나님과의 언약의 수호자들이라 생각했기 때문에 십계명의 두 돌판 모두를 자기들의 공동체에 적용하여 새 이스라엘이 도덕적 타락으로 말미암아 파멸하는 것을 막아야 했다. 하나님은 단지 소수의 불의한 신자들이나 불신자들의 행위에 대해서도 공동체 전부에게 책임을 물을 것이기 때문이었다.[51] 이러한 언약 공동체에서는 목사들뿐 아니라 관리들도 경건한 공동체를 유지하기 위해 특별히 순결해야 했다.

많은 16-17세기의 개신교도들, 특히 청교도들은 자기들과 하나님과의 관계를 언약에 근거한 것으로 생각했다.[52] 이들은 이러한 언약이 하나님과 개개의 신자들뿐 아니라 하나님과 기독교 국가 사이에도 존재한다고 생각했다. 즉 하나님은 모든 기독교 국가와 언약을 맺으셨는데 그것은 비록 조건은 약간 달랐으나 이스라엘과 맺었던 언약에 비견될만한 것이었다. 모든 기독교 민족들에게 하나님은, 그들이 성경에 계시된 그의 계명들에 순종한다는 조건 하에서 이 세상에서의 번영과 행복을 약속하셨다. 물론 그들이 신앙을 가진 자들이었다 하더라도 아담으로부터 물려받은 죄악된 본성을 가진 존재들이었으므로 완전한 순종을 드리는 것은 불가능했다. 그들은 옳은 일을 하면서도 나쁜 생각을 하고 있을 수 있는 존재들이라는 말이었다. 그러나 최소한 외적 순종을 유지하는 것은 가능했고 하나님은 그 정도의 순종만으로도 그 공동체를 축복하실 것이라고 그들은 믿었다.

영국과 스코틀랜드 개신교도들이 특별히 이 국가적 언약의 개념에 심취했었다. 그들은 자신들을 심지어 이스라엘, 즉 선민의 후계자들로 보기까지 했다. 그들은 자기들 사이의 많은 사람들이 신앙을 가졌다는 아무런 증거도, 혹은 하나님의 명령에 대한 외적 순종의 어떤 증거도 보이지 않고 있음을 알고 있었지만 그럼에도 불구하고 하나님의 명령을 준행하는 데 대한 그들의 모든 실패가 하나님과의 관계에 대한 위협이 된다고 간주했다. 엘리자베스 여왕이 통치할 때까지 그들은 개혁에 대한 기대를 가지고 있었다. 그러나 스튜어트가가 집권하게 되자 개혁에 대한 그들의 기대는 점점 무망한 것으로 변해갔고 그 설교자들은 언약을 깨뜨린 백성들에게 임할 하나님의 진노를 경고했다. 이 하나님의 진노에 대한 두려움이야말로 많은 청교도들로 하여금 영국을 떠나 신대륙을 향하게 만든 요인이었다. 영국이 소돔과 고모라의 운명에 처하기 전에 영국을 떠나야 한다는 것이었다.[53] 매사추세츠의 초대 총독이 된 윈스롭은 신대륙을 향해 가는 배 위에서 동행들에게 새 식민지가 하나님과 언약의 관계 속에 있게 될 것이며 그들의 성공은 그 언약을 지키느냐의 여부에 달려있을 것이라고 말했다.

하나님과 언약의 관계 속에 있는 백성들에게 통치자는 필수적인 존재였다. 부패한 인간은 통치자의 강압적인 손의 도움을 얻지 않으면 외적 순종조차도 행할 수가 없기 때문이었다. 한 백성이 언약에 의해 하나님과의 결속을 가지게 되면 그들은 언약의 이행을 강제하는 통치자들에게 복종함으로써 언약을 지켜야만 한다는 것이었다. 복종해야 하는 신민들의 소명이나 명령해야 하는 통치자들의 소명이나 목표는 동일했다. 그것은 하나님과 맺은 민족적 언약을 성취하는 것이었다.

하나님은 인민들의 동의를 통해 간접적으로 통치자들을 공직에 임명하셨다. 정부를 수립하고 그 목적을 설정하고 통치자들이 그것을 수행하도록 그들을 자리에 앉히고 그들이 자신들의 직무를 제대로 수행하는 한 그들에게 순종하는 것들은 모두 백성들에게 속한 일이었다. 이 모든 목적을 달성하기 위해 백성들은 두 번째, 부속적 언약을 맺어야 했다. 그것은 하나님과의 것이 아니라 서로서로, 그리고 그들 장래의 통치자들과 맺는 언약이었다. 한 프랑스 개신교도는 『폭군에 대항하며』(Vindiciae contra Tyrannos)라는 책에서 이렇게 말했다. "우리는 왕의 취임식에서 두 종류의 언약들을 읽게 된다. 첫째는 그 백성이 하나님의 백성이 되기 위해 하나님, 왕 그리고 백성들 사이에 맺어지는 언약이다. 둘째는 왕과 백성들 사이의 것인데 백성들은 신실하게 순종할 것이며 왕은 정의롭게 다스릴 것이라는 언약이다." 저자는 계속해서 말한다. "왕 자신과 모든 백성들은 말씀에 계시된 그의 뜻에 따라 하나님을 영화롭게하고 섬기기 위해 노력해야 한다. 만일 그들이 그것을 준행하면 하나님이 그 나라를 도우시고 보존하실 것이다. 만일 그 반대로 하면 그가 그들을 버리고 끝장내실 것이다."[54)]

이러한 사상은 급진적이고 심지어 혁명적인 태도를 낳을 수 있었다. 통치자가 하나님에 대한 순종을 강제하지 못하거나 심지어 하나님에 대한 불순종을 격려, 요구할 때 그는 단지 자신의 소명을 등한히 하고 있을 뿐 아니라 백성들과의 언약을 깨뜨림으로써 자신의 권위를 무효화하는 셈이 된다는 것이었다. 만일 그런 사람이 계속해서 공직에 앉아 있으면 백성들이 하나님과 맺은 언약이 깨어져 공동체 전체가 하나님의 진노의 대상이 된다. 바로 이러한 이유로 인해 크리스토퍼 굿맨(Christopher Goodman)은 영국인들에게 메리 튜더(Mary Tudor) 왕조를 무너뜨리라고 요구했고 영국 청교도들은 실제로 찰스 1세를 폐위했으며 적어도 부분적으로 이 이유 때문에 뉴잉글랜드인들이 조지 3세에 대항해 총구를 겨누었다.

통치자와 백성들 사이의 언약, 혹은 계약 사상은 물론 청교도들이 처음 고안해 낸 것은 아니었고 그들만이 소유한 것도 아니었다. 그러나 그들은 그 사상에 그때까지 다른 누구도 부여하지 않았던 중요성을 부여했다. 영국에서 그것은 왕의 대관식 선서라는 미약한 형태로 표현되었다. 뉴잉글랜드에서 그것은 대중 선거를 통해 해마다 재현되었고 주일 설교뿐 아니라 선거일에 행해지는 특별 설교 시에 목사들에 의해 강론되었다. 그 사상이 뉴잉글랜드인들로 하여금 세계의 다른 어느 곳 사람들보다 정부에 대해 훨씬 더 감시적인 태도를 갖게 만들었다는 것은 쉽게 이해되는 일이다. 뉴잉글랜드인들은 광야에서의 그들의 생존, 그리고 후에는 그들의 계속적인 번영이 언약의 조건들을 엄격히 준수하는 데 달려있다고 믿었다. 각 사람은 자기 자신과 이웃에게 행여나 하나님을 진노케 할 어떤 언약의 파기 행위가 없는가 살폈다. 참회하는 죄인들은 자기의 실패가 공공의 안전을 위태롭게 했다고 울부짖었다.

정부의 목적은 인간의 부패를 통제하는 것이었다. 그러나 청교도들은 통치자들 역시 인간인지라 자기들과 같은 연약함을 가졌다는 사실을 잊지 않았다. 그들은 권력이 너무나 자주 인간적 부패를 낳았음을 알고 있었다. 청교도들이 영국에서 목도했던 권력의 부패는 종종 신민들의 생명, 자유, 재산에 대한 침해의 형태를 띄고 있었다. 그것을 막는 최선의 방법은 정부의 권력이 신민들의 권리에 의해 제한된다는 사실을 확실히 해 두는 것이었다. 1641년 매사추세츠의 청교도들은 "자유의 헌장"(Body of Liberties)을 입법화했다. 그것은 영국에서보다 더 광범위하게 신민의 권리를 규정한 것이었다. 거기에는 백성과 하나님의 언약, 그리고 통치자와 백성들과의 언약의 조건들이 자세히 나와 있었다.

18세기에 들어서면서 뉴잉글랜드 청교도들의 사상은 지성적 조류와 삶의 환경의 변화가 가져다 준 영향을 받게 되었다. 가장 커다란 지적 변화는 모든 사고의 일선에서 하나님이 물러나게 되었다는 것이었다. 물론 하나님은 계속 강력한 영향력을 행사하고 계셨지만 이전보다 훨씬 더 멀리서 그렇게 하시게 되었다. 뉴잉글랜드인들은 하나님의 심판보다는 그가 만든 자연들에 더 많은 관심을 갖게 되었다. 그에 따라 그들은 하나님과의 관계에 대해서는 점점 생각을 덜 하게 되었다. 17세기 사람들은 인간의 부패성에 대한 생각에 압도되어 어떻게 하면 인간의 부패한 의지를 통제하여 하나님을 덜 노엽게할까 궁리했다. 그러나 18세기인들은 적어도 제한적이나마 인간의 도덕적 비열함에 대한 생각을 유예했고 국가에 대해 생각함에 있어서도 신민들의 부패보다는 통치자의 부패를 통제하는 데 더 골몰하게 되었다.

광야에서 안락한 삶을 가꾸는 데 커다란 성공을 이룩한 보통 미국인들은 인간의 덕과 능력에 대해 보다 큰 자신감을 갖게 되었다. 이러한 변화는 그들의 언약 개념에도 많은 변화를 가져왔다. 18세기에도 과거 식의 언약 이해가 사라지지는 않았으나(사실상 그것은 19세기까지 살아남았다) 17세기 식의 이해는 많이 약화되었다. 미국 혁명이 일어날 무렵 대부분의 미국인들에게 보다 큰 관심을 끈 언약은 치자와 인민들 사이의 언약이었다. 그것은 주로 시민 정부에 대한 존 로크의 저술과 그 주제에 대한 다른 영국 및 유럽인들의 저서들의 인기 결과였다. 이 책들의 내용은 존 와이즈나 엘리샤 윌리엄스 같은 목사들의 글을 통해 너무나 잘 소화되고 설명되고 전파되어 18세기 미국인들은 자기들의 모델로서 이스라엘을 언급함이 없이 심지어는 언약에의 애초의 참여자로서의 하나님을 언급하지 않고서도 정부의 형성을 논할 수 있었다.

18세기 뉴잉글랜드인들이 로크가 묘사한 식의 정부 형성을 생각하는 것은 힘든 일이 전혀 아니었다. 로크는 먼저 일단의 자유로운 사람들이 한 백성(people)을 이루기로 동의하고 사회 계약을 통해 연합한 다음 정부 계약을 맺어 그 계약에 따라 치자를 선택하고 그들에게 한계를 부여하는 식의 계약 혹은 언약으로부터 정부가 등장한다고 주장했다. 그런데 17세기 매사추세츠에는 이미 성문법의 체계가 있어 정부의 행위를 제한하고 있었으며 성문 헌장이 있어 그 형태를 규정하고 있었고 정부의 대부분의 관리들은 해마다 투표에 의해 선출되고 있었다. 로크의 설명에서 유일하게 새로운 점이 있었다면 그것은 겉으로 보기에 그 과정에서 하나님에 대한 언급이 없었다는 것이었다. 그러나 그렇다고 해서 그들이 그의 견해를 거부하지는 않았다. 왜냐하면 비록 그가 하나님을 어떤 언약의 참여자로 언급하지는 않았지만 그럼에도 불구하고 그는 하나님을 자연법의 창시자로 지적하고 있었으며 정부는 그 자연법을 강제해야 하는 것으로 되어 있었기 때문이었다.

그러나 하나님이 로크의 체제 속에 존재했다 하더라도 그는 뒷전에 밀려나 있었다. 정부는 백성들이 하나님을 기쁘시게 하는 것을 도와 그의 진노를 막기 위해서가 아니라 단지 그들의 생명, 재산, 자유를 서로의 침해로부터 보호하는 것을 돕기 위해 존재하였다. 정부의 임무는 하나님을 기쁘시게 하는 것으로부터 인민들을 기쁘게 하는 것으로 강조점이 달라진 것이었다. 미국인들은 점점 더 공직자들을 하나님의 종이라기보다는 자신들의 종으로 보게 되었다. 그들은 치자들이 항상 그들에게 허용하려 하지는 않았던 어떤 권리들의 소중함을 보게 되었고 그 권리들을 보호하거나 확보하기 위해 치자들의 권력에 제동을 걸고 그것을 감소하기 위해 18세기 내내 노력했다. 로크는 이 권리들을 자연적 권리들(natural rights)이라고 불렀다. 치자들의 권력을 제한함에 있어 18세기 미국인들은 단지 자기들의 뜻뿐 아니라 하나님의 법에 의해 지도를 받아야 했다. 왜냐하면 문제가 되고 있는 자연권이라는 것은 하나님이 세우신 자연법의 일부였기 때문이었다.

미국인들은 자기들을 기쁘게 해 주지 않는 정부를 혁명으로 타도함으로써 자신들의 힘에 대한 자신감을 크게 고조시켰다. 하나님과 백성들 사이의 언약에 있어서는 하나님이 그 조건을 정했다. 그러나 민중과 치자의 언약에서는 민중이 그것을 정했다. 비록 그들은 하나님이 인정하시는 조건만을 정해야 했으나 하나님이 어떤 조건을 인정하시는가 하는 판단은 민중들에게 주어져 있었다. 민중들이 홀로 어떤 치자가 하나님과 국가 간의 언약을 잘 수행하고 있는가를 판단했다. 이렇게 해서 혁명기의 미국인들은 언약에 의한 정부를 만들었고 언약에 의해 정부의 권력을 제한했다. 그들은 세습 군주정이 폭정으로 타락하는 것을 경험했기 때문에 정부 권력을 헌법으로 제한하는 것으로 만족하지 않고 치자들이 계속 민중들 속으로 돌아오는 정부를 요구하고 그 정부에 가능한 한 많은 사람들이 참여하도록 만들었다. 권력을 많은 사람들에게 분산시켜 두면 그만큼 폭정과 부패의 위험이 줄어들 것이라는 신념이었던 것이다.

뉴잉글랜드의 목사요 예일 대학 학장으로서 신학적으로나 정치적으로 청교도 전통에 서 있었던 에즈라 스타일즈(Esra Stiles)는 모든 사람이 악하고 자기 권력을 오용할 수 있지만 다수보다는 소수를 부패시키기가 더 쉽다고 생각했다. 그래서 그는 유권자가 많으면 많을수록 좋다고 믿었다. 혁명으로 인해 그의 신념은 더 확고해졌다. 1794년경에 그는 보통 사람들이 정보만 제대로 접할 수 있으면 결국 항상 정확히 판단하게 되며 심지어 정부 수립 후에도 정부를 바꾸거나 제거하기 위한 목적으로 민중들이 자유롭고 법외적으로(extra-legally) 관계하는 것이 허용되어야 한다고 믿는 데까지 나아갔다. 억압적 정부만이 백성들을 두려워한다는 것이었다. 스타일즈의 이론 속에서 언약 안에 있는 민중의 역할은 확대되어 정부는 민중의 의지를 구현하는 대리인이 되었다. 청교주의가 민주주의로 발전되었던 것이다.

장로교 내에서의 사회 계약(social contract) 사상

1763년에서 1782년 사이 중부 식민지의 개혁파 목사들도 사회에 관한 기본적 진리로서 계약 사상을 분명히 받아들였다.[55] 예를 들면 1774년 퀸즈 칼리지 졸업식에서 화란 개혁파 교회의 목사인 야곱 할덴버그(Jacob R.

Hardenberg)는 "사회가 상호 계약에 의해 형성됨은 자명하다"고 말했다.[56] 길버트 테넌트도 같은 생각을 가지고 있었다. "불의와 폭력으로부터 신체와 재산을 보다 효과적으로 보호하기 위해 개인들이 연합한 것이 정부가 아니고 무엇인가? … 일반의 동의에 의해 정부는 그 공동체의 모든 구성원들의 안전과 복지를 위해 충분한 힘을 비축함으로써 앞에서 말한 중요한 목적을 이루는 데 그것을 사용한다."[57]

이처럼 중부 식민지의 개혁파 목사들이 사회 계약 사상을 수락하였지만 존 로크나 시드니 혹은 밀턴 등과는 달리 그것과 그것에 서로 관련된 개념들-동의, 대표 등-에 그렇게 많은 지면을 할애하지는 않았다는 점이 특별하다. 물론 그것은 설교와 저술 혹은 논문은 장르가 다르기 때문인 탓도 있을 것이고 혹은 당시의 미국인들이라면 누구나 그것을 수락하고 있었기 때문에 굳이 별도로 언급할 필요가 없었기 때문인지도 모른다. 혹은 성경이 정부는 단지 인간들의 동의에 의해 만들어진 것일 뿐 아니라 하나님이 세우신 기관이라 말하고 있는데 왕과 정부를 굳이 신민들의 작품이라고 주장하기 어려웠기 때문인지도 모른다.[58]

휘그파 사상

언약 사상과 함께 미국 혁명 사상의 양대 축을 이루는 것은 휘그파 사상이다. 베일린은 미국 혁명 사상의 궁극적 기원을 휘그파 사상이라고 지적한다.[59] 휘그파 사상은 한 마디로 공화정 사상(republicanism)이다. 공화정 사상은 새롭고 혁명적인 정부 체계를 가르쳤다. 그것은 인민의 동의 없이는 아무 권세가 존재하지 않으며 인민들은 정부의 수립에서뿐 아니라 성문법에 있는 대로 시시각각의 정부 운용에 있어서도 대표들을 통해 계속 다스린다는 생각이었다. 정치적 주권의 문제에 대해 식민지 애국자들은 절대적이고 무제한적인 권력을 가진 한 사람이 최고의 독점적 권위를 소유한다는 전통적 개념을 버렸다. 독립된 미공화국의 인민들은 치자인 동시에 피치자가 될 것이었다.[60)]

정치에 대한 휘그식 개념은 17세기 전반 왕과 의회 사이의 격렬한 투쟁 속에서 자라났다.[61)] 청교도들은 1640-60년 사이에 개신교 종교개혁을 완성하는 한편 군주정에 고삐를 걸고 의회의 명분을 진전시키려고 노력했다. 휘그파 정치는 가톨릭 교인인 제임스 2세를 추방하고 개신교도인 윌리암과 메리를 즉위시켰으며 이러한 행위들은 존 로크가 고전적으로 정당화한 1688년의 명예혁명에서 절정에 달했다. 18세기 내내 휘그파 원리들은 영국 정치의 이론적 기초로 남았다. 지배층에서 밀려난 '급진적' 휘그파들은 계속해서 자유에 대한 우려를 표명하면서 명목상으로만 휘그파인 영국에 폭정에 대한 예감이 창궐하다고 주장했다. 이 '급진적' 휘그파는 1760년대와 70년대 영국에서는 광야의 외치는 소리에 불과했다. 그러나 미국에서 그들은 혁명으로 직행했다. 미국에서 그들의 세계관은 의회의 부패한 권력에 대한 거의 히스테리에 가까운 두려움을 야기했고 "전통적 자유들"에 대한 열광적 방어의 기초가 되었으며 "양도할 수 없는 자유들"에 대한 격렬한 주장들을 낳았다.

"진정한" 휘그적 정치 전통을 평가하는 것은 쉽지 않다. 왜냐하면 그것은 너무나 많은 다양한 사람들과 운동들로 이루어져 있기 때문이다. 성경을 믿는 청교도들이 그 전통에 기여했고 자유로운 출판의 옹호자인 그리스도인 존 밀턴(Christian John Milton)도 그러했다. 그러나 기독교 신앙이나 성경과 전혀 무관한 이유들을 가진 많은 다른 사람들도 그 전통의 형성에 기여했다. 모든 종류의 군주정을 혐오한 교조적 공화주의자들, 영국 왕의 통치를 미워한 스코틀랜드와 아일랜드의 민족주의자들, 보통법을 보호하고자 했던 법률학자들도 그 전통의 형성에 일익을 담당했다. 아이작 뉴턴경과 같이 정치질서가 자연의 '법'과 동일한 조화를 연출하는 것을 보기 원했던 광교회 영국 국교도들과 명예 혁명에서 재산을 얻었던 지주들도 "진정한" 휘그파 사상의 형성에 한 몫을 담당했다. 국가를 자연권에 대한 잠재적 위협으로 보았던 존 로크나 천부적 "도덕 감각"이 정의로운 정치를 낳을 수 있다고 느꼈던 스코틀랜드의 프란시스 허치슨(Francis Hutcheson)도 마찬가지였다. "급진적" 휘그파는 또 신학적 문제로 갈라져 있던 집단들을 한 군데로 집결시켰다. 칼뱅주의적 분리파들과 자유주의적 사상을 가진 이신론자들 양자가 다 영국 국교회의 설립 때문에 안달이 나서 개혁을 요구하고 있었다.

휘그 사상과 칼뱅주의 사상의 공통점

그러면 기독교와 휘그 사상 사이에는 어떤 상관성이나 유사성이 있는가? 휘그 사상은 최소한 부분적으로라도 기독교의 영향의 산물인가, 아니면 기독교와는 전혀 무관한 세속 정치사상인가? 미국 혁명과 기독교의 관계에 대한 전문가인 마크 놀은 기독교인들의 신념과 애국적 신념, 즉 휘그 사상 사이에는 밀접한 관계가 있었다고 주장한다. 청교도들과 휘그파는 어떤 신념들과 태도들을 공유했다는 것이다. 놀은 후기 청교도주의와 휘그 사상의 유사성이 너무나 깊었기 때문에 미국 혁명기에 양자를 구분하는 것은 심히 어려운 일이라고 주장한다. 양쪽 체계에 현저히 드러나는 몇 가지 구체적 주제들을 보면 휘그 사상과 기독교 사상이 그처럼 쉽게 합류할 수 있었던 이유가 설명된다는 것이다.[62)]

첫째, 인간성에 대한 비관적 견해다. 한 세기 반 동안의 설교를 통해 뉴잉글랜드 목사들은 교인들의 마음 속에 전적 타락의 교리를 철저히 심어 주었다. 악을 향하는 인간의 본래적 성향을 주의 깊게 견제하지 않으면 그것은 즉시 노골적으로 표출된다는 것을 식민지인들은 알고 있었다. 마찬가지로 영국 휘그파들도 견제되지 않은 정치 권력이 얼마나 신속히 시민들의 인신과 재산에 대한 학대로 이어지는지, 그리고 선한 의도를 가졌던 사람들조차도 얼마나 쉽게 18세기 영국 정치를 지배했던 음모의 늪 속에 빠져들 수 있는지를 너무나 익히 알고 있었다.

둘째, 개인적 미덕이 사회적 안녕과 상호 의존적이라는 신념이다. 이것은 개인적이고 집단적인 미덕이 사회의 건강에 필요불가결한 토대가 된다는 생각이다. 미덕은 권력욕을 견제할 정력과 상존하는 부패의 위협을 깨어서 감시할 열심을 휘그파들에게 제공했다. 그리스도인들에게 있어 미덕은 항상 죄악에 대항한 투쟁의 일부로 이해되었다. 그것은 하나님이 주신 생명, 재산, 그리고 자유의 권리들을 위협하는 것에 대한 저항을 포함했다. 결과적으로 그리스도인들의 미덕은 개인 구원과 성화라는 보다 전통적인 관심들을 소홀히 하지 않으면서도 점차 더 사회적이고 정치적인 내용으로 표현되게 되었다. 그러나 물론 여기에도 차이는 있었다. 혁명적 휘그파들은 종종 하나님의 은혜를 개인적 미덕의 기초로 말하지 않았다. 그들은 초자연적 수단들보다는 자연적 수단이 개인적 미덕과 사회적 건강을 확보해 주는 것으로 생각하기를 좋아했다.[63]

셋째, 그리스도인들과 휘그파가 공히 붙들고 있던 자유의 깃발은 여러 가지의 상호보완적인 섬유들로 이루어져 있었다. 미덕의 개념에 있어서와 마찬가지로 자유를 정의함에 있어서도 부정적인 요소들이 중요했다. 청교도주의에 있어서는 죄로부터의 자유가 중요했다. 한편 휘그파들에게 있어서는 폭정으로부터의 자유가 지배적 관심사였다. 청교도들은 죄로부터의 개인적 자유라는 종교개혁의 개념을 제도화된 악으로부터 교회와 사회를 자유케한다는 개념으로 확대했다. 자유주의자들의 관심과 그토록 깔끔하게 맞아떨어진 것은 청교주의의 이 집합적 시각이었다. 청교도의 후예들은 사회를 죄로부터 보존하려는 자기들의 노력이 그것을 폭정으로부터 보호하려는 휘그파의 노력과 아주 비슷하다는 사실을 발견했다. 그리하여 영국의 정치적 압제에 대항한 투쟁은 죄악 그 자체에 대항한 투쟁으로 간주될 수 있었다.[64)]

넷째, 역사의 성격에 대한 공통된 확신이다. 양자는 모두 역사를 선한 세력과 악한 세력의 우주적 각축장으로 보았다. 청교도의 후손들에게 있어 종교개혁 이후 유달리 격렬해진 그리스도와 적그리스도의 투쟁은 미국 혁명에서 새로운 절박성을 띠게 되었다. 미국 그리스도인들은 그것이 교회적인 것이든 정치적인 것이든 폭정 일반을 적그리스도의 화신으로 간주했다. 휘그파에게 역사는 "압제와 자유 사이의 끊임없는 투쟁"이었다. 혁명의 열기 속에서 애국주의자들이 미국을 그리스도의 편으로 영국을 적그리스도의 편으로 묘사했으리라는 것은 쉽게 짐작할 수 있는 일이었다. 마치 그리스도가 적그리스도에 대항한 싸움을 수행하는 것처럼 도덕적으로 깨어 있는 사람들은 탐욕, 그리고 견제받지 않은 권력 장악과 대항해 투쟁해 왔다. 정직이 승리한 곳에서는 나라들이 물질적으로나 도덕적으로 번영했다. 그러나 부패가 승리한 곳에서는 나라들이 심각한 사회적 물리적 쇠퇴를 겪었다.[65)]

요컨대 자유주의적 사상과 청교도들의 어떤 신념 사이의 결속이 너무 강하여 많은 식민지 애국자들은 기독교 휘그파 혹은 휘그파 기독교인들이라고 불리워 마땅하다고 할 수 있다고 놀은 주장한다. 그 두 관점은 공통의 관심을 가지고, 공통의 적을 불신하고, 공통의 자유를 수호했다. 그 결과는 "공화주의적 종교, 혹은 종교적 공화주의"였다는 것이다.

미국 혁명 사상에 대한 성경의 영향은 약하다는 주장

그러나 어떤 학자들은 다른 견해를 가진다. 그들은 기독교적 가치가 휘그파 사상에 전혀 생소한 것들은 아니었지만 그렇다고 그것이 지배적인 영향을 행사하고 있는 것도 아니었다"고 주장한다.[66] 내이던 해치, 그리고 조지 말스덴 등이 대표적인 인물들이다. 이들은 미국 혁명의 사상에 기독교적 요소는 별로 없었다고 주장한다. "보다 면밀한 검토를 거칠 때 미국 혁명 속에 성경적 요소들은 어느 모로 보든 별로 뚜렷하지 않다"는 것이다.[67] 이들은 미국 건국의 조상들이 성경을 읽었을는지는 모르지만 성경이나 기독교 원리에 대한 분명한 언급이 미국 역사의 초기 정치적 토론들 속에 나타나지 않는다고 지적한다. 독립선언서나 헌법이나 새로운 주헌장들에 성경 구절들이 나타나지 않는 것은 그 문서들의 성격상 이해할 수 있는 일이지만 그것이 나타날 것을 기대할만한 장소들, 이를테면 독립을 옹호하는 팜플렛 문서들, 헌법에 대한 주차원의 다양한 토론들, 그리고 1790년대의 정치적 토론들에조차도 성경적 혹은 기독교적 주제들에 대한 뚜렷한 언급이 없다. 말하자면 사적으로 성경을 읽었던 정치적 대변인들이 공적으로 성경 본문을 언급한 일은 거의 없었다는 것이다.

네이던 해치와 조지 말스덴, 그리고 마크 놀은 목사들이나 평신도들이 성경을 인용했을 때조차도 본문의 본래 의도와는 달리 견강부회를 했다고 주장한다. 애국적 목사들이 청중들을 설득하기 위해 종종 성경을 인용했지만 때로는 그것이 성경의 본래 의미를 바로 해석한 결과가 아니라 터무니없는 억지 적용이었다고 그들은 비판한다. 예를 들면 「차 조례」(Tea Act)가 통과된 후 사우스 캐롤라이나의 찰스턴에 있는 데이비드 램지 목사는 세금이 부과된 음료를 사용하지 않으려는 미국인들의 노력을 지지하기 위해 골로새서 2:21절의 "붙잡지도 말고 맛보지도 말고 만지지도 말라"는 본문을 사용했다.[68] 1776년에 최소한 두 사람의 뉴잉글랜드 목사들, 즉 매사추세츠의 다트머스에 있는 사무엘 웨스트(Samuel West)와 코네티컷의 웨스턴에 있는 사무엘 셔우드(Samuel Sherwood)는 영국의 압제를 요한계시록 13장에 나오는 짐승에 비유했다.[69] 본문의 조심스러운 주해의 기초 위에서 정치적 행동을 고무하려는 노력이 부족했다는 인상을 주는 경우들이라는 것이다.

이처럼 영국을 적그리스도, 혹은 계시록의 짐승으로 묘사한다든지, 성경에 나오는 자유를 정치적 자유와 동일시한다든지 하는 식으로 미국 독립주의자들은 휘그파 이념과 기독교를 연결시킴으로 신앙을 왜곡했다고 이들 학자들은 주장한다. 그들은 휘그파가 정치적 자유의 수호를 우상시했다고 비난한다. 특히 미국 혁명에 대해 종말론적 언어를 사용했던 사람들은 그러한 우를 범했다는 것이다. 독립 전쟁에서의 승리가 천년 왕국을 가져다 줄 것처럼 생각한 것이나 패전하면 그리스도인의 삶을 살 수 없을 것처럼 생각한 것은 완전히 잘못된 사고였다는 것이다. 그러나 성경은 정치적으로 완전한 자유가 보장되지 않은 곳에서도 하나님이 커다란 은혜로 능력있게 역사하신 예들-애굽의 요셉, 바벨론의 다니엘, 예수는 말할 것도 없고 로마 제국에서의 바울 등-으로 가득하므로 이 점에서 휘그식 그리스도인들은 잘못 생각했었다는 주장인 것이다.[70]

미국 혁명과 계몽주의

위의 학자들은 또 "급진적" 휘그파들은 또한 계몽주의를 전적으로 지지한 사람들이었다고 지적한다.[71] 그들은 정의롭고 건강한 사회를 건설하는 인간성의 자연적 능력에 초점을 맞추는 경향이 있었다는 것이다. 어느 정도 이 계몽주의적 자신감은 기독교 신앙과 양립될 수 있었지만 동시에 그것은 그들이 상황을 있는 그대로 직시하지 못하게 한 여러 원인들 가운데 하나로 작용하기도 했다고 이들은 비판한다.

휘그식 그리스도인들에게 비판적인 이 학자들은 18세기 북미의 식민지인들은 당시 "전 세계에서 가장 자유로운 환경들 가운데 하나"에서 살고 있었다고 주장한다. 물론 그들은 왕과 의회가 미국을 다루는 데 있어 많은 실수들을 범했음을 인정한다. "그들은 식민지인들의 고유한 권리들을 박탈했다." 그러나 그들의 상황은 유럽보다 훨씬 나았다. 그럼에도 불구하고 식민지인들은 차에 대한 과세가 미국을 향해 돌진하고 있는 폭정을 가리는 빙산의 일각에 불과하다고 보았다. 그들은 퀘백에 대한 영국의 통치를 자유화하려는 노력이 개신교 북미 대륙을 억압하려는 은밀한 노력이라 생각했다. 그들은 계몽주의와 "급진적" 휘그파들의 자신감으로 인해 그 사실을 알 수 있다고 생각했다. 그 자신감은, 보다 구체적으로, 정치 세계의 방식을 성경에 나와 있는 하나님의 말씀만큼이나 분명히 볼 수 있다는 자신감이었다. 그러나 그들은 그 점에서 틀렸었다고 위의 학자들은 주장한다. 이 실수 때문에 그들은 세계에 대한 하나님의 주권에 대한 신뢰를 희생시켰다는 것이다. 대신 그들은 자신들이 처한 정치 세계의 은밀한 작용들을 분별하는 자기들의 능력의 주권성을 신뢰했었다는 것이다.

자연법 사상

미국 혁명을 가능하게 했던 사상들 가운데 중요한 또 하나는 자연법 사상이다. 자연법 사상은 중부 식민지 개혁파 목사들의 정치사상의 근본적 부분을 이루고 있었다.[72] 정치 및 혁명에 관계해서 자연 이성을 가장 많이 활용했던 사람은 뜻밖에 로그 칼리지(Log College) 창설자의 아들인 길버트 테넌트(Gilbert Tennent)였다. 그는 이성의 명령이 자연법에 상당하는 것이라고 주장했다. 정당방위는 "이성이 명하는 가장 분명한 것이며, 감정이 권하는 가장 부드러운 것이다. 그것은 인간의 본성에 가장 깊이 뿌리박힌 원리이기 때문에 그것의 합법성을 의심하는 것이 오히려 부자연스럽다고 그는 단정했다."[73]

그러나 이들 개혁파 목사들에게 자연 이성이 첫 번째 고려 사항이 되거나 당대의 이신론자들에게서와 같이 성경의 논증이 자연 이성과 양심의 명령으로 변이되지는 않았다. 오히려 자연법은 성경의 도덕법 속에 담겨 있다는 역사적 개혁파의 관점을 고려할 때 자연법에 근거하여 방어적 전쟁을 정당화한 것은 개혁주의 전통에 부합되는 일이라 할 것이다. [74]

공공 정신(public spirit)

미국 혁명기의 장로교 목사들은 공동체의 중요성을 강조하고 "공공 정신"의 필요성을 역설했다. 부흥사 출신 길버트 테넌트는 "우리가 그 한 부분을 이루고 있는 공동체 전체"에 관심을 가지고 "우리가 할 수 있는 모든 수단을 다해 공동체의 이익을 도모하라"고 청중들에게 촉구했다. 공동선보다 사적 이익을 앞세우는 태도는 "편협하고 비굴하며 천하고 비열하며 졸렬한 정신을 보여준다"는 것이었다.[75] 프린스턴 대학의 전신인 뉴저지 대학(the College of New Jersey)의 학장으로 영향력을 가지고 있었던 사무엘 데이비스에게 있어 다윗 왕은 본받을 가치가 있는 모범이었다. 왜냐하면 그는 자신 안에 "두 가지, 즉 공공 정신과 신앙"을 결합시켰기 때문이었는데 이러한 결합은 "바람직한 사회 구성원"을 낳았다. 데이비스는 심지어 "이 두 가지가 너무나 분리될 수 없이 연합되어 있기 때문에" 공공 정신이 전혀 없는 사람에게는 참된 신앙이 있을 수 없다고 까지 주장했다.[76] 데이비스에게 있어 공동체를 귀히 여긴다는 것은 주위의 사람들에게 복음이 잘 받아들여지도록 하기 위해 '공평'을 실천해야 하는 그리스도인의 삶으로부터 나오는 논리적 귀결이었다. 그는 사회적 책임을 수행하는 것이 구원에 직결될 만큼 중요한 문제라고 강조했다.

> 만일 여러분이 사회 생활의 의무들을 꼼꼼히 수행하지 않는다면 여러분은 하나님나라에 들어갈 수 없습니다. 하나님께 직접 지은 죄나 그분에 대한 의무의 불이행뿐 아니라 우리 동료 인간들에 대한 죄와 우리가 그들에게 지고 있는 책임을 수행하지 않은 죄들도 인간을 하나님나라에서 배제할 것입니다.[77]

평가

미국 혁명을 지지했던 많은 목사들의 설교나 저술가들의 글에 성경본문에 대한 깊이 있고 진지하며 설득력 있는 주해가 많지 않다는 지적은 사실에 가깝다. 혁명을 지지한 목사들이 그것의 정당성을 설득하기 위해 견강부회식으로 성경을 인용한 사례들도 있었다. 그러나 그런 경우들이 일부 있었다고 모든 설교들을 성경에 대한 아전인수식 해석으로 매도할 수는 없다. 말스덴과 해치는 혁명을 지지한 청교도 목사들이 폭군적인 영국 정부를 계시록의 '짐승'에 비유한 것은 잘못된 것이라고 비판한다. 그러나 오늘날 대부분의 신학자들은 계시록의 '짐승'이 폭군으로 전락한 정부와 불의한 국가를 의미할 수 있다는 사실을 인정한다.[78)]

말스덴과 해치는 또 혁명 당시의 어떤 목사들이 갈라디아 6:1의 자유를 정치적 자유로 해석한 것은 잘못된 성경 해석이었다고 지적한다. 그리스도께서 우리에게 주신 자유는 전적으로 '종교적' 자유, 즉 율법의 멍에로부터의 자유였다는 것이다. 물론 일차적으로 그리스도 안에서의 자유는 율법의 굴레와 죄의 권세로부터의 자유라는 영적 의미를 가진다. 그러나 그 자유에 정치적 억압과 폭정 등 인간을 짓누르는 모든 굴레로부터의 자유가 포함될 수 있다는 포괄적 해석을 하는 것이 꼭 잘못이라고 볼 수는 없다.

기독교와 미국 혁명 사상의 상관성을 가능한 한 부인하려는 학자들의 주장에도 문제점은 많이 있다. 미국 건국의 아버지들이 공석상에서 성경 본문을 언급하거나 종교적 용어를 사용하지 않았다는 것이 꼭 그들이 기독교와 무관한 사상에 의해 혁명을 추진했음을 의미하지는 않는다. 기독교적 정신과 원리에 따라 행동하고 있으면서도 공석상에서는 경건의 '모양'을 드러내는 것을 것을 삼가는 그리스도인 지도자들이 있을 수 있다.

말스덴과 해치는 정치적 자유가 제약된 곳에서도 신앙 생활을 하는 것이 얼마든지 가능하다고 주장한다. 그것은 부분적으로 사실이다. 정치적 억압과 폭정이 있는 곳에서도 일정한 한도 내에서 그리스도인으로 살아갈 수는 있다. 그러나 그러한 곳에서는 "삶의 모든 영역에서" 기독교 신앙의 함의를 구현하는 것은 불가능할 것이다. 정치적 억압이 극심한 곳에서도 그리스도인들끼리 공적으로 혹은 비밀리에 예배를 드리거나 전도하는 것은 가능할 것이다. 그러나 성경은 예배드리고 전도하는 것이 그리스도인의 삶의 전부라고 가르치는가? 기독교 신앙의 내용이 성경 읽고 기도하는 개인적 '경건' 뿐인가? 이러한 질문에 '예'라고 대답할 사람은 아마도 극단적 이원론자들일 것이다. 성숙한 기독교적 세계관을 가진 신자라면 단지 개인적 경건 및 예배 의식과 종교적 형식만 보장되는 신앙 생활에 만족할 수 없을 것이다. 우리 삶의 모든 국면에서 하나님의 계획과 의도가 구현되게 해야만 하나님을 영화롭게 할 수 있다고 믿는 신자들은 독재와 억압, 그리고 인권 유린이 횡행하는 곳에서 만족할 수 없을 것이다.

그러므로 우리는 청교도들이 단지 종교적 자유만으로 만족하지 않고 정치적 자유까지 추구하여 독립 전쟁에 참여한 것을 비난할 수 없다. 물론 독립된 미국이라는 국가의 건설이 성경의 '천년 왕국'과 곧바로 동일시될 수는 없다. 하나님나라는 그보다 훨씬 더 넓고 포괄적이다. 그러나 폭정과 억압에서 해방된 자유롭고 정의로운 독립 국가의 건설이 '하나님 나라'의 현재적 차원의 일부라고 보지 않을 필요도 없다.

혁명을 반대한 설교들에도 그 주장을 뒷받침하기 위한 충실한 성경 주해는 희귀했다. 웨슬리의 글이 그 대표적인 것이라 할 수 있다. 미국의 독립 운동에 대한 그의 반대에도 깊이 있는 성경적 주해는 없다. 혁명을 반대한 왕당파 성공회 목사들의 설교들도 성경적 근거가 극히 부실하기는 마찬가지였다. 현대에 들어와 법학자들이나 정치학자들뿐 아니라 기독교 윤리학자들까지도 주류는 국민 저항권을 천부의 인권들 중 하나로 인정하고 있으며 세계 대부분의 나라들은 그것을 헌법에 삽입하여 국민의 기본권들 가운데 하나로 보장하고 있다.

맺는 말

베일린의 주장처럼 미국 혁명의 사상적 배경들 중 가장 중요한 두 가지 가운데 하나가 언약 사상이라면 미국 혁명은 최소한 절반은 기독교의 영향으로 일어났다고 말할 수 있다. 또 마크 놀이 지적한 것처럼 기독교와 휘그 사상 사이에는 많은 유사성이 발견되는데 그것은 휘그 사상이 부분적으로 기독교의 영향 하에 형성되었음을 입증한다. 그렇다면 미국 혁명은 기독교의 영향의 산물이라 할 수 있을 것이다.

미국 혁명은 개혁파 전통을 가진 청교도 교회들과 장로교 목사들의 주도로 성취되었다. 한국의 기독교인들에게는 대단히 생소하게 들리겠지만 당시 아메리카 식민지에서 정치적 자유와 국가적 독립을 쟁취하는 일의 필요성과 중요성을 가장 깊이 깨닫고 그것을 위해 가장 적극적으로 노력했던 집단들 가운데 하나는 종교 지도자들이었다. 미국 혁명은 목사들이 그 신학적 정당성과 필요성을 자기 교인들에게 계속적으로 설득하고 가르침으로 가능했던 운동이었다. 목사들이 혁명의 최전방에서 정신적이고 이념적인 지휘자 노릇을 하고 있었다는 것이다.

한편 미국 혁명에 대한 그리스도인들의 교파별 반응이 이처럼 달랐다는 것은 적어도 각 교파마다 기독교 신앙, 보다 구체적으로는 불의한 힘, 특히 국가 권력의 불의에 그리스도인이 어떻게 반응해야 하는가 하는 질문에 대한 성경적 해답을 다르게 생각했음을 보여 준다. 억압적이고 폭군적인 권력의 횡포에 가장 예민한 반응을 보인 것은 청교도들과 장로교인들이었다. 이것을 볼 때 개혁파 전통 속에는 불의와 압제에 대한 분노와 저항을 격려하는 어떤 요소가 있음이 분명하다. 아마도 그 요소는 기독교 신앙의 원리들을 교회와 개인의 심령뿐 아니라 삶의 모든 영역에 적용해야 한다는 칼뱅주의의 세계관일 것이다.

어느 나라에서든 칼뱅주의자들은 국가의 지도층을 형성했다. 그 역시 칼뱅주의의 적극적 문화관 때문일 것이다. 그런데 한국에 들어온 개혁주의는 이상하게도 피지도층의 생리를 더 많이 가진 기독교가 되었다. 그것은 한국에 장로교가 전파된 시기가 일제에 의한 국권 강탈이라는 특수한 역사적 상황과 맞물렸기 때문일 것이다. 그것은 어느 정도 이해할 수 있는 일이라 하더라도 주권이 회복된지 반 세기 이상이 지난 지금도 한국의 장로교인들이 과거 식민지 시절의 노예적 사고에 사로잡혀 있다면 그것은 심히 유감스러운 일이다. 미국 혁명이라는 세계사적 사건 속에서 칼뱅주의자들이 담당했던 역할들은 한국의 복음주의적 장로교인들에게 커다란 도전이 된다.

주

1) Mark A. Noll, *Christians in the American Revolution* (Washington D. C.: Christian University Press, 1977), 51

2) Leonard J. Kramer, "Presbyterians Approach the American Revolution: Part II," *Journal of the Presbyterian Historical Society* XXXI(September, 1953): 176

3) Mark A. Noll, Nathan O. Hatch, George M. Marsden, *The Search for Christian America* (Colorado Springs: Helmers & Howard, 1989), 81.

4) Harry S. Stout, *The New England Soul: Preaching and the Religious Culture In Colonial New England* (New York: Oxford University Press, 1986), 261-62.

5) George P. Anderson, "Ebenezer Macintosh, Stamp Act Rioter and Politician," *Colonial Society of Massachussetts*, Publications 26(1924-26) 35에서 재인용.

6) Stout, *The New England Soul*, 262.

7) Douglas Adair and John A. Schultz eds., *Peter Oliver's Origin and Progress of the American Revolution* (Stanford: Stanford University Press, 1961), 39, 58-60. Stout, *The New England Soul*, 263에서 재인용.

8) Jonathan Mayhew, *Obscrvations on thc Chartcr and Conduct of the S. P. G* (Boston: 1763), 39

9) *Resolves of the New London Sons of Liberty*, Dec. 30. 1765, reprinted in Edmund S. Morgan ed., *Prologue to Revolution: Sources and Documents on the Stamp Act Crisis*, 1764-66(Chapel Hill: University of North Carolina Press, 1959), 114.

10) 절기 설교란 주일의 정규 설교 외에 금식일이나 감사일, 혹은 특별한 교회력이 있는 날에 행한 설교였다.

11) Samuel Johnson, *Some Important Observation* (Newport, R.I., 1766), 5, 7, 20-21, 56. Stout, *The New England Soul*, 265-66에서 재인용.

12) Edward Barnard, "Sermon on Psalm 122:1-6," July 24, 1766, *Sermons Collection*, Folder 4, EI.

13) Charles Chauncy, *Good News from a Far Country* (Boston, 1766), Reprinted in John W. Thornton, *Pulpit of the American Revolution* (Boston : Gould and Lincoln, 1860), 127-28, 139.

14) Stout, *The New England Soul*, 272.

15) John Lathrop, *Innocent Blood Crying to God* (Boston, 1771), 5-7, 15-16.

16) Chauncy, *Trust in God* (Boston, 1770), 21.

17) Stout, *The New England Soul*, 272.

18) "Samuel Cooper to Thomas Pownall," Nov. 14, 1771, Reprinted in *American Historical Riview* 8(1902-1903): 325.

19) John Allen, *An Oration upon the Beauties of the Liberty* (Boston, 1773), 14, 16.

20) Allen, *An Oration upon the Beauties of the Liberty*, 19-20.

21) Stout, *The New England Soul*, 278.

22) Charles Turner, *A Sermon Preached Before His Excellency* (Boston, 1773), 16, 22, 29-30.

23) Stout, *The New England Soul*, 281.

24) Stout, *The New England Soul*, 283

25) William Gordon, *A Discourse Preached* Dec. 15, 1774(Boston, 1775), 5.

26) Zabdiel Adams, *The Grounds of Confidence and Success in War* (Boston, 1775), 26.

27) John Lathrop, *A Sermon Preached* (Boston, 1774), 15, 32.

28) Samuel Seabury. G.N.D. Evans ed., *Allegiance in America: The Case of the Loyalists* (Reading: Addison-Wesleys, 1969), 7에서 재인용.

29) Samuel Langdon, *A Sermon Preached* (Watertown, 1775), reprinted in Thornton, *Pulpit of the American Revolution*, 239.

30) Peter Whitney, *American Independence Vindicated* (Boston, 1777), 43, 47.

31) Stout, *The New England Soul*, 307.

32) Noll, *Christians in the American Revolution*, 120.

33) Noll, *Christians in the American Revolution*, 118.

34) Noll, *Christians in the American Revolution*, 103.

35) Noll, *Christians in the American Revolution*, 107.

36) Thomas Bradbury Chandler, *A friendly Address to All Reasonable Americans, on the Subject of our Political Confusions* … (New York: James Rivingston, 1774), 51.

37) Chandler, *A friendly Address to*, 5.

38) Jonathan Boucher, *A View of the Causes and Consequences of the American Revolution; in Thirteen Discourses, Preached in North America Between the years 1763 and 1775* … (London: G.G. and Robinson, 1797), 503-506.

39) J. W. Lydekker, *The Life and Letters of Charles Inglis* (London: Society for Promoting Christian Knowledge, 1936), 157-61. Edwin S. Gaustad, *A Documentary History of Religion in America* (Grand Rapids: Eerdmans, 1982), II, 243-44에서 재인용.

40) William H. Nelson, *The American Tory* (New York: Oxford University Press, 1961), 186-87,

41) W. S. Perry ed., *Historical Collection Relating to the American Colonial Church* (New York: AMS Press, 1969[1871]), II, 470-72. Gaustad, *A Documentary*, 238-40에서 재인용.

42) 최소한 부분적으로 애즈버리가 웨슬리의 정치적 보수주의(Torism)를 거절한 데 힘입어 감리교는 전후에 신속한 진보를 미국에서 기할 수 있었다. 반면 다른 왕당파 단체들, 특히 성공회는 토리주의라는 낙인으로 인해 전쟁이 끝난 후에도 오랫동안 시련을 겪어야 했다.

43) John Wesley, *A Calm Address to Our American Colonies 1730-1805* (London: 1775). Ellis Sandoz ed., *Political Sermons of the American Founding Era* (Indianapolis: Liberty Fund, 1991), 410-20.

44) C. H. Smith, *The Mennonite Immigration to Pennsylvania in the Eighteenth Century* (Norristown: Norristown Press, 1929), 285-86. Gaustad, A Documentary, 233-34에서 재인용.

45) 아이작 베커스는 대부분의 식민지 침례교도들처럼 대각성의 산물이었다. 1741년 8월 22일 밭에서 일하던 중 그는, 자신의 묘사에 의하면, "하나님의 빛에 의해 그리스도의 완전한 의와 그의 값없는 은혜의 풍성함을 보게 되었다. ... 나의 무거운 짐은 사라졌고 고통스럽던 두려움은 날아가 버렸다. 나의 기쁨은 형언할 수 없었다." (William G. McLoughlin ed., *Isaac Backus on Church, State, and Calvinism* [Cambridge: Harvard University Press, 1968], 2-3)

46) Bernard Bailyn, *Ideological Origins of the American Revolution* (Cambridge: Harvard University Press, 1967), 32.

47) 이러한 사상을 담은 새로운 저술들로 Daniel Neal의 *History of the Puritans* (1732-38)와 *History of New England* (1720), Thomas Prince의 *Chronological History of New England in the Form of Annals* (1736)이 있다.

48) Bailyn, Ideological Origins, 32-34.

49) Keith L. Griffin, *Revolution and Religion: American Revolutionary War and the Reformed Clergy* (New York: Paragon House, 1994), 37.

50) Allen Carden, *Puritan Christianity in America* (Grand Rapids: Baker, 1990), 141.

51) T. H. Breen, *The Character of a Good Ruler: Puritan Political Ideas in New England* (New York: W. W. Norton & co., 1970), 37-38.

52) 뉴잉글랜드 청교도들의 언약 사상에 대한 이하의 논의는 Edmund Morgan의 *Puritan Political Ideas 1558-1794* (Indianapolis: Bobbs-Merrill co., 1965)의 서문에 많이 의존한다.

53) Winthrop Papers, II(Bonston: Mass. Historical Society), 91.

54) H. J. Laski ed., *A Defence of Liberty Against Tyrants* (London: G. Bell & Sons Ltd., 1924), 71-72.

55) Griffin, *Revolution and Religion*, 53.

56) Jacob R. Hardenberg, MS Commencement address at Queen's College, "1774 File," Rutgers University Library, New Brunswick, NJ. Griffin, *Revolution and Religion*, 53.에서 재인용.

57) Gilbert Tennent, *The Happiness of Rewarding the Enemies of our Religion and Liberty* (Philadelphia: James Chattin, 1756), 8.

58) Griffin, *Revolution and Religion*, 53.

59) Bailyn, *Ideological Origins*, 32-34.

60) Stout, *The New England Soul*, 283

61) 베일린에 의하면, 휘그 사상은 영국 내란과 공화정 시대의 급진적 사회 혁명 사상들 속에서 맹아가 발견되나 그 영속적 형태는 17세기 말, 18세기 초의 일군의 야당 이론가들(opposition theorists)과 '시골'(country) 정치인 및 정치 평론가들(publicists)의 글에서 나타났다. 존 밀턴은 1649년에 *Eikonoklasts* 와 *The Tenure of Kings and Magistrates* 같은 급진적 책자들을 저술하여 주요한 기여를 했다. 미국의 혁명적 저술가들은 또 Harrington의 보다 조직적 저술들과 헨리 네빌(Henry Neville)의 저서들을 참조했다. 무엇보다도 그들은 저 "공민적 자유를 위한 순교자" 앨저넌 시드니(Algernon Sidney)의 저서들을 참조했는데 시드니의 *Discourses Concerning Government* (1698)은 미국에서 "혁명의 교과서"가 되었다.

62) 식민지인들은 자신들을 17세기의 자유의 영웅들과 동일시하면서도 18세기 초의 저술가들과 더 가깝다고 느꼈다. 이 정치 평론가들 중 식민지인들에게 가장 중요했던 인물들은 극단적 자유주의자들의 대변인인 존 트랜차드(John Trenchard, 1662-1723)와 토마스 고든(Thomas Gordon, ?-1750)이었다. 이 두 사람은 주간 *Indenpendent Whig*를 발간해서 국교를 공격했고 God's Letters 에서는 18세기 영국 정치, 사회를 신랄하게 비판했다. 이 글들은 영어 사용권에서는 어디서나 지울 수 없는 깊은 인상을 심어 주었는데 미국에서는 전국의 모든 신문들이 그것을 인용했고 모든 팜플렛 문헌들이 그것을 거듭 참조했다. 이 그들은 정치적 자유의 본질에 대한 가장 권위 있는 언급으로서 존 로크의 글들과 어깨를 나란히 한다. Bailyn, *Ideological Origins*, 34-37.

63) 이하의 논의는 놀의 책 53-59에 대부분 의존한다.

64) Noll, Hatch, Marsden, *The Search for Christian America*, 83.

65) 그러나 휘그파에게 있어서의 자유는 폭정으로부터의 자유라는 주로 정치적 공민적인 것이었으나, 성경에서 말하는 자유는 "그리스도 안에서의 자유," "진리 안에서의 자유," "포로된 자들에 대한 자유"였으므로 차이는 있었다. 사도 바울이 로마서와 갈라디아서에서 그리스도인의 자유에 관해 말했을 때 그 편지들의 수신자들은 18세기의 미국인들보다 훨씬 정치적 자유가 적게 주어진 로마 제국에 살고 있었다. 그러므로 미국 식민지의 독립주의자들은 성경적 자유와 정치적 자유를 너무 쉽게 연결시켰다고 말할 수 있다.

66) Noll, Hatch, Marsden, *The Search for Christian America*, 84.

67) Noll, Hatch, Marsden, *The Search for Christian America*, 79-80. 특기할 것은 이 공저에서 마크 놀은 *Christians in the American Revolution*에서와는 다른 견해를 보이고 있다는 것이다. 후자에서는 기독교와 미국 혁명 사상 사이의 밀접한 상관 관계를 주장했으나 전자에서는 다소 그것을 부정하는 쪽의 견해에 동조하고 있다.

68) Noll, Hatch, Marsden, *The Search for Christian America*, 81.

69) Wesley Frank Craven, "David Ramsey," James MaLachlan ed., *Princetonians 1748-68: A Bibliographical Dictionary* (Princeton: Princeton University Press, 1976), 518.

70) Nathan O. Hatch, *The Sacred Cause of Liberty: Republican Thought and the Millenium in Revolutionary New England* (New Haven: Yale University Press, 1977), 87.

71) Noll, Hatch, Marsden의 *The Search for Christian America*의 책을 보라.

72) 베일린은 계몽주의의 합리주의적 글들과 관련된 사상과 태도들이 미국 혁명에 직접 영향을 미쳤다고 지적한다. "이 글들은 단지 진보적 개혁의 합리주의뿐 아니라 계몽된 보수주의도 표현했다. 미국 계몽주의의 거장들 - 프랭클린, 애덤스, 제퍼슨 - 은 고전적 계몽주의의 교과서들을 인용해서 자연권의 법률적 인정을 위해서, 또 구체제와 연관된 제도 및 관행의 제거를 위해 싸웠다. 유럽 계몽주의 주도한 세속 사상가들 - 볼테르, 루소, 베카리아 같은 개혁가들과 사회비평가들 및 몽테스키외 같은 보수적 분석가들 - 의 사상들과 저술들이 식민지에서는 도처에서 인용되었다." Bailyn, *Ideological Origins*, 26-27. 계몽주의의 미국 혁명에 대한 영향을 잘 다룬 글은 Gordon S. Wood, "Conspiracy and the Paranoid Style: Casuality and Deceit in the Eighteenth Century," *William and Mary Quarterly* 39(1982): 401-41.

73) Griffin, *Revolution and Religion*, 37.

74) Gilbert Tennent, *The Late Association for Defense Encouraged or the Lawfulness of a Defensive War* (Philadelphia: William Bradford, 1748), 10.

75) Griffin, *Revolution and Religion*, 53.

76) Tennent, *The Late Association*, 38.

77) Samuel Davies, *Religion and Public Spirit* (Portsmouth: Daniel Fowle, 1762), 4-5.

78) Davies, *Sermons on Important Subjects*, 5th ed., 3 Vols.(New York: N.P., 1792), 2:239-40.

79) Oscar Cullmann, *State in the New Testament* (New York: C. Scribner's Sons, 1956)를 보라.

Reformed Social Ethics & Korean Churches

제6장

현대 칼뱅주의의 사회 윤리

본 장에서 우리는 칼뱅주의의 정치적 차원에 대한 최근의 연구들 중 일부를 고찰하게 된다. 즉 그리스도인의 사회정치적 역할에 관해 주로 북미 복음주의자들 사이에 있었던 토론과 논쟁에서 칼뱅주의 사상가들이 취했던 입장들을 검토하게 된다는 것이다. 특기할 사항은 이 칼뱅주의 사상가들은 성경의 권위와 보수 신학에 대한 헌신 위에서 학문 활동을 하는 사람들로서 전통적 칼뱅주의를 20세기의 정치 현실에 적용하는 데 깊은 관심을 가졌다는 사실이다.

본 장에서 사용되는 용어들의 의미를 미리 설명해 두는 것이 오해를 피하는 데 도움이 될 것이다. '복음주의적'이라는 용어는 경건주의적 부흥 운동의 영향을 크게 받은-그리하여 개인의 '마음'의 변화를 강조하는-초교파적 북미 개신교 운동을 가리킨다. 이 복음주의 운동에 참여하는 모든 그리스도인들이 복음주의에서 종종 발견되는 철저한 개인주의에 동조하지는 않는다. 그러나 편의상 본 장에서는 '복음주의적'이라는 용어가 개인주의적 관점이 강한 그리스도인들을 지칭하는 데 사용될 것이다.

여기서 우리가 '칼뱅주의적'이라 묘사하는 사상가들 자신도 스스로를 광의의 복음주의자로 여긴다. 그러나 그들은 복음주의 운동을 특징지워 왔던 '개인적'(personal) 기독교에 대한 배타적 강조에 비판적인 사람들이다. 이들 중 몇몇, 즉 스티븐 몬스마(Stephen Monsma), 리차드 마우(Richard Mouw), 루이스 스메데스(Lewis Smedes) 및 니콜라스 월터스토프(Nicholas Wolterstorff)는 복음주의적 화란 개혁교회의 전통을 물려받은 사람들이다. 폴 마샬(Paul Marshall)과 존 스토트(John Stott)는 영국 국교회 신자들이지만 칼뱅주의적이며, 스티븐 모트(Stephen Mott)는 감리교인이면서도 사회정치적으로는 개혁주의적이기 때문에 우리는 그들의 저술들도 인용할 것이다.[1]

기독교인의 사회정치적 역할에 관한 문제를 놓고 복음주의자들도 두 그룹으로 분류할 수 있다. 하나는 이원론적 경향을 보이는 복음주의자들이며 다른 하나는 개인주의적 경향을 가진 그룹이다. 여러 가지의 유사성에도 불구하고 그들 둘 사이에는 중요한 차이가 발견된다. 이원론적 복음주의자들은 전적으로 영적이고 내세적인 면에만 관심을 가진 반면, 개인주의적 복음주의자들은 영혼과 천국뿐 아니라 현세와 사회에 대한 관심도 가지고 있다. 전자는 기독교의 사회적 측면에 대해 거의 관심이 없기 때문에 사회 개혁을 위한 아무 전략도 없는 반면, 후자는 사회에 대한 관심뿐 아니라 그것의 개혁을 위한 나름의 처방도 가지고 있다.

이 세상의 형편에 관심이 있다는 점에서 개인주의적 복음주의자들은 개혁주의적 복음주의자들과 유사성을 가진다. 양자의 차이는 사회 개혁을 위한 전략에 있다. 개인주의적 복음주의자들은 사회 개혁을 위해 가장 효과적이고 기독교적인 방법이 복음 전도라고 믿는다. 복음 전도를 통해 개인들의 심령이 변화되기만 하면 사회는 자동적으로 변화된다고 믿는다는 것이다. 반면에 개혁주의적 복음주의자들은 변화된 개인들이 복음 전도뿐 아니라 사회정치적 책임도 수행할 때 사회가 가장 효과적으로 변화된다고 믿는다.

우리는 사회 개혁에 대한 이원론적 복음주의자들과 개인주의적 복음주의자들의 견해를 검토한 후 그것에 대한 개혁주의적 복음주의자들의 관점을 상술하게 될 것이다.

이원론적 복음주의자들의 입장

육신, 물질, 현세 및 세속적인 것들은 멸시하고 영혼, 정신, 내세 및 신성한 것들을 존중하는 고대 그리스 철학의 영향을 받은 이원론적 복음주의자들은 내세에 영혼의 구원을 얻는 것만이 중요한 일이기 때문에 현세에 관계된 육신적 일들은 무시해야 한다고 생각한다. 그들은 사람들이 물질적, 외적 여건에 관심을 가지는 이유가 믿음이 없기 때문이라 느낀다. 믿음이 강한 사람들은 어떤 열악한 사회적 환경도 초월할 수 있다는 것이다. 사도 바울은 감옥과 같은 최악의 외적 환경 가운데서도 기뻐하고 찬양했다. 그는 굶주림, 목마름, 핍박, 매 맞음, 가난, 외로움 등등을 다 믿음으로 극복했다. 그리스도인은 그를 본받아야 한다. 그러므로 현세적 여건을 개선하는 일에 시간과 정력을 낭비하느니[2] 복음을 전하여 영혼을 구원하고 사람들이 내세의 소망을 갖게 하는 것이 근본적인 해결책이라고 이원론자들은 주장한다.

그런데 이원론적 복음주의자들이 생각하는 '구원'이란 전적으로 내세적인 개념이다. 즉 죽은 후에 영혼이 지옥에 떨어지지 않고 천당에 가는 것이다. 구원의 현세적 의미는 없는 것이다. '하나님나라'라는 것도 그들에게는 오직 내세적인 차원만을 가진 것으로 이해된다. 종말에 '새 하늘과 새 땅'이 도래해야만 비로소 하나님나라가 이루어진다는 것이다. 하나님나라의 현재적 의미는 존재하지 않는다는 것이다. 이 세상은 우리가 영구히 거할 도성이 아니라고 성경이 가르치기 때문에 우리는 그것을 "영원으로 가는 대합실" 정도로만 생각해야 한다.[3]

이원론적 복음주의자들의 이러한 태도는 그들의 종말론, 즉 예수 그리스도의 임박한 재림에 대한 신앙에 의해 뒷받침된다. 말하자면 주님 재림하실 때가 다 되었는데 세상을 개선하기 위한 노력 따위가 무슨 의미가 있는가 하는 것이다. 이 세상은 불원간에 심판을 받아 망할 도성, 즉 장망성(將亡城)이다. 그리고 우리의 시민권은 '여기'가 아니라 '저기'에 있기 때문에, 잠시 잠깐 후면 '그 곳'에 있게 될 텐데 무엇 때문에 지상의 문제로 왈가왈부하는 시간 낭비를 할 것인가 하는 것이다. 존 스토트(John Stott)가 사회 개혁에 대한 그들의 태도를 풍자한 것처럼 "집에 화재가 나서 온 집안이 타들어 가고 있는데 커튼을 새로 달고 가구를 재정돈하는 것이 무슨 의미가 있는가" 하는 것이다.[4] 혹은 무디(D. L. Moody)가 말한 것처럼 "이 세상은 침몰하고 있는 거대한 기선이다. 우리가 해야 하는 일은 기선을 수리하려는 가망 없는 시도가 아니라 구명 보트를 던져서 단지 몇 사람의 생명이라도 더 건지도록 노력하는 것"이라는 논리다.[5]

'복음 전도'(evangelism)에 대한 이원론적 복음주의자들의 이해는 지극히 제한적이다. 이들은 전도라는 것이 오직 말로써 이루어지는 작업이라 생각한다. 복음의 메세지를 구두로 단도직입적으로 선포하는 것이 전도라는 것이다.[6] 불신자들의 삶의 여건을 개선하기 위한 그리스도인의 사랑의 행위들이 어떻게 그들로 하여금 복음의 메세지에 마음 문을 열게 하는가 하는 점을 그들은 생각지 않는 것이다.

개인주의적(Individualistic)복음주의자들

어떤 복음주의자들은 사회 개혁에 관한 이원론적 복음주의자들의 이러한 부정적 견해에 동의하지 않는다. 물론 이들도 복음 전도야말로 그리스도인이 수행해야 하는 가장 시급하고도 우선적인 사명이라 생각하나 영혼과 육체, 현세와 내세, 정신과 물질 등을 극단적으로 이원화하지는 않는다. 이들은 하나님께서 영혼과 내세뿐 아니라 육체와 현세도 인간의 삶에서 의미를 가지도록 창조하셨음을 인정한다. 그래서 그들은 인간의 육신적 여건과 사회적 환경에 대해서도 관심을 가지고 그것들이 하나님의 뜻에 부합되는 상태에 있어야 한다고 생각한다. 그리스도인들에게는 사회의 개선을 위한 책임이 있다는 것이다.

이들의 '구원관'은 이원론적 복음주의자들의 그것보다 포괄적이다. 그것은 단순히 사후에 '천당에 가는 것'만이 아니라 이 세상에서도 하나님의 자녀들다운, 혹 인간다운 삶을 사는 것을 포함한다. '지금 여기서' 죄로 인한 저주의 개인적 결과를 제거하는 것이 하나님이 의도하시는 인간 구원의 일부라는 것이다.

개인주의적 복음주의자들의 견해에 의하면 이 세상을 개혁하는 가장 효과적인 방법은 '복음 전도'(evangelism)이다. 복음 전파를 통해 온 사회가 복음화 되기만 하면 사회는 저절로 개혁된다는 것이다. 그러므로 사회 개혁을 위한 별도의 전략이나 방법이 필요하지 않다. 사회적 행동이나 정치적 접근을 통한 구조의 개혁은 필요하지도 않고 성경적도 아니다. 전도만 하면 영혼도 구원되고 사회도 개선되기 때문이다.[7)]

이들의 이러한 복음 전도 만능주의적 사고 속에는 개인주의적 인간관과 사회관이 도사리고 있다. 인간은 자유 의지를 가진 존재로서 자신의 운명을 선택하고 만들어 갈 수 있다. 그렇기 때문에 자신의 행복과 불행에 대해 개인 자신만이 책임을 질뿐 다른 그 무엇도 책임이 없다. 그의 비참은 전적으로 자신의 게으름, 무능력, 혹은 불신앙의 결과일 뿐 환경이나 구조의 잘못이 아니다. 이런 신념 때문에 개인주의적 복음주의자들은 사회에 대한 개인의 영향을 과대평가하는 반면 개인에 대한 사회의 영향은 과소평가한다. 즉 그들은 개인과 사회 사이의 영향을 '일방통행'으로 생각한다는 것이다.

개인주의적 복음주의자들은 사회를 개인들의 집합으로 본다. 즉 사회를 구성하는 근본 단위는 그 자체로서 "완전하고 자족적인(self-sufficient) 개인"이라는 것이다. 따라서 사회의 문제들도 개인의 문제들의 집합이다. 그러므로 사회를 변화시키려면 개인들을 변화시키면 된다. 개인을 변화시키는 방법은 오직 복음 전도이다. 전도를 통해 개인의 심령이 변화되면 개인의 삶이 변화되고 그 결과 사회는 자동적으로 변화된다. 그러므로 구조적 접근이나 사회적 행동, 혹은 정치적 수단은 불필요하며 효과도 없다. 근본적으로 부패하고 악한 인간의 본성을 그대로 둔 채 제도와 법률, 그리고 구조를 아무리 뜯어 고쳐 보아야 사회 개혁은 이루어지지 않는다.

개인주의적 복음주의자들은 대체로 정치에 대해 부정적 태도를 가진다. 세상의 정치가 흔히 부도덕하게 전개되는 현실에 영향을 받아서인지 그들은 정치란 "본래 더럽고 악한"(inherently dirty and evil) 것이라 여긴다. 이들은 정치에 대한 관심이 권력욕, 혹은 감투욕에 기인한다 보고(실제로 그런 일이 많지만) 정치에 관심을 가지는 사람을 의심스러운 눈초리로 바라볼 뿐 아니라 간혹 자신이 수행하는 사회적 책임도 '정치적'인 일로 비치지 않을까 두려워 한다.

정치에 대한 부정적 태도는 특별히 재세례파 신학의 전통을 물려받은 복음주의자들에게서 많이 발견된다. 재세례파 후예들은 정치의 본질이 권력(power)을 통한 지배(domination)와 조작(manipulation)이라고 생각한다. 그런데 권력은 도덕적 감화가 아니라 '힘'(force)에 의해 정의로운 행동을 강제하는(coerce) 것이기 때문에 비기독교적인 것이다.[8] 그러므로 기독교인들은 정치나 정부에 관여해서는 안된다. 때로는 심지어 군인, 경찰, 공무원등이 되는 것도 거부해야 한다. 정부, 정치, 군대, 관리 등은 다 권력, 혹은 강제력을 사용하는 곳이기 때문이다. 전쟁은 무력 사용의 대표적 경우이므로 어떤 '의로운 전쟁'(Just War)도 인정할 수 없다. 산상 설교의 정신에 따라 "오른 뺨을 치면 왼 뺨도 돌려 대어야지", "악한 자를 대적"하거나 "악을 악으로 갚을" 수는 없다는 것이 재세례파의 논리인 것이다.

재세례파 복음주의자들은 그리스도인이 받은 소명이 권력으로 남을 지배하는 것이 아니라 예수 그리스도를 본받아 "고난당하는 종"(suffering servant)이 되는 것이라 믿는다. 예수 그리스도는 불의로 인해 손해와 고통을 당하는 쪽을 택했지 '힘'을 사용하는 것은 피했다는 것이다. 그의 십자가 죽음(crucifixion)은 그처럼 고의적으로 '힘없는 처지'(powerlessness)를 받아들인 예수님의 방식의 절정이다. 그러므로 예수 그리스도의 발자취를 따른다고 하는 그리스도인들은 그 분을 본받아 정치적 힘(political power)에 의해 사회를 움직이려는 시도를 거부해야 한다. 어떤 정치적 수단의 사용도 기독교적이지 않기 때문이다.

한국의 보수 장로교회는 비록 개혁주의를 표방하고 그것을 자랑하나 실제는 무의식 중에 재세례파적 정치관의 영향을 깊이 받은 듯 하다. 정치와 권력에 대한 이러한 부정적 태도는 수백 년 동안 권력이 백성들을 억압하고 수탈하는 수단으로 사용되어 온 한국의 역사적 배경과 맞물려 정치에 대한 한국 복음주의자들의 거부감을 더 심화시켰다.

개혁주의적 복음주의자들

흔히 칼뱅주의자들이라고도 부르는 개혁파 복음주의자들은 복음 전도가 개인 구원뿐 아니라 사회 개혁을 위해 의미 있는 기여를 한다는 개인주의적 복음주의자들의 주장을 전적으로 인정한다. 교회사는 복음 전도가 사회 개혁을 유도하는 경향이 있었음을 증명한다. 한 사회에 부흥과 영적 각성이 일어나면 거의 예외 없이 사회 개혁이 뒤따랐다.[9] 사회의 구성원들이 도덕성의 개인적 원천을 갖지 못하면 그 사회의 질서는 쉽사리 무너진다. 칼 헨리(Carl Henry)가 적어도 이 점에서는 옳았다.

선을 행하고자 하는 의지를 가진 도덕적 인간들이 없는 곳에서는 어떤 정의로운 법체계도 훌륭한 사회를 낳지 못한다. 입법과 사법의 과정이 사회 개혁을 위해 필수적인 것이라 할지라도 그것은 빙산의 일각에 불과하다. 법률의 요구에 대한 자발적 순응은 단지 구조의 변혁만으로 이루어지지 않는다. 복음 전도와 기독교적 양육이야말로 그것을 위한 최고의 내적 동기를 제공해 준다. 개인적 미덕은 건강한 사회의 유지를 위해 필수적인 조건이 된다는 것이다.[10)]

심지어 불신 학자들도 사회 정의를 위한 개인 윤리의 필요성을 인정한다. 에리히 프롬(Erich Fromm)은 마르크스의 이론에 크게 공감하면서도 마르크스가 인간 속에 있는 도덕적 요소를 소홀히 다룬 약점이 있다고 지적한다.

> 경제적 변화가 이루어지면 인간의 모든 선함이 자동적으로 발휘될 것이라고 생각했기 때문에 [마르크스]는 내면적 도덕적 변화를 겪지 않은 사람들에 의해 보다 나은 사회가 도래될 수 없음을 깨닫지 못했다. 그는 도덕적 변화의 필요성에 주의를 기울이지 않았다. 하지만 그것 없이는 모든 정치적 경제적 변화가 헛수고가 되고 만다.[11)]

정의롭고 인간적인 사회 건설의 전제 조건이 되는 이 개인적 미덕들은 외부로부터의 강압에 의해 확보되지 않는다. 자기 존중과 자기 용납, 관용, 상호 존중, 비이기성, 정직, 권리와 의무의 감각, 평등한 대우에 대한 욕구, 법률에 대한 충성 등은 정부의 통제로 만들어 낼 수 없는 것들이다. 정치만 가지고 그러한 자질들을 만들어 낸다는 것은 불가능한 일이다. 기독교적 관점에서 볼 때, 복음 전도와 기독교 공동체야말로 그것을 위한 중요한 기여를 할 수 있다.[12)]

복음 전도는 또한 사회적 행동가를 배출함으로써 사회 정의 구현에 기여한다. 사람이야말로 정의 구현을 위한 하나님의 도구이기 때문에 헌신된 그리스도인의 수가 감소한다면 사회 정의의 증진을 기대할 수 없다.[13] 또 사회적 행동이 복음 전도를 동반하지 않으면 기독교 사회 활동이 단지 인도주의적 정의감의 산물이 아닌가 하는 우려를 가지고 있던 사람들의 의혹은 확신으로 변화될 것이다.

사회 개혁을 위한 복음 전도의 한계

이처럼 사회 개혁을 위한 복음 전도의 중요성을 전적으로 인정하면서도 칼뱅주의 복음주의자들은 복음 전도 그 자체만으로는 정의로운 사회 질서 수립이라는 목적 달성을 위해 한계를 가지고 있음을 동시에 지적한다. 개인의 마음 속에 있는 악을 정복하는 데 있어 복음 전도와 기독교적 양육은 결정적인 역할을 한다. 그러나 사회에 있는 악을 다루기 위해서는 다른 접근이 필요하다. 개혁파 복음주의자들은 개인주의적 복음주의자들의 관점에 비현실적 낙관주의, 비기독교적 개인주의, 그리고 고대 그리스적 이원주의와 같은 몇 가지의 심각한 결함이 있다는 사실을 지적한다.[14]

낙관주의: 개인주의적 복음주의자들의 낙관주의는 두 가지 면에서 표현된다. 먼저 그들은 세상에서 실제로 일어나고 있는 회심의 수를 과대평가하고 있다. 복음화에 의해 사회가 변화되려면 사회 구성원의 다수가 거듭난 신자들이 되어야 한다. 그러나 그것은 비현실적인 기대이다. 루터가 말한 바와 같이 “세상을 진실한 그리스도인으로 가득 채우는 것 … 이 일은 결코 달성

되지 않을 것이다. 왜냐하면 세상과 대중은 항상 비기독교적으로 남아 있을 것이기 때문이다."[15] 성경도 개인주의적 복음주의자들의 낙관주의를 지지하지 않는다. 예수께서는 자신이 세상에 다시 올 때 믿음을 찾아 볼 수 있겠는가 하고 우려하셨다(눅 18:8). 이것이 의미하는 바는 결국 소수파에 불과한 기독교인들이 사회 개혁의 책임을 떠맡아야 한다는 것이다. 다시 말해 사회의 대부분의 사람을 복음화시킴으로써 사회 개혁이 이루어지게 하겠다는 생각은 실현 불가능한 전략이라는 것이다.

개인주의적 복음주의자들의 낙관주의는 또한 회심한 자들의 도덕적 변화의 정도를 평가하는 점에서도 발견된다. 그들은 중생한 사람들이 항상 그리스도인답게 사는 것은 아니라는 사실을 종종 망각한다. 예를 들면 서울 강남에 기독교인의 인구가 40-50%에 육박하고 있는데 바로 그곳에 술집, 살롱, 사우나탕, 여관, 호텔이 가장 밀집해 있다고 한다.

우선, 중생자들이 어떤 사회악(social evil)의 존재를 즉각 인식하게 되는 것은 아니다. 주로 개인간의 관계 속에서 선을 행해야 한다는 가르침과 훈련에 익숙해진 그리스도인들은 특정한 사회적 불의의 존재나 자기가 접할 기회가 없는 사람들의 고통에 대해 잘 알지 못한다.[16] 나아가서 어떤 그리스도인들은 사회악의 존재에 관한 이야기를 듣기를 싫어한다. 왜냐하면 그런 이야기를 듣게 될 때 그것의 시정을 위해 그리스도인으로서 무언가 해야 할 책임감을 느끼게 되는 것이 부담스럽기 때문이다. 그들은 그리스도인의 의무에 관한 복음보다는 그리스도인의 축복에 관한 복음을 듣고 싶어 한다. 사회악이나 불의에 관한 이야기를 자기들이 소유한 기득권에 대한 위협으로 받아들이는 그리스도인들이 있을 수 있다.

결과적으로 너무나 많은 소위 '변화된' 그리스도인들이 사회를 변화시키는 데는 별 기여를 못하고 있다. 미국의 예를 들면, 미국에서 보수적인 신앙이 좋기로 유명한 '바이블 벨트'(Bible Belt) 지역의 회심은 인종 차별 문제에 관한 한 아무런 긍정적 변화를 낳지 못했다. 그리고 북부의 근본주의자들의 회심도 노사간에 보다 정의로운 관계를 낳는데는 실패했다.[17] 심지어 때로는 소위 회심했다고 하는 사람들이 악을 행하는 데 일익을 담당해 왔다. 스메데스가 지적하는 것처럼 교회사는 중생한 사람들이 추악한 방식으로 완전히 잘못된 목표를 향해 달려간 슬픈 이야기들로 점철되어 있다.[18]

비기독교적 개인주의: 개혁파 복음주의자들은 사회의 근본 단위가 개인이라는 개인주의적 복음주의자들의 생각이야말로 인간 집단의 문제를 적절히 다루지 못하게 만드는 요인이라고 생각한다. 그들은 인간을 그의 사회적 본성의 견지에서 보면서 사회의 기본 단위는 개인 그 자체라기보다 다양한 사회 영역들(spheres)이라고 여긴다. 사회는 "무수한 유기적 연합으로 집단화된 개인들로 이루어진 전체"(a whole made up of individuals who are grouped into innumerable organic assoications)라는 것이다.[19]

개혁파 복음주의자들은 개인들이 분리된 존재로 살아가고 있지 않음에 주목한다. 대부분의 인간 활동은 종종 집단적으로 이루어진다. 먹고, 일하고, 배우고, 놀고, 예배하는 일들은 단지 개인적으로보다는 집단적으로 이루어지는 작업들이다. 사회에 대한 개인의 의존은 우리가 막연히 느끼고 있는 것보다 훨씬 더 크다. 예를 들어 개인은 자기의 가치관 형성에 있어 결정적으로 사회에 의존한다.[20]

개혁파 복음주의자들은 개인이 사회 구조를 형성하는만큼이나 사회구조도 개인의 형성에 큰 영향을 미친다고 생각한다. 불의한 구조는 개인으로 하여금 불의하게 행동하도록 영향을 줄 수 있다. 나쁜 사회 환경은 가장 선한 의도를 가진 그리스도인들조차도 기독교인답게 사는 것을 방해한다. 마찬가

지로 좋은 환경은 나쁜 사람이 악을 행하는 것을 저지할 수 있다.[21]

개혁파 복음주의자들은 신약 성경과 구약 성경 사이에 어떤 급격한 단절이 있다고 보지 않는다. "구약의 일차적 관심은 공동체에 있고 신약은 개인과 하나님과의 관계에 있다"는 어떤 복음주의자들의 주장을 개혁파 복음주의자들은 거부한다.[22] 신약은 개개의 그리스도인이 동료 인간들로부터 고립된 존재가 아니라 그리스도의 몸의 한 지체라고 가르친다.

개혁파 복음주의자들은 신약 성경에 사회 개혁의 구체적 지침이 제시되어 있지는 않음을 인정한다. 신약 기자들이 구조의 문제를 직접 건드리지는 않기 때문이다. 그럼에도 불구하고 그들은 신약의 여러 본문들이 사회 윤리를 위한 근거를 제시한다고 본다. 사도 바울은 갈라디아 교회에게 "기회 있는 대로 모든 이에게 착한 일을 하라"(갈 6:10)고 권면했다. 만일 사회적 행동이 어떤 이들에게 선을 행하고자 하는 목적으로 이루어진다면 왜 그것을 꺼릴 것인가? 만일 우리 이웃을 우리 자신처럼 사랑하는 것이 예수님이 주신 가장 큰 계명이라면 그 계명을 순종하기 위해 정치적 수단을 취하는 것이 필요한 경우가 있지 않은가? 그리하여 개혁파 복음주의자들은 개인주의적 복음주의자들이 지난 이천 년 동안에 일어난 엄청난 사회 변화를 간과하고 있다고 지적한다.[23]

고대 그리스적 이원론: 개혁파 복음주의자들은 또한 이원론적 복음주의자들의 이분법적 사고는 기독교가 아니라 고대 그리스의 플라톤주의의 유산이라 주장한다. 인간을 주로 영혼의 관점에서만 보는 이원론적 견해와는 달리 개혁파 복음주의자들은 성경적 인간관이 "공동체 속에 있는 영육"(a body-soul-in community)이라는 것이다. 즉 인간은

> 단지 영혼만도 아니요(영원한 구원에만 관심하는) 단지 육체만도 아니요 (의식주 문제에만 신경쓰는) 단지 사회적 존재만도 아니다(온통 공동체 문제에만 마음을 빼앗겨 있는). 인간은 그 세 가지 전부다.[24]

개혁파 복음주의자들은 육신의 고통이 전인(the whole person)에 영향을 미친다고 생각한다. 육체와 영혼은 상호 의존적이다. 예수께서 육체적인 것이든 영적인 것이든 사람들의 가장 큰 필요에 관심을 기울이셨던 이유가 바로 그것이었다. 하나님의 구원의 대상은 단지 영혼만이 아니라 육체를 포함한 전인이라는 것이었다.[25]

개혁파 복음주의자들은 이원론이 하나님의 주권의 범위를 국한시킨다고 생각한다. 여호와는 산에서만 힘이 있는 신이지, 들에서는 무력할 것이라 생각했던 구약의 어떤 이방 족속들처럼 이원론자들은 하나님의 주권이 교회 안에 국한되었고 세상에는 미치지 못한다고 생각한다는 것이다.

> 우리 하나님은 종종 너무 작다. 왜냐하면 우리가 그를 너무 종교적으로 만들어 버렸기 때문이다. 우리는 그가 주로 종교에만 관심이 있다고 생각한다. 종교적 건물(교회당, 예배당), 종교적 활동(예배, 의식), 종교적 서적들(성경, 기도서 등) 과 같은 것들 말이다.[26]

하나님에 대한 개혁파의 견해는 그가 온 우주의 하나님이라는 것이다. 그는 하늘과 땅의 하나님이시다. 그는 신자의 하나님이실 뿐 아니라 불신자의 하나님이시기도 하다. 그들이 그것을 인식하든 못하든 말이다. 그는 은총(grace)의 하나님이실 뿐 아니라 자연(nature)의 하나님이시기도 하며 '거룩한 것들'의 하나님이실 뿐 아니라 '속세적인 것들'의 하나님이시기도 하다.[27]

그의 주권은 온 세상에 미친다. 하나님이 관심을 기울이시는 것은 단지 '종교적' 활동이 아니라 매일의 삶에서 하나님께 순종하는 것이다. "여호와께서 번제와 다른 제사를 그의 목소리를 청종하는 것을 좋아하심 같이 좋아하시겠나이까?"(삼상 15:22), "나는 인애를 원하고 제사를 원하지 아니하며, 번제보다 하나님을 아는 것을 원하노라"(호 6:6)는 말씀과 같다.

개혁파 복음주의자들은 또한 구원, 하나님나라, 복음 전도, 교회, 죄, 정치 등과 같은 중요한 개념에 대해서도 그들과는 다른 관점을 가지고 있다.

구원: 개혁파 복음주의자들은 '구원'이란 말이 우주적(cosmic)차원을 가진다고 본다. 왜냐하면 "인간 실존의 모든 국면이 죄로 물들어" 버렸기 때문이다.[28] '죄의 침투력'은 개인만이 아니라 정치 제도를 포함한 "창조 질서 전부"를 왜곡시켜 버렸다. 그런데 예수 그리스도는 인간 생활의 모든 영역을 구속하신다.[29] 그의 구원은 우주적이다.

하나님나라: 개혁파 복음주의자들은 하나님나라가 미래적 차원과 현재적 차원의 양면성을 가진다고 본다. 장차 그리스도의 재림과 함께 임할 "새 하늘과 새 땅" "새 예루살렘"이라는 의미에서는 그것이 "아직 도래하지 않은"(Not-yet) 것이지만, 하나님의 구원의 능력이 성령을 통해 이미 역사하고 있다는 의미에서는 하나님나라가 '지금 여기서'(here and now) 이미 이루어지고 있다는 것이다.

개혁파 그리스도인들은 하나님나라가 정의로운 사회 구조와 동일시될 수는 없음을 즉시 인정한다. 그러나 동시에 전자가 후자를 배제할 필요는 없다고 생각한다. 즉 후자가 전자의 한 부분이 될 수 있다는 것이다. 후자는 "약속된 만물의 재창조"의 표징이요, 예고편이라는 것이다.[30] 또한 그들은 하나님

나라의 현재적 차원에 대한 관심이 꼭 미래적 차원에 대한 관심을 약화시키는 것은 아니라고 생각한다. 오히려 그들은 "먼저 하나님나라와 의를 구하는 것"은 가능한 모든 방법으로 세상에 존재하는 악을 제거하기 위해 노력하는 것을 포함한다고 믿는다.[31]

복음 전도: 개혁파 복음주의자들은 진정한 복음 전도가 말과 행위 양자를 포함한다는 것을 알고 있다. 그것은 이웃을 자신처럼 사랑하는 행동(deeds)과 그 사랑의 원천-우리가 어떻게 그렇게 할 수 있게 되었는가 하는 것-을 말(words)해 주는 것으로 이루어진다. 개인적 만남에서 상대편의 필요를 알고 그것을 채워 주려는 순수한 바램이 동반되지 않는다면 그에게 복음을 전하겠다는 열심은 의심스러운 것이다. 때로는 "관심과 동정을 말없이 표현하는 것"도 전도의 중요한 한 부분이다. 불의로 고통당하는 이웃을 위한 사회적 행동은 전도의 한 부분이며 불신자들로 하여금 구두 전도(oral preaching of the Gospel)에 마음을 열게 한다.[32]

교회론: 개혁파 복음주의자들은 교회의 '이중적 정체'(double identity), 혹은 '거룩한 세속성'(holy worldliness)이라는 것에 주목한다. 교회는 단지 거룩한 백성일 뿐 아니라 세상 속의 백성들이기도 하다는 것이다. 교회는 "세상으로부터 불려나와 구별된 사람들"인 동시에 세상으로 보냄을 받아 증거하고 봉사하는 사명을 받은 사람들이다. 교회는 이와 같은 자기 정체성의 양면성을 다 간직해야 한다는 것이다.

예수 그리스도께서도 교회에 대해 말씀하실 때면 세상과의 관련 및 세상에 대한 교회의 영향을 염두에 두셨다. "너희는 세상의 빛이라 산 위에 있는 동네가 숨겨지지 못할 것이요"(마 5:14). 예수께서 열두 제자를 택하신 것은 단지 그들이 "자기와 함께 있게" 하기 위해서 뿐만이 아니라 "보내사 전도도 하며 귀신을 내쫓는 권능도 가지게"하기 위함이었다(막 3:14-15).

개혁파 복음주의자들은 교회가 참으로 "예수 그리스도의 몸"이라면 성육신하신 예수 그리스도를 본받아 비참과 비극이 충만한 세상으로 들어가서 고통당하는 자들의 편에 서야 한다고 믿는다.[33] 이러한 교회의 사명을 존 스토트가 잘 표현한다. 교회의 사명은

> 복음 전도와 사회적 책임을 모두 망라하는 포괄적 삶의 방식(a whole life-style)이다. 그것은 아버지께서 아들을 세상에 보내신 것 같이 그리스도께서 우리를 세상으로 보내고 계시며 그렇기 때문에 우리도 세상으로 가서 그를 위해 살고 봉사하고 고난당하고 죽어야 한다는 확신에 의해 지배당하는 것이다.[34]

구조악(Structural Evil)

개인주의적 복음주의자들은 주로 절도, 살인, 간음, 음주, 흡연, 주일 성수 실패, 도박, 욕설 등 개인적 죄만을 죄로 생각하는 경향이 있다. 반면 개혁파 복음주의자들은 경제적 착취, 정치적 억압 등과 같은 사회적 죄도 죄라고 여긴다. 이사야가 "오라, 우리가 서로 변론하자 너희의 죄가 주홍 같을지라도 눈과 같이 희어질 것이요"(사 1:18)라고 이스라엘의 회개를 촉구하고 있었을 때 그는 자기 시대의 특정한 사회적 죄를 언급하고 있는 중이었다. 바로 그 앞의 귀절이 그것을 보여 준다. "… 정의를 구하며, 학대 받는 자를 도와주며 고아를 위하여 신원하며 과부를 위하여 변호하라"(사 1:17).[35]

개혁파 복음주의자들은 우리 사회의 가장 큰 악들 중 많은 부분이 개개인의 의식적 결정의 결과라기보다 문화와 사회 질서의 반영임을 지적한다. 그것들 속에는 스스로의 법칙에 의해 움직이는 자율적 실재가 있다는 것이다. 사회적 불의와 사회 문제들의 뿌리에는 구조악이 도사리고 있는데 그것은 그 사회를 지배하는 정치, 경제, 사회의 조건들에 근거하고 있다는 것이다.[36)]

몬스마는 구조악이란 구조나 체제가 야기한 악(evil)의 패턴(pattern)이라고 생각한다. 즉 인종주의(racism)처럼 어떤 '태도나 신념'에 의해 형성된 패턴이라는 것이다. 그것은 사회의 '문화'의 일부다. 본질상 정치적이므로 그것은 "불의한 법률들 혹은 불의한 법 집행 체제들"로부터 흘러나오는 악이다. 간단한 두 가지 예를 들면, 어떤 사람의 암의 원인이 화학공장에서 산업 폐기물을 부적절하게 처리했기 때문이라든가 어떤 사람의 알코올 중독이 억압적이고 견디기 힘든 사회경제적 조건에서 비롯된 것이라면 그런 것들은 구조악이라 할 수 있다.[37)]

마우는 구조악을 경제적 관행, 법률, 그리고 편견 등에 있어 "불의한 종류의 사회 체재"로 정의한다. 예를 들면 빈민촌의 어떤 그리스도인 집에 한 그리스도인이 세들어 살고 있다 할 때 그들이 속한 사회의 체계는 그들의 화해를 크게 방해할 수 있다.[38)] 그러므로 "사회의 관행, 매스 미디어, 그리고 경제적 혹 인종적 유대에 의해 스며들고 다져진 근본적 분위기와 태도들의 영향"은 "개인적 특징들이나 견해들의 총합"과 같지 않으며 일대일의 관계를 통해 적절히 다루어질 수 없다. 단순히 개인들을 변화시킴으로써 구조악을 제거할 수 없는 이유가 바로 그것이다.

> 개인의 죄악된 계획이 제도화되면 그 자신의 생명을 가질 수 있게 된다. 바로 이 때문에 "변화된 심령들이 사회를 변화시킨다" … 고 주장하는 것으

> 로는 충분치 않다. 만일 사회 관계의 구조 그 자체 속으로 짜여 들어간 조작적 패턴들이 변화되지 않는다면 죄의 영향으로 말미암은 모든 결과가 도전을 받지 않게 되고 그리하여 많은 "변화된" 심령들이 적절한 "변화"를 일으키지 못할 것이다.[39]

개혁파 복음주의자들은 사회 개혁이라는 목표를 효과적으로 달성하려면 구조악에 대한 인식이 있어야 한다고 본다. 우리는 모든 상황마다 개인의 사랑의 행위에 의존할 수는 없다. 악한 사회, 이를테면 노예 제도가 존속하는 사회에서도 노예들에게 사랑을 행할 수는 있다. 그러나 그러한 사회 제도가 존재하는 사회에서의 노예들에 대한 개개인의 사랑의 행위는 그 의미가 반감될 수 있다.[40] 미국에 노예 제도가 있던 시대에 어떤 윤리적인 기독교인들은 노예들의 처우 개선을 위해 한 노예선에 실을 수 있는 노예의 정원을 제한하자고 주장했다. 제도의 해결 없는 개인 윤리가 얼마나 무력하고 무의미한 것인가를 보여주는 좋은 예라 할 수 있다.

현대의 주요 이슈들의 정치적 성격

이처럼 구조악이라는 것이 실재하기 때문에 개혁파 복음주의자들은 사회 개혁을 위한 정치적 수단의 사용이 불가피하다고 생각한다. 현대의 가장 결정적인 사회 문제들은 정치적 차원에 아주 밀접하게 관련되어 있기 때문에 만일 우리가 사회악에 대한 정치적 접근을 배제해 버린다면 그러한 문제들에 효과적으로 대처하는 우리의 능력은 심각한 제한을 받게 된다는 것이다.[41]

미국 그리스도인 정치학자들이 지적하는 것처럼 많은 제3세계 국가들이 당면한 비참한 빈곤의 근본 원인들 가운데 하나는 미국을 포함한 서구 제국들의 정치 경제 정책이다. 미국 기업들의 이익을 영속화시키기 위해 미국 정부는 제3세계 국가들에서 개혁적 정부가 출현하는 것을 반대하고 방해해 왔다.[42] 이것은 우리가 만일 세계의 가난하고 굶주린 자들에게 관심을 가지고 있다면 정치적 행동을 취하지 않을 수 없다는 것을 의미한다.

개혁파 복음주의자들은 개인주의적 복음주의자들이 단지 구조악의 증상만을 다루고 있다고 비판한다. 그런 식으로는 악 그 자체를 다룰 수 없다는 것이다. 정치적인 방식으로라야 악 그 자체를 공략할 수 있다. 만일 그리스도인이 그 일을 거부한다면 그들은 악한 사회적, 경제적, 정치적 패턴의 공고화에 기여하는 셈이 된다. 그 결과 많은 사람들이 계속 그 희생물이 되고 있을 것이다.[43]

정치의 성격(Nature of Politics)

개혁파 복음주의자들은 현실 정치가 강압과 조작(coercion and manipulation)에 의해 얼룩져 있음을 인정한다. 그러나 그들은 그것이 정치의 본래 모습은 아님을 안다. 강압과 조작은 아담의 원죄로 인해 '타락한' 정치의 모습이다. "본래적 창조(original creation)의 한 부분이었던 질서의 왜곡"(perversion of an order that was a part of the original creation)이라는 것이다.[44]

개혁파 복음주의자들은 에덴 동산에는 억제(restraint)나 속박이 필요 없었으므로 정치나 정부 같은 것이 없었다는 어떤 복음주의자들의 주장에 동의하지 않는다. 그러한 주장은 정치가 근본적으로 악에 대한 대책(remedy for evil)으로서 하나님에 의해 세워진 억압의 체계라고 볼 때 성립한다.[45] 그러나 우리가 정치의 본질을 권위(authority), 책임성(accountability), 집단적 의사 결정(collective decision-making), 그리고 공동 생활을 위해 필요한 집단 책임(corporate responsibility necessary for community life)등으로 본다면 에덴에도 정치 질서라 불리울 수 있는 어떤 것이 존재했음을 발견할 수 있다. 우리는 신정(theocracy)을 이루고 있는 작은 공동체를 에덴에서 발견하게 된다. 거기서 하나님은 아담과 하와의 통치자였고, 아담과 하와는 짐승들을 다스렸다. 그리하여 에덴에도 일종의 정치가 존재했다. 거기에 정부가 없었던 이유는 악을 제어할 필요가 없었기 때문이 아니라 거주 인구가 너무나 적었기 때문이다.[46]

개혁파 복음주의자들은 아담의 타락 이전, 인간이 무죄하던 시절에는 정치가 존재하지 않았는데 타락 이후 인간의 죄성에 대한 대책으로, 즉 일종의 필요악으로 생겨난 것이 정치라는 주장을 반박하기 위해 한 가지 예를 든다. 즉 어떤 악한 욕망도 갖지 않은 성자들만이 모여 사는 완전히 무죄한 한 공동체를 상정하자. 물론 그들은 함께 예배드리기를 원할 것이고 그렇게 할 수 있는 시간을 정해야 할 것이다. 그런데 모두가 동일한 시간을 원할 가능성은 거의 없기 때문에 함께 모여서 가장 적절한 시간이 언제인지 토의해서 결정하려 할 것이다. 이러한 결정 과정이 다름 아닌 정치이다. 그런데 거기에는 강압(coersion)이나 조작(manipulation)적 요소는 전혀 발견되지 않는다.[47]

개혁파 복음주의자들은 정치가 종종 지배 계급의 사적 이익을 위해 오용된다는 것을 모르지 않는다. 그러나 그것 때문에 정치 그 자체를 배제할 수는 없다고 그들은 생각한다. 우리가 어떤 것을 정의할 때 그것이 오용되는 모습을 보고 단정을 내리는 우를 범해서는 안 된다. "결과적으로 다른 사람들을 강압하게 되는 행동"을 하는 것은 다른 사람들을 "강압하고 지배하고 싶은 욕망을 실천"하는 것과는 구별해야 한다는 것이다.[48] 우리는 세상에 있지만 세상에 속한 것은 아니라는 예수님의 말씀은 정치 세계에도 적용된다. 개혁파 복음주의자들은 정부나 정치는 본래 선한 것이었는데 죄의 결과로 타락한 것이라고 생각한다. 그것들은 하나님께서 세상의 정의와 질서를 위해 만드신 제도이므로 그 속에 '본래 악한' 것은 아무 것도 없다고 생각하는 것이다.[49]

힘과 권위

개혁파 복음주의자들은 재세례파적 복음주의자들이 정치와 정부에의 관여를 회피하는 이유가 힘(force)과 권위(authority)를 혼동하기 때문이라고 본다. 힘은 적나라한 물리력(physical power)이다. 반면 권위는 정의와 도덕성에 의해 뒷받침되는 적법한 힘이다. 힘 그 자체는 가치 중립적이기 때문에 그 가치는 그것이 어떻게 무엇을 위해 사용되는가에 달려 있다. 한편 권위의 본질은 정당성(rightness) 혹은 도덕적 적합성(moral appropriateness)이다. 정부가 행사하는 것은 단순한 힘이나 강제력(coercion)이 아니라 그것에 의해 뒷받침되는 권위이다. 그리하여 몬스마는 정부의 권위를 "특정한 목표나 결과를 얻기 위해 특정한 상황 속에서 어떤 개인의 복종을 명령할 수 있는 정당한 능력"(the rightful ability to command the obedience of another individual in a particular situation in order to achieve a particular goal or result) 이라고 정의한다.[50]

어떤 복음주의자들은 산상 설교와 로마서 13:1-7의 교훈이 어떻게 양립될 수 있는가 의아해 한다. 전자는 힘에 의한 보복을 금지하고 있는 반면 후자는 그것을 인정하고 있기 때문이다. 그러나 이러한 난점은 사도 바울이 개인의 행동과 정치적 행동을 구별하고 있는 것을 주목함으로써 간단히 해소된다. 사사로운 시민에게는 금지되는 것이 통치자들에게는 허용된다. 전자는 복수하지 말고 하나님의 진노하심에 맡기라는 명령을 받고 있는 반면(롬 12:19), 후자는 "악을 행하는 자에게 진노하심을 따라 보응하는 자"이다(롬 13:4).

산상 설교 외에도 많은 성경 귀절들이 그리스도인들은 자신에게 닥치는 불의를 참아야 한다고 가르치는 것처럼 보인다. 그러나 이런 귀절들을 자신들에게 주어진 공적 권위를 행사하는 사람들에게 적용해서는 안 된다.[51] 성경은 공직자들이 사회 정의와 안녕을 위해 힘을 사용해야 한다고 명령하고 있다. 그러나 사사로운 시민들이 힘을 가지고 보복하는 것은 금지한다. "행악자들에 대한 사랑은 통치자들이 자기 이익을 위해 보복하는 것을 금지한다. 그러나 공동체에 속한 다른 사람들에 대한 사랑이 그로 하여금 악인들을 처벌하게 한다."[52] 예를 들어 자기 아내가 살해당한 그리스도인 판사는 한 남편으로서는 그 살인자를 용서하라는 요청을 받는다. 그러나 판사로서는-만일 그 범인이 자기 재판석 앞에 서는 일이 있다면-그에게 정의의 원칙을 적용하라는 요구를 받고 있다.[53]

그리스도를 본받아

재세례파 복음주의자들은 그리스도인이 그리스도를 본받아 힘의 사용을 피해야 한다고 주장하지만 개혁파 그리스도인들은 "그리스도를 본받아"(imitatio christi)라는 표어를 아무데나 무차별하게 적용해서는 안 된다고 본다. 그리스도의 십자가 죽음(crucifixion)은 하나님의 아들의 고유한 사명과 관련해 이해해야 한다는 것이다. 그리스도께서 십자가에 굴복하신 것은 힘의 사용을 정죄했기 때문이 아니라 그것이 인류를 구속하는 하나님의 방식이었기 때문이다.[54] 예수의 십자가 죽음은 '신-인' 양성을 가진 분을 위해서 의도된 역사상 유일무이의 사건이었다. 하나님께서는 그것이 인간의 공동 생활을 위한 통상적 방식이 되도록 의도하시지 않았다. 그때 이후 어떤 인간도 예수님과 동일한 방식으로 세상을 구속하라는 사명을 위임받은 사람은 없었다.

개혁파 복음주의자들은 만일 예수께서 로마 군인들로부터 자기 생명을 구원하시기 위해 자기가 동원할 수 있는 힘을 다 사용했다면 어떻게 되었을 것인지 생각해 보라고 묻는다. 우리에게 어떤 구원의 가능성이 남아 있었겠는가?

> "예수 그리스도를 본받아"라는 주제를 여기에 적용하여 예수께서는 직접 정치적 행동을 하신 적이 없기 때문에 그리스도인들도 정치를 피해야 한다고 주장하는 것은 잘못된 판단이다. "그리스도를 본받아"라는 주제는 문자적으로 해석되지 말아야 한다. 만일 그렇게 하면 얼토당토 않은 결과가 나타날 것이다.[55]

정부: 구조악에 대한 하나님의 해답

정치가 주로 이루어지는 것은 어디서인가? 모든 권력 관계가 다 정치인 것은 아니라면 정치 현상은 어디서 발견될 수 있는가? 개혁파 복음주의자들은 정치가 정부의 행위와 관련되어 나타난다고 본다. 마샬(Paul Marshall)은 "정치란 정부의 속성(what governments are), 정부가 하는 일 혹은 해야 하는 일, 그리고 우리가 그것에 대해 하는 일"이라고 정의한다. 정치는 정부를 통해 이루어진다. 정부 없는 정치를 생각할 수 없다.[56)]

개혁파 복음주의자들은 하나님께서 예수 그리스도를 통해 정부를 만드셨다고 이해한다. 사도 바울이 말한 바와 같이 "왕권들이나 주권들이나 통치자들이나 권세들이나 만물이 다 그로 말미암고 그를 위하여 창조되었다"(골 1:16). 정부의 권위는 하늘과 땅의 모든 권세가 주어진 예수 그리스도로 말미암았다.[57)]

신약 성경이 정부의 권위에 대해 말할 때면 항상 거기에 권위가 주어진 목적에 대해서도 언급한다. 정부에 주어진 기본 임무는 물론 사회 질서의 유지이다. 군주들은 "악행하는 자를 징벌하고 선행하는 자를 포상하기 위해" 하나님의 보내심을 받은 자들이다(벧전 2:14). 관원들은 "악행하는 자들에게 하나님의 진노를 발하기 위한 하나님의 종들이다"(롬 13:3-4).

그러나 개혁파 복음주의자들은 정부의 기능이 악의 억제라는 소극적 작업에 머무르지 않는다고 본다. 성경은 정부가 행해야 할 적극적 기능이 있음을 분명히 한다. 그것은 정의를 진작하고 압제에 대항해 싸우는 것이다(신 16:18-20, 사 10:1-2, 겔 45:9, 암 5:12, 합 1:3-4, 시1:2, 롬 13:3-4). 그리하여 개혁파 복음주의자들은 정부가 "구조악에 대한 하나님의 해답"이라 믿는다. 그것은 구조적 수준에서 문제를 직면하고 그것을 해결할 능력을 가진 유일한 기관이다. "정부만이 악한 구조를 뒤엎고 그것을 의로운 구조로 대체할 수 있는 잠재력을 가지고 있다." 오직 정부만이 모든 다른 기관들과 집단들에게 구속력있는 결정을 내리고 그 결정을 경찰력, 교도소, 벌금같은 강제력으로 뒷받침할 수 있다.[58)] 이것이야말로 하나님께서 원하시는 정부의 역할이다.

이처럼 정부가 사회 개혁을 위한 하나님의 전략에서 결정적 역할을 맡고 있기 때문에 개혁파 복음주의자들은 하나님께서 그리스도인들을 향해 정부의 주도적 역할을 맡으라고 부르고 계신다고 믿는다. 정치의 본래 모습이 어떤 것인지를 아는 사람들로서 그리스도인들은 그리스도의 이름으로 정치의 본 모습을 회복시킬 책임을 지고 있다는 것이다.[59] 그리스도인의 정치 참여를 반대하는 어떤 복음주의자들이 자기들의 주장에 일관성을 가지려면 아무도 정치에 관여하지 말아야 한다고 말해야 한다.

> 만일 누군가가 정말 우리는 직접적으로 정치에 개입하지 말아야 한다고 믿는다면 그는 자기 주장의 일관성을 위해 정치인들에게 그 직업을 버리고 다른 직업을 찾아 보라고 권해야 한다. 그렇게 하지 않는 것은 마치 창녀들을 향해 그 직업에 그대로 남아 있으면서 하나님의 영광을 위해 자기 직업을 수행하라고 말하는 것과 같다.[60]

정부, 정의, 인권

만일 하나님에 의해 부여된 정부의 기능이 정의의 수행이라면 정의란 도대체 무엇인가? 정의에 대한 고전적 이해는 "모든 이에게 제몫을 주는 것"이다. 개혁파 복음주의자들은 정의란 어떤 피조물에게 "그것의 권리, 하나님의 세계에서 그것이 창조된 위치를 찾아 주는 것"이라고 생각한다.[61] 그리하여 정의에 대한 논의는 필연적으로 '권리'에 대한 논의로 연결된다. 정부가 어떻게 정의를 수행하도록 의도되었는가를 알기 원한다면 국민의 권리의 범위가 어떻게 되는가를 먼저 논해야 한다.

성경은 인간이 하나님의 형상대로 지음받은 피조물이라고 말한다. 인간에 대한 이러한 이해에 근거하여 개혁파 복음주의자들은 인간의 권리가 대단히 광범위하다고 본다. 하나님의 형상의 보유자로서 인간은 "자유롭고, 창조적이며, 즐거운 삶을 살면서 하나님을 찬송하고 다른 사람에게 봉사할" 권리를 가진다. 그러므로 정의로운 사회 질서란 "기본적 자유들을 보호하고 교육, 여행, 예술 및 레크레이션 등 다양한 기회들을 확보해 주는 사회 관습, 전통 및 법률"을 의미한다.[62)]

모트는 성경에 근거하여 아주 다양한 기본적 인권들을 제시한다. 생의 신성함, 영구적으로 토지를 박탈당하지 않을 권리, 생계 유지(livelihood) 수단의 평등, 그것이 불가능하다면 기회의 균등, 일주일에 하루를 노동으로부터 안식할 수 있는 권리, 하나님의 종이 다른 사람의 종이 되지 않을 수 있는 권리, 자의적 권력 행사로부터 보호받을 수 있는 권리, 법 앞에서의 평등, 즉 모든 계층의 사람들이 법에 동일하게 순복하는 것 등이 그것이다.[63)]

스메데스는 하나님의 형상의 보유자들인 인간이 적절한 대우를 받으려면, 누구나 자기 가족에게 적절한 생필품을 공급할 수 있는 권리, 그리고 그것이 없이는 가정 생활이라는 것이 불가능한 적절한 주택에 대한 권리를 가져야 한다고 주장한다. 그리고 그는 노인들과 빈민들은 적절한 의료 혜택을 받을 수 있는 권리를 가진다고 주장한다. 이런 것들은 '자선의 문제'라기 보다는 권리이며, 그것이 권리라면 정부는 최소한 모든 사람에게 그것을 보장해 주려고 노력해야 할 의무가 있다는 것이다.[64)]

만일 이러한 것들이 인간의 권리라면, 그리고 모든 사람에게 자신의 권리를 찾게 해 주는 것이 정의라면, 그리고 정부의 역할은 정의를 행하는 것이라면, 그리스도인들은 어떻게 정부가 정의 구현이라는 본연의 사명을 충실히 감당하도록 도울 수 있는가?

정의 구현의 실제적 방법들

개혁파 복음주의자들은 사회 정의 구현의 여러 수준들을 제시한다. 즉 개인으로서, 집단으로서, 지역 교회로서, 그리고 교단이나 교파로서 사회 개혁을 위해 할 수 있는 일들이 따로 있다. 우리는 그 가운데 실제적인 전략 몇 가지를 살펴보자.

개인으로서

기도: 기도하지 않으면서 정치적 행동만을 부르짖는 그리스도인은 단지 인도주의적 사회 운동가가 아닌가 하는 정당한 의심을 받을 수 있다. 혹은 그런 사람은 기껏해야 아주 약한 믿음의 소유자로 인정될 것이다. 반대로 우리는 기도를 사회적 책임으로부터의 도피를 위한 구실로 오용하는 것에 대해서도 경계해야 한다. 할 수 있는 실제적 행동을 하지 않으면서 기도 만능주의를 부르짖는 사람들은 대체로 기도도 별로 하지 않는다. 기도의 능력을 믿고 진정으로 사회 정의를 위해 기도하는 사람들은 어떤 식으로든 자기가 할 수 있는 일을 찾아 하려 하게 마련이다. 즉 기도의 사람은 동시에 행동의 사람이다.

자선: 이것은 개인적 사랑의 행위이다. 이것은 빈민, 병자, 노인, 장애인, 그리고 외로운 사람들에게 그리스도의 이름으로 음식, 의복, 집, 치료 및 위로를 가져다주는 식으로 직접 도움을 제공하는 필요하고도 아주 의미 있는 기독교 봉사의 형태이다. 역사적으로 그리스도인들은 버림받은 자들을 위한 도시 자선 사업, 노인, 고아, 과부, 그리고 미혼모들을 위한 주거, 이재민들을 위한 비상 구호 사업, 시각 장애인이나 발달 장애 아동들을 위한 특수 학교 등의 분야에서 커다란 업적을 남겼다.

사회 변화를 위한 수단으로서의 자선 사업의 역할에 대해 주의해야 할 것이 한 가지 있다. 그것은 박애주의가 우리 시대의 사회 문제 해결을 위한 유일하고도 완전한 방법이 될 수는 없다는 것이다.[65] 기도의 경우와 마찬가지로 자선은 우리가 할 수 있는 더 많은 선을 행하는 것으로부터의 도피 수단이 될 수 있다. 만일 우리가 참으로 이웃을 사랑한다면 우리는 그 사랑을 실천하기 위해 정치적 방법을 포함하여 모든 정당한 수단을 총동원해야 한다.

개인이 정치적 참여를 할 수 있는 세 가지의 방법이 있다.

시민 참여자: 모든 그리스도인들은 최소한 정치에 관심을 가지고 있어야 한다. 좋은 시민 참여자가 되는 첫 번째 단계는 정치에 대한 일반적 정보를 계속 접하는 것이다. 국회나 지방 의회의 선출직 공직자들의 이름을 안다든가, 국가나 지방의 주요 문제들에 대한 기본적 지식을 가진다든가 하는 것이다.

그리스도인들은 공적 토론에 참여하고, 선거에 투표권을 행사하고, 청원을 위한 서명 운동에 서명하고, 특정한 이슈에 대해 대중을 교육하기 위한 모임에 참석할 수 있다. 나아가서 그들은 공직자들에게 편지를 보내거나 신문사에 글을 투고할 수도 있고 국회의원들에게 로비 활동을 할 수도 있으며, 평화적 시위에 참석하고, 정치적으로 관련된 그룹에 속할 수도 있다. 예를 들면, 노동 조합, 교원 조합, 국제 인권 위원회, 소비자 보호 단체 등이다.[66]

시민 행동가: 시민들은 개인적으로 정치적 성향이 있는 그룹들, 정당, 혹은 입후보자의 선거 조직에서 적극적인 역할을 할 수도 있다. 비록 그들이 전임 유급직을 갖고 있거나 공직을 갖고 있지는 않다 하더라도 헌신된 시민 행동가들은 정치에 굉장한 영향을 행사할 수 있다. 왜냐하면 대부분의 사람들은 정치에 무관심하고 그것에 대한 참여에 소극적이기 때문이다. 조직의 속

성이란 개인보다는 집단의 압력에 훨씬 더 신속히 반응하는 것이기 때문에 더욱 그러하다.[67]

직업적 행동가: 공직을 가지는 것이야말로 두말할 것 없이 공공 정책에 영향을 미치는 "가장 직접적이고 즉각적이며 확실한" 방법이다. 하지만 전문 정치인이 하루 아침에 탄생하지는 않는다. 자기 주변이나 마을의 공적 문제에 대해 아무 관심을 보이지 않던 사람이 어느날 갑자기 공직을 맡겠다고 나서는 것은 가능하지도 바람직하지도 않다. 정치를 직업으로 삼으려는 사람은 최소한 자신의 공동체에서나 집단이나 조직에서 활동적으로 일했던 사람이어야 한다.[68]

지역 교회로서

그리스도인의 정치적 봉사에 있어 지역 교회는 중요한 역할을 담당한다. 지역 교회는 사회 변화를 위해 세 가지 방식으로 기여할 수 있다. 첫째는 다양한 종류의 사회적 행동과 봉사를 통해서이다. 두 번째는 사회적 행동이나 봉사에 연루되어 있는 개인들을 위해 기도함으로써 그들을 지원하고 격려하는 일이다. 세 번째는 교회가 세속 사회의 방식에 동화되지 않은 생활을 하는 것을 보여 줌으로써 주변에 미치는 영향력을 통해서이다.[69]

교회는 '대체 구조'(parallel structure)가 되어야 한다. 즉 그 주변에 있는 사회의 도덕적 파산 상태를 드러내고 새로운 가능성을 제시해야 한다. 교회는 지금까지 제기되지 않았던 질문을 제기하고 고정 관념들에 도전해야 한다. 그렇게 함으로써 그것은 대체적(alternative) 규범과 가치들을 창조하는 데 기여할 수 있다. 지역 교회는 하나님께서 모든 인간 사회를 향해 바라시는 그런 공동 생활의 패턴을 구현해야 한다.

> … 하나님의 백성들의 소명 가운데 하나는 자기들의 교회 생활을 통해서 사람들이 신뢰, 개방, 상호 봉사, 그리고 소망의 분위기 속에서 함께 살고 협조하고 결정을 내리는 것이 가능하는 것을 과시하는 것이다 … 그리고 하나님의 뜻에 대한 집단적 순종에 근거한 상호 조화의 모델로 그들 자신의 공동 생활을 지적해 주는 것이다.[70]

그러나 대체 구조를 보여주는 것이 지역 교회가 사회 변화를 위해 할 수 있는 유일한 기여는 아니다. 그것은 목표를 위한 하나의 수단에 불과하다. 지역 교회는 다른 종류의 사회적 사역(social ministries)에 참여할 수도 있다. 지역 교회는 그룹을 통해 자기들의 관심과 행동을 다양화할 수 있다. 이 그룹들의 구성원은 한 지역 교회 신자들일 수도 있고 여러 지역 교회에서 모인 신자들일 수도 있다. 공통의 사회적 관심을 가진 그리스도인들은 자기들이 관심을 가진 공적 문제를 연구하기 위한 그룹을 조직할 수 있고 필요하다면 그들의 연구 결과를 토대로 적절한 행동을 취할 수도 있다.[71]

설교자로서

설교자들이 강단에서 사회정치적 이슈에 관해 말할 수 있는가? 있다면 어느 정도 할 수 있을까? 개혁주의 학자들은 좋은 설교야말로 지역 교회가 할 수 있는 정치적 봉사 중 첫 번째 것이라고 믿는다. 강단은 하나님의 모든 경륜의 일부로서 정의의 원칙을 선포하는 장소가 되어야 한다는 것이다. 하나님의 말씀을 위임받은 자들로서 설교자는 그것을 사회정치적 이슈들에 적용할 책임이 있다는 것이다.[72]

설교자가 공적 문제들에 관해 말하는 것을 피할 수 없는 이유 중 하나는 개인 윤리의 메시지를 사회 구조에 대한 비평으로부터 분리하는 것이 현실적으로 불가능하다는 것이다. 만일 설교자가 참으로 이웃에 대한 차별 없는 사랑을 설교하고 싶다면 그는 인종차별적 고용 관행의 문제를 언급하지 않을 수 없을 것이다.[73]

개혁주의 전통은 설교자가 하나님의 말씀에 의해 하나님의 백성들의 삶을 인도하라는 사명을 받은 자임을 강조한다. 그러므로 설교자들은 자기가 설교하고자 하는 것이 자신의 말이나 관심이 아니라 하나님의 말씀이요 관심이라는 확신이 있다면 강단에서 정치적 이슈에 대해 언급할 수도 있다.[74]

교단으로서

교단으로서 공적 이슈에 대해 공식적 성명을 내는 것이 적합한가 아닌가의 문제는 제6장에서 자세히 논의될 것이므로 여기서는 넘어가기로 한다.

결과보다 더 중요한 것: 순종

어떤 복음주의자들은 예수 그리스도께서 재림하시기까지는 인간이 아무리 애를 써도 사회 변화를 위한 의미 있는 진보가 이루어지지 않을 것이라고 주장한다.[75] "세상의 구속이 정치에 달려 있지 않다"거나 "완전한 구속은 우리 외부의 힘에 의존한다"는 것이다.

물론 그리스도인들의 모든 정치적 행위에 성공이 보장된 것은 아니다. 오히려 "기독교 제국을 건설하고자 했던 콘스탄티누스의 소망으로부터 뉴잉글랜드 청교도들의 '언덕 위의 도시'에 이르기까지 … 기독교 왕국의 역사는 실패한 정치적 꿈으로 점철되어 있다." 그럼에도 불구하고 그런 역사적 사실이 우리로 하여금 어떤 사회정치적 책임의 수행도 다 부질없는 짓이라는 결론을 내리게 만들어서는 안된다. 설사 우리의 노력의 결과가 비관적인 전망을 보인다 하더라도 우리는 이 영역에서 우리의 사명을 다 해야 한다.

> 그리스도인들은 인간의 기준으로 성공적인 프로그램에 착수하라는 부름을 받은 적이 없다. 그들은 하늘의 비전에 충실하라는 부름을 받았을 뿐이다. 그리하여 비록 우리가 최소한의 정치적 성공도 기약할 수 없는 시대에 산다 할지라도 그 때문에 우리가 그리스도의 구속 사역의 온전한 승리를 신실하게 증거할 책임을 저버릴 수는 없다.[76]

또 우리는 그리스도인으로서 우리의 정치적 증거가 아무 소용이 없는 것이라고 지레 절망할 필요도 없다. 하나님이 축복하시면 사회 개혁을 위한 우리의 노력은 상당한 성과를 거둘 수도 있다. 물론 오직 하나님만이 사회 개혁에 있어 온전한 성공을 이루실 수 있다. 하지만 하나님이 그 일을 진공 속에서 하시는 경우는 드물다. 그는 인간들을 통해 그 일을 하신다.

정치적 중립주의와 현상 유지

어떤 복음주의자들은 그리스도인이 정치적인 문제에 중립을 유지해야 한다고 주장한다. 그러나 많은 경우 이런 주장을 하는 사람들은 실상 현상 유지(status quo)를 원하는 사람들이다. 그들처럼 정치적 소극론을 주장하는 사람들은 기존 정책이나 기성 정치인들을 지지하는 경향이 있다. 정치에 개입하기를 거부하는 사람들도 정치적 영향을 미친다. 폴 헨리(Paul Henry)의 지적처럼 "정치적 문제에 관한 한 심지어 완전한 침묵조차도 동의나 최소한 묵인의 정치적 선언으로 간주된다."[77] 헨리는 교회의 침묵은 일종의 비겁(cowardice) 아니면 현상 유지 정책 둘 중의 하나라고 생각했다. 교회와 국가의 분리라는 미명 하에 공적 문제에 관해 언급하기를 무조건 회피하는 교회 지도자들은 자기들이 현상 유지를 원하고 있다는 것을 잘 알고 있다는 것이다.[78] 그들은 일관성있게 비정치적이지도 않다. "정치적 행동주의를 비난하면서도 자신들은 불의한 독재자의 조찬기도회에는 참석한다."[79]

어떤 사람도 사회적이고 경제적인 생활의 조직(texture) 밖에서 살지는 않기 때문에 누구도 그것에 대한 책임을 전적으로 면할 수는 없다. 이런 영역에서는 "무위가 곧 행위이다"(Inaction is a kind of action).[80]

특별히 억압적인 사회에서는 교회의 침묵이 기존 정권의 옹호로 받아들여지지 않을 수 없다. 즉 억압당하는 자들을 옹호할 책임의 회피라는 것이다.

> 우리는 단지 하나님의 세계에 살고 있다는 것만으로 이미 개입되어 있다. 만일 우리가 수동적이 되려 하거나 우리 주위에서 일어나고 있는 것들을 무시하려 한다면 우리는 세계가 하나님이 원하시는 그대로 되어 있다고 인정하는 셈이 된다…세상에 존재하는 죄와 고통들을 볼 때 그러한 정치적 입장은 비기독교적인 것이며 하나님과 우리의 이웃들이 우리에게 요청하는 것으로부터의 도피이다. 기독교적이 되기 위해 우리는 우리의 정치적 책임을 감당해야만 하며 정부가 정의를 행하게 하는 방식으로 행동해야만 한다.[81]

정치에 대한 그리스도인의 무관심은 정의가 구현될 것을 고통 중에 간절히 기다리고 있는 이웃에 대한 무관심일 수 있는 것이다.[82]

주

1) 모트 박사는 자신의 사회정치적 견해들을 칼뱅주의적이라고 분류한 나의 작업에 동의한다고 나에게 확언했다. 그러면서 1993년에 옥스퍼드 대학교 출판부에서 출간할 그의 새 저서 A *Christian Understanding of Political Thought*에서는 필자가 본 장에서 인용하는 그의 저서에서보다 칼뱅의 정치 신학을 더 많이 사용하고 있다고 귀띔해주었다.

2) Stephen C. Mott, *Biblical Ethics and Social Change* (New York: Oxford University Press, 1982), 115.

3) Richard J. Coleman, *Issues of Theological Warfare: Evangelicals and Liberals* (Grand Rapids: Eerdmans, 1972), 203.

4) John R. W. Stott, *Involvement: Being a Responsible Christian in a Non-Christian Society* (Old Teppan: Fleming H. Revell Company, 1984), 35.

5) 무디는 예수 그리스도의 재림에 관한 그의 표준 설교에서 다음과 같이 말했다. "나는 이 세상을 좌초당한 기선으로 본다. 하나님은 나에게 구명선을 주시면서 이렇게 말씀하셨다. '무디야, 네가 구할 수 있는 사람을 다 구해라.'" 이 구절은 복음 전도에 대한 그의 철학을 요약하는 것으로 그가 아주 애용하던 말이다. "The Second Coming of Christ," Wilbur M. Smith ed., *The Best of D. L. Moody* (Chicago: Moody Press, 1971), 193-95. George Marsden, *Fundamentalism and American Culture: The Shaping of Twentieth-Century Evangelism, 1870-1925* (New York: Oxford University Press, 1980), 38에서 재인용.

6) Richard Mouw, *Political Evangelism* (Grand Rapids: Eerdmans, 1973), 8, 76.

7) Carl F. H. Henry, "Evangelicals in the Social Struggle," *Christianity Today* 10(Oct. 8, 1965): 3-11. Augustus Cerrillo Jr. and Murray W. Dempster eds., *Salt and Light: Evangelical Political Thought in Modern America* (Grand Rapids: Baker, 1989), 39에서 재인용.

8) 정치에 대한 이러한 부정적 견해를 대표하는 재세례파 신학의 이론적 체계를 수립한 저서로 John Howard Yoder, *The Politics of Jesus* (Grand Rapids: Eerdmans, 1972), 특히 7-9장을 보라. 『예수의 정치학』, IVP 역간.

9) Timothy L. Smith는 그의 저서 *Revivalism and Social Reform in Mid-Nineteenth Century America* (New York: Abingdon, 1957)를 통해 1850년대 미국의 부흥과 사회 개혁 운동 사이의 밀접한 관계를 증명했다.

10) Mott, *Biblical Ethics and Social Change*, 197-98, 112.

11) Erich Fromm, *The Sane Society* (New York: Rinehart, 1955), 264. 『건전한 사회』, 범우사 역간.

12) Mott, *Biblical Ethics and Social Change*, 197-98.

13) Mott, *Biblical Ethics and Social Change*, 112.

14) Mott, *Biblical Ethics and Social Change*, 114-18.

15) Martin Luther, "Secular Authority: To What Extent It Should be Obeyed," J. Dillenberger ed., *Martin Luther: Selection from His Writings* (New York: Doubleday, 1961), 370-74.

16) J. G. Davies, *Christians, Politics and Violent Revolution* (London: SCM Press Ltd., 1976), 17.

17) Mott, *Biblical Ethics and Social Change*, 114.

18) Lewis B. Smedes, "The Evangelical and the Social Question," *Salt and Light*, 43-44.

19) Smedes, "The Evangelical," 57.

20) Mott, *Biblical Ethics and Social Change*, 114.

21) Coleman, *Issues of Theological Warfare*, 198; Smedes, "The Evangelical," 44.

22) Mouw, *Political Evangelism*, 40.

23) Coleman, *Issues of Theological Warfare*, 187.

24) Stott, *Involvement*, 41.

25) Coleman, *Issues of Theological Warfare*, 178-79; Mott, *Biblical Ethics and Social Change*, 115-18.

26) Stott, *Involvement*, 37.

27) Stott, *Involvement*, 37.

28) Paul Marshall, *Thine is the Kingdom: A Biblical Perspective on the Government and Politics Today* (Grand Rapids: Eerdmans, 1984), 37.

29) Mouw, *Political Evangelism*, 13, 15.

30) Issac C. Rottenberg, "The Shape of the Church's Social-Economic Witness," *Salt and Light*, 92.

31) Davies, *Christians, Politics and Violent Revolution*, 21.

32) Mouw, *Political Evangelism*, 7, 77, 14.

33) Stott, *Involvement*, 44-45.

34) Stott, *Involvement*, 36.

35) Mott, *Biblical Ethics and Social Change*, 17.

36) Mott, *Biblical Ethics and Social Change*, 3-4, 11-12.

37) Stephen V. Monsma, *Pursuing Justice in a Sinful World* (Grand Rapids: Eerdmans, 1984), 10-11.

38) Mouw, *Political Evangelism*, 15-17.

39) Richard Mouw, *Politics and the Biblical Drama* (Grand Rapids: Eerdmans, 1976), 50.

40) Mott, *Biblical Ethics and Social Change*, 54.

41) Monsma, *Pursuing Justice*, 26, 29.

42) Monsma, *Pursuing Justice*, 26, 29. 그리고 Nicholas Wolterstorff, *Until Justice and Peace Embrace* (Grand Rapids: Eerdmans, 1983), 제1장을 참조하라. 『정의와 평화가 입맞출 때까지』, IVP 역간.

43) Monsma, *Pursuing Justice*, 11-12.

44) Mouw, *Politics and the Biblical Drama*, 35.

45) Gordon Clark, *A Christian View of Men and Things* (Grand Rapids: Eerdmans, 1952), 138, 146.

46) Mouw, *Political Evangelism*, 45; *Politics and the Biblical Drama*, 33.

47) Mouw, *Political Evangelism*, 45-46.

48) Mouw, *Politics and the Biblical Drama*, 109.

49) Monsma, *Pursuing Justice*, 59.

50) Monsma, *Pursuing Justice*, 17-18.

51) Monsma, *Pursuing Justice*, 19.

52) Mott, *Biblical Ethics and Social Change*, 184.

53) Monsma, *Pursuing Justice*, 19.

54) Mott, *Biblical Ethics and Social Change*, 179-80.

55) Davies, *Christians, Politics and Violent Revolution*, 25.

56) Marshall, *Thine is the Kingdom*, 11-12.

57) Marshall, *Thine is the Kingdom*, 47.

58) Monsma, *Pursuing Justice*, 19-21, 12.

59) Monsma, *Pursuing Justice*, 58.

60) Monsma, *Pursuing Justice*, 60.

61) Marshall, *Thine is the Kingdom*, 56; *Monsma, Pursuing Justice*, 38; Mott, *Biblical Ethics and Social Change*, 53.

62) Monsma, *Pursuing Justice*, 37, 40, 30.

63) Mott, *Biblical Ethics and Social Change*, 76.

64) Smedes, "The Evangelical," 46, 55-56.

65) Smedes, "The Evangelical," 55.

66) Monsma, *Pursuing Justice*, 31, 85-88; Stott, *Involvement*, 34.

67) Monsma, *Pursuing Justice*, 89-92.

68) Monsma, *Pursuing Justice*, 92-93.

69) Mott, *Biblical Ethics and Social Change*, 47.

70) Mouw, *Political Evangelism*, 47.

71) Stott, *Involvement*, 51, 34.

72) 예일 대학교 미국 교회사 교수인 해리 스타우트(Harry Stout)는 미국 뉴잉글랜드의 청교도 목사들이 1690년 이전에 행한 절기 설교로서 케임브리지 출판부에서 출판된 79편의 설교들 중 가장 중요하고도 많은 수를 차지한 것은 선거 설교(election sermons)였다고 지적한다. Harry Stout, *The New England Soul: Preaching and the Religious Culture In Colonial New England* (New York: Oxford University Press, 1986), 70.

73) Mouw, *Political Evangelism*, 16.

74) Mouw, *Political Evangelism*, 81.

75) Mouw, *Political Evangelism*, 27-28.

76) Mouw, *Political Evangelism*, 29.

77) Rovert Booth Fowler, *A New Engagement: Evangelical Political Thought: 1966-1976* (Grand Rapids: Eerdmans, 1982), 155.

78) Fowler, *A New Engagement*, 155.

79) Mouw, *Political Evangelism*, 33.

80) N. Micklem, *The Theology of Politics* (New York: Oxford University Press, 1941). Davies, *Christians, Politics and Violent Revolution*, 30에서 재인용.

81) Marshall, *Thine is the Kingdom*, 64.

82) Monsma, *Pursuing Justice*, 86.

2부

한국 장로교회 전통 속의 사회 윤리

Reformed Social Ethics & Korean Churches

Reformed Social Ethics & Korean Churches

제7장

해방 전 한국의 교회와 국가

(1884-1945)

한국에 개신교가 들어온 때부터 1945년 일제 통치에서 해방되기까지의 기간 동안의 교회와 국가에 관한 논의는 특별한 면이 있다. 대개 '교회와 국가'라는 제목 하에서 논의되는 문제들은 같은 민족으로 이루어진 교회와 국가의 상호 관계에 관한 것이다. 그러나 1884년부터 1945년까지의 기간 대부분(1910-1945) 동안 한국의 교회와 국가의 문제는 그처럼 동일 민족으로 구성된 정부와 교회의 관계가 아니라 일본인들이 지배하는 정부와 한국인들로 구성된 교회 사이의 관계에 관한 것이다. 일본이라는 외세의 침략에 대해 한국 그리스도인들이 어떻게 대응했는가 하는 문제가 추가된다는 것이다.

또 한 가지 본장에서 염두에 두어야 하는 사실은 1884-1945년까지의 60여년 중 전반부 약 30년 동안, 즉 1912년까지 한국 기독교인들은 존재했었지만 한국 교회라고 부를만한 조직은 사실상 존재하지 않았다는 것이다. 최초의 한국인 목사들이 배출되어 한국인의 독노회가 조직된 것이 1907년이었고, 전국적 교회 조직인 대한 예수교 장로회 총회가 구성된 것이 1912년이었으며 그때까지 한국 교회의 영적, 신학적, 행정적 지도력은 선교사들이 독점하고 있었다. 그러므로 우리는 당시의 한국 그리스도인들과 교회로부터 장구한 역사를 가진 서구 교회에서와 같은 심오한 정치 사회적 영향력을 기대할 수는 없다.

기독교와 민족

이 시기에 있어 한국 기독교인들의 민족주의적 행동들을 검토하기 전에 우리는 먼저 기독교에 있어 '민족'이라는 것은 어떤 위치를 차지하는가? 기독교와 민족주의의 관계는 무엇인가? 더 근본적으로는 민족이란 무엇인가?

하는 문제를 생각해 보아야 한다.

민족(nationhood)이란 무엇인가?

한국인들에게 있어 "민족이란 무엇인가?"하는 질문은 그 답이 너무 자명한 질문으로 들린다. 그러나 보다 넓은 세상을 살펴보면 민족이란 엄격하게 정의하기가 그리 쉬운 개념이 아니라는 것을 발견하게 된다. 도대체 민족 국가(nation-state)를 이루는 요소들이 무엇인가? 일반적으로 우리는 동일한 혈통, 동일한 언어, 지리적 경계 등이 한 민족을 다른 민족과 구별하는 요소라고 생각한다. 과연 그러한가?

먼저 언어를 살펴보자. 같은 언어를 사용한다는 것이 민족의 동일성을 확보해 주는가? 한국인에게는 한국어를 사용한다는 것이 거의 예외없이 한국이라는 민족 국가의 한 구성원이라는 증거가 되나 많은 다른 나라들의 경우에 있어서는 꼭 그렇지도 않다. 스위스는 독어, 불어, 이탈리아어, 그리고 로만스어의 4개 언어를 사용하는 사람들로 이루어져 있고 대영 제국 역시 영어(English), 웨일즈어(Welsh), 그리고 갈릭어(Gaelic)의 세 언어가 사용되고 있다. 영어를 국어로 사용하는 주권 국가는 일곱 (영국, 미국, 캐나다, 오스트레일리아 등)이나 되지만 그들은 하나의 민족 국가를 형성하고 있지 않다. 독일과 오스트리아도 같은 언어를 사용하나 각각 다른 국가를 이루고 있다. 이상의 예만 보더라도 언어는 민족의 정체성(national identity)을 형성하는 결정적이고 유일한 요소가 아님을 알 수 있다.

지리적 경계는 어떠한가? 다른 장소와 확연히 구분되는 어떤 장소에 모여 살고 있다는 것 역시 민족 국가를 구분하는 충분조건은 되지 못한다. 섬이란 것은 가장 분명한 지리적 단위(geographical entity)다. 하지만 아일란드(Ireland)는 에이레(Eire)와 브리튼(Britain) 두 나라로 나뉘어져 있으면서 같은 영어를 사용하고 있다. 히스파니올라(Hispaniola) 섬은 스페인어를 사용하는 도미니카 공화국과 불어(Creole French)를 사용하는 아이티로 나뉘어져 있으며, 티에라델푸에고(Tierra del Fuego)섬은 같은 언어를 사용하는 칠레와 아르헨티나로 나뉘어져 있다.

한 주권 아래에 있는 섬이라는 사실도 동질성(homogeneity)을 보장하지는 못한다. 오스트레일리아와 인도네시아의 어떤 섬들은 수시로 이민족들이 흘러들어와 해안의 평지에 정착하는 바람에 선주민들은 점점 내륙으로 옮겨 들어가게 된 결과, 민족적 분포를 도표로 그리면 마치 가운데로 갈수록 점점 높아지는 섬과 산의 등고선처럼 보인다.

소수의 예외를 제외하면 대부분의 사람들은 자기 조상들이 다른 민족들을 몰아내고 정복한 땅에서 살고 있다. 그 때문에 한 냉소적인 역사가는 자기가 살고 있는 땅에 대한 절대적 소유권을 주장할 수 있는 민족은 하나도 없다고까지 말한다. 그 민족의 힘이 약해지면 땅의 소유권은 또 언제 바뀔지 모른다는 것이다. 그리하여 민족이란 계속하여 재정의되고 민족 국가는 이민과 정복에 의해 형성되고 재형성되어 간다.

이처럼 어느 한 요소의 동질성이 민족의 동일성을 확보해 주는 절대적 요인이 되지는 못한다 할지라도, 그럼에도 불구하고 민족 감정(the feeling of nationhood)이란 것은 부인할 수 없이 실재하고 있다. 그것은 다음과 같은 구성 요소들을 가진 복잡한 인식이라 할 수 있다. 1) 장소, 혹 지리적 동일성, 말하자면, 그 지역 안에서는 자유로이 이동할 수 있다는 영토적 근접성, 2) 동일한 문화, 그리하여 역사, 언어 및 종교 등의 중요한 점들에서 비구성원들과는 구별되는 공통점을 가지는 것, 3) 같은 혈통, 즉 대개 출생에 의해 그 구성원이 된다는 것, 4) 비교적 큰 숫자의 인구 규모이다. 정치적 독립, 즉 국가의 주권이 민족 감정과 연결되어 있으며 대개 그것을 강화시키지만 필수적인 것은 아니다. 그렇기 때문에 정치적으로 독립된 국가를 갖고 있지 못한 민족이 있을 수 있다. 일제 치하의 한국이 그 좋은 예가 될 것이다. 스미스는 이들 중 어느 한 요소만으로는 민족이 성립되기 어려움을 인정한다. 이러한 제 요소, 혹은 그 중 몇몇이 특수하게 결합될 때 민족의식이 배태되고 유지된다.[1]

기독교적 관점에서 본 민족주의

성경에서는 종종 민족주의를 반대하는 듯한 구절이 발견된다. 이를테면 갈라디아서 3:28의 "너희는 유대인이나 헬라인이나 … 그리스도 예수 안에서 하나이니라"는 말씀은 그리스도인들에게는 자기가 어느 민족에 속해 있는가 하는 따위의 문제가 무의미한 것이라고 가르치는 것처럼 보인다. 베드로전서 2:9의 "그러나 너희는 택하신 족속이요 왕 같은 제사장들이요 거룩한 나라요 그의 소유가 된 백성이니"라는 말씀도 그리스도인은 하나님의 백성이 됨으로써 새로운 민족, 새로운 나라에 소속하게 되어 지상의 생득적 국적은 말소되었다고 말하는 듯한 인상을 준다. 그러나 이 구절들의 의미를 그렇게 성급하게 단정해 버릴 수는 없다. 갈라디아서 3:28은 민족주의에 관해 말하고 있는 것이 아니라 유대인과 이방인의 구별에 관해 말하고 있다. 즉 그것은 그리스도인에게는 민족이 무의미하다는 것이 아니라 유대인과 이방인을 구별하는 벽이 그리스도 안에서 무너졌다는 사실을 말하려 하고 있다는 것이다. 마찬가지로 베드로전서 2:9도 그리스도인에게는 지상적 국적 외에 그보다 더 의미심장한 영적 국적이 추가되었다는 것을 지적하고 있는 것이지 지상 국적이 말소되었음을 말하고 있는 것은 아니다. 은혜(grace)가 더 놀랍고 더 중요한 것이기는 하지만 그것이 자연(nature)을 말소시키지는 않는다.[2] 세계 복음주의 협의회(World Evangelical Fellowship)가 1976년에 바젤에서 "교회들에게 보낸 편지"(Letters to the Churches)에서 말한 것과 같이 "새로운 공동체에 대한 충성이 민족에 대한 충성을 배제하는 것은 아니다."

나아가서 성경은 그리스도인에게 있어 그가 속한 민족이 지니는 특별한 의미를 인정하고 있다. 그리스도 안에서 "유대인이나 헬라인이나" 다 하나라고 말한 바로 그 바울이 로마서 9:1-3에서는 자기 "형제 곧 골육의 친척"인 이스라엘 사람들의 영혼 구원 문제 때문에 "큰 근심"과 "마음에 그치지 않는 고통"이 있다고 고백하고 있으며 그들의 구원을 위해서라면 자기 자신이 "저주를 받아 그리스도에게서 끊어지는 것"까지도 감수할 용의가 있다고까지 고백하고 있다. 이방인들의 사도로 부름을 받고 그들의 구원을 위해 일하고 있던 입장이었음에도 불구하고 바울은 자기 동족에 대해서는 각별한 감정을 가지고 있었다. 이것은 보다 영적인 사람일수록 보다 민감한 민족 감정을 가진다는 사실에 대한 증거가 된다.

민족 감정이란 어떤 의미에서 가족에 대한 감정과 유사한 것이라 할 수 있다. 즉 그리스도인은 모든 사람을 사랑할 의무를 가지지만 자기 가족에 대해서는 더 우선적으로 그리고 특별한 방식으로 사랑의 의무를 실천해야 하며 (딤전 5:8), "기회 있는 대로 모든 이에게 착한 일을 하되 더욱 믿음의 가정들에게"해야 하는 것처럼 자기 민족에 대해서는 다른 민족과 다른 특별한 의무를 지고 있다는 것이다.

성경은 민족을 인정한다. 사도 바울은 하나님께서 "인류의 모든 족속을 … 온 땅에 거하게 하시고 저희의 … 거주의 경계를 한(限)"하셨으며 그러한 섭리의 이면에는 인류가 "하나님을 더듬어 찾아 발견케"하려는 심오한 목적이 감추어져 있다(행 17:26-27)고 가르친다. 민족이라는 인간 실존의 단위가 종교적 의미까지 내포하고 있음을 이 구절은 암시하는 것이다. 사도 요한은 심지어 "거룩한 성 새 예루살렘"에서도 민족들의 존재는 인정될 것임을 보여준다. 거기서 "만국"(every nation)이 "어린 양"의 빛 가운데 다니게 되며(계 21:22-24), 생명수의 강 좌우에 있는 생명 나무의 잎사귀들은 "만국을 소성"시키는 효력을 가진다(계 22:2). 성경 어디에도 민족에 대한 충성과 신의(loyalties and allegiances)를 금하고 있는 곳은 없다.

개개인이 가진 다양성이 인간의 삶을 풍부하게 해 주는 것처럼 민족들의 다양성과 독특성도 인류의 삶에 축복이 된다. 솔제니친이 자신의 노벨상 수상 강연에서 말한 것처럼, "민족이라는 것이 없어지면 세상은 마치 모든 사람들의 얼굴이나 성격이 꼭 같을 때처럼 빈약해 질 것이다. 민족들은 인류의 재산이다 … 가장 작은 민족조차도 고유의 색깔을 가지고 있으며 하나님의 계획의 한 특별한 면을 담당한다."[3)]

그렇다면 그리스도인들은 민족의 삶에 대해 관심을 가져야 한다. 그 질을 향상시키고 문제점을 해결하려고 할뿐 아니라 "민족적 정체성이 위협을 받고 있다고 느낄 때에는 깨어서 동포들에게 경고를 발하고 국가가 그처럼 쇠약해진 이유가 무엇인가를 발견해서 치유책을 마련해야 한다."[4)]

성경은 민족의 정체성(identity)과 다양성을 인정한다. 그러나 한 가지 조건이 있다. 그것은 민족이 모든 다른 가치 위에 군림하는 절대적 가치가 되어서는 안 된다는 것이다. 민족에 대한 충성이 무한정, 그리고 무조건적으로 허용되어서는 안 된다. 그렇게 될 때 건전한 민족의식은 국수주의로 변질되고 만다. 히틀러의 국가 사회주의의 종족 이론이나 자신의 우월성과 신성성을 주장했던 일본의 군국주의가 바로 그러한 예다. 양자 다 민족주의가 하나님에 대한 반역으로 변하여 모든 종류의 폭력과 침략을 위한 도구가 되어 버렸다. 사탄적인 민족주의가 출현했던 것이다.

민족에 대한 그리스도인의 이상적 태도는 무엇인가? 그것은 민족적 정체성에는 아무런 의미도 없다고 주장하는 추상적 국제주의(internationalism)에도 빠지지 않고, 그렇다고 해서 민족이란 것은 절대적 가치를 가지는 신성한 것이며 개인의 충성의 최고의 대상이 되어야 한다고 주장하는 광신적 국수주의의 위험에도 빠지지 않는 중용을 유지하는 것이라 할 수 있다. 스미스(A. D. Smith)의 표현대로, 그것은 "민족의식을 간직하고 있지만 다른 민족들의 특성도 볼 수 있는 지식과 안목을 가짐으로써 자기 민족의 유산에 대해 창조적인 동시에 비평적인 입장을 유지하는 것이다."[5)]

개신교 선교 초기 (1884-1900) 기독교인들의 정치사회적 활동

의사로서 한국에 상주하면서 선교하기 위해 1884년에 입국한 최초의 개신교 선교사는 미국 북장로교(The Presbyterian Church in the U.S.A.)의 알렌(H.N.Allen)이었다. 알렌에 이어 1885년에 미북장로교의 언더우드(H.G.Underwood)와 미감리회의 아펜젤러(H.G.Appenzeller)가 교육 선교사로, 그리고 스크랜튼(W.B.Scranton)이 미감리회(The Methodist Episcopal Church)의 의료 선교사로 내한했다. 본래 이들이 입국할 때 한국 정부로부터 공식적으로 허락받은 것은 교육과 의료 활동뿐이었기 때문에 처음 몇 년간은 본격적인 선교 활동 대신 간접적 선교로 만족할 수밖에 없었다. 알렌의 공식 직함은 미 공사관 공의였고 언더우드는 제중원의 영어 교사였다. 당연히 이 시기의 기독교인 숫자는 미미한 정도에 그칠 수밖에 없었다. 1894년의 동학 혁명과 청일 전쟁, 1895년의 을미사변 등 국가적 재난을 거치면서 사회가 극도로 혼란해지고 민심이 불안해진 결과 많은 사람들이 교회를 찾게 된 직후, 즉 1896년의 세례 기독교인 수는 777명에 불과했다. 그 이듬해인 1897년에도 기독교인은 전국을 통틀어 장로교인 3,000명을 포함하여 5,000명 정도 뿐이었다.[6)]

19세기 말 한국 기독교인들의 정치 사회적 활동은 대체로 두 가지 형태를 띤다. 그 하나는 관리들의 부정부패에 저항하고 서양의 민주주의 제도를 소개함으로써 민중을 계몽하고 사회를 근대화하려는 '반봉건 사회 개혁 운동'이고, 다른 하나는 한국인들의 민족의식을 일깨워 국가의 독립을 유지하려는 '반외세 자주 독립 운동'이다. 반봉건 운동은 주로 부당한 과세에 대한 저항의 형태로 나타났는데 기독교인들의 수가 꽤 되었던 서북 지방에서는 그러한 움직임이 무시 못 할 정도의 세를 이루어서 서북 지방 군수로 임명된 어떤 관리는 기독교인이 적은 다른 지방으로 임지를 옮겨달라고 떼를 쓰는 일도 있었다.[7)] 불의한 관리들에 대한 이러한 저항 운동이 산발적이고 비조직적이었던 것에 비해 독립협회 활동에 가담한 기독교인들의 움직임은 비교적 조직적이고 체계적이었다.

독립협회와 기독교인들

청일 전쟁과 을미사변 직후 조선은 언제 일본, 러시아 혹은 다른 서구 열강들의 식민지로 전락할지 예측할 수 없는 긴박한 상황에 놓여 있었다. 1896년 서구 문화와의 접촉 경험이 있는 서재필, 윤치호 등의 기독교 지식인들은 사회를 개혁하고 근대화함으로써 봉건적 모순을 극복하고 독립을 유지하려는 목적으로 독립협회를 조직했다. 독립협회의 주된 활동은 토론회를 통한 민중의 의식화, 각종 행사 및 시설물 건립을 통한 독립 의식의 고취, 최초의 한글 전용 신문인 독립신문과 만민 공동회를 통한 정부의 실정 비판 및 정책 건의 등이었다. 불과 2년 후인 1898년, 개혁적 변화가 가져다 줄 기득권의 상실만을 염려하고 민족 공동체의 장래에 대해서는 아무 관심도 없던 고종과 수구파 대신들의 탄압에 의해 지도자들이 체포되고 협회는 해산당하고 말았지만 독립협회는 한국이 주권을 상실하기 전 독립의 기반을 다질 수 있었던 마지막 기회였다. 신용하가 지적하는 것처럼 만일 당시 정부가 독립협회의 제안과 비판을 받아들여 의회를 구성하고 근대화와 개혁에 박차를 가했더라면 그토록 허망하게 일본에 주권을 넘겨주는 비극은 발생하지 않았을지도 모른다.[8] 그만큼 독립협회는 한국 근대사에 있어 중요한 의미를 가지는 활동이었다.

기독교인들이 독립협회에 어느 정도 참여했으며 거기서 어느 정도의 비중을 차지했는가 하는 질문에 대해서는 한국 교회사가들의 견해가 다소 상반된다. 민경배는 독립협회에서의 기독교인들이 차지한 비중을 대수롭지 않은 것으로 평가한다. 협회의 지도부에 기독교인이 얼마 되지 않았고 당시 "조직 교회의 기록에 독립협회를 긍정적으로 언급한 곳이 없으므로" 독립협회에서 기독교인들이 차지한 비중은 미미했을 것이라는 주장이다.[9] 반면, 이만열은 독립협회에서의 기독교인들의 역할이 아주 적극적인 것이었다고 생각한다. 그 이유로 그는 첫째, 독립협회 지도부의 인적 구성을 지적한다. 협회의 산파역을 담당했던 서재필, 그리고 나중에 협회 회장직을 맡았던 윤치호는 당시 이미 신앙을 고백한 그리스도인들이었으며, 정부 관리로서 독립신문 발간을 지원했던 유길준도 기독교에 호의적이었고 이상재, 남궁억도 협회가 강제 해산되어 투옥된 직후 기독교로 개종했다. 그뿐 아니라 평양 지부의 협회 지도자들 중 유명한 안창호를 비롯하여 김종섭, 한석진, 방기창 등이 다 기독교인이었으며 그 중 한석진, 방기창은 한국 장로교 최초의 7인 목사들 중 2인이었다. 둘째는 당시 한국 기독교인들의 협회에 대한 적극적 협조의 태도이다. 그들은 독립협회가 주관하는 개국 기념절 축하 행사나 그것이 지원했던 황제 탄신 기념행사 등에 적극 참여했으며 1898년 협회가 정부의 탄압으로 위기에 처했을 때 평양과 인천의 어떤 기독교인들은 독립협회원들과 함께 죽는 것도 불사하겠다는 각오를 보였다.[10] 이것은 당시의 기독교인들이 협회의 운명을 자기들의 운명과 동일시할 정도로 협회가 기독교적인 성격을 띤 기관이었다는 증거였다. 독립협회와 기독교와의 밀접한 관련을 증명하는 세 번째 증거로서 이만열은 협회에 대한 반대자들의 당시 인식을 지적한다. 보부상의 우두머리들은 기독교인들이 독립협회 "역당의 장귀" 자리에 있다고 비난하였고[11] 당시에 이미 한국을 탈취할 기회를 호시탐탐 노리고 있던 주한 일본 외교관들도 장로교회와 감리교회가 "독립협회와 밀접한 연락"을 취하고 있다고 보고했다.[12]

독립협회의 중앙 본부와 지방 지부의 핵심 지도부를 서재필, 윤치호, 안창호 같은 기독교인들이 차지하고 있었고 독립협회의 많은 활동이 교회들과의 연계 속에서 기독교인들의 적극적인 협력 하에 이루어졌으며 그 기독교인들 중에는 독립협회의 일반 회원들이 다수 있었을 것임이 틀림없다고 생각할 때 독립협회는 기독교와 분리해서 생각할 수 없는 기관이었다는 견해가 보다 사실에 근접한 것으로 보인다.

독립협회에 가담한 기독교인들 외에도 19세기 말의 많은 한국 기독교인들은 자신들의 충군 애국심을 여러 가지 소박한 방식으로 표현했다. 황제와 황태자 생일에 교파 연합으로 축하 행사를 거행한다든가 애국가를 제정해서 그러한 행사 때에 식순으로 삽입한다든가, 교회에 태극기를 게양한다든가 하는 등의 행동이 그것이었다.[13] 그들은 거의 기독교인의 본능으로 국가의 독립과 사회 개혁에 관심을 가지고 그것과 관련된 이슈들에 관해 발언하고 행동했다. 정치와 종교를 극단적으로 분리시키고서 정치 사회적 문제에 무관심할수록 더 경건한 기독교인이라는 생각은 적어도 최초의 한국 기독교인들의 견해는 아니었다. 오히려 그리스도인들이었기 때문에 그들은 자기들이 속한 민족 공동체, 즉 하나님께서 주신 삶의 터전으로서의 국가와 그 정치 사회적 문제들에 대해 비기독교인들보다 훨씬 더 깊은 관심과 책임감을 가지고 있었다. 신앙에 뿌리를 둔 그들의 그러한 민족적 정치적 관심은 독립협회 등을 통한 자주 및 사회 개혁 운동으로 나타났다.

선교사들과 정치

한국에서 활동하고 있던 선교사들은 적어도 19세기의 마지막까지는 개화와 독립을 위한 한국인들의 노력에 협조적이었고 한국민들의 처지에 대해 동정적이었다. 아직 선교의 자유도 완전히 보장되지 않던 시절에 입국해서 조심스럽게 선교의 기회를 확장해 가던 그들이 가능한 한 한국 정부와 우호적인 관계를 가지려 한 것은 당연한 일이었다. 자기들이 평생을 바쳐 사랑하고 복음으로 섬기려는 국민들이 서양식 근대화와 사회 개혁을 추구함으로 독립의 기반을 굳히려는 것을 협조하지 않을 이유는 없었다. 을미사변 때의 일화는 선교사들과 한국 왕실과의 밀접한 관계를 증명하고 있다. 1895년 10월 8일 새벽 구중 궁궐 깊숙한 데까지 습격해 들어온 일본 폭도들의 칼날에 왕비를 잃어버린 고종이 두려움으로 몸을 가누지 못하고 있을 그 때 언더우드, 아펜젤러, 헐버트, 게일, 애비슨, 존즈 등의 선교사들은 매일 밤 두 사람씩 교대로 왕의 침전을 지키면서 집총 불침번을 섰던 것이다.[14] 이 사건은 당시 한국의 치안 및 자위 능력이 이미 거의 완전히 상실되었음을 보여 주는 수치스러운 사건이기는 하지만 당시 선교사들과 왕실과의 관계가 어느 정도였는가를 잘 보여준다.

아펜젤러 등의 선교사는 독립협회의 활동을 적극 지원했고 국왕 탄신 축하 예배 등에 순서를 맡기도 했다. 선교사들이 설립 운영하던 배재학교 등은 개국 기원절 행사 주최를 후원했고, 그 학교 학생들의 토론 그룹인 협성회는 독립 및 개화와 관련된 활발한 정치적 움직임을 보였다. 한 마디로 19세기 말 한국민들의 정치 활동은 기독교회 및 기독교 기관을 제외하고는 생각할 수 없었다. 한편 당시의 한국 교회는 선교사들의 절대적 영향 하에 있었으므로 선교사들은 원하든 원치 않든 격동기의 한국 정치 상황에 연루될 수밖에 없었다.

조선 왕조 멸망기의 (1901-1910) 선교사들

19세기는 제국주의의 시대였다. 이미 오래 전부터 아시아에 진출하여 대부분의 아시아 국가들을 식민지화한 바 있었던 영, 미, 러, 프, 독 등은 1880년대에 한국에도 진출하여 한국과 공사 관계를 맺고 한국에서의 이권 확보를 위해 열을 올리고 있었다. 이 때 주한 선교사들의 절대 다수를 점하고 있던 미국 선교사들의 소박한 친한적 행동이 자국의 외교 정책과 마찰을 일으키는 일이 발생했다. 전통적으로 부동항을 얻기 위한 러시아의 남진 정책을 저지하는 것을 세계 전략의 중요한 일환으로 삼고 있던 미국과 영국은 극동에서 일본을 이용하여 그 목적을 달성하기 위해 1902년 영일 동맹을 맺었다. 그들은 조선에서 러시아보다 일본이 주도권을 쥐게 되는 것을 원했다.

그런데 자국의 세계 전략을 알 길 없는 미국 선교사들은 조선에서 왕실 및 한국민들과의 우호적인 관계를 발전시킴으로서 보다 유리한 여건 속에서 선교를 하기 위해, 혹은 선교사로서 피선교국과 그 국민들에게 쏠리게 마련인 애정에 의해 한국 정부의 정치적 목표를 돕는 방향으로 일할 수밖에 없었다. 공교롭게도 한국은 당시 일본을 견제하기 위해 러시아를 끌어들이는 반일 친러 정책을 취하고 있었다. 결과적으로 미국 선교사들은 본의 아니게 자국의 외교 정책에 반하는 행동을 하게 되었다. 그러자 자기들의 외교 정책을 추구하는 데 급급했던 미국은 주한 미 공사관을 통해 선교사들의 친한적 정치 행위에 고삐를 거는 훈령을 내린다. 그 훈령에는 한국 내 미국 선교사들의 정치적 행동이 미국의 국익과 충돌을 일으키고 있다는 암시와 함께 만일 선교사들이 그러한 행동을 계속하면 불이익을 얻게 될 것이라는 협박이 포함되어 있다.

> 국무 장관의 지시에 의해 나는 한국에 일시적으로 혹 영구적으로 거주하고 있는 미합중국의 모든 시민들에게 누차 되풀이해서 발표된 미합중국 정부의 견해, 즉 모든 외국에 있는 충성된 미국 시민들은 각국 정부가 알아서 처리해야 할 자국의 국내 문제에 관여하는 것을 신중히 자제하는 발표나 조언이나 혹은 그 나라의 정치 문제에 간섭하는 것은 엄금해야 한다. 만일 그렇게 한다면 그것에 따르는 위험은 자신들이 부담할 수밖에 없다. 그들이 거주하고 있는 나라의 미 정부의 대표부나 미 정부 자체는 그들의 그러한 어떤 행동도 찬성할 수 없으며 이 조언을 무시해서 야기되는 결과로부터 그들을 보호해 줄 수 없을는지 모른다. 고국을 떠나 다른 나라에 체류하고 있는 선량한 미국 시민들은 합법적인 본업, 즉 그것이 선교 사업이든 학교에서 가르치는 것이든 혹은 병자를 돌아보는 것이든 그들이 외국에 체

재하는 목적인 직업이나 사업에만 신경쓰는 것이 국가에 대한 충성을 가장 잘 표현하는 것이며 외국에 있는 동안 지속적이고 효과적으로 보호 받을 수 있는 권리가 있다는 주장을 가장 잘 정당화해 주는 것이다.[15]

이같은 강경한 내용의 훈령이 선교사들의 친한적 언행에 제동을 거는 결과를 가져왔을 것임은 의심의 여지가 없다. 교회가 세속사의 흐름과 유리된 채 존재할 수 없다는 것이 이러한 일들에서 증명된다.

한편 복음이 전파된 지 불과 10여년 밖에 경과하지 않은 사회에서 신앙생활을 시작한 한국의 그리스도인들에게 있어 구한말이라고 하는 국가적 위기 상황은 그들로 하여금 채 성숙되지 않은 신앙의 내면적이고 개인적 차원은 등한시하는 반면 절박한 국가의 정치적 현실에 집착하기 쉬운 상황을 제공했다.[16] 부분적으로는 본국 정부의 압력이 작용하고 또 부분적으로는 한국 교인들의 정치에 대한 지나친 관심을 우려하기도 해서 당시 한국 교회의 영적 지도자들이었던 선교사들의 모임인 장로교 선교회 공의회는 1901년 9월 "교회와 정부 사이에 교제할 몇 가지 조건"이라는 지침을 발표했다. 이것은 교회와 국가, 혹은 그리스도인과 정치 활동 및 교회의 삼각관계를 5개항으로 정리한 주목할 만한 선언이었는데 한국 교회사가들은 이것을 한국 교회 비정치화의 출발로 평가한다.

1. 우리 목사들은 대한 나라 일과 정부 일과 관원 일에 대하여 도무지 그 일에 간섭하지 아니하기를 작정한 것이요.
2. 대한국과 우리 나라들과 서로 약조가 있는데 그 약조대로 정사를 받되 교회 일과 나라 일은 같은 일 아니라, 또 우리가 교우를 가르치기를, 교회가 나라 일 보는 회가 아니요, 또한 나라 일을 간섭할 것도 아니요.

3. 대한 백성들이 예수 교회에 들어와서 교인이 될 지라도 그 전과 같이 백성인데 우리 가르치기를, 하나님 말씀 거스림없이 황제를 충성으로 섬기며 관원을 복종하며 나라 법을 다 순종할 것이요.
4. 교회가 교인이 사사로이 나라 일 편당에 참여하는 것을 시킬 것 아니요, 또 금할 것도 아니요, 또 만일 교인이 나라 일에 실수하거나 범죄하거나 그 가운데 당한 일은 교회가 담당할 것 아니요, 가리울 것도 아니요.
5. 교회는 성신에 붙인 교회요 나라 일 보는 교회 아닌데 예배당이나 교회 학당이나 교회 일을 위하여 쓸 집이요, 나라 일 의논 하는 집 아니요, 그 집에서 나라 일 공론하러 모일 것도 아니요, 또한 누구든지 교인이 되어서 다른 데 공론하지 못할 나라 일을 목사의 사랑에서 더욱 못할 것이요.[17]

첫째 항은 선교사들의 피선교국 정치 불간섭주의를 천명한 것이다. 한국의 정치 상황이 어떤 식으로 전개되건, 선교사들은 그것에 참견하지 않겠다는 것이다. 둘째 항은 정치와 종교, 혹은 교회와 국가의 분리 원칙의 선언이다. 교회와 국가는 역할과 책임이 다르므로 교회는 정치에 간섭하지 말아야 한다는 것이다. 이것은 교회와 국가의 관심과 영역은 항상 칼로 물을 베듯이 확연히 구분된다는 것을 전제로 하고 있다. 양자가 중복되는 경우가 있을 수 있음을 간과하고 있다는 것이다. 셋째 조항은 정치적 권세에 순종할 그리스도인의 의무에 대한 것이다. 그리스도인이 된다는 것이 시민으로서의 의무로부터의 해방을 의미하는 것은 아니기 때문에 하나님의 명령에 반하지 않는 한 권세자들의 명령에 순종해야 한다는 것이다. 이것은 아마도 서양 대인(洋大人) 선교사들을 믿고 한국의 법이나 관리들을 무시하는 몰지각한 행위를 저지르던 일부 교인들을 의식하고 삽입한 항목일 것이다. 넷째는 기독교인이 개인적으로 정치 활동을 하는 것은 그의 자율에 맡겨진 문제이기 때문에 교회가 그것을 금지하거나 권장할 수 없다는 것이다. 다섯째, 교회에서의 정치에 관한 담화를 금하는 항목이다. 전반적으로 이 선언이 교인들의 정치적 관심을 축소시키려는 의도를 가지고 작성되었음이 확연히 드러난다.

1904년의 러일 전쟁을 전후해서 한국을 둘러싼 국제 정세는 더욱 숨 가쁘게 전개되었다. 이 전쟁에서 승리한 일본은 이제 한국에 대한 독보적 종주권을 주장할 수 있는 입장에 서게 되었다. 이제 한국을 삼키려는 그들의 목적에 장애물은 완전히 사라졌다. 한편 필리핀에 대해 제국주의적 야심을 가지고 있던 미국은 한국에 대한 일본의 패권을 인정해 주는 대가로 필리핀에서 미국의 지배권을 확립하고자 했다. 그리하여 미국의 루스벨트(Theodore Roosevelt) 대통령은 1905년 7월 29일 육군 장관 태프트(Taft)를 일본에 파견하여 일본 수상 가쓰라와 각서를 교환하게 했다. 각서의 내용은 미국이 일본의 한국 보호권을 인정할 테니 일본은 필리핀에서의 미국의 지배권을 인정하라는 것이었다.[18] 영국은 이미 1902년 제1차 영일 동맹에서 청에 있어 영국의 이권을 일본이 승인하는 대가로 일본의 한국 지배권을 승인해 준 바 있었다. 1905년 8월에 체결된 제2차 영일 동맹 조약 3조는 "한국에서 일본의 정치, 군사 및 경제상의 탁월한 이익을 인정하며 일본이 한국에서 지도, 감리 및 보호의 조치를 집행할 권리를 승인한다"고 확인하고 있었다.[19] 그로부터 한 달쯤 지난 1905년 9월 5일 일본은 미국 대통령 루스벨트의 중재로 미국 뉴햄프셔(New Hampshire)주의 포츠머스(Portsmouth)에서 러시아와 강화조약을 체결했다. 이 조약에서 러시아는 한국에서의 일본의 정치 군사상의 지상권 및 한국을 지도, 보호, 감리할 권리를 인정했다.[20] 그리하여 지구상의 세 최강국인 미, 영, 소는 한국을 일본에 양도하는 데 합의했다. 그로부터 채 두 달도 지나지 않은 11월 일본은 한일 조약(흔히 을사보호조약)을 통해 한국의 외교권을 박탈했다. 이제 한국은 일본 정부의 허락 없이는 어떤 외교 관계도 가질 수 없게 되었다. 대외 주권을 상실한 속국이 되어 버린 것이었다. 한국의 외교 문제를 관리할 통감으로 이토 히로부미가 부임해 왔고 이어서 1907년에는 한일 신조약(정미 7조약)이 체결되어 각 부에 일본인 차관이 임명됨으로써 일본은 한국의 행정권도 장악하게 되었다. 그 후 일본은 얼마 남지 않은 한국의 군대를 해산했고, 1909년에는 한국으로부터 사법권을 인수했으며 1910년에는 경찰권을 이양 받은 후 드디어 그 해 8월 29일 순종으로 하여금 양국의 조서를 내리게 했다. 한국은 일본에 합병되고 한국인은 나라 없는 식민지 백성으로 전락해 버린 것이었다.[21)]

이러한 국가의 해체 과정을 지켜보고 있던 한국 기독교인들은 그것에 어떤 반응을 보였는가? 1905년 당시 한국 교회의 세례 교인 총수는 9,761명, 학습 교인 수는 30,136명이었으며 1907년 대부흥 운동을 경과한 후에는 세례 교인 18,964명, 학습 교인 수는 99,300명이었다.[22)] 당시의 전체 인구를 1,500만 내지 2,000만 정도로 추정할 때 기독교인은 전 국민의 1%에도 훨씬 못 미치는 미미한 수에 불과했다. 그럼에도 불구하고 한국 기독교인들은 일본의 침략 앞에 무너져 가는 조국을 일으켜 세우기 위해 여러 가지 방법으로 몸부림을 쳤다.

1905년에서 1910년 사이 기독교인들의 민족 운동으로 주종을 이루었던 것은 국가를 위한 기도회였다. 1905년 9월의 장로교 공의회 결의에 의해 그 해 11월 추수 감사절 다음날부터 한 주간 동안 전국의 300여 교회는 일제히 구국 기도회를 가졌다. 그 중에서도 가장 주목할 만한 했던 것은 상동교회의 상동 청년 학원과 감리교의 청년 조직체인 엡워드(Epworth) 청년회가 연합하여 인도한 상동교회 기도회였는데 정치 집회의 성격이 강했다. 기도회 후에는 전덕기, 김구, 이동휘 등은 궁궐로 가서 조약 반대의 상소를 올렸다.[23)] 그 때문에 당시 기도회에 참석했던 사람들은 일제의 조종 하에 있던 한국 정

부에 의해 요시찰 인물로 간주되었다.[24)]

기도만 하고 행동이 따르지 않는 신앙은 의심스러운 것이라고 생각한 어떤 기독교인들은 보다 적극적인 방법으로 민족 운동을 전개했다. 그들은 교육을 통해 무지몽매한 국민을 계몽함으로써 독립을 획득한다고 하는 장기적 전략을 선호했다. 안창호는 1907년 평양에 대성학교를, 이승훈은 오산학교, 가명학교, 신흥학교를, 그리고 이동휘는 전국 각지에 100여개의 보창(普昌) 학교명의 학교를 설립했다.[25)]

어떤 기독교인들은 정치적 결사를 통해 자주 독립을 기하고자 했는데 그 대표적 단체로 신민회가 있다. 신민회는 1907년 미국에서 귀국한 안창호가 중심이 되어 상동 청년 학원에 관련하고 있던 전덕기, 이동휘, 양기탁, 이동녕 등을 발기인으로 하여 조직되었다. 봉건 왕조 청산과 공화정 수립을 목적으로 하는 이 단체의 중앙 조직은 서울에 있었으나 지방 조직은 기독교세가 강했던 서북 지방에 집중되어 있었는데 그 회원은 주로 기독교 계통 학교의 교사와 학생, 그리고 상공업자들이었다. 이들은 실력 양성이라는 점진적 방법을 통해 목적을 달성하려 했다. 즉 연설회, 언론, 교육을 통해 국민들을 계몽하고 민족의식을 고취시키며 근대 문명과 사상을 보급하고 민족 자본의 육성을 위해 상무동사(常務同事)와 같은 주식회사 성격의 국제적 무역상사를 설립하기도 했다.[26)]

테러와 암살을 통한 현상 타파를 시도한 과격한 그리스도인들도 있었다. 개신교도인 우연준은 천주교도인 안중근과 함께 일본의 대한 침략의 선봉장이었던 이토 히로부미를 암살했고 장인환은 한국 외부의 고문직에 있으면서 한국의 독립 능력을 무시하는 발언을 했던 미국인 스티븐스를 샌프란시스코에서 암살했다. 역시 개신교도들인 이재명과 그의 동료들은 매국노 이완용을 살해하려 했으나 미수에 그치고 말았다. 많은 한국인들이 일본의 침략에

무력으로 저항했으나, 대부분의 기독교들은 의병 운동과 같은 무장 투쟁에는 소극적이었다.[27)]

일제의 침략 앞에 무너져 가는 국가의 독립을 유지하기 위해 한국 기독교인들이 취한 행동이 이상과 같은 것이었다면 그들을 지도하던 한국 교회는 어떤 입장을 취했는가? 부패하고 무능한 조선의 정치가들이 자국의 주권을 일본과 흥정하면서 백성들을 식민지 노예 계급으로 전락시키려 하고 있을 때 아직 한국인 목사가 거의 전무한 한국 교회의 지도력의 실체를 이루고 있던 선교사들은 한국 교인들을 어떻게 가르쳤던가? 비록 1901년의 선언에 의해 교회의 정치 불간섭의 입장을 표방하기는 했으나 노일 전쟁 이후 국가적 재난 앞에 탄식하고 분개하면서 기독교인으로 무엇을 해야 할 것인지에 관한 지침을 구하고 있는 한국 교인들을 외면한다는 것은 불가능한 일임을 선교사들은 익히 알고 있었다. 그러나 문제는 그들이 한국 교인들에게 제시할 수 있는 묘수가 없다는 것이었다.

만일 선교사들이 한국 교인들에게 감정과 본능이 명하는 대로 빈약한 총칼이나마 잡고 일제와 정면 대결하라고 가르친다면 그것이 설사 의로운 전쟁의 범주에 속하는 것이라 하더라도 그 결과는 자명한 것이었다. 자기들 왕비의 생명을 보호할 능력도 없었던 백성들이 이미 청과 러시아를 이긴 바 있는 세계의 열강 일본을 무력으로 물리친다는 것은 불가능한 노릇이었다. 그것은 조선 의병들이 불과 몇 년 지나지 않아 일본군에 의해 진압되어 버린 사실에서도 증명되었다. 만일 당시 한국 교회가 항일 무력항쟁의 길을 택했더라면 존립에 위협을 당할 정도의 치명상을 입게 되었을 것이며, 선교사 자신들은 그 배후로 지목되어 추방되거나 투옥될 것이었다. 그렇다고 "모든 권세는 하나님께서 주신 것"이라는 롬 13:1 말씀을 인용하면서 일본이 한국을 지배하게 된 것도 하나님의 뜻에 의한 것이므로 현실에 순응해서 일제의 권위에 순복하라고 가르친다면 한국인들은 선교사들을 일본의 앞잡이로 보게 될 것이고 그런 경우 선교는 끝장나고 말았을 것이다. 선교사들은 진퇴양난의 궁지에 빠졌다.

고심 끝에 선교사들이 채택한 노선은 중립주의, 혹은 불간섭주의라는 것이었다. 그것은 당면한 현안을 "정치적 문제"로 규정함으로써 대응을 회피하려는 것이었다. 그것은 적어도 1901년의 선언과 외형적으로 일치되는 입장이기도 했고 얼핏 가장 복음적이고 공정한 것처럼 보이기도 했다. 북장로교 선교부의 찰스 알렌 클라크(Charles Allen Clark)는 1908년 2월 15일에 서울에서 보낸 편지에 이렇게 적고 있다.

> 정치적 문제에 관한 선교 본부의 불관여 및 중립 정책은 우리의 기존 선교 정책에 아무런 변화를 초래하지 않았습니다. 왜냐하면 그것은 바로 지금까지 우리가 엄격하게 고수해 온 정책이기 때문입니다. 우리는 한국에 있는 다른 어떤 선교부보다 그 정책에 더 충실했습니다. 만일 누군가가 이 문제를 철저히 조사해 본다면 우리가 오늘날 일본인들 앞에서 이렇게 존속될 수 있는 이유는 다름이 아니라 바로 우리가 한결같이 그 정책에 매달려 있었기 때문이었음을 발견하게 될 것입니다. 교회는 정치와 절대적으로 무관하다는 것을 우리는 굳게 믿고 있습니다. … 우리의 입장은, 교회는 영적인 조직이기 때문에 현재의 정부나 다른 어떤 정부를 지지하거나 반대하는 정치와 아무 관계가 없다는 것입니다.[28)]

이어서 클라크는 자기들이 한국에서 선교 본부의 불관여 정책에 얼마나 충실했는가를 입증하기 위해 선교사로서 부끄러워해야 할 일을 자랑스레 제시하고 있다. "과거에 우리는 문자 그대로 수백 번 우리 교인들이 박해를 당하는 현장에 있었지만 그들의 석방을 위해 관원들에게 한 마디라도 탄원해 달라는 요청을 거절했습니다."[29]

감리교 선교부의 정책도 마찬가지였다. 당시 감리교 감독이라는 중책을 맡고 있었던 해리스(Bishop M. C. Harris)는 자기들이 정치적 중립을 지키고 불관여 입장에 충실했다는 것을 본부에 확신시키느라고 진땀을 흘리고 있었다. 그는 자기들이 한국에서 오직 복음만 전했다고 주장하고 있다.

> 한국에서의 교회는 아주 미묘한 입장에 놓여 있습니다. 그것은 상당한 힘을 가지고 있지만 작년의 소요 때에 모든 소란으로부터 먼발치에 머물렀으며 사람들로 하여금 질서를 지키게 했습니다. … 한국에서 우리 선교사들은 절대적으로 그리고 전적으로 사람들을 복음화하는 일에만 몰두했습니다. 그들은 직접적으로든 간접적으로든 국내의 어떤 정치 문제에도 관련되어 있지 않습니다.[30]

1907년 초에 아마도 몇몇 미국 신문들이 주한 선교사들은 이토 통감과 그의 정책에 대해 비판적이라는 기사를 게재했던 것 같다. 당황한 감리교 선교부는 그것을 해명하기 위해 존스(G. H. Johns)와 스크랜튼(W. B. Scranton) 두 사람을 이토의 자택으로 보냈다. 거기서 이 두 선교사는 이토에게 미국 신문의 보도는 적어도 자기들 선교부의 입장을 표현한 것은 아니며 오히려 자기들은 이토의 열렬한 지지자라고 밝혔다. 그리고 선교사들의 기본 정책은 "정치적 사건을 떠나 한국인의 도덕적 및 영적인 고양을 위해 전적으로 힘쓰는 것"이 기본 정책임을 누누이 강조했다.[31] 이것은 1905년 말 이토가 감리교 감독 해리스를 초청한 자리에서 제안한 바 정교분리의 원칙을 적어도 감리교 선교부는 충실히 지키고 있다는 다짐이었다. 그때 주한 선교사들이 세계 여론을 환기시킴으로써 일본의 한국 침략에 상당한 걸림돌이 될 것을 우려한 이토는 선교사들에게 일종의 역할 분담론을 제시했었다. "정치상 일체의 사건은 불초 본인에게 맡기고 금후 조선에 있어 정신적 방면의 계몽 교화는 귀하 등이 그 책임을 맡아 주시오."[32] 이처럼 세속의 영역은 통치자가, 종교의 영역은 성직자들이 지배하면서 각자의 영역에서 자기 목적을 달성하자고 하는 정교 야합의 양상을 이토와 감독 해리스는 교회와 국가의 이상적인 관계로 받아들이기로 합의했던 것이다.

압제자와 피압제자, 불의를 가하고 있는 강자와 그것을 당하고 있는 약자 사이에서 중립을 지킨다는 것은 현상을 유지하고자 하는 입장을 미화하는 것에 불과하다. 그것은 결국 강자의 편을 들어 불의에 동참하는 것이며 진정한 중립이 될 수 없다. 1910년까지의 한국 교회사를 정리하면서 선교사들의 방대한 자료를 검토한 백낙준은 "선교사들의 사적인 서신들이 드러내는 바는, 많은 선교사들이 일본을 편들고 일본과 협력했으며 한국 그리스도인들의 소요를 잠재우려고 노력했다는 것이다."라고 결론지었다.[33] 선교사들은 한국인의 입장에 서서 일본에 단 한 마디도 하지 않았지만 일본의 입장에 유리한 발언은 서슴없이 남발했다. 클라크가 속한 미북장로교 선교부가 바로 그러한 경우였음을 클라크 자신이 진술하고 있다. "일 년전, 의병 운동이 일어나 지금도 계속되고 있습니다. 처음 그것이 일어나자 그것은 삽시간에 확산되었습니다. 우리는 완강하게 그것에 반대했고 우리 교회에, 심지어는 교인 한 사람 한 사람에게 절대 거기 동참하지 말라고 엄히 경계했습니다.[34] 그것은 이미 중립도 불관여도 아니었다. 적극적인 정치 개입이요 일본을 지지하는 행위였다.

당시 한국에 나와 있는 해외 선교부들 중 최대 규모를 자랑했던 미북장로교 선교사들은 한결같이 말로는 정교분리를 주장하면서 실제에 있어서는 일본의 편에 서서 행동했다. 그들의 행동은 어떤 의미에서 일본의 앞잡이 같은 것이었다. 웨이드 쿤스(Wade Koons)는 자신이 일본에 협조하기 위해 수고했는가를 입증하기 위해 안달이었다.

> 정치적 문제에 관해 우리는 우리가 옳다고 믿는 바를 행했다. … 우리는 일본인들을 반대하지 않았다. … 우리는 사람들에게 일본에 복종하는 것이 그들의 의무이며 복종하되 단 마음으로(with a sweet mind) 복종해야 하며 독립을 위해 일하지 말아야 한다고 확신시켰다. … 나는 교역자들과 교인들에게 일본 통치의 유익을 누누이 가르치고 설명하느라고 무려 네 시간을 소모했다.[35)]

어떤 감리교(Methodist Episcopal Church) 선교사들은 한국인들 사이에서 실제로 일본의 앞잡이로 악명을 떨치고 있었다. 장로교 선교사들이 자기들 선교 본부에 보낸 보고 중에 그러한 사실이 기록되어 있다.

> 한국에서 해리스 감독(Bishop Harris)은 기독교회의 감독이라기보다는 일본 정부의 앞잡이로 아주 널리 알려져 있습니다. 그리고 그의 영향 하에 일하고 있는 다른 사람들도 정치적이고 신실하지 못하다는 평을 듣고 있는 사람들의 아첨에 이미 넘어갔거나 혹은 곧 넘어갈 것입니다.[36)]

불의한 강자 편에 서는 선교사들의 이러한 태도는 당연히 기독교와 선교사들에 대한 한국인들의 인상을 심히 부정적인 것으로 만들었다. 기독교는 모든 사람이 형제라고 가르치는 종교이며 선교사들은 정의와 사랑의 화신이라고 생각했던 한국인들은 기독교와 선교사들에게 큰 실망과 깊은 배신감을 느끼게 되었다. 그리하여 그들은 "기독교는 제국주의의 시녀"요 선교사들은 "제국주의자들의 전위병"이라고 믿게 되었고 민족주의적 성향이 강한 어떤 교인들은 교회를 떠나기도 했다.[37] 선교사들에 대한 감정이 악화되어 어떤 선교사들은 거리에서 한국인에게 구타를 당하는가 하면 때로 생명의 위협까지 받는 일도 있었다.[38]

그러나 모든 선교사들이 그처럼 중립의 미명 하에 실제는 일본에 협력하는 방향으로 행동한 것은 아니었다. 친일적인 태도를 취했던 선교사들은 대체로 주한 미공사관이나 미국의 선교 본부로부터 직접적인 압력을 받는 지도급 선교사들이었다. 현장이나 지방에서 한국인들과 직접 접촉하고 있던 일반 선교사들 중에는 한국인들의 처지를 동정하여 반일적인 언행을 일삼는 사람들도 드물지 않았다.[39] 그 대표적인 인물은 친한파 선교사 헐버트(H. B. Hulbert)였다. 그는 을사보호조약이 일본의 강제에 의한 불법적인 것이었으므로 무효이니 미국이 개입해서 한국을 도와주기 바란다는 한국 황제의 탄원서를 들고 백악관까지 갔으나 면회를 거절당하고 발길을 돌려야 했었고 후일 『대한제국 멸망사』(The Passing of Korea)에서 그 사실을 고발했던 사람이었다. 지도급 선교사들이 한국인들이 일본에 복종할 것을 권고하고 있을 때 그는 한국인들이 일본의 국권 강탈에 무력으로라도 맞서 독립을 지킬 것을 강력하게 권고했다. 1907년 8월 27일자 『대한 매일 신보』는 그의 연설을 이렇게 보도하고 있다. "일본이 비록 강하나 이천만 민족을 다 멸하지는 못할지라. 한인이 다 분격하여 혈심으로 싸우면 삼년을 지나지 못하여 일본의 재정이 탕진할 것이요, 한국 안에 있는 일본의 권리가 그림자도 없어지리라 하였다더라."[40]

헐버트는 한국에 대한 일본의 불의에 분개했을 뿐 아니라 자국의 이익을 위해 한국과의 약속을 헌신짝처럼 저버리고 일본을 지지함으로써 한 나라의

멸망에 동참했던 미국 외교 정책의 부도덕성을 신랄히 비판했다.[41]

> 전 한국민이 일본의 고압적인 행동에 치를 떨고 최고위층에 있는 어떤 한국 관리들은 자기 나라의 비운을 망각하려고 자살까지 하고 있는 바로 그 와중에 서울에 주재하는 미국 공사는 한국이라는 나라를 멸망시키는 데 성공한 일본인들을 위해 축하의 연회를 베풀고 있었다. 그때까지 미국을 신뢰했던 한국인들이 극심한 충격을 받았다는 것이 이상한 일일까? 모든 분야의 미국인들은 지난 사반세기 동안 한국인들에게 미국 국기가 공평과 정직을 상징하며 우리에게는 추구할 아무 이기적 이익이 없으며 의만을 추구한다 … 고 말해 왔다. 그러나 난처한 일이 생기자 우리는 제일 먼저 그들을 저버렸다. 그것도 작별 인사 한 마디 없이.[42]

그러나 용기와 정의감을 가진 몇몇 선교사가 선교 정책을 좌우할 수는 없었다. 한국 주재 선교부들이 미국의 외교 정책에 따른 훈령을 받고 있는 주한 공사관과 본국 선교 본부의 지침에 반하는 노선을 오랫동안 고수할 수는 없었다. 더군다나 일본의 비위를 거스르고서는 한국에 남아 있는 것 자체가 불가능한 상황에서 그들이 할 수 있는 일은 많지 않았다. 결국에는 힘과 국익의 논리가 지배하는 국제 사회의 냉엄한 현실에 순응하지 않을 수 없었고 조선의 멸망과 일본의 한국 점령을 현실로 받아들이지 않을 수 없었다.

1907년 대부흥의 발단에 대한 이해

이 기간 중에 있었던 주목할 만한 한 가지 사건에 대해 간단히 언급하고 넘어갈 필요가 있다. 그것은 한국 교회사에서 가장 중요한 사건들 가운데 하나인 1907년의 대부흥에 대해서이다. 평양의 한 교회 사경회에서 시작된 이 부흥은 한국 교회가 그 때까지 알지 못했던 심오한 영적 체험의 기회가 됨으로써 그 이후 한국 교회의 신앙 성격 형성에 결정적 영향을 미쳤다. 이 부흥의 결과 한국에 기독교의 진정한 뿌리가 내려졌으며 한국 교인들의 도덕 수준에 현저한 향상이 있게 되었다. 그뿐 아니라 복음 전도 열심에 불이 붙어 한국 교회가 양적으로도 크게 성장하게 되었다. 이런 이유들로 인해 1907년의 대부흥은 한국 교회사에 있어 커다란 축복의 기간이었다.

그런데 최근에 들어와 이 부흥의 부정적인 성격을 지적하는 글들이 종종 소개되고 있다.[43] 글들이 공통적으로 가지는 불만은 첫째, 그 부흥이 한국 교회를 탈정치화시켰다는 것이다. 즉 부흥이 개인적 죄와 그것에 대한 회개에만 열중하게 한 결과 민족과 국가의 독립 문제에 대한 관심을 외면하게 만들었다는 것이다.[44] 둘째, 이 부흥이 일어난 것은 선교사들이 부흥을 위해 인위적으로 노력한 결과이며 선교사들이 부흥을 원했던 일차적인 이유는 한국 교인들의 관심을 독립이나 민족 문제로부터 순수한 영적 종교적 문제로 돌리기 원했기 때문이라는 것이다.[45] 그러나 이 두 가지 주장은 모두 재고의 여지가 있어 보인다.

첫째, 개인적 죄에 대한 깊은 자각과 회개는 사회적 무관심을 초래한다는 생각이다. 즉 개인적 죄에 대한 감수성과 사회악에 대한 감수성은 반비례하는 것이며 그렇기 때문에 복음주의적 부흥 운동은 사회 정의의 구현을 방해한다는 것이다. 그렇다면 개인 윤리에 무관심한 사람만이 사회 윤리에 투철할 수 있고 개인 윤리에 관심이 많은 사람은 사회 윤리에 등한할 수밖에 없다는 명제가 성립된다. 즉 개인 윤리와 사회 윤리는 상호 배타적인 운명을 가진 것이라는 말인데 이것은 어불성설이다. 왜냐하면 하나님의 말씀 중 어느 한 부분에 충실하기 위해 다른 부분을 소홀히 해야만 할 필연적 이유는 없기 때문이다.

그럼에도 불구하고 개인적으로는 경건하나 사회적 문제에 무관심한 그리스도인이 있다면 그 이유는 두 가지 중 하나일 것이다. 첫째는 사실상 개인적 경건이나 윤리도 저조하면서 단지 사회 정의의 구현이 가져올 기득권의 상실을 염려하여 기독교는 단지 개인적 경건의 문제일 뿐이므로 그리스도인은 정치 사회적 문제에 관심을 가져서는 안 된다고 주장하는 경우요, 둘째는 사회악이나 구조적 모순의 존재와 그 속성을 인지할 수 있는 기회를 얻지 못한 사람들의 경우다. 구조악이라는 것은 상당한 정보를 가질 때 인식되는 것이므로 그러한 사실에 접할 기회가 주어지지 않은 경우에는 진지한 신자라 하더라도 기독교 신앙을 개인적 죄의 문제에 국한시켜 생각할 수밖에 없을 것이다.

어쨌든 1907년의 대부흥이 개인적 죄에 대한 깊은 회개와 자각을 초래했기 때문에 당시 사회의 봉건적 모순과 민족 독립의 문제를 외면케 하는 결과를 가져왔다는 것은 설득력이 부족한 주장이라 할 수밖에 없다. 오히려 서정민이 주장하는 것처럼 단기적으로는 대부흥이 그리스도인들로 하여금 민족 문제에 대한 무관심을 초래한 것처럼 보일지 몰라도 장기적으로는 대부흥의 결과 민족의식이 더욱 심화되었을 것이다.[46]

대부흥의 결과가 비정치화였다는 주장의 근거들 중 하나는 길선주 목사 등의 부흥 관련자들이 그 후에 일제에 대한 무력 투쟁을 반대했다는 데 있는 듯하다.[47] 그러나 비폭력주의가 곧 정치적 무관심의 증거라고 단정할 수는 없다. 당시에 부흥을 주도하거나 그 영향을 받은 그리스도인들이 민족 독립의 문제에 깊은 관심을 가지고 있으면서도 전략에 있어 무장 대항 외의 다른 길을 최선의 방법이라 생각했을 가능성은 얼마든지 있다. 길선주 목사가 훗

날 3. 1. 독립선언서에 서명했다는 것은 그가 민족의 독립 문제에 무관심하지 않았다는 좋은 증거이다.

대부흥이 선교사들의 인위적 추진에 의해 일어났다는 주장은 선교사들에 대한 지나치게 부정적인 선입견과 부흥이라는 현상에 대한 왜곡된 관점의 결과인 것 같다. 인간이 어떤 자기 목적을 이루기 위해 부흥을 일으킬 수 있다는 것은 성령이 인간에 의해 조종될 수 있다는 위험한 생각이다. 여러 목격자에 의해 다음과 같이 묘사된 현상을 어떻게 인간의 이기적 의도의 산물이라 할 수 있겠는가?

> 그가 단지 내 아버지여 라는 말을 내뱉자마자 밖으로부터 몰려온 온 어떤 힘이 그 집회를 사로잡는 것 같았다. … 참석한 거의 모든 사람들이 가장 통렬한 정신적 고뇌에 사로잡혔다. 각 사람 앞에 자기 자신의 죄가 자기의 삶을 정죄하면서 떠오르고 있는 것 같았다. 어떤 사람은 발을 동동 구르면서 자기들의 죄를 자백함으로써 양심을 편케 할 기회를 달라고 애원하고 있었고 어떤 사람들은 잠잠했으나 고뇌로 마음이 찢어져 자기 주먹을 꼭 쥐고 땅바닥에 머리를 계속 찧으면서 자기들의 비행을 자복하라고 강요하는 힘에 저항하느라 몸부림을 치고 있었다. 저녁 여덟 시에 시작해서 다음 날 새벽 다섯 시까지 이러한 일이 계속되고 있었다. 고백된 어떤 죄들에 질리고 그러한 경이를 낳을 수 있는 능력의 임재에 놀란 선교사들은 자기들이 그처럼 사랑하는 한국의 제자들의 정신적 고뇌를 동정해 눈물을 흘렸지만 많은 한국인들은 혹은 기도로 혹은 극심한 영적 갈등 속에서 그날 밤을 꼬박 새웠다. 다음 날 선교사들은 폭풍이 가라앉고 거룩한 말씀의 위로가 전날 밤의 상처를 싸매 줄 수 있으리라 생각했으나 고뇌는 계속되었고 죄의 자백도 여전했다. 그런 식으로 여러 날 진행되었다.[48]

편견 없이 이러한 기록을 읽는 기독교인이라면 인간의 프로젝트가 이런 일을 일으킬 수는 없음을 느끼게 된다. 그것은 성령의 특별한 임재의 결과였음에 분명하다. 그리고 그것이 하나님의 주권적 역사였다면 그 결과는 선하고 바람직했을 것이라고 믿을 수 있다. 하나님께서 한 민족에게 특별히 찾아오셔서 영향을 주신 결과 그 공동체가 잘못된 방향으로 나아갔다고 생각할 수는 없다. 부흥의 결과 한국 교인들이 상황에 대해 폭력적인 대응을 자제하고 장래를 기약하는 방향으로 나아가게 되었다고 하더라도 그것을 꼭 부정적으로 볼 필요는 없을 것이다. 부흥이 한국 교회로 하여금 독립에 대한 의욕이나 민족에 대한 애착을 상실하게 만든 것이 아닌 한 그 다음은 전략의 문제요, 혹은 일의 우선순위의 문제로 귀착된다. 당시 상황에서 무장 투쟁이 최선의 방법이었는가 하는 것은 쉽게 단정할 수 있는 문제가 아니다. 상대가 되지 않는 적과 맞서 전멸을 당하는 것은 현실적이거나 지혜로운 방법이 아닐 수 있는 것이다. 더군다나 무장 투쟁의 결과 존립 자체에 치명상을 입을 수도 있는 어린 교회인 경우에는 더욱 그러할 것이다. 설령 당시의 선교사들이 한국 교인들이 정치적 민족적 문제에 대한 관심을 줄이는 것을 원한 것이 사실이라 하더라도 그렇다고 그들이 도모하고 시도한 모든 일이 그러한 의도 하에서 이루어 진 것이었다고 할 수는 없다. 한국 교인들에게 "보다 깊은 영적 체험"이 필요하다고 하는 선교사들의 판단은 사심 없는 것이었을 수 있으며 아직 초신자들에 불과했던 한국 교인들에게는 그러한 영적 성숙이 필요했다. 선교사들이 교인들의 영성의 심화를 위해 기도하고 하나님의 간섭을 기다린 것은 비록 한국의 독립과 무관한 것이었다 하더라도 가치가 있는 일이었다.

1907년의 대부흥을 부정적으로 보는 가장 큰 이유는 그것이 당장에 가시적인 정치적 결과를 가져오지 않았기 때문인 것 같다. 그러나 진정한 기독교 신앙이 항상 당장의 정치적인 결과를 가져오는 것은 아니다. 또한 기독교가 항상 정치적 함의를 가지는 것도 아니다. 모든 것을 정치의 안경을 끼고 보는 것이나 정치라면 무조건 비기독교적이라고 생각하는 것은 둘 다 비성경적인 입장이다.

105인 사건

의병 운동을 비롯한 한국인들의 모든 항일 운동을 성공적으로 진압하고 숙원이던 한국 정복의 야욕을 채운 일본은 한국을 일본의 영원한 속국, 즉 식민지 노예국가로 만들기 원했다. 그리하여 식민 통치 초기에 그러한 목적에 방해가 될 만한 요소를 제거하여 식민 통치의 기반을 안정시키는 것이야말로 일제로서는 절실한 급선무였다. 그들이 볼 때 이제 한국인들이 전면적 무력 저항을 시도할 가능성은 거의 없었다. 한 가지 가능성이 있다면 그것은 비밀 결사를 통한 저항이 될 것이라고 그들은 예측했다.[49] 그리고 그들의 식민 통치에 아주 거추장스런 존재가 있었는데 그것은 바로 기독교회와 선교사들이었다. 기독교회는 당시 한국인의 모든 조직이 해체되고 사라진 뒤에도 1912년 대한 예수교 장로회 총회를 구성함으로써 당시 유일한 한국인들의 전국적 조직을 완비했다. 뿐만 아니라 기독교인들은 일반 한국인들과는 달리 계속적인 집회를 통해 유대를 강화하고 설교, 성경 공부, 부흥회 등 마음만 먹으면 반일 의식화의 기회를 얼마든지 확보할 수 있는 집단이었다. 여기서 일제의 고민은 종교의 자유를 헌법으로 보장하고 있는 이상 적당한 구실 없이 교회를 무작정 말살할 수 없다는 데 있었다.

특별히 일제는 선교사들을 축출하고 싶었다. 이들은 일제가 함부로 다룰 수 있는 한국인도 아닐뿐더러 한국인들에 대한 일제의 만행이 있으면 언제든지 본국과 세계 언론을 통해 폭로하는 무리들이었다. 을사보호조약을 전후한 시기로부터 한일합방 때까지 대체로 우호적인 관계를 유지하던 선교사들과 일본의 관계가 악화된 데는 몇 가지 이유가 있었다. 첫째, 만주의 시장권과 철도 경영권을 둘러싼 미일 이해 관계의 대립 및 캘리포니아의 일본 이민에 대한 미국인들의 반감이었다. 둘째, 한국의 초대 총독으로 부임한 데라우찌는 기독교에 대해 반감을 가지고 있는 군부 출신으로서 초대 통감 이토와는 달리 애당초 대외 선전이나 외국 여론 따위는 무시하는 인물이었다. 한국을 병합하기까지는 한국 내에서 세계 여론을 부추길 수 있는 유일한 위치에 있는 선교사들의 비위를 건드리지 않는 것이 필요했을지는 모르나 이제 한국 병합의 목적이 달성된 마당에 선교사의 존재는 단지 거추장스러운 것이라고 그는 여겼다. 셋째, 총독부는 어용적인 일본 조합교회를 지원함으로써 한국 교회의 주도권을 선교사들로부터 일본 조합교회로 이전시키려는 계획을 추진하고 있었다.[50] 이러한 이유들로 인해 선교사들과 총독부의 관계는 급속히 냉각되고 있었다.

그런데 일제가 가장 꺼리는 두 요소, 즉 기독교인이자 민족주의자라는 조건을 동시에 갖춘 사람들이 밀집된 지역이 있었으니 그곳은 바로 평안도 지방이었다. 그리하여 일제는 이 서북 지방의 기독교 민족주의 세력을 소탕하고 선교사들을 한국으로부터 몰아내기 위해 사건을 조작했는데 그것이 후일 "105인 사건"으로 불리게 된 소위 "데라우치 총독 모살 미수 사건"이다.[51]

이 사건에 대해 일제가 조작한 사실은 다음과 같다. 1910년 총독이 서북 지방 시찰에 나선다는 소문을 들은 윤치호, 이승훈, 안태국 등의 지도급 기독교인들이 총독을 암살할 계획을 세웠으나 철저한 경호 때문에 실행에 옮기지 못했다. 그 거사에는 스왈론(W. L. Swallen), 맥큔(G. S. McCune), 베어

드(W. M. Baird) 등 24명의 선교사들이 가담했으며 범인들의 심문 과정에서 신민회라는 조직의 존재가 포착되었다.

그런데 이 사건으로 기소된 123명 중 목사 5명, 장로 8명을 포함해서 82명이 기독교인이었다. 다수의 선교사들이 연루된 이 사건은 *The New York Herald*, *The Sun*, *The Times* 등 세계 언론의 추적을 받기 시작해서 세계의 이목을 집중시킨 사건이 되었다. 1912년 6월에 제1심 공판의 진행 과정에서 피의자들의 진술을 통해 사건이 극도의 야만적인 고문에 의한 조작임이 드러났음에도 불구하고 105인은 유죄를 선고받았다. 일심 판결에 세계의 비난이 쏟아지자 일제는 이심에서 105인 중 99인을 무죄로 석방하고 1913년 최종심에서 실형을 언도받았던 나머지 6명도 1년 반 뒤 모두 석방함으로써 이 사건이 조작임을 시인하고 말았다. "데라우찌 총독 모살 미수 사건"은 일제의 "한국 교회 말살 미수 사건"으로 끝나고 말았던 것이다.

105인 사건 이후 한국 교회는 일본 정부를 결코 신용할 수 없는 '악' 혹은 '사탄'의 세력으로 보게 되었다. 선교사들도 마찬가지였다. 일본은 한국을 개혁해서 근대화시키고자 하는 선한 의도를 가진 나라라 믿고 한국인들에게도 그렇게 설득하던 많은 선교사들도 이 사건을 통해 일본의 반기독교적 성향과 잔인성을 간파했다. 선교사들은 재판 과정에서 진실을 밝혀 무고한 한국인들을 구하기 위해 세계 언론이나 외교적인 통로를 통해 헌신적 노력을 기울이는 모습을 보여줌으로써 합방 전의 친일적 태도로 인해 상실해 버렸던 한국인들의 신뢰를 상당히 회복했다. 이 사건을 지켜 본 한국인들은 반일 의식을 더 강화했고 이 사건에 연루되었던 다수의 젊은이들은 후일 독립 운동의 지도자로 활동하게 되었다.

일제의 한국 식민 통치는 세계 역사상 유례를 찾아보기 어려운 악질적인 종류의 것이었다. 먼저 그들은 한국인들을 철저히 탄압하기 위해 헌병 경찰

제도에 의한 무단 통치를 확립했다. 그것은 오직 폭압과 위협으로 통치하겠다는 의사의 표현이었다. 또한 그들은 한국의 토지를 조사해서 약탈함으로써 대부분 농업에 종사하고 있던 한국인들을 소작인으로 전락시켰다. 소위 회사령이란 것 역시 합법을 가장한 약탈적 경제 정책의 일환이었다. 1915년에는 포교 규칙을 발포해서 교회당 설립 등의 종교 활동을 허가제로 바꾸고 종교적 출판물에 검열 제도를 도입했으며 예배나 기독교인들의 집회를 철저히 감시했다. 같은 해에 시행된 개정 사립 학교 규칙은 기독교 계통의 학교에서 예배와 종교 교육을 행하는 것을 불법화시키고 모든 교육을 일본어로 실시할 것을 요구했다. 언론, 집회, 결사의 자유도 박탈되었고 해외 여행과 유학도 금지되었다. 그리고는 많은 한국인들을 만주로 강제 이주시켰다. 공창이나 마약의 성행을 의도적으로 방임하고 심지어 조장함으로써 한국의 젊은이들을 도덕적 타락으로 유도했다. 한국인은 사법이나 행정 기관에서는 물론이요, 임금, 승진, 고용, 교육, 법 적용 등 모든 면에서 일본인들과 비교가 되지 않는 차별을 받았다.[52] 서구 제국주의 통치와 구별되는 일제 식민 정책의 가장 큰 특색은 전자가 단지 사회 경제적 수탈에 목표를 둔 반면 후자는 그와 동시에 "민족 말살 정책"을 병행했다는 것이다.[53] 이것은 "동화 정책"이라는 기만적 구호 아래 "지구상에서 한국 민족을 영구히 소멸 시켜" 일본의 "예속 천민 신분층"으로 개편하겠다는 것으로 "제국주의 식민 정책 중에서도 가장 간악한" 것이었다. 이런 극악한 체제는 필연적으로 피지배 민족의 저항을 불러일으키게 되어 있었다.

한편 당시의 국제 정세도 한국인들의 독립에 대한 열망을 부채질하는 방향으로 전개되고 있었다. 제1차 세계 대전이 끝나갈 무렵인 1918년 1월 미국의 우드로 윌슨 대통령은 의회 연설 중에 14개 항을 제시했다. 한국인들이 주목했던 것은 그 중 제5항으로 그것은 약소 민족들의 독립 운동에 호응해서 민족 자결주의 원칙을 선언하는 것이었다.[54] 그 결과 파리에서 만국 평화 회담이 열리고 오스트리아 제국으로부터 체코, 유고, 루마니아가, 러시아로부터 폴란드, 핀란드, 에스토니아, 리투아니아, 그리고 라트비아가 독립했다. 이러한 국제 정세에 고무된 한국인들은 자기들도 독립할 수 있다는 희망을 품게 되었다.[55]

최초의 움직임은 역시 국제 정세의 흐름을 쉽게 파악할 수 있는 해외 체류 한국인들 사이에서 일어났다. 1919년 2월 8일 동경의 한인 유학생들은 한국의 독립을 선언하고 그것을 위해 끝까지 투쟁하겠다는 결의를 밝혔다.[56] 한편 동경 유학생들의 움직임에 자극을 받고 상해 민족 운동가들의 격려를 얻은 국내에서는 기독교, 천도교계의 일부 지도자들과 기독교 계통 학교의 학생들 사이에서 독립 선언을 위한 논의가 각각 별도로 진행되고 있었다. 이들 제 세력들은 얼마 후 연합 전선을 형성해서 고종의 인산일(因山日)을 며칠 앞둔 3월 1일에 서울 파고다 공원에 모여 독립 선언서를 낭독하고 만세 행진을 하기로 합의했다. 최남선이 기초한 독립 선언서에 목사 4인을 포함한 민족 대표 33인이 서명함으로써 한국 역사상 최대의 민족 운동을 위한 준비는 완료되었다.

3.1운동

3.1운동은 1919년 3월 1일 서울 파고다 공원에 모인 학생 시민 등 한국인들이 한국은 일제로부터 독립을 원한다는 것을 선언하고 시가행진한 것을 기점으로 전국 방방곡곡에서 궐기한 온 민족이 거의 1년에 걸쳐 비폭력 만세 시위의 방법으로 그것에 대한 동의를 표현한 거족적 독립 운동이었다(3월에

서 5월까지 전국 218개 군 중 212개 군에서 발생한 1524회의 시위에 202만이 참여했다.). 비록 군대를 동원한 일제의 무자비한 탄압으로 결국 엄청난 희생자와 피해를 남기고 목표를 달성하지 못한 채 끝나 버렸지만 이 운동이 지닌 민족사적 의의는 지대한 것이었다. 무엇보다 그것은 전 세계에 한국인의 독립 의지를 분명히 밝힌 사건이었다. 즉 일제는 그동안 한국인들이 일제의 통치 하에서 행복하게 살고 있다고 선전해 왔는데 그것이 거짓이었다는 것이 이 운동을 통해 백일하에 폭로되었다. 그리고 그것은 장차 국제 사회가 한국을 독립시켜야겠다고 판단하게 하는 결정적 단서가 되었다. 제2차 대전 중 있었던 미, 영, 중, 소 등 전승국들의 국제 회담에서 이들 열강이 종전 후 한국의 독립을 당연한 것으로 결정했던 것은 3.1운동 때 한국인들이 보여준 독립 의지가 크게 작용했다.[57)]

이 운동은 또한 세계사적으로도 중요한 의미를 가진다. 즉 중국에서는 3.1운동에 자극을 받은 북경 대학생들의 시위로 현대 중국의 탄생이라고 사가들이 평가하는 5.4운동이 일어났고, 인도에서는 네루를 지도자로 한 국민의회파가 3.1운동에 영향을 받아 비폭력 독립 운동을 전개했으며, 필리핀에서는 마닐라 대학생들이, 이집트에서는 카이로 대학생들이, 그리고 베트남인들이 독립 시위운동을 시작했는데 이것은 모두 3.1운동의 영향을 받은 것들이었다.[58)]

3.1운동은 한국 기독교인들의 참여가 없었더라면 불가능했을 운동이었다. 그것은 그 준비 과정에서 천도교 지도자들인 손병희와 최린이 "기독교 측과 제휴가 안 되면 성사될 수 없다"고 고백한 데서도 증명된다.[59)] 기독교인들은 국내외에서 있었던 운동의 모든 계획 과정에 참여했는데 민족 대표로 독립 선언서에 서명한 33인 중 16인이 기독교인이었으며, 거사 준비 과정의 중심 인물 48인 가운데 24명이 기독교인이었다. 거사 당일 독립 선언서를 시내 및

지방에 배포하는 일과 시위에 참석할 학생 및 시민을 동원하는 책임을 맡은 것도 기독교 측이었으며, 시위가 전국으로 확산되던 단계에 각 지방에서 조직과 지도력을 제공한 것도 기독교회였다.[60] 거의 모든 지역에서 최초의 독립 선언식과 시위는 기독교인들을 중심으로 이루어졌는데 실제로 많은 교회가 선언서의 낭독 장소 및 시위대의 집합소가 되었다. 주동 세력이 확연히 드러나는 초기 시위 311곳 중 기독교가 주동한 곳이 78곳, 천도교가 66곳, 기독교와 천도교 공동 주동이 42곳이었다.[61] 당시 한국에는 장로교에 약 16만 정도의 교인과 약 2천 개의 교회, 감리교에 약 3만 정도의 교인과 약 700개의 교회가 있어 군소 교단 망라 총 20여만의 기독교인이 있었는데,[62] 운동이 그처럼 신속히 전국에 확산될 수 있었던 것은 이처럼 교회가 인원을 동원하고 장소를 제공하는 등 운동의 통로 구실을 했기 때문이었다.[63] 그리하여 당시 "한국에서는 예수 믿는다는 말과 독립 시위에 참석했다는 말이 동의어"가 될 정도였다.[64]

기독교가 이처럼 적극적인 역할을 담당했기 때문에 그에 따른 피해도 당연히 엄청났다. 장로교 8회 총회에서 보고된 바에 의하면 장로교에서 체포된 자 3,804명 중 목사나 장로가 134명으로 장로교 전체 목사 장로의 무려 13%, 현재 수감 중인 자 1,642명, 사망자 47명, 파괴된 교회 12동, 파괴된 학교 8개교였다.[65] 감리교에서도 그해 11월 연회에서 감리교 목사 28명 중 금고 중인 자가 14인, 퇴직한 자가 4인으로 반수 이상이 체포 혹은 구금되었다고 보고하고 있으니 그 피해가 어느 정도였는지를 능히 짐작할 수 있다.[66] 그해 말 일본 헌병대의 통계에 의하면 이 운동의 피검자 총 19,525명 중 기독교인은 모든 종교인들 중 최고인 3,426명으로 전체의 17.6%를 차지하고 있는데 당시 한국 최대의 종교였던 불교도들 중 피검자가 220명(1.1%), 천도교가 2,297명(11.8%) 이라는 것, 그리고 당시 전국 인구에 대한 기독교인의 비율이 불과 1 내지 1.5% 였던 것을 감안할 때 이 운동에 기독교인들이 얼마나 적극적으로 참여했는지를 쉽게 짐작할 수 있다. 기독교는 3.1운동에서 약 20%의 몫을 담당했던 것이다.[67)]

3.1운동은 기독교인들이 다른 어떤 종교인이나 무신론자들보다 민족과 국가에 더 깊은 관심과 애착을 가지고 있는 집단임을 증명한 사건이었다. 3.1운동에 기독교인들이 가장 적극적으로 참여했던 사실은 한국 기독교의 가장 중요한 전통 가운데 하나가 되었다. 당시 아직 자유주의 신학이 한국에 소개되어 논쟁을 불러일으키기 전, 즉 아직도 보수 정통 신앙만이 지배하고 있던 시절의 한국 교회가 민족의 문제에 그처럼 적극적 대응을 했다는 것은 오늘날 한국 보수 교회에 시사하는 바가 크다.

이처럼 기독교가 강한 민족의식을 배양시켜 주는 종교임이 증명된 결과 일반 한국인들의 기독교에 대한 인식이 달라졌다. 기독교인들이 독립 운동에 앞장서서 가장 많은 희생을 감수하는 것을 목격한 그들은 기독교가 더 이상 외래 종교가 아니라 민족 종교가 될 수 있다는 것을 발견했다. 그 결과 일제의 박해로 말미암아 심한 피해를 입었던 교회는 신속히 교세를 만회하게 되었다.[68)]

3.1운동 후 1920년대와 30년대의 20년간 식민 통치의 어두움은 더욱 깊어만 갔다. 이제 한국인들은 일제라는 엄청난 세력을 물리치고 독립을 회복한다는 것이 얼마나 어려운 일인지 새삼 깨달았고, 절망감과 좌절감이 온 민족을 무겁게 짓누르고 있었다. 기독교계에도 패배주의적인 분위기가 팽배하여 현실 역사에 소망을 잃은 많은 교인들이 내세지향적이고 신비주의적인 신앙생활을 추구하게 되었다. 하나님과의 개인적인 관계 속으로 깊이깊이 침잠해 들어가는 것만이 당시의 기독교인들이 발견할 수 있는 유일한 탈출구였는지 모른다. 한편 교계의 일각에서는 3.1운동의 실패를 통해 독립을 위

해서는 결국 민족의 독립 역량의 향상이 필요하다고 판단하고 교육, 문화 사업 등 민족 계몽 운동을 전개하기 시작했다. YMCA가 중심이 된 농촌 운동, 절제 운동, 문서 운동, 여성 계몽 운동 등은 모두 그러한 시도의 일환이었다. 점진적 계몽 운동을 통한 독립이라는 것은 세월을 기약할 수 없는 막연한 것이었다. "민족 개조론"과 함께 점진적, 개량적 방법론을 주장한 일반 한국 지식인들 가운데는 이미 일제의 회유와 매수에 굴복한 사람들도 많았다.[69] 이처럼 한국의 독립을 기약할 수 없는 세월이 흐르는 동안 한국 교회는 커다란 시련을 맞이하게 되는데 그것은 바로 일제의 신사 참배 강요였다.

신사 참배와 한국 교회

신도(神道)는 본래 "가미"에 대한 신앙과 그에 대한 제사 의식으로 이루어진 일본의 토착 종교였다. "가미"란 신격(神格), 혹은 영적인 존재를 가리키는 일본어로서 경이로운 자연 현상이나 자연물, 신화적 인물이나 역사상의 위인, 조상의 영, 절대적 권력을 가진 자 등에 해당되는 말이었다. 따라서 신도란 자연 숭배 내지 조상 숭배로 이루어진 다신교적 원시 신앙의 한 형태임을 알 수 있다. 그런데 천황의 권력이 절대화되어 감에 따라 이 가미에 대한 신앙은 천황의 조신(祖神)인 천조대신(天祖大神)을 신사에 봉제하여 숭배하는 신앙의 형태로 정착되었다. 즉 신도는 절대적 왕권 확립과 관련하여 형성된 종교였다는 것이다.[70] 실제로 일본의 통치자들은 언제나 이 원시 종교를 자기들의 통치에 이용해 왔다.[71]

한편 신사(神社)라는 것은 일정한 양식의 건물에 신령을 모셔 놓고 제사를 드리는 제장(齊場), 혹은 교장(教場)을 말한다. 이 신사는 농경 생활과 관련이 있는데 일본인들은 여기서 봄에는 풍년을 기원하고 가을에는 풍년을 감사하는 제례를 드렸다. 일본에는 도시마다 촌락마다 대소의 신사가 있어 "고을과 마을을 지켜주시는 신령님이 계시는 곳"으로 추앙 유지되어 왔다.[72]

본래 고대에서부터 1868년의 메이지 유신 직전까지 일본 종교의 주류를 이루었던 것은 고도로 발달된 고등 종교인 불교였고, 그 사상과 의례(儀禮)가 미개하고 무속적이었던 신도는 단지 불교의 종속적 위치에서 불교와 공존하는 것으로 만족하던 상태였다. 이런 미미한 위치에 있던 신도가 불교로부터 분리되어 국교화되고 갑자기 주목을 받기 시작한 것은 메이지 유신을 전후, 일본의 근대화를 추진하던 지도 세력이 신도를 국가 통치의 원리로 삼기 위해 그것을 불교로부터 분리하여 천황제 국가의 이념적 기반으로 이용할 때부터였다. 그리하여 1868년 신불판연령(神佛判然令)이 공포된 때부터 신도는 국가의 보호 육성 하에 급속히 발달하기 시작했고 그 반면 기독교는 금지되었다. 1871년에는 전국의 모든 신사를 국가의 종사로 하고 신사마다 격(格)을 매기게 되었으며 황실의 조선신(祖先神)을 제사하는 신관(神宮)을 신사의 본종(本宗)으로 규정했다. 그러나 이와 같은 신도 국교화 정책에 대한 비판이 대두되자 1873년에는 신교의 자유를 보장하면서 기독교에 대한 금지도 해제하였다. 1882년에는 신사 신도를 "국가의 제사"로 하여 일반 종교로부터 분리함으로써 신도는 종교가 아니라고 주장하였으나 실상 이것은 종교의 자유, 정교 분리 원칙에 의한 비판을 봉쇄하는 동시에 신도를 기독교, 불교, 교파 신도 위에 군림하게 함으로써 제 종교를 지배하고 통제하는 초종교적 위치에 두기 위한 것이었다.

1899년에 공포된 제국 헌법은 천황을 절대화하는 국가 신도 교의(教義)를 법적으로 완성한 것으로서 1900-1945년 어간에 일본의 정통적 국가 사상의 원천이 되었다. 제국 헌법 제1조는 "대일본 제국은 만세일계(萬世一系)의 천황이 이를 통치한다."고 선언하고 있고 3조는 "천황은 신성하여 침범하지 못한다."고 규정함으로써 천황을 신적인 위치에 올리고 있다. 천황은 국가 권력의 궁극적 원천이요 절대적 충성의 대상이었다. 뒤에 발표된 국체(國體)의 교의(教義)는 천황의 신성과 일본의 독특성을 노골적으로 주장하고 있다. "대일본제국은 황신(皇祖) 천조대신(天祖大神)이 시작하여 그 신예(神裔)인 만세일계(萬世一系)의 천황이 통치하는 나라로, 현(現)천황도 황조의 자손인 신(神-現人神)이다. 국민된 본의(本義)는 억조일심(億兆一心)으로 현인 신인 천황의 성지(聖旨)를 받들어 천황에 충성을 다하는 것에 있다. 이 국체는 만방무비(萬邦無比)요 만고불역(萬古不易)다."[73]

국가 신도는 일본의 제국주의 침략 전쟁과 식민지 지배에 최대한 이용되었다. 1894년의 청일 전쟁과 1904년의 러일 전쟁에서의 일본의 뜻밖의 승리는 일본이 신국이기 때문에 가능한 것이었다고 선전되었고, 1930년대 만주 사변과 중일 전쟁을 거치면서 신도의 군국주의적 성격은 더욱 강화되었다. 1940년에는 신사원이 설치되어 국교인 신도의 위상은 절정에 달하게 되었다.[74]

한국에서의 신사 참배 강요

1918년 일본은 서울 남산에 조선 신사 조영 공사에 착수, 7년 뒤인 1925년에 완공했고, 6월에는 그것을 조선 신궁으로 개칭했는데 이것은 조선 신사들의 총본산이 되었다. 그러나 이때까지만 해도 일률적으로 신사 참배를 강요하는 일은 없었고 그것 때문에 심각한 문제가 야기된 적은 없었다. 그것은 1920년대 다이쇼 데모크라시로 대변되는 비교적 자유로운 일본 사회 분위기의 영향 때문이었다. 그러나 1931년 일본이 만주 사변을 일으키고 전시 체제로 돌입하면서 사회가 경직되고 국수주의적 군국주의자들이 득세하여 국민 정신 총동원령을 발하면서 한국에서 신사 참배가 강요되기 시작했다. 천황으로 상징되는 대일본 제국을 위해 절대적이고도 무조건적인 충성을 바치겠다는 태도의 확인으로 그것을 요구했던 것이다.

신사 참배 강요는 학교에서부터 시작되었다. 1932년 당국은 전국 학교에 국민의례로서 신사참배를 엄수하도록 통고했다. 그러나 그해 9월에 열린 제21회 장로회 총회는 신사 참배를 끝까지 거부할 것을 결의했다. 1935년 11월 평남 지사는 도내 중등학교장 회의를 소집하고 개회 벽두에 평양 신사 참배를 명했다. 이에 숭실중학교장 맥큔(G. S. McCune)과 숭의여중 교장 스눅(V. L. Snook), 안식교 순안의명중학교장 리(H. M. Lee) 등이 그것을 거부하자 지사는 금후 신사 참배를 계속 거부한다면 단호한 조치를 취하겠다고 통보했다. 12월에 미 북장로교 선교회 집행 위원회는 다시 참배 거부를 결정하고 지사에게 그것을 통보했다. 1937년 1월 지사는 맥큔과 스눅의 교장직 인가를 취소했고 맥큔은 그 해 3월에 미국으로 돌아갔다. 2월에 미 남장로교 해외 선교부 총무인 풀턴 박사(Darby Fullton)가 내한했다. 그의 부친은 일본 간사이 신학교 교장을 역임했던 사람이었기 때문에 그는 일본에서 태어나 성장했을 뿐 아니라 그 자신 오랫동안 일본에서 선교했던 경험이 있었다. 그러므로 그는 신사 문제에 정통했다. 내한 중 그는 신사 참배가 분명한 종교 행위이기 때문에 신사 참배 강요가 계속된다면 남장로교계 학교는 폐교도 불사한다는 성명을 발표했다. 그러나 신임 총독 미나미는 더욱 더 강경한 입장을 고수했다. 그리하여 남장로교 경영 학교들(중등 1, 초등 9)은 폐쇄되었다. 한편 그 동안 실행 위원회를 구성하여 신사의 본질, 신사 참배의 의미, 목적 등을 조사 연구하고 있던 북장로교 선교부는 1937년 3월에 연구 결과를 서신 형식으로 배부하였다. 그 요점은 신사 참배가 신들에 대한 찬미, 신들의 축복 기원으로 이루어지는 종교적 행위라는 것이었다. 그리하여 북장로교 경영의 8개 중등학교도 자진해서 문을 닫았다.[75)]

한편 로마 교황청은 1932년 5월, 일본 천주교도들에게 신사는 국가에 대한 충성심과 사랑을 표시하는 국가 의식이기 때문에 신사에 참배해도 좋다는 허락을 한 바 있었는데 1936년 5월 한국에도 같은 내용의 통첩을 내었다. 이것은 그 이전부터 한국 천주교회 장정에 명시되어 있던 "신사는 다른 신들을 위하는 것이므로 참배할 수 없느니라"는 규정과 정반대되는 것이었음에도 불구하고 교황청 포교성이 이탈리아와 일본의 관계를 고려하여 취한 조처였다. 감리교는 처음부터 신사가 종교가 아니요 국민의 의무라는 당국의 언명을 그대로 받아들여 참배를 허용했기 때문에 그들의 학교나 교단에는 아무 문제가 없었다.[76)]

일본은 여세를 몰아 한국 교회에도 신사 참배를 요구하기 시작했다. 1938년 2월 당시 한국에서 가장 큰 노회였던 평북 노회가 신사 참배를 가결한 것을 필두로 그 해 9월 총회 직전까지 전국 23개 노회 중 17개 노회가 신사 참배를 가결했다. 총회를 기다릴 것도 없이 대세는 이미 기울어져 있었다. 일경의 협박과 공작 속에 열린 제23회 장로교 총회는 결국 일제의 압력에 굴하여 신사 참배를 가결했다.[77)] 그리하여 교단 차원에서는 한국 교회 전체가 신사 참배를 허용한 셈이 되어버렸다.

이처럼 교회의 공식 입장은 신사 참배 참여로 결론이 내려졌지만 개인적으로 또는 개 교회적으로는 끝까지 그것에 반대하거나 참배 거부 운동을 벌인 경우들이 적지 않았다. 박관준 장로는 1939년 신종교법안을 심의 중인 일본의 제국 의회에 신사 참배 강요 철회를 요구하는 진정서를 투척하다가 체포되었고 강제 귀국 당한 후에도 신사 참배 거부 운동을 계속하다가 투옥되어 순교했다. 김선두 목사는 1938년 신사 참배 결의가 대한 예수교 총회에서 이루어지는 것을 막으려고 일본 정계의 기독교 요인들을 동원해서 조선 총독에게 압력을 넣기까지 했으나 미나미 총독의 완강한 거부로 실패했다. 한편 평양의 주기철 목사는 신사 참배를 끝까지 거부하여 1938년 2월 검속된 것을 시작으로 1944년 4월 옥중에서 순교하기까지 7년간 옥중 투쟁을 계속했다. 그가 섬기던 산정현교회도 신사 참배에 끝까지 저항하다가 결국 폐문당하고 말았다. 평북의 이기선 목사와 경남의 한상동 목사 등은 신사 불참배 교회로 구성된 노회 및 총회를 구성하려고 시도했으나 실패하고 투옥되었다가 해방을 맞이했다.[78]

신사 참배 거부로 인해 한국 교회가 받은 박해는 105인 사건 때의 피해, 3.1운동 때의 피해와 함께 일제 식민지 기간 중 3대 박해로 불린다. 신사 참배를 거부하다가 투옥된 사람이 2,000명, 순교한 신자가 50명, 그리고 폐쇄된 교회는 200여개에 달했다.[79] 교단 자체가 해산 당하는 데까지 이른 경우도 있었다. 침례교는 그리스도의 재림에 대한 강조 때문에 1942년 교단의 교역자 32명이 모두 구속되었고 1944년 5월에는 교단 강제 해산을 당했다. 성결교 역시 재림 사상 때문에 1943년 5월 교역자 200여명이 구속되었고 그 해 12월에 교단 해체 명령을 받았다. 안식교 역시 1941년 이래 박해를 받다가 1943년 12월에 해산 명령을 받았다.[80]

한국 기독교인들이 신사 참배에 저항한 것은 일차적으로 정치적 혹은 민족적인 이유 때문은 아니었다. 그들로서는 "내 앞에서 다른 신을 네게 두지 말라"고 하는 종교적 계명에 충실하기 위해, 즉 신앙의 절개를 지키기 위해 그것을 거부한 것이었다. 그러나 일제의 시각에서 볼 때 신사 참배 거부는 단순한 종교적 문제가 아니었다. 그들에게는 그것이 심각한 정치적 문제였다. 왜냐하면 그것은 천황을 절대적 충성의 대상으로 삼고 있던 일본의 국체에 대한 도전이었기 때문이다. 천황제를 국가의 기축으로 삼고 천황을 유일신 여호와와 동격 또는 그 이상으로 간주하고 있던 그들이 볼 때 신사 참배 거부는 천황에 대한 모독이자 불경죄일 뿐 아니라 일본 사회의 기본 질서를 뿌리째 뒤흔드는 치안 유지법 위반 사항이었던 것이다.[81] 손양원 목사가 재림 주이신 그리스도가 장차 지상의 모든 나라를 멸하고 그리스도의 천년 왕국을 건설할 것이라는 종말론적 신앙을 고백했을 때 일제가 그것을 만고불이의 일본 국체에 대한 도전으로 받아들였던 이유도 바로 그것 때문이었다. 결국 신사 참배 거부 사건은 한국 교인들에게는 순수하게 신앙적이었던 일이 결과적으로 정치적 행위로 받아들여진 셈이다. 그러므로 신사 참배 거부 운동을 한국 기독교인들의 정치 참여나 민족 운동의 사례로 간주하기는 곤란할 것이다. 그러나 만일 참배 거부 교인들의 의식 속에 "한국인인 우리가 왜 일본의 조상신들에게 참배해야 하는가?"하는 반발 의식도 함께 작용했다면 신사 참배 거부는 민족주의적 행위의 일환이었다고 볼 수 있는 측면도 있을 것이다.

변절된 교회

태평양 전쟁으로 미국과 교전 상태에 들어간 일본은 광분하여 더욱 발악적이고 비이성적인 기독교 박해를 감행했다. 그들은 신사 참배 강요에 굴복하여 일단 신앙의 절개가 꺾인 한국 교회 지도자들에게 무한정의 변절을 요구함으로써 그들을 한없이 비참하고 비겁하게 만들었다. 1938년 이후의 한국 교회는 민족이고 독립이고 생각할 겨를이 없었다. 계속 밀려들어 오는 일제의 압력에 사정없이 유린당할 뿐이었다. 당시 한국의 몇몇 기독교 지식인들과 지도자들은 이미 자신들을 완전히 일본인으로 간주하고 있었다. 3.1운동 때 민족 대표 33인 중 한 사람이었던 박희도가 일본의 협력 하에 발행하고 있던 잡지 『동양지광』(東洋之光)은 당시 한국 교회 일부 지도자들이 어느 지경까지 변절해 있었는가를 극명하게 보여 준다. 1939년 2월, 장로교 농촌 부장을 역임한 바 있는 정인과는 신사 참배 반대는 "국민으로서 하지 못할 자국에의 반기를 든 것"이라 주장했다. YMCA 총무 신흥우가 당시 『동양지광』에 기도한 글을 보는 후대의 한국인들은 과연 한국인이 이러한 말을 할 수 있었을까를 의심하게 된다.

> 조선을 사랑한다고 하는 것은 일본 제국을 사랑하는 것이며, 또한 일본 제국의 충실한 신민으로서만 가능한 것이다. 금일의 우리들은 종교인이기 전에, 조선인이기 전에 우선 첫째로 일본인이라는 것을 망각해서는 안된다. … 천황 폐하의 충성스러운 적자로 오직 일본을 사랑하라! 그리고 일본을 사랑하기 때문에 제국의 국책에 충실히 순응, 협력, 돌진하라. 이것이 우리 조선 기독교도에게 주어진 신의 명령이다. 나는 감히 이렇게 확신하는 바이다.[82)]

1939년에는 '국민정신 총동원 조선 예수교 장로회 연맹'이 결성되었고 전쟁 중인 군인들을 위한 '무운장구 기도회'가 3,793회가 열렸다. 1940년에는 감리교가 전시 체제 확립을 선언했고 장로교는 일본적 기독교로서의 지도원리 확립을 선언했다. 1942년 10월에 열린 제31회 장로교 총회에서는 애국기 헌납, 기관총 자금 헌납 활동 등에 대한 보고가 있었고 징병령 실시를 철저하게 촉진할 것을 결의했다. 그때 복음교회 감독이던 최태용은 일본에 대한 절대적 종교적 충성을 바치는 것이 그리스도인들을 위한 하나님의 뜻이라 외치고 있었다.

> 조선을 일본에 넘긴 것은 신이다. 그러므로 우리는 신을 섬기듯이 일본 국가를 섬겨야 한다고 나는 생각한다. 오늘날 우리들에게 있어서 국가는 일본 국가가 있을뿐이다. … 우리는 가장 사랑하는 것을 일본국에 바치도록 신에게 명령을 받고 있는 것이다. 징병제 실시가 그것이다.[83)]

이처럼 신앙의 지조와 절개를 다 포기하고 일제의 굴욕적인 요구를 다 수락하면 일제가 만족하고 기본적인 생존권을 보장해 주리라 믿었던 지도급 기독교인들의 판단은 오산이었다. 만일 일본이 제2차 대전에서 항복을 며칠만 늦추었더라면 한국의 기독교인 대부분은 학살당했을 것이라는 전율할 만한 사실이 종전 후 관계자들의 입을 통해 폭로되었다. 즉 전쟁 말엽, 미군에 의해 필리핀이 함락되자 미국과 소련이 조선에 진격해 올 때 조선인 기독교인들이 거기에 내부로부터 호응할 것을 두려워한 일본은 1945년 8월 18일을 기해 기독교인 5만을 살해할 계획을 세워 놓고 있었다.[84)] 실제로 영변에서는 일본군들이 죽창과 일본도로 두 시간에 이십 명씩 살해하여 27,000명을 학살할 것을 계획했던 약 20평 규모의 살인굴이 전 종로 경찰서 형사 주임 특고 형사 최운하(崔雲霞)의 안내로 확인되었다.[85)]

맺는 말

1907년 대부흥이 일어나기까지는 사실상 한국 교회라고 부를만한 교세나 조직이 형성되지도 않았기 때문에 이 시기에 있어 한국의 교회와 국가에 관한 논의는 단지 소수의 그리스도인들이 개별적, 혹은 산발적으로 어떻게 자신들의 신앙을 불우한 국가적 상황 속에서 표출했는가 하는 고찰이 있을 뿐이다.

주권을 박탈당한 비정상적인 상황에서 국가와 교회의 관계 형성의 첫 경험을 해야 했고, 그러한 패턴이 정상적인 것으로 받아들여질 정도의 오랜 세월이 흘렀다는 것은 한국 교회사의 불행이었다. 나라 없는 백성으로 정치와 사회 문제에 대해 발언하는 것이 허용되지도 않고 오직 강압적인 지배에 묵종하는 것만이 요구되던 36년 동안 한국 그리스도인들은 정치에서 완전히 배제당한 채 권력에 굴복하는 데 익숙해질 수밖에 없었다. 특히 1905년을 전후한 시기 일부 지도급 선교사들이 국가와 정치 문제에 대해 한국의 어린 그리스도인들에게 가르친 극단적 정교 분리식 태도가 가장 정통적인 것으로 받아들여져 오늘날에까지도 한국 교회에 영향을 주고 있는 것은 문제가 아닐 수 없다.

그러나 19세기 말 최초의 한국 기독교인들은 기독교 신앙의 영향 때문에 일반 한국인들보다 국가와 민족에 대한 훨씬 더 강한 관심과 책임감을 가지고 능동적인 정치 사회적 활동을 전개했다. 독립협회가 기독교인들을 중심으로 이끌어졌다는 것, 3.1운동에 기독교인들이 가장 적극적으로 참여했다는 것은 그 대표적인 경우들이다. 한편 신사 참배 때에 많은 교회와 지도자들이 보여 주었던 타협과 굴복, 그리고 1940년 이후 기독교 지도자들의 어용화, 변절 및 반민족적 행태들이 우리 교회사의 한 부분을 형성하고 있음도 외면할 수 없는 사실이다.

1884년에서 1945년까지의 한국 교회가 오직 민족주의적이고 건전한 사회 정치 참여로만 특징지워진다고 말하는 것은 과장일 것이다. 그러한 측면이 있었던 것은 사실이지만 동시에 굴욕적이고 방관적인 측면도 있었음도 사실이다. 그것은 어리고 약한 초기 교회의 어쩔 수 없는 한계였을는지 모른다. 전체적으로 평가할 때 그러한 약점과 허물에도 불구하고 이 시기의 한국 교회는 한민족과 함께 그 슬픈 운명을 같이 해 온 민족적 교회였다 할 수 있을 것이다.

주

1) A.D. Smith, *Theories of Nationalism* (London: Duckworth, 1971).

2) Smith, *Theories*, 9.

3) Alexander Solzhenitsyn, *One Word of Truth* (New York: Farrar, Straus and Giroux, 1971), 15-16.

4) O.R. Johnston, *Nationhood: Towards a Christian Perspective* (Oxford: Latimer House, 1980), 23.

5) Smith, *Theories*, 13-14.

6) 이만열, 『한국 기독교와 민족 의식』(서울: 지식산업사, 1991), 279. 이 숫자가 세례 교인 숫자인지 등록 교인의 숫자인지는 분명하지 않으나 아마도 후자 쪽인 것 같다.

7) 『대한 그리스도인 회보』, 3-9호. 1899. 3. 1.

8) 신용하, 『현대 한국사와 민족 문제』(서울: 문학과지성사, 1990), 111-12, 117.

9) 민경배, 『한국 기독교 사회 운동사』(서울: 대한기독교출판사, 1990), 78, 75-76.

10) 『독립신문』, 3권 37호. 1898. 12. 9.; 『협성회 회보』, 1권 14호 1898. 4. 2. 이만열, 『한국 기독교와 민족 의식』, 272-83.

11) 『황성신문』, 1898. 12. 9 및 11; "정교 대한 계년사" 상, 370. 이만열, 『한국 기독교와 민족 의식』, 281에서 재인용.

12) 일본 공사관 기록 가운데 "북한 지방에 있어서 기독교 학교 관찰 복명서," 참조. 이만열, 『한국 기독교와 민족 의식』, 281에서 재인용.

13) 이만열, 『한국 기독교와 민족 의식』, 272-76.

14) 이만열, 『한국 기독교와 민족 의식』, 471.

15) John M. B. Sill's Circular Letter, "To Citizens of the United States Present in Korea," 1897. 5. 11., H. G. Appenzeller Papers, Letter Books 4, No. 82(Chong-Dong First Methodist Church, 1986)에서 재인용.

16) 민경배, 『기독교회사』(서울: 대한기독교서회, 1973), 206

17) 『그리스도 신문』, 5-40호. 1901. 10. 3.

18) Tyler Dennet, "President Roosevelt's Secret Pact with Japan," *Current History*, Vol 21, No. 1(10, 1924): 15-29.

19) A.J. Grajdanzev, *Modern Korea* (New York: John Day Co., 1944), 32.

20) John K. Fairbank, Edwin O. Reischauer, and Allen M. Craig, *A History of East Asian Civilization*, vol, II.(Boston: Houghton Mifflin Co., 1965), 481.

21) 이기백, 『한국사 신론』(서울: 일조각, 1990), 397-401.

22) 한국 기독교사 연구회, 『한국 기독교의 역사』 1권(서울: 기독교문사, 1989), 275.

23) 한국 기독교사 연구회, 『한국 기독교의 역사』 1권, 293-35.

24) "만국기도," 『대한매일신보』, 1907. 8. 22.

25) 한국 기독교사 연구회, 『한국 기독교의 역사』 1권, 290.

26) 한국 기독교사 연구회, 『한국 기독교의 역사』 1권, 295-302

27) 한국 기독교사 연구회, 『한국 기독교의 역사』 1권, 333-343.

28) *Korean Information Papers, Foreign Mission Board*, Presbyterian Church, New York.

29) *Korean Information Papers.*

30) Report to the Quadrennial General conference, *the Journal of the 25th Delegated General Conference*, Methodist Conference in 1908, 860.

31) George T. Ladd, *In Korea with Marquis Ito* (New York: Charles Scribners, 1908), 63-64.

32) 조선 총독부, 『조선의 통치와 기독교』(서울: 조선 총독부 우방 협회, 1921), 6

33) Lak Geoon George Paik, *The History of Protestant Mission in Korea: 1832-1910* (Seoul: Yonsei University Press, 1980). 414-15. 『한국개신교사 1832-1910』. 연세대출판부.

34) *Korean Information Papers, Foreign Mission Board.*

35) Letter of Rev. Wade Koon (Feb. 4, 1908) from *Korean Information Papers.*

36) *Korean Information Papers.*

37) Paik, *The History*, 350-51, 미북장로교 1907년 보고서 254에서 재인용

38) W.N.Blair, *Gold in Korea* (New York: Presbyterian Church in the U.S.A., 1957), 61-62.

39) 이만열, 『한국 기독교와 민족 의식』, 285-86.

40) "헐버트씨 연설" 『대한매일신보』, 1907. 8. 27.

41) 1882년 5월 22일에 체결된 한미 수호조약 제1조는 "한국의 왕과 미국의 대통령 사이에는 항구적인 평화와 우호 관계가 지속될 것이다. … 만일 다른 제3국의 세력이 조약국 중 어느 하나를 불의로 혹은 강압으로 대할 때에는 사건의 보고가 있는대로 곧 다른 한 나라가 상당한 직권을 행사하여 우의 깊은 해결에 도달하도록 함으로써 양국의 우호적인 감정을 표현한다."고 규정하고 있다.

42) Homer B. Hulbert, *The Passing of Korea* (New York: Doubleday, Page & Company, 1906), 223.

43) 예를 들면, 노대준, "1907년 대부흥 운동의 성격," 『한국 기독교사 연구』 15-16호. 1987. 8.

44) 이만열, 『한국 기독교와 민족 의식』, 250-53.

45) 민경배, 『기독교회사』, 213.

46) 서정민, "초기 한국 교회 대부흥 운동의 이해," 이만열 외 7인, 『한국 기독교와 민족 운동』(서울: 보성, 1986). 278-81.

47) 이만열, 『한국 기독교와 민족 의식』, 251-52.

48) *The Baptist Missionary Magazine*, vol. 88, No. 2(Feb. 1908): 58.

49) 한국 기독교사 연구회, 『한국 기독교의 역사』 1권, 309.

50) 강동진, 『일제의 한국 침략 정책사』(서울: 한길사, 1980), 76.

51) 105인 사건에 대한 철저한 연구로 윤경로, 『105인 사건과 신민회 연구』(서울: 일지사, 1990)를 보라.

52) 미국 기독교 연합회 동양 문제 연구회, *The Korean Situation*, 민경배 역, "3.1. 운동 비사," 『기독교 사상』, 1966. 7. 100-103; 한국 기독교사 연구회, 『한국 기독교의 역사』 2권, 24-25.

53) 신용하, 『현대 한국사와 민족 문제』, 183-85.

54) Leonard W. Doob, *Patriotism and Nationalism* (New Haven: Yale University Press, 1964), 211-12. 제5항의 원문은 다음과 같다. "A free, open-minded, and absolutely impartial adjustment of all colonial claims, based upon a strict observance of the principles that, in determining all such questions of sovereignty, the interests of the populations concerned must have equal weight with the equitable claims of the government whose title is to be determined."

55) 이기백, 『한국사 신론』, 433-34.

56) 송건호, 『한국 현대사』(서울: 두레, 1986), 75-82.

57) 신용하, 『현대 한국사와 민족 문제』, 197-204.

58) 신용하, 『현대 한국사와 민족 문제』, 197-204.

59) 김양선, "3.1운동과 기독교," 『3.1운동 50주년 기념 논문집』(서울 동아일보사, 1969), 241-42.

60) 이만열, 『한국 기독교와 민족 의식』, 347-48.

61) 한국 기독교사 연구회, 『한국 기독교의 역사』 2권, 35-36 및 33의 각주 26; 강위조, "일제하 기독교," 『일제의 한국 식민 통치』, 436.

62) 조선 야소교 장감 연합 협의회, "제3회 총회록"(1919. 10), 12.

63) 이만열, 『한국 기독교와 민족 의식』, 339.

64) 미국 기독교 연합회 동양 문제 연구회, *The Korean Situation*, 민경배 역, "3.1. 운동 비사," 『기독교 사상』, 1966. 5월호 96-98; 6월호 92-93.

65) 독립 운동사 편찬 위원회 편, 『독립 운동사 사료집』 4집 중 『3.1운동사 사료집』, 476-77(*The Korean Situation*, 번역 자료)

66) 『기독교 미감리회 조선 연회록』 제20회. 1919. 349-50.

67) 이만열, 『한국 기독교와 민족 의식』, 349-50.

68) 한국 기독교사 연구회, 『한국 기독교의 역사』 2권, 40-41.

69) 민족 개조론자들의 어용화 경향을 집중적으로 분석한 책으로 강동진, 『일제의 한국 침략 정

책사』가 있다. 특히 165-218, 379-429를 보라

70) 김승태, "일본 신도의 침투와 1910, 20년대의 신사문제," 김승태 편. 『한국 기독교와 신사 참배 문제』(서울: 한국 기독교 역사 연구소, 1991), 193ff.

71) 손정목, "조선 총독부의 신사 보급," 『한국 기독교와 신사 참배 문제』, 249.

72) 일본인들이 근대에 들어와 신사에서 제사하는 제신들은 첫째, 천황가의 근원이라고 하는 일본 건국 신화의 주역인 천조 대신과 그 가족, 역대 천황, 역사상 유명한 왕족들, 황실에 충절이 두드러진 무사나 문신들, 국가 유공자들, 각 씨족의 조신 등이다. 그리하여 야스쿠니 신사는 군인 군속으로 전쟁에서 전사한 자들을 모두 제신으로 하는 신사여서 호국 신사는 그 지방 출신으로 전사한 자들을 제신으로 하는 신사이다. 이 제신들에게서 공통되는 것은 모두 국가 통치나 수호와 관련된 사람들을 숭배의 대상으로 한다는 것으로서 신도의 국수주의적 성향을 보여주고 있다.

73) 동경 변호사회 편, 『정국 신사 법안의 문제점』, 1976, 24-25; 김승태, "일본 신도의 침투와 1910, 20년대의 신사문제," 195.

74) 손정목, "조선 총독부의 신사 보급," 『한국 기독교와 신사 참배 문제』, 240-51.

75) 한석희, "신사 참배의 강요와 저항," 『한국 기독교와 신사 참배 문제』, 64-68.

76) 김양선, "신사 참배의 강요와 박해," 『한국 기독교와 신사 참배 문제』, 28.

77) 김양선, "신사 참배의 강요와 박해," 19-33.

78) 한석희, "신사 참배의 강요와 저항," 80-87.

79) S. A. Moffet, *The Christians of Korea* (New York: Frendship Press, 1962), 75.

80) 한국 기독교사 연구회, 『한국 기독교의 역사』 1권, 306-309.

81) 쿠라타 마사히코, 『일제의 한국 기독교 탄압사』(서울: 기독교문사, 1991), 16, 21, 65, 67, 73.

82) 신흥우, "조선 기독교도의 국가적 사명," 『동양지광』, 1939년 2월.

83) 최태용, "조선 기독교회의 새 출발," 『동양지광』, 1942년 10월.

84) Blair, Gold in Korea, 105; Moffet, *The Christians of Korea*, 76.

85) 문정창, 『군국일본 조선점령 36년사』 중권(서울: 백문당, 1966), 550.

Reformed Social Ethics & Korean Churches

제8장

한국의 교회와 국가

(1945-1979)

본 장은 대한민국이 일제의 통치에서 해방된 1945년 이후 최근(1979년)까지 한국의 보수 장로교회들이 사회 정치적 책임을 어떻게 수행했는가를 검토한다. 특히 현대 한국사의 정치적 위기들 속에서 교회들은 어떤 식으로 대응했던가?

기독교와 제1공화국

일제36년 동안 한국인들은 정치 결정 과정에서 거의 완전히 소외되어 있었다. 그러나 1945년 8월 15일을 기해 상황은 돌변했다. 정치 참여의 문호가 활짝 열리게 되었던 것이다. 해방 당시 교회는 정치적 훈련의 경험을 가진 거의 유일한 한국인 집단이었다. 대부분의 한국인들이 거의 40년 동안 피지배 민족으로서 정치적 수동성에 길들여지는 동안 기독교인들은 교회 생활을 통해 일종의 정치적 훈련의 기회를 가졌었다. 제직회, 당회, 노회, 총회 같은 것은 훌륭한 정치 조직이었고 평신도들도 그들 나름대로 월례회, 남녀 전도회, 청년회, 학생회 등의 활동을 통해 민주주의의 핵심인 토론과 다수결, 선거 제도 등을 경험할 수 있었다.[1] 또 기독교인들은 타종교인들이나 일반 한국인들에 비해 서구의 문물과 제도에 접할 수 있는 기회가 많았다. 선교사들과의 접촉, 해외 유학 등을 통해 그들은 일찍부터 서양의 민주주의에 친숙해 질 수 있었다. 그리하여 기독교인들은 해방된 조국에서 쉽게 정치적 리더십을 발휘할 수 있었다.

해방이 되자마자 북한의 목사와 장로들은 정당을 만들기 시작했다. 1945년 9월 한경직 목사와 윤하영 목사가 "기독교 사회 민주당"을, 11월에는 조만식 장로와 이윤영 목사가 "조선 민주당"을, 그리고 1947년 11월에는 김화식 목사가 "기독교 자유당"을 창당했다.[2] 얼마 후 이 정당들은 공산당의 압력으로 강제 해산당해 버렸지만 새 나라의 여명에 목사, 장로 등의 교계 지도자들이 정당을 만드는 일에 앞장섰다는 것은 주목할 만한 일이었다.

해외 망명으로부터 돌아온 민족 지도자들 중에도 상당수의 기독교인들이 있었다. 감리교인으로서 후에 장로 안수를 받게 되는 이승만이 그 중 한 사람이었다.[3] 부분적으로 독립 투쟁 경력에 힘입고, 또 부분적으로는 아마도 화려한 교육적 배경 덕분에 그는 대한민국의 초대 대통령에 당선되었다. 어떤 학자는 기독교에 대한 국민들의 기대가 그의 당선에 크게 작용했다고 주장한다. 수천 년 동안 불교와 유교를 통해 민족적 구원을 체험하지 못했던 한국인들이 새로운 종교인 기독교에 기대를 걸게 되었다는 것이다.[4] 그리하여 1948년 5월 31일 한민족 역사상 최초의 국회가 소집되었을 때 임석한 200여 명의 국회의원들 중 기독교인은 무려 50여명에 달했다. 국회 개회식에서 전직 목사였던 이윤영은 임시 의장 이승만의 요청으로 하나님께 기도를 드렸다. 수천 년 동안 타종교가 지배했던 한국의 공식적 국가 행사에서 노골적인 기독교 의식이 저항 없이 받아들여졌다는 것은 놀라운 일이었다.

1948년 8월 15일 대한민국 정부 수립과 대통령 취임식을 겸한 축하식장에서 이승만 초대 대통령은 다시 신생 대한민국을 위해 기도했다.[5] 한국 기독교인들이 자기들의 신임 대통령의 경건에 깊은 인상을 받았음은 물론이다. 대통령이 한국의 기독교화를 위해 기여할 것을 기대하고 있던 그들은 그처럼 신앙 좋은 대통령을 온 마음으로 지지할 준비가 되어 있었다.[6]

기독교 정치인들에 대한 교회의 지원

1952년 8월, 제2대 정부통령 선거가 있기 며칠 전, 한국 기독교 연합회는 장로교, 감리교, 성결교, 구세군 등을 포함한 한국의 모든 교단 대표들을 소집했다. 그 목적은 종교 단체로서는 좀 엉뚱해 보이는 것으로 한국 교회가 정부통령 선거 대책 위원회를 구성해서 다섯 명의 입후보자들 중 한 사람을 공식적으로 지지하자는 것이었다. 모임 결과 그들은 이승만 후보를 지지하기로 만장일치로 합의하고 그 결정을 전국 교회에 통보했다. 이 후보를 지원해야 하는 이유는 단순하고도 순진했다. 첫째, 이승만은 재임 4년 동안 국기에 대한 "경례"를 국기에 대한 "주목"으로 바꾸었다. 둘째, 그는 군대에 군목 제도를 도입했다. 셋째, 그는 모든 국가 의식을 기독교식으로 행하라고 지시했다.[7] 한국 교회 지도자들은 이승만 대통령이 취한 이러한 몇 가지의 가시적 조치가 한국의 기독교화에 크게 기여했다고 평가했다. 그리하여 선거 캠페인 중에 『기독공보』는 이승만을 "애국적 국부"요 "위대한 영도자"라고 찬양했다. 이승만에게 표를 던지는 것은 "조국을 사랑하는 모든 기독교인들에게 부과된 의무"였던 것이다.[8]

선거 대책 위원회는 또 전직 목사 이윤영 씨의 부통령 당선을 위해서도 노력하기로 결정했다. 그 이유도 단순했다. 그는 매주 예배에 꼬박꼬박 참석했으며, 정계에 뛰어든 이후에도 자기가 목사임을 잊어버리지 않았다는 것이었다.[9] 교회가 선거판에 직접 뛰어들어 특정 후보를 노골적으로 지지하는 행위가 적절한 것인지에 대해 의문을 제기하는 사람은 아무도 없었다. 한국 기독교 연합회가 조직한 중앙 선거 대책 위원회는 위원 한 사람씩을 각 도로 파송해서 지방 선거 위원회와 지교회 선거 위원회를 조직하게 했다.[10] 이상하게도 이럴 때는 "정교 분리" 운운하는 사람이 전혀 없었다.

불의한 기독교 정부

제1공화국 정부와 국회 내의 여러 기독교인 공직자들의 문제점은 그들이 고백하는 신앙과 그들의 국정 수행 방식이 전혀 조화를 이루지 않았다는 것이었다. 이승만이 범한 초기의 실수들 가운데 하나는 친일파들을 정부 요직에 등용한 것이었다. 그것은 해방 직후 국민들의 민족주의적 감정을 정면으로 무시한 처사였다. 물론 거기에는 이유가 있었다. 신생국 정부는 국정 수행을 위해 전문적 행정 관료를 필요로 했다. 그러나 당시 한국인들 중 고위 공직자로서의 경험을 쌓은 사람은 친일파로 알려진 소수의 사람들 외에는 거의 없었다. 무엇보다도 이승만은 자신의 권력 기반 강화를 위해 그들이 필요했다. 1945년 귀국 직전까지 미국에서 수십 년을 보냈던 이승만에게는 국내에 지원 그룹이 전혀 없었던 반면 그의 정적들은 이 점에서 비교적 유리한 위치에 있었다. 어쨌든 이승만이 친일파들을 중용하고 일제하에서 조국 광복을 위해 희생적으로 투쟁했던 독립 운동가들에게는 적절한 보상을 제공하지 않음으로써 신생 대한민국 역사의 첫 페이지는 불공정한 논공행상의 기록으로 얼룩져 버렸다.[11] 민족 정기를 바로잡고 새로운 출발을 하기 원했던 한국인들의 염원이 수포로 돌아가 버렸던 것이다. 많은 사람들의 눈에 이승만은 신생 공화국의 건전한 발전보다 자신의 권력 유지에 더 많은 관심을 가진 것으로 비쳤다.

1956년 이승만이 결정적으로 비신사적 행동을 한 사건이 발생했다. 대통령으로서 두 번째 임기 만료를 목전에 두게 된 이승만은 8년간 누려온 권력의 미련을 버리지 못하고 집권 연장의 욕심을 품게 되었다. 그러나 그것은 법적으로 불가능한 일이었다. 당시 대한민국 헌법은 한 사람이 대통령직을 세 번 연임하는 것을 금지하고 있었기 때문이다. 그가 권좌에 계속 머물러 있기 위해서는 헌법을 개정해야 했다. 그리하여 그는 자신의 자유당으로 하여금 대한민국의 초대 대통령만은 중임 제한 규정의 예외가 되게 하자는 헌법 개정안을 제출하게 했다. 헌법에 의하면 헌법 개정을 위해서는 국회의원 재적수의 삼분의 이의 찬성이 필요했다. 그런데 당시 국회의원 재적수가 203명이었기 때문에 산술적으로 그 삼분의 이는 135.3333…이었다. 법률적으로 헌법 개정에는 136명의 국회의원의 동의가 필요하다는 말이었다. 투표 결과는 찬성 135에 반대가 60이었다. 그리하여 그 제안은 공식적으로 부결이 선언되었다. 그러나 이틀 뒤 여당이 불법을 감행했다. 자유당은 사사오입의 원칙을 적용하여 개헌안이 통과되었다고 억지를 부렸다. 그 결과 이승만은 집권을 연장하게 되었지만 엄격히 말한다면 이승만 정권의 도덕적 정통성은 이때 이미 상실되었다 할 수 있다.

한편 한국 교회는 정부의 그러한 비양심적 처사에 대해 아무런 비판도 가하지 않았다. 엄청난 불의가 정부에 의해 자행되었다는 사실을 모르고 있었거나 아니면 그것을 불의라고 지적할 용기가 없었을 것이다. 한국 교회는 이승만을 비롯한 기독교 정치인들에게 변함 없는 지지를 보내고 있었다. 1954년 총선에서도 기독교 신문들은 기독교인 후보들의 프로필을 소개함으로써 그들의 캠페인을 도왔다.[12] 1956년 제3대 대통령 선거 기간 중에 『기독공보』는 이승만을 "한국의 모세"라고 찬양하고 있었다.[13]

그러나 제3대 대통령 선거 기간 중 일각에서 선거와 관련된 교회의 행동에 처음으로 의문을 제기했다. 『기독공보』는 입후보자들이 당선을 위해 교회를 이용하고 있다고 지적했다. 그러면서, 신문은 교회는 "정치 단체"가 아니기 때문에 특정 후보를 지지할 수 없으며 선거전에 개입해서도 안 된다고 주장했다. 이것은 교회의 과거 행적들을 정면으로 비판하는 주장이었다. 비록 그 전까지 교회와 교계언론이 적극적으로 선거 운동에 개입한 것에 대한 공식적 회개는 없었지만 『기독공보』는 이제 교회가 선지자적 사명을 감당해야 한다고 주장하기 시작했다. 교회는 "국가의 불의를 비판"할 수 있어야 한다는 것이었다.[14] 아마도 이러한 분위기에 영향을 받은 탓인지 4월 11일 정부통령 선거 추진 기독교도 중앙 위원회가 구성되었을 때 위원들은 자신들이 교단이나 기독교 단체의 대표로서가 아니라 개인적 시민들로 행동하고 있다고 밝혔다.[15]

4.19와 교회

권력은 부패하기 마련이며 절대 권력은 절대 부패하는 법이다. 일인 통치가 장기화됨에 따라 정부 내에서는 심지어 기독교 정치인들 중에서도 부패의 조짐이 나타나기 시작했다. 어떤 기독교인 국회의원들은 밀수에 관련된 추문을 일으켰고,[16] 전직 목사였던 어떤 정부 관리는 정부에 대해 비판적인 입장을 취했던 전국적 범위의 일간지를 폐간시키는 데 앞장을 섰다.[17]

1960년 3월 15일의 대통령 선거에서 이승만 정권과 그의 자유당은 이승만과 그의 러닝 메이트 기독교인 이기붕을 각각 정부통령에 당선시키기 위해 엄청난 부정 선거를 감행했다. 격분한 대학생들과 고등학생들이 시민들과 함께 가두 시위를 벌이자 정부는 경찰에게 발포를 명령했다. 그 결과 187명의 학생들이 사망하고 5천명 이상이 부상했다. 그럼에도 불구하고 시위가 더욱 격렬해지자 1960년 4월 19일 이승만은 드디어 대통령직에서 물러나겠다고 선언했다. 이것이 "기독교 정부"의 종말이었다.

그러자 이승만 정권에 대한 교회의 태도가 하룻밤 새에 돌변하기 시작했다. 4월 혁명 전에 교회는 이 정권의 부패와 실정에 대해 단 한마디도 비판적인 발언을 하지 않았었다. 비판은커녕 수시로 정부에 대한 지지를 표명하고 있었다. 그러나 학생들의 시위에 의해 정부가 무너지자 교회는 갑자기 아주 비판적으로 변했다. 4월 23일 한국 기독교 연합회는 4.19에 대한 성명을 발표하여 그것을 3.1운동에 비유하면서 정부의 개혁을 촉구했다. 정부는 국민의 기본권을 보장하고, 정부와 경찰과 군대를 숙정하며, 민주주의와 법치주의를 확립하고, 고문을 근절하라는 것이었다.[18)]

이승만 대통령 재임 중에는 줄곧 침묵을 지키고 있던 기독교 신문들도 4.19 이후 갑자기 대단히 비판적이 되었다. 『기독공보』는 "이 대통령이 재직 중에 너무 많은 과오를 범했으며 그가 황제인지 대통령인지 구분하기 어려웠다."고 비꼬았다. 이승만은 국민들을 위해서보다는 자기 자신을 위해 통치했고, 그의 12년 재직 중 정부는 더욱더 부패해졌으며 대부분의 개신교 정치인들은 교회의 이름에 명예보다 수치를 더 많이 끼쳤다는 것이었다.[19)]

교회가 줄 곧 이 정권과 밀착되어 있었던 관계로 독재 정권이 하룻밤 새에 무너지는 것을 본 그리스도인들은 충격을 받았다.[20)] 이만열 교수는 한국교회가 불의한 정권에 맹목적으로 협조했던 것에 대해 4.19 후 회개의 성명서라도 내었어야 했다고 주장한다.[21)] 하지만 교회는 이 때 교회 내부의 문제로 심각한 갈등을 겪고 있었다. 당시 한국의 초대 교파였던 대한 예수교 장로회는 세계 교회 협의회(WCC)와의 관계 문제로 양분되어 있었다. 그리하여 5.16 군사 쿠데타가 일어난 후 쿠데타 지도자인 박정희 장군은 만일 교회가 자체 투쟁을 계속한다면 예배를 드리지 못하게 하겠다고 경고했다.[22)]

제2공화국

수천 명의 학생들이 피를 흘린 대가로 부패한 이승만 독재 정권은 무너졌고, 그 해 8월 2일에는 제2공화국이 수립되었다. 새 정부는 이제 의원 내각제 형태를 취하고 있었다. 그리하여 윤보선이 대통령으로 선출된 한편 장면 총리가 실권을 장악하게 되었다. 윤보선은 장로교인이었고,[23] 장면은 천주교인이었다.

그러나 장면 정부는 얼마 가지 않아 효율성의 측면에서 약점을 노출하기 시작했다. 그의 정부는 너무 약하고 우유부단했기 때문에 혁명 후의 혼란기에 충분한 지도력을 제공하지 못했다. 그리하여 거리는 날마다 자기들의 권리를 주장하는 군중들로 가득하게 되었다. 게다가 이승만 정권에서 일했던 소위 "부패 정치인들"이 그 전의 자기들 자리로 복귀하여 구태를 재연했다. 민주적 정부가 들어섰음에도 불구하고 아무 긍정적 변화가 일어나지 않았다. 어쩌면 과도기가 지나기까지 시간이 더 필요했는지 모른다. 그러나 정치적 야심을 가진 일단의 군인들은 그 때까지 기다려 주지 않았다. 오히려 사회의 무질서와 만연된 빈곤을 그들은 정국 장악의 좋은 구실로 이용했다. 제2공화국이 출범한 지 일 년이 채 되지 않은 1961년 5월 16일 박정희 장군을 비롯한 일단의 젊은 장교들은 군사 쿠데타를 일으켰다. 일설에 의하면 박정희는 정부가 그 달 말에 자기를 전역시키려는 계획을 가지고 있었음을 알고 있었다 한다.[24]

교회와 5.16

많은 일반 시민들은 쿠데타를 환영했다. 왜냐하면 군대의 철권 통치하에 적어도 겉으로는 사회 질서가 급속히 회복되는 것 같아 보였기 때문이다. 4.19 이후의 혼란 속에서 사람들은 안정과 질서를 갈구하고 있었던 것이다. 교회도 군사 쿠데타에 우호적인 태도로 응했다. 쿠데타가 난 지 불과 열흘 후에 한국교회협의회는 군대의 개입을 정당화하고 찬양하는 성명을 발표했다. 쿠데타는 "부정과 부패"로부터 뿐 아니라 "공산주의의 침략"으로부터 국가를 건지기 위해 "불가피했다"는 것이었다. 그러므로 한국민은 군사 정부에 협조해야 한다는 것이 성명서의 요지였다.[25)]

『기독공보』는 쿠데타 주역들에게 노골적으로 아부하고 있었다. 그 논조는 이런 식이었다. 쿠데타가 일어났을 때 주한 유엔군 사령관과 주한 미 대사는 그것에 반대 의사를 표명했다. 왜냐하면 그들은 장면 정권이야말로 한국의 유일한 합법 정부라고 생각했기 때문이다. 그러나 만일 쿠데타 지도자들이 그들의 압력에 굴복했다면 "한국은 미국 속방으로 전락해 버렸을 것이다." "한국민들의 단합된 힘이 미국을 격퇴했다 … 군사 쿠데타는 오랫동안 미국의 꼭두각시로 오해 받아 왔던 한국이 독립국임을 증명했다." 그러나 『기독공보』는 군사 쿠데타의 부정적 측면 즉, 그것이 민주주의와 인권에 중대한 위협이 되고 있다는 사실에 대해서는 단 한마디도 언급하지 않았다. 오히려 "우리는 권위 있는 정부 밑에 있게 되어 행복하다." "우리는 자유를 희생하더라도 방종한 무리들이 숙정되는 것을 보고 싶다."는 등의 무책임한 발언을 일삼고 있었다.[26)]

쿠데타가 발생한 지 3개월 후 박정희 장군은 신속한 민정 이양을 국민들에게 약속했다. 그러나 1963년 3월 16일 그는 마음을 바꾸어 군정 4년 연장의 제안을 국민 투표에 회부하겠다고 발표했다. 그러자 한국교회협의회는 즉각 성명을 발표하여 박 장군에게 정치는 민간인들에게 맡기고 군인들은 군대로 돌아가겠다고 한 당초의 약속을 이행하라고 촉구했다. 일국의 책임 있는 위치에 있는 사람이 국민 앞에 약속했던 것을 번복하는 것은 국가의 위신에 손상을 주는 행위라는 것이었다.[27)] 비록 보수 교단들은 이 협의회에 가입하지 않았었지만 이것은 정치와 관계해서 한국 교회가 발한 최초의 무게 있는 선지자적 발언으로 평가될 수 있을 것이다.

한편 미국 대통령 존 F. 케네디(John F. Kennedy)는 만일 한국이 군사 정권을 연장하면 대한 경제 원조를 중단하겠다고 위협했다.[28)] 이러한 안팎의 반대에 부딪힌 박정희는 4월 8일 자기 제안을 철회하겠다고 공표했다. 8월에 전역한 그는 대통령 선거에 출마하여 당선되었고, 1963년 12월 17일 대통령에 취임했다. 군정이 시작된 지 2년 반 만의 일이었다.

한일 국교 정상화

박 정권과 교회의 최초의 충돌은 1965년 한일 국교 정상화 문제로 야기되었다. 박 정권은 일본의 자본을 끌어들여 한국 경제를 발전시키겠다는 계획을 가지고 있었지만 그때까지도 일제36년간의 굴욕을 생생히 기억하고 있던 대다수 한국인들의 눈에는 정부가 너무 서두르느라 일본에 굴욕적인 양보를 하고 있는 것으로 비쳤다.[29)] 한일 국교 정상화에 대한 반대 운동은 대학에서 시작되어 전국으로 확산되었다. 이 문제에 대해서는 교회들이 통일된 입장을 과시했다. 1965년 7월 1일 한경직, 김재준, 강원룡, 함석헌 등을 포함한 200여 명의 교계 지도자들은 "한일 국교 정상화"에 반대하는 성명을 발표했다.[30] 이번에는 보수 교회들까지 한 목소리로 반대를 표명했다. 7월 3일 합동측 임원들은 승동교회에 모여 7월 4일부터 한 주간을 기도 주간으로 삼고 교단 내의 모든 교회들이 국가를 위해 기도하고 7월 8일부터 사흘 간은 금식하기로 결정했다.[31] 7월 8일 서울 평안교회에서 있었던 금식 기도회에 참석한 목사들은 "한일 국교 정상화"에 반대하는 탄원서를 작성했다.[32] 이것은 정치적 문제를 놓고 한국 보수 장로교회가 정부의 방침에 정면 반대한 전무후무한 경우였다.

60년대 중반만 해도 장로교 합동측은 기독교의 사회적 책임 수행에 대해 상당히 전향적 태도를 견지하고 있었다. 1965년 6월 21일, 합동측 교단지인 『기독신보』는 미국 장로교(PCUSA)의 1967년 새 신앙고백에 대한 사설을 싣고 있다. 사설은 그 신앙고백의 가장 주목할 만한 점들 중 하나가 기독교인의 사회적 책임에 대한 강조라고 지적하면서 그리스도인들은 "개인 구원"으로 만족해서는 안 되고, 예수의 가르침을 따라 "사회의 빛과 소금"이 되어야 한다고 역설했다. 그러면서 사설은 신자의 "사회 참여는 얼마든지 강조되어야" 하며 우리는 그것을 "쌍수를 들어 환영한다."고 말했다. "오늘날 교회와 신자들의 국가와 사회에 대한 영향력은 너무도 미약하여 조소를 받고 있는 형편"이다. 그 원인이 만일 우리 신앙고백 속에 신자의 사회 참여에 관한 조항이 없기 때문이라면 "우리 신앙고백에도 이 조항 넣기를 주저할 필요가 없으며, 하루 속히 넣도록 『신앙고백』을 개정하여야 한다."[33] 70년대와 80년대 한국 보수 교단들의 사회적 태도와 비교해 볼 때 이것은 믿기 어려울 정도로 대담하고 적극적인 사설이었다.

비록 이 사설이 괄목할 만한 것이기는 했으나 한계는 있었다. 그 사설에서 사용된 "사회적 영향"이란 말의 의미는 이웃에 대한 그리스도인들 개개인의 인격적 영향이었다. 즉, "신자 각자가 … 하나님 말씀을 믿고 그대로 살 때 사회는 변화한다."는 것이었다. 거기에는 구조악, 혹 사회악에 대한 지적이나 사회 개혁을 위한 정치적 수단 사용의 필요성에 대한 언급은 없었다. 단지 그리스도인 개개인이 도덕적으로 모범적인 생활을 하는 것이 사회에 대한 책임을 수행하는 유일한 방법으로 제시되고 있었다. 비록 이처럼 방법론이 소극적이기는 했으나 적어도 보수 교단의 기관지가 그리스도인의 사회적 책임을 적극적으로 인정했다는 점에서 이 사설은 괄목할 만한 것이었다.

1969년 박정희 대통령이 삼선 개헌을 시도하기 전까지 『기독신보』는 교회와 국가의 관계 문제에 대해 건전한 균형을 유지하고 있었다. 1969년 4월 19일의 사설은 하나님의 통치가 "신령한" 것에만 국한 되며 "세속적" 문제와는 무관하다는 "뿌리 깊은 편견"을 비판하면서 권위에 대한 그리스도인의 순종 문제를 취급하고 있었다. "영적인 통치자든 육적인 통치자든" 성도들은 그것이 "하나님께 대한 순복으로 연결될 때만" 그들의 권위에 순복해야 했다. 즉, "저들이 하나님께서 부여하신 직능을 성실히 수행할 그 때만" 그들의 권위에 복종할 의무가 있다는 것이었다. 마지막으로 사설은 국가의 불의를 목도하고서 침묵하는 위선적 경건을 비판했다. "온갖 사회악을 파헤쳐서 위정자들로 경성하게 하라 …. 목숨이 두려워서 위정자의 횡포를 보고서도 외면해 버리고 신령한 채 말라." 1960년대 말까지만 해도 『기독신보』는 선지자적 기개로 충만해 있었던 것이다.

박정희와 삼선 개헌

권력은 아편이라는 말은 진리임이 한국에서 다시 입증되었다. 두 번째 임기 종료를 눈앞에 둔 박정희와 그의 측근들은 집권 연장의 음모를 꾸미기 시작했다. 그러나 당시 대한민국 헌법은 한 사람이 세 번 연속 대통령에 당선될 수 없다는 중임 제한 규정을 두고 있었기 때문에 헌법을 그대로 두고서는 권력을 연장할 수 없었다. 그래서 박정희와 그의 측근들은 1969년 초부터 헌법 개정을 위한 분위기 조성에 착수했다. 드디어 1969년 7월 25일 박정희는 헌법 개정안을 국민 투표에 회부하겠다고 공포했다. 그리고는 만일 자신의 개정안이 부결되면 그것을 자신에 대한 국민의 불신임으로 간주하고 즉시 대통령직을 사임하겠다고 공언했다. 이것은 권력의 공백으로부터 야기될지 모르는 무정부 상태에 대한 국민들의 순진한 두려움을 이용하는 교묘한 술책이었다.[34)]

많은 국민들이 그 개정안에 반대했다. 한 사람에게 장기적으로 집중된 권력은 필연적으로 부패한다는 우려 때문이었다. 그리하여 야당 정치인들과 반체제 지식인들은 김재준 목사를 위원장으로 하고 함석헌, 박형규 목사 등의 진보적 교계 지도자들을 포함한 "삼선 개헌 저지 범국민 투쟁 위원회"를 조직했다. 그 해 8월 15일 동 위원회는 삼선 개헌에 반대하는 성명서를 주요 일간지들에 발표했다. 성명에서 그들은 교회가 불의를 공격하고 의의 편에 섬으로써 선지자적 역할을 수행해야 한다고 강조했다.[35)]

9월 2일, 그 성명이 발표된 일주일 후, 보수 교회에 속한 242명의 목사들이 "개헌 문제와 양심 자유 선언"이라는 반박 성명을 발표했다. 이 성명은 김재준 등의 성명서가 "순진하고 선량한 뭇 성도들의 양심에 혼란"을 일으키는 선동적 행위라고 비난하면서 교회는 정교 분리의 원칙에 따라 정치적 문제에 대해 "중립"을 지켜야 한다고 주장했다.[36)] 정의 구현을 그 본연의 사명으로 하는 정부가 법의 정신에 역행하는 일을 하더라도 그것이 정치적인 문제이면 교회는 입을 다물고 있어야 한다는 것이었다.

그러나 불과 며칠 뒤 보수 교단 지도자들도 진보 교단의 지도자들 못지 않게 정치적임이 드러났다.[37] 242인의 성명이 있은 사흘 후 그 242인 중에 포함된 박형룡, 박윤선, 조용기, 김준곤, 김장환 그리고 김윤찬 목사 등의 보수 교단 지도자들을 중심으로 하는 대한기독교연합회라는 단체가 "개헌에 대한 우리의 소신"이라는 성명을 발표했다. 그 성명에서 그들은 "개헌 문제에 대한 박 대통령의 용단을 환영"하고 "오늘과 같은 국제 정세나 국내 시국에서는 강력한 영도력을 지닌 지도 체제가 있어야" 한다고 주장했다.[38] 박 대통령 외에는 한국에 강력한 지도력을 가진 정치인이 없으니 개헌을 통해 그를 재집권시키자는 암시가 담긴 성명이었다. 결국 그들이 외치는 "정치적 중립"이란 기성 질서를 유지하자는 것이었다. 9월 6일 한국교회협의회는 대한 기독교 연합회와는 전혀 무관함을 천명했고, 이틀 후 헌법 개정안에 대한 "깊은 우려와 심한 유감"을 표시했다.[39]

『기독신보』는 삼선 개헌 문제에 관해 자기 교단의 신학자들과 다른 견해를 가지고 있었다. 9월 13일자 『기독신보』 사설은 교회와 국가의 분리 원칙에 대해 균형 있는 태도를 보여준다. 즉, 교회와 국가는 "상호의 자주권이 침해받지 않는 한도 내에서 상호 관련해야"했다. 즉, 교회는 "위정자들을 향하여 선한 동기에서 건의와 충고를 할 수 있어야" 했다. 그러나 한국에는 교회와 국가의 이와 같은 건전한 상호 작용은 희귀한 반면 불건전한 종류의 상부상조는 만연되어 있다고 사설은 비판했다. 일반 정치가들은 물론 심지어 기독교인 정치인들조차도 "자신의 정치적 목적을 위해 교회와 그리스도를 이용하려는 몰지각한 행동"을 하고 있는 한편 보수 교회는 "정치 권력을 배경으로 어떤 이권"을 얻으려고 "정치 권력에 아부"하고 그것과 "타협"하고 있었다. 진보적 교회들은 그들대로 "사회 참여라는 미명하에 … 노골적인 정치 운동에 앞장"을 서고 있었다. 그리하여 보수와 진보 어느 쪽도 국가와의 건전한 관계를 맺는 데 실패하고 있다는 것이었다.[40]

10월 17일의 국민 투표에서 헌법 개정안은 65:31로 통과되었다. 1971년의 대통령 선거전에서 박정희 후보는 " … 여러분들에게 표를 달라고 하는 것은 이번이 마지막"이며 삼선되면 4년 임기 동안 부패를 척결하면서 후계자를 준비하고 물러나겠다고 공약했다.[41] 그것은 결코 삼선 이상은 더 시도하지 않겠다는 대국민 약속이었다. 그러나 한국민들은 조만간에 그가 전국민을 상대로 한 약속조차도 대수롭지 않게 여기는 경우를 다시 한 번 발견하게 된다.

유신 헌법

헌법 개정에 의해 세 번씩이나 대통령에 당선된 박정희는, 그러나 그것으로도 만족하지 않았다. 온갖 의심스러운 수단을 총동원하여 삼선에 성공했음에도 불구하고 그는 급기야 영구 집권의 욕심을 품게 되었다. 그리하여 그의 지시에 따라 몇 사람의 법률학자들이 헌법 개정 준비에 착수했다. 1971년 10월 17일 박정희는 돌연 대통령 특별 선언을 통해 헌법의 일부 조항들의 효력을 정지시키면서 국회를 해산하고 정치 활동과 정당 활동을 금하는 한편 비상 계엄을 선포했다. 그 날부터 정치적 목적의 집회와 시위가 금지되고, 언론은 사전 검열을 통과해야 했으며, 대학들을 휴교에 들어갔다.

열흘 후 헌법 개정안이 비상 국무 회의에 의해 공포되었다. 개정안의 핵심은 한마디로 한 사람, 즉 박정희의 권력을 영구화, 그리고 절대화하는 것이었다. 나중에 유신 헌법이라고 불리우게 된 이 헌법안에 의하면 대통령은 국회 해산권, 국회의원 총수의 삼분의 일 지명권 등을 비롯하여 거의 무소불위의 권력을 가지게 되어 있었다. 대통령의 임기는 4년에서 6년으로 연장되었는데 무엇보다 주목할 만한 사실은 그 개정안에서는 대통령의 중임 제한이 철폐되었다는 것이었다. 또한 대통령은 국회의 동의하에 대법원장을 임명할 수 있었으며, 헌법 개정안 제출권과 함께 긴급 조치권을 가지게 되었는데 그것에 의해 국민의 권리와 자유를 제한할 수 있었다. 한마디로 이 헌법은 대통령에게 봉건 시대의 전제 군주와 같은 권력을 부여하고 있었다.

유신 헌법에는 박정희가 대통령 선거에서 확실하고도 간단하게 승리하게 하기 위한 장치가 포함되어 있었다. 그것은 통일주체국민회의라는 기구였다. 박정희는 이것이 남북 통일의 길을 모색하기 위한 기구라고 언명했다. 전국 1,630 선거구에서 투표로 선출된 2,359명의 대표로 구성될 통일주최국민회의에 맡겨진 사실상의 역할은 집권당이 내세운 대통령 후보를 거의 만장일치로 당선시키는 것이었다. 1971년 직선제하의 대통령 선거에서 가까스로 승리한 박정희는 이제 국민들의 직접 선거를 통한 당선에는 자신이 없었기 때문에 대통령 선출 방식을 간선제로 바꿈으로써 자신의 목적을 달성하려 했던 것이다. 한편 그 기구가 "통일"을 표방했던 진정한 이유는 국민들의 통일에 대한 염원을 이용하여 유신 헌법에 대한 지지를 획득하는 것이었던 듯하다. 왜냐하면 유신 헌법이 통과된 후 통일을 위한 남북 대화는 곧 중단되어 버렸기 때문이었다.[42)]

이처럼 유신 헌법은 첫눈에도 한국의 민주주의를 결정적으로 파괴 내지 후퇴시키는 조처였음에도 불구하고 박 정권은 그것이 "한국적 민주주의"를 위해 필요 불가결한 조처라고 강변했다. 그리고 그 채택 여부를 묻는 국민 투표는 1971년 11월 21에 실시될 것이라고 공고되었다.

바로 이때 『기독신보』는 "유신 헌법의 필요성"이라는 수상한 제목의 칼럼을 연재하기 시작했다. 11월 4일부터 시작해서 국민 투표 사흘 전까지의 3주 동안 매주 한 번씩 게재된 이 칼럼은 정부의 상투적 논리와 표현을 거의 그

대로 채용하여 유신 헌법의 필요성을 옹호하고 있었다. 글은 "한국적 민주주의"의 필요성에 대한 강조로 시작되었다. 한국은 해방 후 30여 년 동안 서구 제국들로부터 빌어온 민주주의를 사용해 왔는데 이제 그런 서구적 민주주의는 우리 실정에 맞지 않음이 판명되었기 때문에 정부가 유신 헌법으로 우리 상황에 맞는 한국적 민주주의를 마련하기에 이르렀다는 것이었다.

칼럼은 계속해서, 온 국민이 "이 역사적 과업"을 지지하고 수행하기 위해 유신 헌법을 지지해야 할 몇 가지 이유가 있다고 주장했다. 첫째, 그것은 한국의 통일을 위해 필요했다. 남북 대화의 통로가 개설된 때에 헌법 개정을 통해 그것을 지원해야 하는데 유신 헌법이 통일 주체 국민 회의에 관한 조항을 가지고 있다는 것이었다.[43]

『기독신보』 칼럼이 제시한 두 번째 이유는 자가당착적인 것이었다. 칼럼은 앞에서 새 헌법이 필요한 첫 번째 이유를 제시하면서 분명히 가까운 미래에 통일이 이루어질 것을 상정하고 있었다. 그러나 두 번째 이유는 엉뚱하게도 남북 간의 냉전의 계속을 전제하고 있었다. "남북 분단"의 상황이 유신 헌법을 요청한다는 것이었다. "우리는 다른 나라와 근본적으로 다른 데가 있다. 그것은 나라가 남북으로 갈라져 있다는 것이다." 우리는 "155마일 휴전선"을 지켜야 한다. 이것은 안보를 빌미로 반대 세력을 억압하곤 하던 정부의 수사와 논리의 복사판이었다.

칼럼은 자유, 인권 등의 가치를 높이 평가하지 않았다. 국가 보위의 특수한 필요성 때문에 한국민들은 "사소한"(민주주의니, 인권이니, 자유니 하는) 것들이 제약되는 불편을 겪는다고 해서 "불만을 가지고 수선을 피우며 사회를 시끄럽게"하지 말아야 했다. 미국에는 미국식 민주주의가 있고 영국에는 영국식 민주주의 있는 것과 꼭 마찬가지로 "한국에는 한국의 민주주의가 있어야 한다 … 이번의 헌법은 바로 빌어 입은 옷을 벗어 던지고 내 옷으로 바꾸어 입는 개혁 운동"이다.[44] 이것이 『기독신보』의 논리였다. 견제와 균형이라는 민주주의의 핵심적 요소를 누락시키고 그 대신 대통령 일인에게 절대 권력을 부여하는 것이 한국의 상황에 적합한 민주주의라는 것이었다.

유신 헌법이 필요한 세 번째 이유는 박 대통령이 실수가 없고 믿을만한 지도자라는 사실이었다. "박 대통령이 판단하고 추진했던 일에 무엇 하나 잘못이 있었던가?" 그가 1, 2차 경제 개발 5개년 계획, 한일 회담, 경부 고속 도로 등을 처음 추진할 때 반대하던 사람들이 있었다. 하지만 지금 "생각하면 그때 그런 일을 해 놓지 않았더라면 오늘 우리의 처지가 얼마나 비참할까 … 아찔한 생각이 든다."고 칼럼은 수선을 피웠다. "일반 국민들"은 "훌륭한 지도자"가 하는 일을 제대로 이해도 못하면서 불평하는 경향이 있다. 그것은 훌륭한 지도자가 항상 국민들 보다 "몇 년 앞을 내다보고" 일하기 때문이다. 『기독신보』는 유신 헌법도 바로 이런 경우들 중 하나라고 주장했다.[45]

유신 시기는 정부에 대한 『기독신보』의 지지가 절정에 달하였던 때였다. 1973년 총선 직전 『기독신보』는 "한국적 민주주의의 정초"라는 또 하나의 칼럼을 연재했다. 그 내용은 여당과 야당 사이에 힘의 균형이 이루어져 여당의 독주에 제동이 걸리면 능률적인 정치에 방해가 되므로 여당에 힘을 몰아줌으로써 소위 "능률적"인 국정 수행을 기하자는 것이었다. 즉, "박 대통령이 말한 바와 같이 지난 사반세기 동안의 우리 헌정사를 돌이켜 볼 때 국력의 배양과 그 조직화를 저해해 온 가장 큰 요인은 무엇보다도 국회의 비능률적이고 비생산적인 운영"이었고 국회가 그렇게 된 최대의 원인은 "정당들과 정치인의 몰지각한 정치 행태" 때문이었으므로 박 대통령은 "10월 유신의 영단"을 통해 국회를 해산하고 "정치 운동을 중지시켜 새로운 정치 기풍을 확립"했다는 것이었다.[46]

총회 신학교 교수들의 시국관

『기독신보』가 독재 정부를 지지하는 글들을 열심히 게재하고 있던 이 무렵 총회신학교 교회사 교수로 있던 김의환은 『신학지남』에 시국과 관련된 한편의 글을 기고했다. "한국 교회의 정치 참여 문제"라는 제목의 이 글은 주목할 필요가 있는데 그 이유는 그것이 교회와 국가, 혹은 교회와 정치라는 주제에 관해 한국의 보수 교단 학자가 아마도 최초로 밝힌 입장이었기 때문일 것이다.

김의환은 교회와 국가가 완전히 분리되어야 한다고 주장했다. 그 이유는 두 기관이 "서로 다른 목적과 기능"을 가지고 있기 때문이었다. 교회는 비종교적 문제에 "교회의 이름으로" 연루되어서는 안 되었다. 그리스도인들이 개인적으로는 정치적 행동을 할 수 있으나 교회가 정치 현실에 "직접" 개입하지는 말아야 했다.[47)]

김의환은 정치 문제에 대한 교회의 "직접" 개입의 예들로 구한말 한국 그리스도인들의 정치적 행동, 1919년 삼일 운동에서의 기독교인들의 적극적 개입, 1965년 한일 국교 정상화에 대한 한국 교회의 반대 표명, 그리고 유신 헌법에 대한 교회의 논란 등을 제시했다. 그는 특별히 삼일 운동에 교회가 참여한 것은 몇 가지 이유에 의해 아주 심각한 실수였다고 주장했다. 첫째, 민족주의적 운동에 교회가 참여함으로 일제의 혹독한 박해를 받게 되었다. 둘째, 일제의 권세도 하나님으로부터 말미암은 것이었다. 셋째, 기독교는 민족주의와 아무 관계가 없다.[48)]

그러나 김의환은 1969년 9월 자신의 교단을 포함한 한국의 보수 교단 지도자들이 박정희의 삼선 개헌을 지지하기 위해 발표한 "개헌에 대한 우리의 소신"과 같은 정치적 성명에 대해서나, 불과 한 달 전 자기 교단 신문인 『기독신보』가 연재한 "유신 헌법의 필요성"과 같은 고도의 친정부적 정치 성향의 글들에 대해서는 아무 언급을 하지 않음으로써 교회의 정치 참여를 선별적으로 반대한다는 인상을 주었다.

헌법에 의해 자유 민주주의를 국시로 채택하고 있는 나라에 살고 있으면서도 김의환은 민주주의에 대해 별다른 애착을 보이지 않았다. 그에 의하면 기독교인들은 "민주주의적 정체만을 고집하지 말아야"했다. 그리고 인들은 "로마 정부"와 같은 폭군적 권세에도 무조건 복종해야 한다고 그는 주장했다.[49] 교회가 "교회의 이름으로" 국가에 항의하거나 반대할 수 있는 유일한 경우는 국가가 교회의 영역을 침범해서 "성경의 중심되는 교리들을 범할" 때뿐이었다. 교회는 오직 좁은 의미의 "종교적" 문제들에 대해서만 정부를 향해 발언 할 수 있었다. 그 외의 교회에 의한 모든 정치적 행위들은 잘못이라고 그는 주장했다. 그것은 "하나님의 통치와 카이사르의 통치를 혼돈"하는 행위라는 것이었다.[50]

1973년 12월 야당 정치인, 교수, 그리고 진보적 교회 지도자들로 구성된 반체제 인사들은 유신 헌법 개정을 위한 100만인 서명 운동에 착수했다. 그러자 1974년 1월 8일 박 대통령은 이 운동을 저지하기 위해 긴급조치 1호와 2호를 선포했다. 이 조치에 의해 ① 유신 헌법을 "부정, 반대, 왜곡, 또는 비방하는 일체의 행위"가 금지되었고, ② 그것의 "개정, 또는 폐지를 주장, 발의, 제안 또는 청원"하는 일체의 행위도 금지되었으며, ③ 긴급 조치 1, 2호를 위반한 자와 비방한 자는 법관의 영장 없이 체포, 구속, 압수, 수색하며 비상 군법 회의에서 심판 처단하여 15년 이하의 징역에 처해지게 되었다. 한마디로 이것은 역사상 그 유례를 찾아보기 어려운 권력의 횡포였다.

1974년 가을, 유신의 강권적 통치로 인한 어두움이 한국 사회 전체를 무겁게 짓누르고 있을 무렵, 총회신학교 강사인 손봉호는 『신학지남』에 사회 정의와 관계된 두 편의 글을 연속으로 기고했다. "기독교 사회 윤리의 문제"라는 제목의 글에서 그는 '구조악' 혹은 '사회악'의 문제를 다루고 있었다. 그는 '제도나 조직'이 개인보다도 "훨씬 더 크고 무서운 힘"을 가지고 있다고 주장했다. 나쁜 제도는 그 안에 있는 개인들의 선함과 무관하게 '불공평, 불의'를 가져오기 때문에[51] 그리스도인들이 "이웃을 네 자신처럼 사랑하라."는 가장 큰 계명을 순종하고자 한다면, 그리고 구조악에 동참하지 않으려면 "사회 제도의 힘을 의식하고 계산에 넣어야" 할 뿐 아니라 "적극적으로 사회 개선에 헌신하여야 한다"는 것이었다. 그는 "많은 복음주의자들이 사회악에 무관심한 것은 어떤 이유로도 용서되지 않는다."고 단호하게 못박았다.[52]

그러나 이 글은 사회 윤리의 원리와 필요성을 소개하는 데에서 멈추었다. 아마도 지면의 제약 때문인지 손봉호는 당시 여러 정치 사회적 문제들로 고통하고 있던 한국 사회를 분석하거나 그것들에 대한 대안을 제시하는 데까지 나아가지는 않았다.

『신학지남』 다음 호에 손봉호는 사회 정의와 선교에 관한 또 하나의 글을 기고했다. 그의 어조는 앞의 글에서보다 더 강경했다. "불의를 보고, 즉 가난한 자, 억눌린 자, 병든 자들이 압제당하는 것을 보고 입을 다무는 선교사나 기독교인은 자격이 없는 자들"이라고 그는 외쳤다. 당시 보수, 진보를 막론하고 교회의 선지자적 사명 수행을 손봉호만큼 강하게 촉구했던 사람은 아마 없었을 것이다.

> 어떤 정권이든, 어떤 정당이든 불의하면 불의하다고 비판해야 하며 고치려고 애써야 할 것이다. 지상의 모든 정권은 불의하기 마련이기 때문에 교회와 선교사는 항상 비판적일 수밖에 없다. 그들은 이상주의자들이기 때문이다. 구약의 참 선지자들은 그래서 언제나 비판하는 자들이었다.[53]

이미 1974년에 손봉호는 선교에 관한 포괄적인 이해를 가지고 있었다. 그에게 있어 선교란 단순히 복음의 메시지를 구두로 선포하는 것이 아니었다. 그것은 “신자들의 생활만큼이나 포괄적”이며 “사회 정의의 구현”을 포함하는 것이었다. 그러므로 사회 정의의 구현을 외면하는 선교는 “절름발이 선교”라고 그는 생각했다.[54)]

복음적 구원의 포괄성을 강조하기 위해 손봉호는 당시 교회에서 아직 금시기 되고 있던 ‘해방’이라는 단어를 도입했다. 그에게 있어 그리스도의 복음은 “약한 자, 가난한 자, 불쌍한 자의 해방”을 의미했다. 그러므로 복음이 전파될 때 그러한 일이 일어나도록 “사회 구조가 바뀌어야” 한다고 그는 주장했다. 단순히 그리스도의 이름을 전하는 것만으로는 그러한 해방이 일어날 수 없었다. “그리스도의 이름만 전한다고 사회 정의가 자동적으로 구현된다고 생각하는 것은 크나큰 오해”였다. 당시 한국의 현실이 그것을 웅변적으로 보여 주고 있었다. 정의를 구현하는 하나님의 방법은 “가난한 자, 억눌린 자, 사회에서 천대와 멸시를 받는 자 편에 서서 그들을 압제하는 세력을 심판”하는 것이었다.[55)]

손봉호는 사회 정의가 기독교에 있어 너무나 핵심적인 요소이기 때문에 어떤 나라가 해외 선교의 자격을 갖추려면 우선 그 나라에 상당한 정도의 사회 정의가 이루어져야 한다고 주장했다. 다시 말해서 선교국의 사회 정의 구현 정도는 피선교국의 그것보다 높아야 한다는 것이었다. 그렇지 않다면 그 나라는 선교국으로서는 아직 시기상조였다. 그러므로 해외 선교에 나서기 전에 한국 교회는 먼저 “얼마나 우리나라 사회 정의의 구현에 이바지했는지, 우리 사회가 어느 정도 의로운지 생각해 보아야” 한다고 그는 주장했다.[56)]

사회 정의를 복음의 필수적 요소로 강조하는 데 있어 손봉호의 이 두 글은 어떤 진보적 신학자의 글들 못지 않게 진보적이었지만 그 글들이 사회 정의와 기독교의 관계에 대한 당시 보수 장로교회의 일반적 인식을 반영하는 것은 아니었다. 아마 당시 대부분의 한국 보수 장로교회들은 이 문제에 있어 손봉호보다는 김의환의 입장을 더 지지했을 것이다.

교회와 국가에 관한 논쟁

1974년 가을 정부의 몇몇 고위 관리들이 공식 석상에서 진보 교회 지도자들의 정치적 행동에 대해 불평을 늘어놓는 일이 발생했다. 11월 9일 김종필 총리는 450명의 기독교 실업인들이 주최한 국무총리를 위한 조찬 기도회에서 연설 중에 어떤 목사와 기독교인들이 "종교인으로서의 본연의 위치와 영역을 벗어나 정치적 집단 행동에 가담"하거나 다른 사람에게 그것을 선동하고 있다고 비난했다. 그는 이것이 "어떤 형태로든지" 종교 기관의 정치 개입을 금하는 헌법 시위를 통해 계속 "정부의 권위에 도전"한다면 정부는 어쩔 수 없이 그들을 처벌해야 할 것이라고 경고했다.[57)]

한국교회협의회는 같은 달 18일에 성명을 발표하여 김종필 총리의 주장을 다음과 같이 반박했다. 로마서 13장의 가르침은 정치 권력의 '한계와 정당성'을 전제로 한 것이다. 정부는 "국민 복지와 안녕 질서, 그리고 사회 정의"를 위해 하나님으로부터 "조건적 권위를 위임받았다." 그러므로 인간의 권세가 그 한계를 벗어나 본래의 의무에 불충실해지면 교회는 "하나님의 말씀의 대변자"로서 이를 "비판하고 시정"할 책임이 있다. 나아가서 정부가 하나님의 뜻을 거스려 자신의 권력을 영구화하려 할 때 교회는 그러한 정부에의 "협력"을 거부할뿐 아니라 그것에 "대항"해야 한다.[58)]

한국교회협의회의 이 성명에 신속하게 대응한 것은 정부가 아니라 보수 교회들이었다. 그 달 25일 한국예수교협의회(KCCC)는 성명을 발표하여 정부에 대해 비판적인 자들이 "시회 혼란"을 초래하고 있다고 비난했다. 그 성명은 또 그리스도인들이 반정부적 성명을 발표한다거나 군중 시위에 참여하는 것은 "비성경적"이라고 주장했다. 그들이 생각하는 "성경적" 태도는 국가가 "신앙의 자유를 말살"하려 하지 않는 한 "권력에 순종"하는 것이었다.[59)]

11월 27일에는 대한 기독교 연합회에서 성명을 발표하여 로마서 13장의 명령은 "무조건적"인 것이라고 주장했다.[60)] 성명은, 예수님이나 바울이 언제 로마 정부에 저항한 적이 있는가? 그들은 "영혼 구원"을 위해 전념하지 않았는가고 물으면서 반정부 데모에 앞장서거나 그것을 선동하는 것은 "공산 침략자에 대한 이적 행위"라고 단언했다. 정권에 대한 반대와 국가에 대한 반대를 동일시하고 있었던 것이다.[61)]

친정부적 교회 신문

보수 교회들이 활발히 친정부적 성명을 발표하고 있던 1974년 가을 『기독신보』는 11월 30일자 칼럼에서 한국의 보수 교회들이 정치 상황에 대해 침묵을 지키는 이유는 "국가 안보" 때문이라고 주장했다.[62)] 같은 제목의 두 번째 칼럼에서 동 신문은 "가이사의 것은 가이사에게, 하나님의 것은 하나님에게"(마 22:21)와 "검을 빼는 자는 검으로 망하리라"(마 26:52)는 등의 성경 구절을 인용하면서 정부의 불의에 비판적인 태도를 취하지 않는 자신의 입장을 정당화했다. 그러면서 이 칼럼은 불쑥 그리스도인의 의무는 원수를 사랑하고 핍박하는 자를 위해 기도하는 것이라고 주장했다. 일견 문맥 연결이 되지 않는 이러한 주장을 통해 칼럼은 적어도 당시 한국 정치 지도자들이 기독교인들의 "원수"와 "핍박자"의 입장에 있다는 사실을 은연 중에 노출하고 있었다.[63] 칼럼의 결론은, 교회는 정치와 거리를 두는 것이 좋다는 것이었다. 그 이유는 일단 교회가 "세속적" 일에 연루되면 타락하기 십상이기 때문이라는 것이었다.

이처럼 『기독신보』는 교회가 정치 문제로부터 거리를 둘 것을 거듭 강조했지만 막상 신문 자체는 주요한 정치적 사안이 대두될 때마다 어김없이 정부에 대한 지지를 표명했다. 1975년 1월 22일, 박정희 대통령은 국민들이 정부와 유신 헌법을 지지하고 있는지를 묻기 위해 2월 12일에 국민 투표를 실시하겠다고 발표했다. 그러나 반체제 인사들은 그것에 반대했다. 왜냐하면 당시와 같은 억압적 사회 분위기 속에서의 국민 투표란 단지 정치적 '쇼'(show)에 불과하기 때문이라는 것이었다. 공정한 국민 투표가 실시되기 위해서는 먼저 언론의 자유와 유신 헌법에 대한 자유로운 토론이 허용되어야 한다고 그들은 주장했다.[64] 정부가 국민 투표를 제안한 속셈은 승리할 것이 뻔한 국민 투표라는 절차를 통과함으로써 반체제 인사들의 민주화 요구를 침묵시키는 것이라고 그들은 반발했다.

이때 『기독신보』는 다시 박 대통령의 국민 투표 제안을 노골적으로 지지하는 글을 게재했다. 유신 헌법의 역사적 필요성에 대한 설명을 장황하게 나열한 뒤 신문은 "번영과 가난 중 현명한 선택을 하라."고 독자에게 촉구했다. 물론 유신 헌법에 대한 지지는 번영, 그 반대는 가난으로 인도된다는 뜻이었다.[65]

2주 후, 『기독신보』는 대학생들의 시위를 비난하는 글을 게재했다. 왜 그들이 그처럼 과격한 정치적 행동을 하게 되었는가 하는 것에 대한 언급은 일절 없이, '내일'을 걸머지기 위해 준비해야 할 학생들이 '오늘'의 문제에 참여하는 것은 잘못이라고 신문은 질책했다. 그러면서 국가의 모든 부조리와 불의에 대해 책임을 져야 하는 것은 정부가 아니라 그 학생들의 부모들이라는 괴이한 논리를 전개했다.[66] 문제의 근원이 정치 지도자들이 아니라 일반 시민에게 있다는 말이었다.

1975년 4월 26일의 『기독신보』 논설은 민주화 운동에 대한 우려와 함께 기존 질서의 유지(status quo)에 강한 집착을 보이고 있었다. 학생들, 기독교인들, 그리고 언론인들에 의한 민주화와 사회 정의 운동은 우리 국민들의 '공감'보다 '불안'을 초래한다고 논설은 주장하면서 "민청학련 사건" 배후에 공산주의자들의 음모가 숨어 있다는 정부의 발표를 기정 사실로 수락하고 있었다.[67]

유신의 종말과 교회

박 정권을 옹호하려는 『기독신보』의 이러한 몸부림에도 불구하고 박 정권에 대한 국민들의 불만은 날로 고조되고 있었다. 그러던 중 드디어 1979년 10월 26일 박정희의 심복인 중앙정보부장 김재규는 박정희를 저격 살해했다. 사람들은 이제 한국에도 민주화가 이루어지고 정치의 '봄'이 찾아올 것을 기대했으나 그 기대는 허망하게 무산되고 말았다. 박 대통령이 암살당한 지 채 두 달도 지나기 전인 12월 12일 전두환 장군을 비롯한 정치 군인들은 사실상의 쿠데타를 일으켜 실권을 장악하고 민주주의 역사의 수레바퀴를 다시 뒤로 돌려놓고 말았다. 그리하여 한국은 재차 오랫동안 군사 강권 통치하에 놓이게 되었다.

전두환의 제5공화국은 본질상 박정희의 제3, 4공화국과 차이가 없었다. 그리고 80년대 한국 보수 교회의 정권에 대한 태도 역시 70년대와 마찬가지였다. 그러나 정통성이 박약한 전두환 정권의 부패와 불의에 대한 한국민의 불만과 저항은 날이 갈수록 고조되어 1987년 6월에는 그것이 절정에 달하게 되었다. 6.29선언은 한국민의 저항과 민주화 요구에 대한 전두환 정권의 항복이라 일컬어진다. 6월 항쟁 몇 달 뒤 전두환 대통령은 임기를 마치고 퇴진했다. 그러나 거의 20년 만에 직선제로 바뀐 대통령 선거에서 야당은 후보 단일화를 이루지 못했고 어부지리를 얻은 여당 후보 노태우가 대통령에 당선되었다. 그도 근본적으로 전두환과 뿌리를 같이하는 군부 출신이었으나 한국 사회는 이미 이전과 같은 철권 통치가 먹혀들지 않는 시대로 진입해 있었다. 국민의 다수를 차지하는 교육받은 20대 및 30대 젊은 세대의 등장으로 말미암아 시민들의 의식 구조는 급속도로 합리적이고 민주적으로 변모되어 가고 있었다. 어쨌든 1971년 이후 국민의 직접 선거에 의해 선출된 최초의 대통령인 노태우 치하에서 사회는 다소 민주적으로 변화되었고 분위기도 유화적이 되어갔다. 이러한 긍정적 변화가 일어나기까지는 소위 진보적 기독교인들을 비롯한 반체제 인사들의 많은 희생이 있었다. 한편 보수 교회들은 그 암울한 시대 동안 복음 전도와 양육을 통한 교회 성장에 거의 배타적인 관심을 기울이느라 사회 정의나 민주화를 위해서는 별다른 시도도, 기여도 하지 못했다.

좀 때늦은 감이 없지 않았지만 시대의 분위기가 풀린 1980년대 후반부터 복음주의자들 중 일부는 기독교의 사회적 책임을 인정하고 그것을 수행하기 위한 시도를 시작했다. 1989년 서경석 목사를 중심으로 한 그리스도인들이 경제 정의 실천을 위한 시민 운동을 조직했고, 1990년부터는 손봉호 교수 등의 복음주의적 그리스도인들이 대통령, 국회의원, 지방 자치 단체 의원 선거에서의 공정성을 기하기 위한 시민 감시 운동을 조직하여 의미있는 활동을 전개했다. 80년대 말에 손봉호 교수 등이 시작한 기독교 윤리 실천 운동은 비록 정치적, 구조적인 접근은 미약하나 기독교의 사회적 책임 수행을 위한 시도의 일환이라는 점에서 복음주의 그리스도인들의 적잖은 호응을 얻고 있다.

맺는 말

제1공화국 정부에는 상당한 숫자의 기독교인들이 있었지만 그들은 자신들의 기독교적 신앙과 가치를 정치에 적용하는 것보다는 자신들의 권력과 특권을 유지하는 데 더 열중했다. 그리하여 소위 "기독교 정권"은 폭정, 부패, 그리고 불의로 얼룩지다가 4.19 학생 의거에 의해 붕괴되고 말았다. 당시 한국 교회는 불의해져 가는 권력을 비판하고 충고하는 선지자적 역할을 수행하지 못했다. 그들은 대통령과 많은 고위 공직자들이 기독교인이라는 사실 자체에 대한 만족과 그들이 교회에 어떤 혜택을 줄 것이라는 은근한 기대 때문에 정부를 맹목적으로 지지했다.

1960년대 초반까지 교회는 자주 기회주의적인 모습을 보였다. 이승만이 권좌에 있는 동안에는 그를 "위대한 영도자", "애국적 영웅", "한국의 모세" 등으로 과대 찬양하다가 4.19에 의해 그 정권이 무너지자 하루 아침에 태도를 돌변하여 이 정권의 실정을 차갑게 비판했다. 그러다가 5.16 쿠데타가 일어나자 또 그것을 열렬히 환영하면서 그것을 정당화해 주었다.

1960년대 중반 한일 회담 반대에 한국 교회가 거교회적으로 참여하던 시기를 전후해서 일부 보수 장로교회는 기독교의 사회적 책임에 대해 이례적으로 적극적인 입장을 취했다. 그러나 60년대 후반에 들어서면서 교회는 다시 정부의 떳떳지 못한 시도들에 협조적인 자세를 취하기 시작했다. 박정희의 삼선 개헌을 통한 집권 연장 기도에 보수 교회와 그 지도자들이 공공연한 찬성을 표명한 것은 그것이 혹 정부의 압력에 굴한 결과이든 아니면 정치에 대한 몰이해의 결과이든 한국 교회의 정치 참여사에서 가장 불명예스러운 실수들 가운데 하나로 기록될 것이다.

1970년대의 유신 시대는 한국 보수 장로교회들이 국가의 파수꾼으로서의 사명을 완전히 포기한 암흑기였다. 교계 언론은 강권 독재 정권에 대한 비판은 커녕 정부 입장을 변호하고 그 논리를 홍보하는 한심한 역할을 충실히 수행했다. 한마디로 70년대는 기독교 언론이 얼마나 수치스럽게 '어용화'될 수 있는가를 극명하게 보여 준 불행한 시기였다.

보수 교회들이 삼선 개헌과 유신으로 대표되는 일인 권력의 절대화와 영구화 시도에 대해 무관심과 침묵, 혹은 동조와 지지로 일관하고 있을 때 진보 교회들은 민주주의와 인권을 수호하기 위해 맹렬하고도 끈질긴 투쟁을 감행했다. 70년대 이후 한국 사회가 현재와 같은 수준의 민주화에 도달하기까지는 진보적 기독교인들의 많은 희생이 있었다는 것을 부인할 수 없다. 정통 신학과 교리를 자랑하는 보수 교회는 사회 정의를 위해 별로 기여한 바가 없는 반면, 자유주의 교회들은 정의와 인권의 증진을 위해 중요한 기여를 했다는 것은 한국의 복음주의 그리스도인들이 깊이 생각해 보아야 할 문제가 아닐 수 없다.

그러나 소위 진보적 교회들에도 문제는 있다. 첫째, 그들의 신학에 과연 기독교의 본질적 교리들이 포함되어 있는가 하는 점이다. 만일 그렇지 않다면 그들의 사회적 행동은 단지 인도주의적 사회 운동에 불과한 것이 되고 말 것이다. 둘째, 진보적 교회들은 기독교의 사회 정치적 책임 수행에 지나치게 몰두한 나머지 복음 전도와 양육 등 교회의 다른 중요한 사명을 소홀히 한 경향이 있었다. 정치가 교회의 유일한 관심사가 될 수는 없다. 셋째, 정부의 권위가 '절대적'이라는 주장은 비성경적인 것임이 분명하지만 정부의 권위를 너무 쉽게 거부하는 것도 마찬가지로 비성경적이다. 성경은 그리스도인들이 그들 위에 세워진 권위를 존중할 것을 가르친다. 이러한 면에서 진보 교회가 생각해 보아야 할 점이 있을 것이다.

사회 윤리와 관련하여 복음주의 그리스도인들에게 이상적인 상태는 전통적 신학과 정통 신앙의 근거 위에서 사회 정치적 책임을 수행하는 것이다. 그것은 불가능한 일이 아닐 것이다. 사회적 책임을 수행하기 위해 꼭 전통적 신앙을 버리고 신학적 자유주의자가 되어야 할 필요는 없다. 1~4장에서 고찰한 역사적 개혁주의의 전통이 그 가능성을 입증해 준다. 다음 장에서는 해방 후 한국의 보수 교회들이 사회 정치적 책임 수행에 실패하게 된 근본 이유들 가운데 몇 가지를 살펴보고자 한다. 과연 어떤 오해들이 한국 보수 교회들로 하여금 선지자적 역할 수행에 소극적이게 만들었던가?

주

1) 민경배, 『한국 기독교회사』(서울: 대한기독교서회, 1973), 372.

2) 김영재, "해방 후 한국 교회의 정치적 행동과 개혁 운동," 『신학지남』, 52-1호(1985): 94.

3) 『기독공보』, 1956. 1. 15.

4) 최종고, 『국가와 종교』(서울: 대한기독교서회, 1983), 193.

5) 『기독공보』, 1948. 8. 15.

6) 민경배, 『한국 기독교회사』, 366.

7) 『기독공보』, 1952. 8. 4.

8) 『기독공보』, 1952. 8. 4.

9) 『기독공보』, 1952. 8. 4.

10) 최종고, 『국가와 종교』, 196.

11) 이만열, 『한국 기독교와 민족 의식』(서울: 지식산업사, 1981), 122.

12) 『기독공보』, 1954. 3. 8.

13) 『기독공보』, 1956. 5. 28.

14) 『기독공보』, 1956. 4. 9.

15) 『기독공보』, 1956. 4. 23.

16) 『기독공보』, 1956. 12. 24.

17) 김평익, "한국 교회의 사회 참여," 『기독교 사상』, 69-76, 36.

18) 『기독공보』, 1960. 5. 2.

19) 『기독공보』, 1960. 8. 22; 1961. 4. 24. 이때 『기독공보』는 이미 통합측 교단 신문이 되어 있었다.

20) 최종고, 『국가와 종교』, 207.

21) 이만열, 『한국 기독교와 민족 의식』, 118-20

22) 홍현설, "혁명은 교회에 무엇을 가져다 주었나?," 『기독교 사상』, 62-65.

23) 윤보선의 부친은 안국동교회 장로였고 어머니는 전도사였다. 『기독공보』, 1960. 8. 22.

24) 김호진, "박정희의 리더십과 지배 전략,: 『한국 현대사를 어떻게 볼 것인가?』(서울: 동아일보사, 1990), 4:82.

25) 『기독교 사상』, 1961. 6.

26) 『기독공보』, 1961. 5. 29.

27) 『기독공보』, 1963. 4. 1.

28) 김용호, "공화당과 삼선 개헌," 『현대사를 어떻게 볼 것인가?』(서울: 동아일보사, 1990), 4:82.

29) 결정적인 문제는 한일 합방에 관한 것이었다. 한일 합방으로 귀착된 조약들의 무효화 시기에 대해 한국은 일본이 한국에 침략의 손길을 뻗치기 시작한 때부터라고 주장했다. 왜냐하면 그

시기에 조약들은 모두 협박 속에 강제로 체결된 것이기 때문이라는 것이었다. 하지만 일본은 그 조약들이 법적으로 하자가 없는 것들이기 때문에 1945. 8. 15부터 무효라고 주장했다. 한국 민들은 이 점에서 정부가 양보한 것에 분개했다. 이러한 양보 때문에 한국이 일본으로부터 받은 돈은 보상이 아니라 원조가 되어버렸다. 최근에 한일 합방으로 이끈 조약들은 법적인 조건도 제대로 갖추지 못했던 것들임이 점차로 밝혀지고 있다.

30) 『그리스도인 신문』 1965. 7. 9.

31) 『기독신보』, 1965. 6. 12.

32) 『기독신보』, 1965. 7. 19.

33) 『기독신보』, 1965. 6. 21.

34) 김용호, "공화당과 삼선 개헌," 102.

35) 『조선일보』, 『한국일보』, 1969. 8. 24.

36) 한국기독교교회협의회 인권위원회, 『70년대 민주화 운동』 1권(서울: 동광출판사, 1987), 81.

37) 최종고, 『국가와 종교』, 224.

38) 최종고, 『국가와 종교』, 82.

39) 김관석, "시국대책협의회 개최 동기와 과제," 『시국 대책 협의회 보고서』(NCC, 1977), 19-20; 김용복, "해방 후 교회와 국가," 『국가 권력과 기독교』(서울: 민중사, 1982), 219에서 재인용.

40) 『기독신보』, 1969. 9. 13.

41) 『동아일보』, 1971. 4. 26; 『70년대 민주화 운동』 1권, 122.

42) 1972년 7월 4일, 남북한 양 정부는 남북 공동 성명을 발표했다. 이 발표의 내용은 양측 밀사들이 상호 방문을 통해 한국의 통일에 대해 논의하기 시작했으며, 양측이 평화와 통일을 위해 노력하기로 합의했다는 것이다. 그러나 이 통일 논의는 양쪽 정부가 자신들의 통치 기반을 강화하기로 위한 헌법 개정을 각각 성공적으로 수행한 후에 중단되었다. 『70년대 민주화 운동』 1권, 156-68.

43) 『기독신보』, 1972. 11. 11.

44) 『기독신보』, 1972. 11. 11.

45) 『기독신보』, 1972. 11. 18.

46) 『기독신보』, 1973. 11. 10, 17, 24.

47) 김의환, "한국 교회의 정치 참여 문제," 『신학지남』. 3월호(1973): 25, 50.

48) 김의환, "한국 교회의 정치 참여 문제," 25, 28-30, 31-32.

49) 김의환, "한국 교회의 정치 참여 문제," 58.

50) 김의환, "한국 교회의 정치 참여 문제," 50, 25, 27.

51) 손봉호, "기독교 사회 윤리 문제," 『신학지남』 41-43호(1974): 85.

52) 손봉호, "기독교 사회 윤리 문제," 87, 104.

53) 손봉호, "선교와 사회 정의." 『신학지남』 41-44호(1974): 70.

54) 손봉호, "선교와 사회 정의," 67-68.

55) 손봉호, "선교와 사회 정의," 69-70.

56) 손봉호, "선교와 사회 정의," 71.

57) 『동아일보』, 1974. 11. 9.

58) 『70년대 민주화 운동』 2권, 506-508.

59) 『기독신보』, 1974. 12. 7. 한국 예수교 협의회, "기독교 반공 시국 선언문."

60) 대한 기독교 연합회는 이 성명을 발표하면서 동 연합회는 대한 예수교 장로회 합동측, 고신측, 하나님의 성회(순복음교회), 기독교 성결교회, 예수교 성결교회, 나사렛교회 등 14개 교단 2만여 교회가 가입되어 있는 보수 교단 연합체라고 주장했으나 이 발표 직후 예장 합동, 고신, 기성 등은 총회 결의에 따라 자신들이 그 단체에 가입한 사실이 없다고 밝히고 동 연합회에 항의했다. 『70년대 민주화 운동』 2권, 511.

61) 『기독신보』, 1974. 11. 30.

62) 『기독신보』, 1974. 11. 30.

63) 『기독신보』, 1974. 12. 7.

64) 『70년대 민주화 운동』 2권, 511.

65) 『기독신보』, 1975. 2. 1.

66) 『기독신보』, 1975. 2. 15.

67) 『기독신보』, 1975. 4. 26.

Reformed Social Ethics & Korean Churches

제9장

민중 신학 분석

1970년대 중반 이후 한국에서 등장한 "민중 신학"은 80년대에 들어 세계적인 관심을 끌기 시작했다. 그리하여 80년대 중후반에는 가끔 국제적인 학술 대회에서도 민중 신학을 주제로 한 논의가 있는 것을 목도하게 되었다. '민중 신학'이란 무엇인가? 그것은 과연 독창적인 한국 신학인가? 세계 신학계에 공헌할 새로운 신학적 통찰과 발견을 담고 있는가? 성경적으로 단단한 근거를 가진 신학인가?

민중 신학의 발흥

민중 신학을 이해하기 위해서는 그 등장 배경이 된 근세 한국사에 대한 기초적 인식이 필요하다. 1961년 군사 쿠데타를 통해 집권한 박정희는 1968년에 삼선을 위해 개헌을 감행했다. 그리고 70년에는 그것도 모자라 영구 집권을 위한 유신 헌법을 공포했다. 대학생, 지식인, 종교계, 야당 등 반체제 인사들은 박 정권의 이와 같은 극단적 독재에 반대했지만 그러한 저항은 경찰과 군대 및 정보 기관을 앞세운 박 정권의 무자비한 탄압 앞에 맥없이 무너지고 말았다. '긴급조치'라는 방식으로 박정희는 반대 인사들을 사정없이 체포 투옥시켜 버렸던 것이다.

이러한 와중에서도 부분적으로 박정희가 시작한 경제 개발 계획의 성공에 힘입은 한국 경제는 상당한 성장을 이룩하고 있었다. 그것은 주로 수출 진흥 정책에 의해 이루어진 성공이었다. 부존자원(賦存資源)도 빈약하고 축적된 자본이나 기술도 없는 한국이 국제 시장에서 경쟁력을 갖출 수 있는 방식은 오직 값싼 노동력에 의존하는 것뿐이었다. 노동자들의 이와 같은 일방적인 희생은 경제 성장이 상당히 이루어진 뒤에도 계속되었다. 성장의 열매는 거의 전적으로 기업주와 자본가들에게(그리고 그들과 유착해서 그들에게 각종 특혜를 베풀었던 권력에게로) 돌아가고 노동자들은 상상을 초월하는 저임금을 받으며 비인간화된 생활을 꾸려 가고 있었다. 한마디로 정치적 압제, 경제적 불평등이 온 나라를 내리 누르고 있는 것이 70년대 중반까지의 한국 실정이었다.

이러한 때에 남미로부터 해방 신학이라고 하는 새로운 신학 사조가 한국에 유입되기 시작했다. 한국과 정치, 경제적으로 많은 유사성을 가진 남미 국가에서 형성된 이 신학은 한국의 진보적 신학자들과 그 추종자들의 즉각적인 관심을 불러 일으켰다. 해방 신학에 영향을 받은 일부 성직자들과 신자들은 노동자와 농민들에게 그들의 몫을 돌려주려는 목적으로 "가톨릭 농민회", "도시 산업 선교회"를 조직했다. 이러한 가운데 그들은 자신들의 노력을 뒷받침하는 신학의 필요성을 느끼게 되었다.

1975년에 발생한 일련의 사건들은 민중 신학의 출현을 격려하고 재촉했다. 그 해 2월에 일군(一群)의 반체제 인사들이 석방되어 "민주주의 회복을 위한 선언"을 발표했다. 3월 1일에는 석방된 교수들을 위한 환영 행사가 있었다. 그 자리에서 안병무는 "민족, 민중, 교회"라는 제목의 연설을 했다. 3월 6일에는 몰트만(Jürgen Moltmann)이 방한하여 "복음 전도와 해방" 그리고 "민중의 투쟁 속의 희망"이라는 강연을 했다. 그 강연의 주제들은 나중에 민중 신학의 주제로 전폭 수용되었다. 3월 10일에는 정의 구현 전국 사제단이 "민주주의적 생활을 위한 복음 운동의 선언"을 발표했다. 바로 이 무렵 연세대학교에서는 동 대학 교수 서남동이 "예수와 민중"이라는 연설을 하고 있었다.

민중 신학자들과 '민중'의 개념

민중 신학의 개척자요 창시자는 서남동(1918-1988)이다.[1] 물론 다른 민중 신학자들도 있지만 서남동이 민중 신학을 체계화했기 때문에, (또 모든 민중 신학자들의 사상을 여기서 다 언급하는 것은 현실적으로 어려우므로) 주로 서남동의 사상을 중심으로 논의하면서 다른 민중 신학자들의 사상은 보조 자료로 취급하기로 한다.[2]

민중 신학자들은 '민중'이야말로 "성경의 중심 사상"이라고 주장한다. 그들에게 있어 민중은 신학의 일부가 아니라 "전부"다. 나아가서 그들은 민중 신학의 주제가 예수가 아니라 민중이며 "예수는 민중을 이해하는 도구"라고 주장한다.[3]

민중 신학자들에게 민중이란 과연 어떤 의미를 지니는 말인가? 어원적으로 볼 때 민중은 백성을 의미하는 '민'(民)과 무리라는 뜻의 '중'(衆)이라는 두 한자어의 합성어이므로 그것은 백성의 무리라는 평범한 의미를 가진 단어에 불과하다. 그러나 그 뉘앙스에 있어 단순히 대중이나 '사람들'을 뜻하는 것과는 달리 다소 정치적 의식을 가진 무리라는 뜻으로 사용되기도 한다. 민중 신학자들이 '민중'이란 말을 'people'이나 'common people'로 번역하기를 거부하는 이유가 그것이다.

민중 신학자들은 민중을 지배 계급과 반대되는 의미의 '피지배 계급'으로 정의한다. '정치적으로 억압당하고 있다'는 점이야말로 민중 신학자들이 민중의 본질적 속성을 논할 때 결코 빠뜨리지 않는 중요한 점이다. 서남동은 민중을 "권력 있는 자들의 반대 개념"이라고 주장한다. 그에 의하면 고대의 노예들, 중세의 농노들, 그리고 현대의 노동자들이 민중에 속한다(서남동 『민중 신학의 탐구』, 45, 229, 208-9). 현영학은 민중을 "엘리트, 특권 계급 및 지배층과 대립되는 의미의 피지배 계급"이라고 단정한다.[4] 김용복도 민중을 "지배자의 반의어로서의 피지배층"이라고 규정한다.[5]

민중의 또 다른 특성은 가난이다. 경제적으로 착취당했다는 것이 민중이 되기 위한 필수 요소이다. 부자는 결코 민중이 될 수 없다. 심지어 중산층도 민중이 될 수 없다. 왜냐하면 그들은 가난하지 않기 때문이다. 사회적으로 민중은 무지와 가난 때문에 멸시받고 소외된 백성들이다. 요약하면 민중은 가난하고 억눌리고 천대받는 사람들로서 권력도, 부도, 지위도, 교육도 없는 사람들이다. 그러므로 민중 신학자들의 분류에 따르면 지식인들은 민중으로 분류될 수 없다. 그들에게는 지식이 있을 뿐 아니라 역사적으로 항상 "지배 계급의 이데올로기를 옹호하고 전파하는" 역할을 했기 때문에 민중으로 분류될 수 없다는 것이다(서남동 『민중 신학의 탐구』, 229).[6] 또한 민중 신학자들은 프롤레타리아를 민중과 동일하게 볼 수 없다고 주장한다. 왜냐하면 프롤레타리아는 단지 경제적으로 가난할 뿐이지만 민중은 단순히 가난할 뿐 아니라 정치적으로 억압당하고 사회적으로 무시당하며 문화적으로 편견의 대상이 되는 여자들과 장애인들도 포함하기 때문이다(서남동 『민중 신학의 탐구』, 227-8).

민중의 개념을 성경에서 유도해 내려는 목적으로 민중 신학자들은 그들의 민중 개념을 성경에 있는 용어들과 연결하려 한다. 서남동은 출애굽기 20:22-23:39과 선지서들에 나오는 '가난한 자들'과 스가랴 2:3, 3:12과 야고보서에 있는 아나윔(anawim)이 민중에 해당하는 단어들이라고 주장한다(서남동 『민중 신학의 탐구』, 53). 안병무는 예수 당시에 '땅의 백성들'(am ha' arets)로 불리던 사람들이 민중과 같은 계층의 사람들이라고 주장한다.[7] 또 민중 신학자들은 마가복음 3:32, 34에 있는 '오클로스'(Oxlos)가 민중과 똑같은 의미를 지닌다고 생각한다.[8] 마가가 의도적으로 누가복음에 있는 '라

오스' 대신 오클로스라는 용어를 사용했다는 것이다.[9] 그들의 주장에 따르면 '라오스'(Laos)는 법률의 보호를 받을 권리를 가진 현대의 시민들에 해당하는 반면, 오클로스는 그러한 권리가 없는 사람들, 즉 "세리와 죄인들, 가난한 자들, 장님들, 저는 자들, 눌린 자들, 죄수들, 수고하고 무거운 짐진 자들, 잃어버린 양들, 그리고 탕자들"이라는 것이다.[10]

예수와 '오클로스'

민중 신학자들은 성경에 오클로스라는 용어를 도입한 것이 마가라고 생각한다.[11] 서남동에 따르면 예수는 오클로스 가운데 한 사람이었으며 마가도 예수를 "고난당하는 민중"으로 묘사하고 있다.[12]

따라서 예수 이야기는 민중 이야기이며 민중 이야기는 예수 이야기이다. 예수의 운명 속에 민중의 운명이 들어 있으며 결국 "예수는 민중의 의인화"라는 것이다(서남동 『민중 신학의 탐구』, 187-8, 297). 안병무는 심지어 예수의 병자들 치유가 "민중 자신의 잠재력의 투사"이며 그러한 의미에서 마가복음은 "개인의 전기가 아니라 민중의 사회 전기"라고까지 주장한다.[13]

민중 신학의 전개

죄, 회개, 구원, 부활, 그리고 메시아와 같은 기독교 신학의 중심 되는 용어들에 대한 민중 신학의 이해는 전통 신학의 그것과 완전히 다르다.

죄와 회개

민중 신학자들에게 있어 죄는 하나님의 율법을 거역한 것이나 그것에 불순종한 것이 아니라 "구조악" 혹은 "인간을 속박하고 육체적, 감정적으로 병들게 하는 사회 상황이다."[14] 그들의 관점에 의하면 죄인들이란 "지배 계급에 의해 소외되고 억눌려" 결과적으로 "사회의 율법과 관습을 지킬 수 없을 정도로 가난하고 무지한 사람들이다." 사실 죄는 "지배자들이 힘없고 눌린 자들에게 붙여준 딱지"에 지나지 않는다. 죄는 "지배자들의 언어"인 것이다. 그 용어 자체가 "노예 도덕의 유산"이기 때문에 민중들은 자기 자신들을 죄인들이라고 생각하는 대신 지배자들이 세워 놓은 기준들을 제거해야 한다(서남동 『민중 신학의 탐구』, 106-7, 201-2).

서남동은 "순진하고 깨끗한" 민중들에게 "종교적, 신학적, 철학적 의미의" 죄는 심각한 문제가 되지 않는다고 주장한다. 예수께서 오신 것도 죄 문제를 해결하기 위함이 아니었다. 문제가 되는 것은 죄가 아니라 "사람으로 하여금 죄를 짓게 만드는 사회 여건"이다. 예수가 죄인들을 책망하는 경우가 한 번도 발견되지 않는 이유는 바로 그 때문이다. 그는 항상 그들을 무조건적으로 받아들였다(서남동 『민중 신학의 탐구』, 106, 202, 244).

'죄'라는 것이 문제가 되지 않기 때문에 회개 또한 민중 신학자들에게는 무의미한 단어다. 회개는 단지 "누가의 이데올로기"일 뿐이다. 서남동은 예수와 선지자들이 가난한 자들과 눌린 자들에게 회개를 선포하지 않고 단지 "위로와 소망"만을 선포했다고 본다. 반면에 그들은 부자들과 권세자들을 신랄하게 비난했다. 그러므로 설교자들이 그 반대의 설교를 하는 것은 지배 계층의 이데올로기를 옹호하는 것밖에 안 된다(서남동 『민중 신학의 탐구』, 105).[15]

구원

민중 신학자들은, 사죄받고 의롭다함을 얻으며 하나님과 화목된다는 의미의 구원에 대해서는 아무 관심도 없다. 그들이 아는 유일한 구원은 "사회 구원"이다. 그것은 혁명을 통해 불합리한 사회 "구조"를 변혁시키는 것이다. 다시 말해서 구원은 인간을 정치적 억압, 경제적 빈곤, 그리고 사회적 편견으로부터 해방시키는 것이다(서남동 『민중 신학의 탐구』, 118). 악한 법률들과 폭력적인 구조에 의해 파괴된 정의를 회개나 개인적 차원의 자선을 통해 회복하는 것은 불가능한 일이다. 오직 "구조적 변혁"만이 구원을 가져올 수 있다(서남동 『민중 신학의 탐구』, 310).

서남동은 또한, "구원은 민중이 자신들의 주권을 회복하는 것"이라고 주장한다. 주권이 백성에게 있는 상태가 구원이라는 말이다. 이처럼 국민 주권이 실현된 상태가 "천년 왕국" 혹은 "메시아 왕국"이라고 말함으로써 그는 "역사 속의 구원"을 강조한다. 민중 신학자들은 내세에 대해서는 아무 관심도 없다(서남동 『민중 신학의 탐구』, 46). 또 구원은 "자력 구원"이다. 사회정치적 변혁을 위한 모든 일은 민중의 노력을 통해 이루어져야 한다. 따라서 민중 신학에는 대속이나 은혜를 위한 자리가 없다.

부활

민중 신학에서 말하는 부활의 개념도 전통 신학과 전적으로 다르다. 그들이 이해하는 부활은 "민중의 각성과 혁명"이다. 다시 말해서 민중이 스스로 역사의 주체임을 깨닫고 그들의 권리를 회복하기 위해 궐기할 때 민중은 "부활했다"고 말할 수 있다(서남동 『민중 신학의 탐구』, 123, 130, 194, 248-9, 253-4, 322-3).

안병무도 부활은 "민주주의, 정의, 그리고 인권을 위해 죽거나 살해당한 자들에 의해 도전을 받아 자기도 그러한 대의 명분에 몸을 바치는 것"이라고 주장한다.[16] 따라서 민중 신학에서 말하는 '부활'이란 민중이 혁명을 통해 부조리한 구조를 변혁시키려고 노력하는 상태에 대한 비유적 언어에 불과하다. 부활에 대한 이러한 정치, 사회적 이해는 그것의 종말론적 의미를 완전히 배제한다.[17]

메시아

민중 신학자들의 메시아 이해는 민중 신학이 전통적 신학에서 얼마나 멀어져 버렸는가를 보여주는 또 하나의 좋은 예이다. 그들은 메시아가 "고난당하는 민중"이라고 주장한다. 서남동은 그러한 괴이한 주장의 근거를 "양과 염소"의 비유에서 찾는다(마 25:31-46). 그 비유에서 예수는 무엇이든 고난당하는 이웃을 위해 한 일이 그리스도를 위한 것이라고 가르친다. 다시 말해서 메시아인 예수가 자신을 고난당하는 민중의 형태로 나타냈다는 것이다.

또 그 비유에서 구원은 고난당하는 이웃에 대한 반응에 의해 결정되는 것으로 나타난다. 우리의 구원이 고난당하는 민중에 대한 반응에 달려 있기 때문에 서남동은 그 고난당하는 민중이 우리의 메시아라고 주장한다. 나아가서 "선한 사마리아인의 비유"에서도 메시아의 역할을 하는 것은 선한 사마리아인이 아니라 강도 만난 사람이라고 주장한다. 강도 만난 자의 신음은 민중과 연대하라고 우리를 부르는 메시아의 음성이라는 것이다. 우리가 메시아를 만난다는 것은 민중의 고난에 동참하는 것이다. 그렇게 할 때 우리는 메시아를 영접하게 된다(서남동 『민중 신학의 탐구』, 107-8, 217).[18]

민중 신학의 해석 방법

민중 신학자들은 사회 정치적 관점에서 역사를 본다. 그 때문에 그들은 자기들의 신학이 "정치 신학"이라고 주장한다. 역사 속에 나타나는 하나님의 행동의 의미를 이해하기 위해서는 마르크스주의의 틀을 채용해야 한다고 주장하는 해방 신학자들의 영향과[19] 한국 역사를 민중의 관점에서 해석하려는 한국사가들의 영향으로[20] 그들은 모든 성경 해석에 사회 정치적 분석 방법을 적용한다.[21]

예를 들면 서남동은 출애굽기나 예수의 십자가형도 이 방법을 사용하지 않고서는 제대로 이해될 수 없다고 주장한다(서남동 『민중 신학의 탐구』, 164). "전통적 교의 신학과 실존 신학이 간과하던 사회적 조건들"이 심각하게 고려되어야 하는 이유는 "인종, 민족, 사회적 계급, 성, 연령, 역사적 시대, 그리고 관계" 등이 사람의 "성격과 운명을 결정짓기" 때문이라는 것이다(서남동 『민중 신학의 탐구』, 48). 서남동은 이런 종류의 사회적 조건들이 사회를 구성하고 역사를 추진하는 결정적 요소들이라고 이해한다.

그러므로 서남동은 이러한 사회 경제적 방법이 "성경의 본래 관계"를 명확하게 해 주고 "교회와 국가간의 야합"을 더욱 선명하게 볼 수 있게 해줄 뿐 아니라 "복음과 신앙을 정치적으로 성육신화시킨다."고 믿는다(서남동 『민중 신학의 탐구』, 50, 171). 이 때문에 민중 신학자들은 성경의 영적 해석을 극력 회피한다.

민중 신학의 전거(典據)들

민중 신학의 패러다임으로 서남동은 성경, 교회사 및 한국사를 제시한다.

구약 성경

구약 성경에 있는 민중 신학의 주된 전거는 출애굽기, 언약의 율법들, 그리고 선지서이다.[22] 이 중에서도 서남동은 출애굽기가 가장 중요하다고 간주한다. 그에 따르면 출애굽기는 "히브리 노예들이 모세의 영도하에 우물에 독약을 타고 애굽의 모든 장자들을 죽이는 등의 폭력을 사용해서 억압적인 정권으로부터 탈출한 정치적 사건"이다. 그러므로 "기독교는 노예들의 반란에서 시작되었고" 오늘날 "기독교를 믿는 것은 노예들의 반란 사건을 믿는 것"이다(서남동 『민중 신학의 탐구』, 259-261). 그런데 역사적 교회가 이 사건을 비정치화함으로써 "출애굽기의 본질"을 말살해 버렸으며 그 때문에 기독교는 "기성 질서를 변혁시키는 대신 현상 유지를 위한 지배자들의 이데올로기로 전락해 버렸다"는 것이다. 여기서 서남동의 전제는 하나님의 구원이 "신비한 종교적 체험"이 아니라 "역사적 사건"을 통해서 일어난다는 것이다. 태초에 존재했던 것은 '말씀'이 아니라 '사건'이었다. 계시를 담는 용기는 사건이지 말씀이 아니라는 것이 서남동의 주장이다(서남동 『민중 신학의 탐구』, 51).

민중 신학의 또 다른 전거는 언약의 율법들이다(출 20:22-23:19). 민중 신학자들은 하나님이 가난한 자들, 눌린 자들, 그리고 약한 자들을 보호하기 위해 안식일, 안식년 및 희년을 포함한 언약의 율법들을 마련하셨다고 주장한다.[23] 율법서 가운데는 아모스와 미가가 민중에 대한 하나님의 관심을 가장 잘 표현하고 있다고 민중 신학자들은 생각한다. 아모스는 "분명히 민중 신학자"인데 그 이유는 그가 "민중의 인권과 경제적 평등"을 부르짖었기 때문이다. 문희석은 미가서 3:2에 있는 "내 백성"이 자신들의 유익을 위해 권력을 사용하는 "하나님의 백성들"과 반대되는 의미에서 "과부들, 병자들, 그리고 의지할 데 없는 자들"을 가르친다고 주장한다.[24)]

어떤 민중 신학자는 심지어 시편, 잠언, 그리고 욥기에서도 민중을 발견한다. 시 17:9-15 같은 시편에서 그는 권력 있고 부유한 자들의 압제하에서 신음하는 "가난한 민중의 부르짖음과 간구"를 듣는다. 그는 또한 욥의 고난도 민중들에게 흔히 있었던 고난으로 이해되어야 한다고 주장한다. 그것은 지금까지 다른 신학자들이 아무도 간파하지 못한 사실이라는 것이다. 잠언은 "가난하고 억눌린 민중의 체험"에서 나오는 지혜와 "자기 권리를 회복한 뒤에 부자와 권력자들에 의해 다시 수탈당하고 압제당하지 않을 수 있는 방법들"을 포함하는 책이다.[25)]

민중 신학의 성경적 근거를 찾는데 골몰한 민중 신학자들은 종종 부자연스럽기 짝이 없는 성경 해석을 시도하고 있음을 그러한 예에서 찾아 볼 수 있다.

신약 성경

민중 신학자들은 예수의 십자가형을 민중 신학의 가장 중요한 전거로 간주한다. 그들에 의하면 그것은 철저히 정치적인 사건이다. 첫째, 예수는 항상 무리들과 동행하고 있는데 그것은 예수가 민중의 편에 서 있었기 때문이다. 바로 그 때문에 예수는 권세자들을 분노케 했다. 그들은 예수의 그러한 태도가 자신들에 대한 저항이라고 받아들였던 것이다. 둘째, 예수는 율법의 대표격인 안식일 관습을 공격했다. 그런데 민중 신학자들은 율법이 지배자들의 이데올로기로 사용되었다고 주장한다. 셋째, 민중 신학자들은 예수가 예루살렘의 정치, 경제적 중심인 성전을 청소함으로써 기성 질서에 도전했다고 생각한다. 이것은 당시로서 "혁명적 사건"이었다는 것이다. 결국 예수는 "정치범"으로 오해를 받아 사형에 처해졌다. 말하자면 그는 기존 체제에 위험한 인물들이었던 "열심 당원"으로 간주되었던 것이다. 민중 신학자들은 십자가형의 정치적 의미가 나중에 십자가라고 하는 종교적 상징으로 대체되었으며 메시아는 그리스도로 대체되었다고 주장한다(서남동 『민중 신학의 탐구』, 51-4, 190, 317).

서남동의 견해로는 십자가는 자기 자신의 운명의 주체가 되려고 몸부림치는 민중에게 피할 수 없는 결과였다. 그러므로 예수는 민중의 "의인화"였다(서남동 『민중 신학의 탐구』, 52, 54). 안병무도 마가는 예수의 운명 속에서 민중의 운명을 보고 있다고 주장한다. 고난당하는 예수는 민중의 모형이며 그 고난은 민중에게 가해진 불의의 상징이라는 것이다.[26)]

교회사

서남동은 초대 교회에 정치적이었던 기독교가 비정치화되기 전에는 천년 왕국 신앙이 정통 신앙의 핵심에 있었다고 주장한다. 그에 따르면 천년 왕국에 대한 이 신앙이 이단으로 정죄당하게 된 것은 아우구스티누스가 천년 왕국을 그리스도의 초림에서 재림까지 기간으로 정의함으로써 하나님의 구원을 세속사와 분리된 구속사로 제한한 데서 비롯되었다. 그 결과 "신의 도성"이 정통 교회가 되고 나중에서는 "신자들의 아편"이 되었다는 것이다.

서남동은 이 천년 왕국이 선지자들의 "야웨의 날"과 예수의 "하나님나라"의 연장이라고 생각한다. 그는 또한 그것을 가지고 교회사 전체를 해석하는 패러다임으로 사용한다. 천년 왕국은 현재와 완전히 다른 시대인데 그때에는 사회 구조가 변혁되어 정의가 구현된다는 것이다. 역사를 통해 이것은 민중의 소망의 상징이었다. 왜냐하면 완전히 새로운 이 질서 속에서는 눌린 자들이 "역사의 주체"가 되며 "메시아의 향연"에 참여하게 되기 때문이다(서남동 『민중 신학의 탐구』, 57-8, 125-6, 130-1).

서남동에 따르면 교회사에서 민중 신학의 형성에 가장 큰 공헌을 한 사람은 토마스 뮌처(Thomas Münzer)다. 뮌처는 불의한 사회 체제하에서 고통하고 있던 민중을 부각시켰으며 개인의 영혼 구원을 위해서라도 무력 혁명이 불가피하며 그 혁명을 위해 "선택된 백성"이 민중이라고 주장했다.

마지막으로 서남동은 교회사에 나타난 민중 신학의 전거로서 혁명, 해방, 희망의 신학 등 정치 신학을 든다. 이 중에서 해방 신학의 출발점은 1965년의 제2차 바티칸공의회와 1966년의 WCC의 교회와 사회 콘퍼런스라고 주장한다. 그것들은 신마르크스주의의 도전에 대한 기독교회의 응답이라는 것이다(서남동 『민중 신학의 탐구』, 18-9).

한국사

1960년대부터 한국사가들 사이에서는 소외 "식민사관"과는 다른 각도에서 한국사를 쓰려는 줄기찬 노력이 있었다. 이러한 노력의 결과로 나타난 것이 "민중 사관"이다. 이 새로운 관점의 핵심은 한국사의 주체가 민중이라는 것이다. 이 민중사학자들은 역사의 발전은 "역사의 주체의 확장 과정"이며 "인간화의 과정"이라고 주장했다. 한국사 역시 민중이 "역사의 객체"의 자리에서 "역사의 주체"의 자리로 옮겨가는 과정이라는 것이다(서남동 『민중 신학의 탐구』, 63-6).

그러한 움직임에 고무된 서남동은 역사는 "하나님의 인간 해방의 과정"이며 한국사에도 "하나님의 선교(Missio Dei)"가 나타난다고 주장하기 시작했다. 하나님께서 민중을 억압의 굴레에서 해방시키는 구속사가 한국에서도 발견된다는 것이다. 홍경래의 난, 동학혁명, 3.1운동, 그리고 4.19의거 등이 그것이다(서남동 『민중 신학의 탐구』, 169-171).

한국사에 나타난 또 다른 전거는 불교 성인인 미륵에 대한 전통적 신앙이라고 서남동은 주장한다. 미륵에 대한 신앙은 한국인의 마음에 상존했는데 그 이유는 미륵이 장차 강림해서 지상에 이상 세계를 건설할 것이라고 믿었기 때문이라는 것이다. 서남동은 이 미륵 신앙이야말로 "해방에 대한 민중의 갈망" 혹은 "혁명에 대한 민중의 의지"의 표현이었다고 주장한다(서남동 『민중 신학의 탐구』, 74-77).

서남동은 또한 전통적 한국 예술 양식들 가운데 어떤 것은 자기의 신학의 근거가 될 수 있다고 주장한다. 탈춤과 판소리가 그것이다. 이것들은 민중들이 양반들의 생활을 풍자하기 위해, 또 "새로운 세상"에 대한 그들의 갈망을 나타내기 위해 사용되었다는 것이다. 동시에 그것들은 민중들의 "억눌린 감정을 승화시키는" 의식이었다고 서남동은 주장한다(서남동 『민중 신학의 탐구』, 69-74).

민중 신학에다 약간의 한국적 요소를 첨가하려는 노력의 일환으로 서남동은 '한'이라는 한국의 고유한 정서를 도입한다.[27] '한'은 슬픔, 분노, 복수심, 무력감 등이 복합된 감정이다. 이 '한'을 자기 문학 작품에 형상화한 작가는 김지하이다. 그는 이것을 자기 작품의 중요한 주제로 통합하면서 한국 교회는 "한의 사제"가 되어야 한다고 주장했다. 한국 교회가 "민중의 위로자요 모든 과격파들의 제단"이 되고 "폭력의 악순환을 끊기 위해 제한된 폭력을 수용함으로써" 한국인들의 한을 풀어 주어야 한다는 것이다(서남동, 81). '한'을 "혁명을 위한 에너지"로 승화시킴으로써 한국 교회가 민중의 해방에 동참해야 한다는 말이다(서남동 『민중 신학의 탐구』, 43, 87, 100-1, 200). 김지하의 '한'의 사상을 채용해서 자기 신학에 토착적인 요소를 가미하고자 한 사람이 바로 서남동이다.

두 이야기의 합류

서남동은 1970년대에 들어와 한국 민중의 전통과 성경 및 역사 속에 있는 민중의 전통이 "하나님의 선교"에서 합류되었다고 주장한다. 그리고 한국 민중 신학자들의 과제는 이 합류의 과정을 고찰해서 자신들의 권리를 위한 민중의 투쟁에 성경적 근거를 제공하는 것, 즉 "사회 전도"라고 주장한다. "신학한다"는 것은 하나님의 해방에 관한 본문들을 단지 해석하는 것뿐만이 아니라 민중의 투쟁에 동참해서 거기서 역사 속에 나타난 하나님의 간섭을 발견하는 것이라는 말이다(서남동 『민중 신학의 탐구』, 39, 47, 77-79).

이러한 합류의 실제적 예로서 서남동은 1970년 전태일의 죽음과 김지하의 작품을 든다. 전태일의 죽음이 한국 노동 운동의 시발점이 되었다는 것이다. 그리고 김지하의 담시(譚詩)들 가운데 하나인 '장일담'은 서남동의 민중 신학을 위한 중요한 모티브를 제공했다.

민중 신학의 타당한 지적들

한국에서의 민중 신학의 최대의 공헌은 그것이 가난한 자들과 눌린 자들에 대한 관심을 보여 주었다는 것이다. 60년대부터 80년대 말에 이르기까지 한국의 도시 노동자들은 그들의 인간다운 삶에 대해서는 아무 관심도 없는 기업주들에게 착취당했다. 오직 경제 성장의 목표 달성과 성과 과시에만 급급했던 정부 역시 수백만의 노동자들의 비인간화된 생활 상태에 아무 관심을 기울이지 않았다.

대다수가 보수적 복음주의 노선에 서 있다고 자처하던 한국 교회 역시 고통당하는 이웃들의 문제에 대해서는 관심이 별로 없었다. 정부의 성장 지상주의 정책에 영향을 받은 탓인지 교회도 성장과 수적 증가에만 정열을 쏟았던 것이 지난 수십 년 간의 한국의 현실이었다. 교회마다 자기 울타리 안으로 사람들을 많이 불러 모으는 것 외에는 기독교가 할 일이 별로 없는 것으로 생각하는 것 같았다. 전도가 필요했고 복음화도 요청되는 것이 사실이었으나 복음화를 단지 영혼들을 천당으로 인도하는 것으로만 이해했다. 그러한 피상적 기독교에 대한 이해의 결과는 하나님의 형상을 가진 인간들의 비인간화된 현실이나 불의로 인한 이웃의 고통에 대한 교회의 무관심이었다. 그러는 동안 민중 신학자들은 교회 성장에 성공한 한국의 어떤 목회자들이 자기 '왕국'을 건설하고 그 안에서 절대적 권위를 누리고 있다고 비판하고 있었다(서남동 『민중 신학의 탐구』, 43).

부끄럽지만 인정하지 않을 수 없는 사실은 60년대 이후 80년대 말에 이르기까지 한국 사회와 정치의 불의 및 민초들의 비인간화에 대해 우려의 소리를 발한 거의 유일한 기독교 집단은 민중 신학자들과 그들이 속한 교회들이었다는 점이다. 군사 독재가 지배하던 그 암울한 세월 중 오직 자유로운 신학을 신봉하는 민중 신학자들과 그들이 속한 교회들만이 정의, 자유, 평등, 인권, 그리고 민주주의라는 대의에 관심을 보이면서 한국 사회에서 그것들의 회복을 위해 목청을 높였다.

80년대 말부터 한국에서 이루어진 민주화는 이들 민중 신학자들과 그 추종자들의 노력에 힘입은 바 적지 않다는 것은 심지어 보수 진영에서도 인정하고 있는 사실이다. 민중 신학자들 중 상당수가 정부의 독재, 경제적 불평등, 사회적 불의 등을 비판하다가 체포, 투옥되는 등의 희생을 치렀다. 정통 교리를 고백하는 보수 교회들이 불의한 정부를 위한 지지 선언을 하고 있는 동안 비정통적 신학을 가진 민중 신학자들이 한국 사회의 발전을 위해 중대한 역할을 감당했다는 것은 교회사의 한 아이러니라 하지 않을 수 없다.

민중 신학의 문제점

이러한 중요한 공헌에도 불구하고 민중 신학은 신학적으로 많은 문제점들을 가지고 있어 보인다. 무엇보다도 그것은 기독교보다는 마르크스주의 체계에 더 가깝다는 인상을 준다. 성경과 역사의 모든 것을 마르크스주의 렌즈를 통해 보면서, 민중 신학은 마르크스주의 사회 경제적 분석법을 차용한다. 뿐만 아니라 민중 신학의 주제들도 마르크스주의 주제들과 대단히 유사하다. 지배자와 피지배자들 간의 계급 투쟁으로서의 역사관, 모든 문제의 원천으로서의 구조악, 억압과 착취로부터의 해방을 얻는 유일한 길로서의 혁명, 그리고 정의, 평등, 인권 및 민주주의가 확보된 사회로서의 천년 왕국 내지 메시아 왕국 등 마르크스주의 사상들은 절대적 진리로서 민중 신학자들에 의해 채용되었다.

물론 민중 신학도 죄, 메시아, 십자가, 구원, 부활, 메시아 왕국 등의 종교적 용어들을 사용한다. 그러나 그것은 마르크스주의 주제를 종교적으로 표현한 것에 불과하다. 민중 신학은 "기독교의 구조와 용어들이 민중의 해방을 위해 봉사해야 한다."고 주장한다. 왜냐하면 "한국의 상황은 콘텍스트(context)가 성경의 이해를 위한 텍스트(text)가 될 것을 요구하기 때문이다."[28] 그들 말대로 전통 신학이 지배자들의 이데올로기를 위해 사용되고 있다면 민중 신학은 마르크스주의 이데올로기의 전파를 위해 사용되고 있다. 김명혁의 말과 같이 그것은 신학 운동이 아니라 사회 운동인 것이다.[29]

어떤 민중 신학자들은 마르크스주의와 민중 신학 간의 연관을 부인한다.

안병무가 그들 중 한 사람이다. 그는 민중 신학이 그 주제를 마르크스주의에서 차용했다는 것을 부인한다. 그는 마르크스주의자들이 성경의 진리들을 교회가 잠든 동안에 훔쳐갔다고 주장한다. 그런데 잠에서 깬 교회가 성경으로 돌아와서 본래 자기들의 것이었던 진리를 발견했다는 것이다. 최근 사회에 대한 교회의 책임에 대해 제2차 바티칸 회의와 WCC가 추인한 진리들이 그것이다.[30] 마르크스주의의 사상들이 성경에 있는 것이든 아니든 마르크스주의의 주제와 민중 신학의 주제들 사이에 유사성이 있는 것은 사실이다.

둘째, 민중 신학의 출발점은 성경이 아니라 상황이다. 텍스트가 아니라 콘텍스트의 신학이라는 말이다. 김세윤이 지적한 대로, 텍스트가 콘텍스트를 향해 말하는 것이 아니라 콘텍스트가 텍스트를 향해 말하는 것이 민중 신학이다. 거기서는 텍스트의 의미가 무엇이어야 한다는 것을 콘텍스트가 지시한다.[31] 현실에서 어떤 문제점을 발견하는 민중 신학자들은 마르크스주의의 사회 경제적 분석법을 사용해서 그 원인들과 해결책을 찾는다. 이어 그 해답을 뒷받침하는 자료들을 얻기 위해 성경을 들여다 본다. 그리고 발견된 자료들을 가지고 종교적 용어들을 동원해서 신학화하는 작업을 수행한다. 그 결과로 등장한 것이 어색하고 빈약한 민중 신학이다. 결론을 이미 가지고서 성경을 읽는 그러한 과정 속에서 객관적이고 편견 없는 신학이 나오기는 어렵다.

민중 신학의 세 번째 문제는 그 성구 선택이 아주 제한적이고 자의적이라는 것이다. 민중 신학자들은 구약에서 출애굽기와 선지서의 몇 장만을 취하고 나머지 구약 성경에 대해서는 언급이 없다. 신약에서는 오직 마가복음에만 주의를 기울이고 나머지 책들은 신빙성 없는 것으로 취급해 버린다. 그들이 보기에 바울은 복음을 지배자들의 이데올로기요 민중들의 아편으로 변질시켰다. 그래서 바울 서신들은 모두 쓰레기로 취급된다. 누가도 복음을 비정치화시키고 지배자들의 이데올로기인 회개의 교리를 제공한 자로 비난을 받는다. 마태는 의심스럽고, 베드로와 요한에 관해서는 전혀 언급이 없다. 여기서 이러한 질문이 제기된다. "건전한 신학이 과연 신학의 한 책과 구약의 몇 장들로만 이루어질 수 있는가?"

민중 신학이 성경의 어느 한 부분만을 기초로 신학을 수립한 결과는 인간론, 기독론, 성령론, 구원론, 교회론 및 종말론 같은 전통적 신학 체계를 위한 여지가 남아 있지 않게 되었다는 것이다. 역사적 기독교가 정통적이고 필수적이라고 인정했던 모든 교리들, 창조, 타락, 죄, 은혜, 구속, 이신칭의, 회개, 성화, 예수 그리스도의 재림, 영화, 육체의 부활, 최후의 심판, 천국, 지옥, 영생 등은 다 사라지고 말았다. 과연 정통 기독교의 본질적 요소들 가운데 아무것도 없는 상태를 기독교 신학이라고 부를 수 있을까?"

넷째로, 민중 신학자들은 민중에 대해 너무 비현실적인 견해를 가지고 있다. 민중을 이상화하고 우상화하는 그들은 인간 본성의 죄악됨이나 부패에 대해서는 결코 언급하지 않는다. 그들이 보기에 민중은 사회악의 무죄한 희생물이다. 따라서 민중에게는 회개도 용서도 필요 없다. 민중 신학자들은 민중이 예수를 십자가에 못박으라고 요구했으며 히틀러 같은 독재자에게 조종당할 만큼 분별력이 없었다는 사실을 간과한다.

인간론에서의 문제는 필연적으로 기독론에서의 문제를 야기한다. 민중은 무죄하기 때문에 구속자를 필요로 하지 않는다. 예수는 그들의 죄를 위해 죽을 필요가 없었으며 그것을 위해 죽지도 않았다. 그는 민중과의 연대 속에서 기성 체제에 반역한 정치범으로 죽었다. 그러므로 예수에 대해 '신앙'이라는 말을 쓸 필요는 없다. 그와 관련해서 필요한 것은 그를 우리의 모범으로 본받기 위한 "그에 관한 지식"이다(서남동 『민중 신학의 탐구』, 170, 188-9). 민중 신학에서 예수는 민중 편을 들고 그들의 권리를 위해 싸웠던 모범적인 사람에 지나지 않는다. 혹은 예수는 민중의 '상징'이다. 때로 민중 신학은 민중을 예수와 동일시함으로써 예수의 신성을 모독한다.

신학을 자처하면서도 민중 신학은 종교에서 개인적 부분을 완전히 무시한다. 민중 신학자들은 하나님과 개인의 관계 같은 것은 전혀 중요한 주제로 취급하지 않는다. 그들은 개인적 죄를 심각한 것으로 여기지 않는다. 사건들에 대한 사회 경제적 해석에 너무 심취해서 그들은 하나님으로부터의 분리가 세상에 있는 모든 문제의 근원임을 보지 못한다. 대표적인 예가 출애굽기에 대한 해석이다. 그들은 그것을 노예들의 반란이라는 순수한 정치적 사건으로 이해한다. 그러나 그것이 과연 단지 정치적 사건이었는가? 아니다! 출애굽은 하나님께서 아브라함, 이삭, 야곱과 맺은 언약에서 기원한 것이었다(출 2:24). 그것은 하나님께서 이스라엘 백성과의 언약적 관계를 위해 의도하신 것이었다(출 6:7). 하나님은 이스라엘을 자기 백성으로 삼는 동시에 그들의 하나님이 되기를 원하셨다.

민중 신학의 또 한 가지 취약점은 마가복음에 있는 '오클로스'라는 단어에 대한 이해와 관계되어 있다. 민중 신학자들은 '오클로스'라는 단어의 해석 위에서 광범위한 신학을 발전시키지만 문제는 '오클로스'가 민중이라고 하는 해석이 견실한 주석에 근거한 것이 아니라는 것이다. 어떤 근거에서 '오클로스'라는 용어가 계급에 대한 사회 경제적 의미를 내포하고 있는가? 김세윤이 적절히 지적했듯, 마가는 70인역에서와 같이 단순히 무리들을 지칭하기 위해 그 용어를 사용했을 수 있다. 그렇다면 민중 신학의 기반 자체가 순식간에 붕괴되고 만다.

민중 신학은 모자이크 신학이다. 스스로 한국 신학임을 자처하지만 그 속에 한국적 요소는 별로 없다. 대신 그것은 독일, 일본, 남미, 그리고 약간의 한국적 요소들의 혼합물이다. 몰트만(Moltmann), 타이센(Theissen), 다가와, 아라이, 그리고 김지하의 사상들이 민중 신학을 구성하는 것이다. 그것은 또 혼합주의적 신학이다. 스스로 한국적 신학임을 증명하려는 노력에서 그것은 한국사의 혁명적 사건들을 언급한다. 그러나 성경의 기록들과 세속사 사이에 별다른 구분이 이루어지지 않는다. 양자가 다 계시적 사실들을 포함하고 있다고 본 결과는 혼합주의 신학의 탄생이었다.

맺는 말

민중 신학은 오랜 압제와 불의로 황폐화된 한국 사회가 낳은 기형아이다. 불건전하고 비위생적인 환경 속에서 질병이 생기기 쉬운 것처럼 병들고 문제 많은 사회에서 기괴하고 극단적인 신학도 생기는 법이다. 많은 부분, 소위 보수적이라고 하는 한국의 교회들이 민중 신학의 출현에 대해 책임을 져야 할지 모른다. 한국의 복음주의적 교회들은 한국 교회의 절대 다수를 점하고 있으면서도 정의의 구현과 인간화를 위해 아무런 역할을 담당하지 않았다. 그 때문에 황당한 신학을 근거로나마 그 역할을 담당하려는 사람들이 등장할 공간이 마련되었다고 할 수 있다.

민중 신학과 같은 비기독교적 신학의 출현을 방지하는 가장 좋은 길은 '정통'이라고 자처하는 교회들이 정통 신학의 토대 위에서 사회 정의의 문제에도 정당하고도 적절한 관심을 표현하는 것이다. 신학적으로나 실천적으로, 복음주의 교회들이 자유, 평등, 인권, 인간의 존엄성, 그리고 민주주의 등 기독교적 가치의 실현을 위한 자기 몫을 담당하는 것이 괴상한 신학의 출현을 막는 최선의 길이다. 특히 삶의 모든 영역에서 하나님의 주권과 뜻이 실현되게 하는 것이 자기들 전통의 핵심적 부분이라고 자처하는 장로교회들은 그러한 의무를 감당하는 데 솔선수범해야 한다.

사회 윤리적 죄악은 하나님과의 잘못된 관계를 떠나 존재하지 않는다. 오히려 전자는 후자의 연장이라고 하는 선지자들과 사도 바울의 가르침을 상기할 때 사회에 대한 한국 교회의 무책임과 무관심은, 흔히들 생각하는 것처럼, 너무 영적인 것만을 중요하게 여긴 결과라기보다 병든 영성과 누적된 죄악의 결과일 수 있다. 만일 그렇다면 한국 교회에 필요한 것은 각성과 회개일 것이다.

주

1) 서남동은 일본에서 몇 년 간 신학을 공부한 뒤 한국에서 9년 동안 목회했다. 1952년에 한국신학대학 교수로 청빙되어 봉사하다가 캐나다의 임마누엘 신학교에서 신학 수업을 계속했다(B.D. and Th.M.). 1961년부터는 연세대학교에서 신학을 가르치다가 1975년에 해직되었다. 서구 신학의 동향에 민감했기 때문에 그는 한국의 신학적 안테나라고 불리었다. 그가 소개한 신학자들 중에 칼 바르트, 에밀 브루너, 루돌프 불트만, 디트리히 본회퍼, 폴 틸리히, 위르겐 몰트만, 라인홀드 니버, 하비 콕스, 로빈슨, 그리고 타일하드 드 샤르댕이 있다. 서남동에 대한 이 신학자들의 영향은 그의 책, 『전환 시대의 신학』(서울:한국신학연구소, 1976)에 소개되어 있다.
2) 안병무(1922-1996)는 또 한 사람의 대표적인 민중 신학자이다. 안병무는 서울대학교에서 사회학을 공부하고 하이델베르크대학교에서 신약학을 전공했다(Th.D.). 한국신학대학교에서 수년간 교수로 봉직한 후 한국신학 연구소의 소장으로 일했다. 저서로는 『해방자 예수』(1975), 『민중 사건 속의 그리스도』(1989), 『역사와 민중』(1993), 『민중 신학 이야기』(1991) 등이 있다. 서남동과 안병무 외에 서광선, 현영학, 문희석, 김용복, 주재용 등의 민중 신학자가 있다. 민중 신학을 주제로 한 이들의 글을 모아 1981년 김용복이 『민중 신학: 역사의 주체로서의 민중』이라는 제목의 책을 싱가포르(CTCCCA)에서 출판했다.
3) 서남동, 『민중 신학의 탐구』(서울: 한길사, 1983), 231, 199, 52.
4) 현영학, "민중 속으로 성육신해야," 한국 교회협의회신학연구위원회 편, 『민중과 한국 신학』(서울: 한국신학연구소, 1985), 15.
5) 김용복, "민중의 사회 전기와 신학," 『민중과 한국 신학』, 370.
6) 김용복은 여기에서 조금 다른 견해를 취한다. 그는 민중의 개념이 계급의 범주를 초월한다고 본다. 즉, 정치 권력이 지배층에 고도로 집중될 때는 중산층도 민중의 성격을 가진다는 것이다. 그는 또 남성에 의해 유린당하는 여성들, 타국에 의해 지배당하는 나라, 차별당하는 인종, 그리고 박해당하는 지식인도 민중의 범주에 포함시킨다. "민중의 사회 전기와 신학," "메시아와 민중," 『민중과 한국 신학』, 373, 288-89.
7) 안병무, "예수와 오클로스," 『민중과 한국 신학』, 101-102.
8) 서남동이 오클로스를 군중이라기 보다는 민중이라고 번역해야 한다고 주장하기 시작한 것은 일본 신학자 다가와의 마가복음 주석을 읽고 난 뒤부터였다. 서남동에 따르면, 다가와는 마가복음 3:32-34 주석에서 오클로스가 항상 권력 있는 자들에 대해 부정적 의미를 내포한다고 주장했다. 서남동, 『민중 신학의 탐구』, 52.
9) 서남동은 누가복음과 사도행전이 오클로스를 라오스로 대체함으로써 기독교회에 이천 년 간 "비정치화된 역사관"을 제공했다고 주장한다. 서남동, 『민중 신학의 탐구』, 129.
10) 안병무, "민족, 민중, 교회," 『민중과 한국 신학』, 24.

11) 안병무는 마가가 유다 전쟁과 로마의 예루살렘 정복 이후 흩어져 방랑하고 있던 유대인들이었던 '오클로스'에게 위로를 주기 위해 그의 복음서를 썼다고 주장한다. 마가는 바울이 이해한 예수가 자신의 삶이나 자기와 동일시했던 사람들의 삶에 위로나 능력의 원천이 될 수 없다는 것을 깨닫고서 자기 복음서를 기록했다는 것이다. 바울은 계급간의 갈등을 "민중교회" 대신 "보편교회"를 수립함으로써 해결했다고 안병무는 주장한다. "마가복음에 있는 역사와 주체," 『민중과 한국 신학』, 155, 157.

12) 여기서 서남동은 다가와의 직접적 영향 하에 있다. 다가와는 마가복음 주석에서 민중이 각성된 한 개인으로 나타날 때 '예수'로 불리며 민중이 의인화될 필요가 있을 때 '예수'가 나타난다고 주장했다고 서남동은 적고 있다. 예수는 "민중의 상징"이라는 것이다. 『민중 신학의 탐구』, 187-88.

13) 안병무, "마가복음에 있는 역사와 주체," 『민중과 한국 신학』, 182.

14) 안병무, 『해방자 예수』(서울: 현대사상사, 1979), 136; 서남동, 『민중 신학의 탐구』, 165, 202.

15) 나용화는 서남동이 이 점에서 일본 신학자 아라이를 따르고 있다고 지적한다. 아라이는 복음사에서 누가 외에는 회개의 필요성을 역설한 적이 없다는 이유로 회개가 예수의 사상에서 중요한 것이 안이라고 주장했다. 나용화, 『민중 신학 비판』(서울: 기독교문서선교회, 1984), 42.

16) 안병무, 『민중 사건 속의 그리스도』(서울: 한국신학연구소, 1989), 134-36.

17) 서남동의 『민중 신학의 탐구』에 있는 "우리의 부활과 4월 혁명"(123-36) 및 "십자가의 부활의 현실화"(313-24)를 보라.

18) 그런데 서남동의 메시아관은 시인 김지하의 영향을 받은 것이다. 김지하는 자신의 투옥 경험을 통해 메시아는 굶주리고 억눌린 죄수들에게서 나온다는 것을 확신하게 되었다고 서남동은 지적한다. 『민중 신학의 탐구』, 46.

19) Klaus Bockmühl, *The Challenge of Marxism* (Downers Grove: InterVarsity Press, 1980), 14. 나용화, 『민중 신학 비판』, 50에서 재인용.

20) 1970년대에 일부 한국사가들은 왕조사에 초점을 맞추는 대신 역사의 주체로서의 민중에 초점을 맞추어 한국사를 쓰려고 시도하면서 이 작업을 위해 사회 경제적 분석 방법을 취했다.

21) 서남동은 이 방법을 사용함에 있어 자신이 일본 신학자 아라이의 『예수와 그의 시대』(1971) 및 본회퍼의 성경의 세속적 해석법의 영향을 받았다고 고백한다. 서남동, 『민중 신학의 탐구』, 489.

22) 어떤 민중 신학자들은 민중 신학의 준거를 구약의 모든 책에서 발견한다. 예를 들면, 김정준, "민중 신학의 구약 성서적 근거들"을 보라. 『민중과 한국 신학』, 29-57.

23) 서인석, "율법은 가난한 자들의 권리," 『민중과 한국 신학』, 58-85; 또한 민영진, "희년의 의미," 『민중과 한국 신학』, 185-96.

24) 문희석, "미가가 본 내 백성," 『민중과 한국 신학』, 104-32.

25) 김정준, "민중 신학의 구약 성서적 근거," 『민중과 한국 신학』, 49-56.

26) 안병무, "마가복음에서 본 역사의 주체," 『민중과 한국 신학』, 183.

27) '한'이라는 한국적 정서의 발전에 대한 자세한 논의를 위해 김상일, 『한』(서울: 온누리 출판사, 1986)을 참조하라.

28) 서창원, 『민중과 그리스도교 신앙』(서울: 나단출판사, 1989), 36-38.

29) 김명혁, "신학 운동 아닌 사회 운동," 한국복음주의협의회 편, 『성경과 신학』(서울: 엠마오, 1983), 260.

30) 안병무, "안병무의 최후 진술," 『한 알몸』(1982년 9월). 나용화, 『민중 신학 비판』, 50에서 재인용.

31) 김세윤, "민중 신학도 기독교 신학인가?" *Calvin Theological Journal* 23(1987): 273.

Reformed Social Ethics & Korean Churches

제10장

한국 교회의 선지자적 사명

앞의 장들을 주의 깊게 읽은 독자들은 개혁주의 전통 속의 사회 윤리와 한국 장로교회의 그것 사이에 현저한 차이가 있음을 발견할 수 있었을 것이다. 그러면 그러한 차이가 생겨나게 된 원인은 어디에 있는가? 이 마지막 장은 그 질문에 대한 대답의 시도이다. 필자는 그 이유를 1) "정교분리" 혹은 "교회와 국가의 분리"(Separation of Church and State)원칙의 역사적 배경에 대한 오해, 2) 로마서 13:1-7에 대한 그릇된 해석, 3) 교회의 선지자적 사명에 대한 몰이해, 4) 기독교와 정치의 관계에 대한 곡해 등에 있다고 본다. 이 장에서는 그러한 점들을 하나씩 상술하고자 한다.

교회와 국가의 분리(소위 "정교분리")

한국 장로교인들은 "교회와 국가의 분리"라는 말을 마치 성경에 나오는 말인 것처럼 생각하는 경향이 있다. 교회와 국가가 분리되어야 한다고 할 때 그들이 연상하는 것은 국가가 종교 문제에 간섭하지 말아야 한다는 것(한국사에서는 이러한 일이 별로 없었지만 중세 서양 교회에서는 흔한 일이었다)보다는 교회가 정치 문제에 대해 견해를 표명하지 말아야 한다는 것이다. 말하자면 그들은 "순수하게 종교적인" 문제 외에는 교회가 정부나 사회를 향해 자기 견해를 표명해서는 안 된다고 믿는다. "정치적"인 문제와 "종교적"인 문제가 항상 칼로 자르듯이 명확히 구분된다고 생각하는 이러한 오류는 "교회와 국가의 분리" 원칙의 기원인 미국 수정 헌법 제1조의 역사적 배경에 대한 무지에 기인한다.

1789년에 통과된 최초의 미국 헌법에는 교회와 국가의 분리에 대한 언급이 없었다. 많은 미국인들은 권력의 새로운 중심 기구로 창안된 의회가 국민들과 주권적인 각 주(states)들이 부여한 권력만을 가지기 때문에 그것의 권력에 더 이상의 제한을 첨가해서는 안 된다고 생각했다. 그러나 어떤 사람들은 종교 자유의 문제에 관한 명백한 규정이 없는 것을 불안해했다. 그리하여 1791년에 "권리 장전"(the Bill of Rights)이라는 열 개의 수정 조항(Amendments)이 미 헌법에 추가되었다.[1] 수정 헌법 제1조의 원문은 "의회는 국교 수립에 관한 법률이나 종교 자유를 금지하는 어떤 법률도 제정할 수 없다."(Congress shall make no law respecting an establishment of religion, or prohibiting the free exercise thereof.)는 것이다. 그런데 훗날 누군가가 이 조항의 의미를 요약하여 "교회와 국가의 분리"라는 표현을 사용하기 시작했다.

이 구절의 정확한 의미가 무엇인가에 관해서는 학자들 사이에 열띤 논란이 있어 왔다. 이 조항을 삽입한 사람들의 본래 의도에 대해서는 두 종류의 답변이 있다. 하나는 이 조항을 광의로 해석하는 사람들의 답변이고, 다른 하나는 협의로 해석하는 사람들의 답변이다. 광의의 해석은 1947년 에버슨과 교육부(Everson V. Board of Education) 사건 때 미 연방 대법원의 판결에서 가장 권위 있게 표현되었다. 휴고 블랙(Hugo Black)은 다수 의견을 대변해서 이렇게 선포했다.

> 수정 헌법 제1조의 "국교 수립" 구절은 최소한 다음의 것을 의미한다. 각 주든 연방 정부든 국교를 수립할 수 없다. 한 종교를 지원하든지, 모든 종교를 지원하든지, 아니면 어느 종교를 다른 종교보다 선호하는 법을 통과할 수도 없다. 또 어떤 사람에게 강제로, 혹은 영향력을 행사해서 그가 원하지 않는데 어떤 교회에 가게 한다든지 혹은 못 가게 한다든지 하는 일도 할 수 없다. 어떤 종교에 대한 신앙이나 불신앙의 고백을 강제할 수도 없다 …. 어

떤 종교 활동이나 기관을 지원하기 위해 크든 작든 어떤 액수의 세금을 부과할 수 없다 …. 주(州)든 연방 정부든 공개적으로나 은밀히 어떤 종교 단체나 집단의 문제에 참여할 수 없고 그 역(逆)도 마찬가지이다.

위에서 분명한 것은, 수정 헌법 제1조를 가장 광의로 해석하는 자들조차도 그것은 국교 수립 등과 같이 국가가 종교를 지원하는 것을 금지하고 모든 개인에게 종교의 자유를 보장하는 조항이라고 이해한다. 종교는 순수하게 사사로이 결정해야 할 문제이기 때문에 국가는 종교나 개인의 양심의 영역에 개입할 권리가 없다는 것이었다.

수정 헌법 제1조를 협의로 해석하는 사람들은 이 조항이 제정된 목적은 기독교의 어떤 특정 교파가 국교가 됨으로써(당시 미국에는 기독교 외의 다른 종교는 없었으므로) 특혜를 받는 것을 막는 것이었다고 주장한다. 이 해석에 따르면 최초로 소집된 미 의회 의원들은 "국교 수립"이라는 것을 "어떤 특정 교파나 종교가 공식적이고도 법적으로 정부와 연결됨으로써 정부가 그 특정 교파나 종교에 배타적 권세를 인정하고 모든 다른 교파나 종교는 누리지 못하는 특혜를 부여하는 것"으로 이해했다는 것이다.[2] 이 해석을 옹호하는 사람들은 이 조항에 의해 종교에 대한 모든 형태의 공적 보조나 지원이 금지되었다는 주장에 반대한다. 특별한 상황에서는 정부가 종교들을 차별 없이 지원할 수 있다는 것이다.

위의 두 가지 해석들 중 어느 쪽이 정확한 해석이든 간에 한 가지 사실은 분명하다. "교회와 국가의 분리" 혹은 "정교분리"라는 문구의 기원이 된 미 수정 헌법 제1조는 국가적 중대 상황에 직면한 교회가 국가를 위한 자신의 선지자적 관심을 표명하면서 해당 상황에 대한 윤리적 지침을 제공하는 것을 금지하려는 의도로 제정된 것이 전혀 아니라는 것이다.

수정 헌법 제1조가 등장한 역사적 배경을 보다 잘 이해하기 위해 우리는 식민지 시대 미국의 국교 상황을 고찰해 볼 필요가 있다. 뉴잉글랜드에 처음 정착한 청교도들은 당시의 일반적 인식을 따라 국교를 수립하는 것이 정당하고도 필요한 것이라고 믿었다. 그들의 마음속에는 국가 교회의 개념이 굳게 뿌리를 내리고 있었던 반면, 개인이 어떤 종파를 믿든지 그것은 그 개인의 자유라는 개념(religious toleration)은 아직 존재하지 않았다. 칼뱅의 신학에 깊은 영향을 받았기 때문에 청교도들은 교회와 국가의 관계에 대해서도 칼뱅의 원칙을 받아들이고 있었다. 시민 정부를 논하는 『기독교 강요』의 마지막 장에서 칼뱅은 정부의 "본래 목적이 …. 하나님께 대한 외적 예배를 보전, 보호하고 건전한 경건의 교리와 교회의 위치를 수호하는 것"이라고 밝힌 바 있었다. 그는 시민 정부는 "국교를 올바로 수립할 임무"가 있다는 것이었다. 정부가 빵, 물, 공기보다 "훨씬 더 중요한" 이유는 그것이 우상숭배, 신성 모독, 참람죄 및 다른 공공연한 공격들로부터 "참된 종교"를 보호해 주기 때문이었다.[3] 뉴잉글랜드의 청교도들은 그러한 칼뱅주의적 교회와 국가의 관계를 수립하겠다는 꿈을 안고 영국을 떠난 사람들이었다.

하지만 칼뱅이 그러한 국가 교회 개념을 처음 만들어 낸 것은 아니었다. 로마 황제 데오도시우스의 칙령에 의해 기독교가 로마 제국의 국교로 선포된 이후 1,000년 이상 동안 복수 종교(religious pluralism)의 개념은 존재하지 않았다. "진정한" 종교는 하나가 있을 뿐이었다. 만일 그렇지 않다면 대혼란이 있을 것이라고 중세인들은 두려워했다. 진리는 하나뿐이고 그렇기 때문에 참 종교도 하나뿐 이었다. 종교 개혁자들도 한 국가의 국민들이 동일한 종교를 가져야 한다는 생각에 이의를 제기하지 않았고 그들의 대적들만큼이나 "한 국가 한 종교"의 원칙을 열렬히 찬성했다. 그것은 보편적으로 수락되던 원칙이었다. 중부 유럽에서는 군주의 종교가 백성들의 종교가 되게 되어 있었다. 그렇기 때문에 그 군주가 믿는 종교를 받아들이지 않는 것은 그의 법을 지키지 않는 것만큼이나 커다란 죄로 여겨졌다.[4)]

1648년 매사추세츠 교회들이 채택한 문서인 캐임브리지 플랫폼(Cambridge Platform)은 뉴잉글랜드 국교(엄밀하게 말해서, 아직 미국이 국가로 독립되지 못한 식민지 상태였으므로 여기서 국교라고 번역한 "established religion"의 정확한 뜻은 "그 지역에서 공식적으로 인정되는 유일한 종교")의 성격이 어떤 것인지를 보여준다. 이 문서에 의하면 관리들은 "참 교회"를 보호하기 위해 모든 시민들이 십계명을 지키는지의 여부를 감독하게 되어 있었다. 그들은 "우상숭배, 신성 모독, 이단, 부패하고 유해한 의견을 유포하는 것 ….설교 말씀을 공공연히 경멸하는 것, 주일을 범하는 것, 예배나 하나님의 거룩한 것을 방해하는 것 등"의 종교적 범죄를 처벌할 권한을 가지고 있었다. 뉴잉글랜드 청교도들에게 있어 "무신론은 살인처럼 가공할 만한 것이었고, 우상 숭배는 간음처럼 나쁜 것이었으며, 신성모독은 도둑질 같이 심각한 죄였으며, 안식일을 범하는 것은 위증처럼 악한 죄였다."[5)]

그리하여 미국에 있어 국교라는 것은 수정 헌법이 제정된 1791년까지 정부가 어떤 기독교 교파들을 지원하고 돕는 것을 의미했다. 교회에 대한 재정 지원은 주로 납세자들에게 부과되는 세금으로 충당되었다. 이런 종류의 국교가 매사추세츠에서는 무려 1833년까지, 코네티컷에서는 1818년까지 계속되었다.[6)] 킥(Kik)에 의하면 미국에서의 교회-국가 관계에 중대한 변화가 초래된 것은 네 가지 이유 때문이었다.

첫째는 1689년에 통과된 영국의 종교 관용법안(The Act of Toleration)이었다. 이 법령을 통하여 영국 역사상 처음으로 영국 국교회 밖에서 예배드리는 것이 허용되었다. 이것으로 인해 비국교도들이 완전한 종교의 자유를 얻은 것은 아니었지만 적어도 그 이후로는 국가 교회에 출석하지 않는 사람들이 법의 처벌을 받지는 않게 되었다. 이 법령이 식민지 미국의 종교 관용 조치에 커다란 영향을 미쳤다.

두 번째 더 중요한 요인은 유럽으로부터 이민의 유입이었다. 각 이민 집단은 각기 자기들의 교파를 가지고 있었는데 그 결과 아주 다양한 교파들이 미국에 이식된 미국에서 종교를 통일한다는 것은 불가능했다. 국교, 즉 각 주에서 공식적으로 인정하는 기독교 교파가 있는 식민지들에서 국교 이외의 다른 교파의 기독교를 믿는 신자들은 종교의 자유를 강력하게 요구하게 되었고 영국 성공회를 국교로 삼으려는 시도가 나타날 때면 그러한 노력은 배가 되었다.

세 번째 요인은 버지니아에 있던 비성공회 개신교도들의 투쟁이었다. 그곳의 성공회는 국교로서의 위치를 이미 확고히 굳히고서 타 교파에 대한 차별을 공공연한 정책으로 시행하고 있었다. 1642년에 버지니아로 온 회중교회 목사들은 버지니아를 떠나라는 명령을 받았고 침례교인들이 집회를 가지면 벌금을 물거나 투옥되었다. 장로교도들은 다른 교파 교인들과 마찬가지로 성공회의 유지를 위해 세금을 납부했다. 침례교도들은 1760년 버지니아 의회에 종교 자유를 위한 최초의 탄원서를 제출했지만 이 탄원이 받아들여지기에는 아직 시기상조였다.

마지막으로, 미국 혁명이 정치적 자유뿐 아니라 종교적 자유의 문제를 아울러 제기하는 효과를 가져왔다. 하노버 노회(presbytery)는 버지니아 의회에 교회와 국가의 동맹을 해체하고 각자의 양심의 명령에 따라 자유로이 신앙생활을 할 수 있도록 해 달라고 건의했다. 복음은 오직 그것을 따르는 사람들에 의해 지원되어야 하는 것이므로 주 정부의 보조는 불필요하다는 것이었다. 토마스 제퍼슨(Thomas Jefferson)과 제임스 매디슨(James Madison)이 그 청원을 지지했는데 매디슨은 종교 자유의 확립을 위한 법률을 초안해서 그것을 독립 선언서 뒤에 첨부했다. 이 법률은 매디슨의 영도 하에 1785년, 정식 법률로 입법화되었다.

이처럼 "교회와 국가의 분리" 원칙의 근거가 되는 미 수정 헌법 제1조 제정의 역사적 배경을 살펴볼 때 우리는 그 조항의 본래 취지가 국가에 의한 특정 교파 지원의 금지였음을 쉽게 발견할 수 있다. 다시 말해 "교회와 국가의 분리" 원칙의 의도는 국가에 대한 교회의 도덕적, 윤리적 관심 표명을 막는 것과는 전혀 무관하다는 것이다. 그것은 교회와 국가가 협력하는 것을 막자는 의도로 만들어진 것도 아니었고, 국가는 하나님께서 개인들과 민족들을 위해 세우신 도덕과 정의의 원칙으로부터 면제된다는 의미도 아니었으며, 시민으로서의 의무와 종교적 신앙의 분리를 요구하기 위한 것도 아니었다. 그것은 교회와 국가가 상호 자유로우며 어느 한 쪽이 다른 한 쪽을 조종해서는 안 된다는 의미로 제정된 것이었다.

"교회와 국가의 분리"라는 헌법적 규정이 만들어진 배경에는 국교 수립 방지 외에 한 가지 목적이 더 있었다. 그것은 종교적 문제에 관한 교회의 독립을 확보하는 것이었다. 제네바에서 신정정치를 수립했다고 알려진 칼뱅조차도 어떤 면에서는 교회와 국가의 분리를 주장했다. 그는 정부가 "참 교회"를 지원해야 하지만 "종교와 예배에 관해" 정부가 자의적으로 "법률을 만드는 것"은 반대했다.[7] 그의 의도는 정치의 통제로부터 교회를 보호하는 것이었다. 16세기에만 해도 유럽에서는 황제교황주의(Caesaropapism: 왕이 한 국가에서 교황 같은 위치를 차지하는 것)이나 에라스투스주의(erastianism: 국가에 의한 교회의 지배)이 일반적 현상이었기 때문이다.

16-17세기까지는 국가가 교회의 영역을 수시로 침범했다. 예를 들면 미국 청교도들의 직접적 배경이 되는 17세기 영국에서 국왕은 교회를 많이도 간섭했다. 국왕들은 "성직자들의 납세, 임직, 소송, 그리고 처벌 등에 관한 절

차들이 자기들의 관할 하에 있다"고 주장했다. 스스로 "교회의 수장"(the Supreme Head of the Church)이라고 주장하는 왕들은 감독의 선택에 제사장적 권한을 소유했으며 모든 감독들로부터 "국왕의 중요한 신복들"로서의 충성을 요구했다.[8] 결과적으로 성직록이 있는 비교적 낮은 자리들(benefices)뿐 아니라 감독 자리들(bishoprics)마저도 왕이 임명한 자들로 채워지게 되었으며, 왕의 재가 없이는 영국의 법정으로부터 교황청 법정으로 상소하기도 심히 힘들었다. 이처럼 왕이 교회를 지배하게 된 결과 교회의 독립과 개인의 종교 자유는 심각한 위협을 당하게 되었다. 이러한 역사적 경험이 미국 건국자들로 하여금 "교회와 국가의 분리" 조문을 헌법에 삽입하게 했을 가능성이 있다.

어느 모로 보든지 소위 "교회와 국가의 분리" 조항은 교회가 중요한 국가적 문제에 관해 자신의 윤리적 관심을 표명하는 것을 막는 것을 목적으로 하지 않았다. 굳이 말하자면 그 규정에 의해 성직자가 공직을 겸임하는 것을 금하려는 의도는 있었을는지 모른다. 당시 미국에서는 이미 그런 예를 찾아볼 수 없었지만 중세에는 고위 성직자가 고위 공직을 겸임하는 예들이 없지 않았다. 그러므로 수정 헌법 제1조의 "교회와 국가의 분리" 원칙이 "한 사람이 동시에 교회와 정부의 중책을 동시에 맡을 수는 없다"는 의미를 부차적으로 내포했을 수는 있다.[9] 그러나 중요한 사회 정치적 문제에 대한 교회의 선지자적 발언을 금하려는 의도는 추호도 없었다. 그렇기 때문에 1844년에 어떤 미국 교회사 학자는 이렇게 기록할 수 있었다. "지금까지 공적 문제에 대한 성직자의 합법적 영향(종교, 미덕, 그리고 공공 정신과 결합된 그들의 지성에서 나온 영향)이 뉴잉글랜드에서보다도 더 명백하거나 건전했던 나라는 없었다."[10]

1952년 미 대법원은 여가 시간을 이용해서 종교 교육을 시행하는 뉴욕주의 체제를 지지하는 결정(Zorach Case)에서 다음과 같이 선포했다. "그러나 수정 헌법 제1조는 모든 면에서 일일이 교회와 국가가 분리되어야 할 것을 지지하지는 않는다." 사실상, 미국의 대부분의 교파들은 공적 문제에 대해 정규적으로 발언하는 전통을 유지해 왔다. 특별히 미 장로교인들은 "국가의 역사를 통틀어 정치적 행동에 깊이 관여해 왔다.… 그들은 청원, 보이콧, 대중 시위, 특별한 법안을 위한 로비, 그리고 특정 후보의 지지"등을 통해 역사의 방향을 바꾸려고 노력해 왔다."[11] 이상의 사실들을 감안할 때 미 수정 헌법 제1조가 의도했던 바는 교회와 국가 사이의 법적, 제도적 구분이지 결코 도덕적, 정신적 구분은 아니었음을 알 수 있다. 미국 칼뱅주의자들이 항상 확신해 온 것은 종교는 정치와 불가분의 관련을 가진 것이기 때문에 교회는 정치에 대해 자신의 윤리적 관심을 표명할 권리와 의무가 있다는 것이었다.

로마서 13:1-7의 문제

한국 장로교인들은 로마서 13:1-7이 정치적 침묵주의(political quietism)를 가르치는 본문이라고 생각하는 경향이 있다. 만일 바울이 폭군적인 로마 황제 하에서도 위에 있는 권세에게 복종하라고 말했다면 그리스도인들은 심지어 불의한 권력에 대해서도 이의 없이 순종해야 한다는 것이다. 그리하여 어떤 한국 보수 교인들은 불의한 정부에 불순종하거나 저항하는 것은 물론 정부의 불의를 비판하는 것조차도 삼가야 한다고 생각한다. 그리스도인들이 정부에 대해 취해야 하는 태도는 오직 무조건 순종하는 것뿐이라는 것이다. 그리하여 앞 장에서 살펴본 것처럼 한국의 보수 장로교회들은 지금까지 정부 정책에 대한 지지는 기꺼이, 그리고 확실하게 표명했지만(삼선 개헌이나 유신 때가 그 대표적 예이다) 권력의 정의롭지 못한 행태를 선지자적 관점에서 경고하거나 비판해 본 적은 거의 없었다. 그런데 로마서 13장의 본문이 그들의 그러한 태도를 정당화하는 성경적 근거로 종종 이용되어 왔다.

로마서 13:1-7은 과연 그런 식으로 해석될 수 하는가? 본문의 본래 의도가 권력에 대한 무조건적 복종을 권면하고 그것에 대한 비판이나 저항을 금지하는 것인가? 이 질문에 대해서는 학자들에 따라 다양한 대답이 나올 것이나 여기에서는 본서의 목적에 따라 칼뱅주의자들이 역사적으로 본문을 어떻게 이해하여 왔는가를 집중 고찰해 보자.

첫째로, 칼뱅주의자들은 1절이 "모든 권세는 하나님께로부터 왔다"고 말씀하는 것에 주목한다. 하나님이 정치 권력을 비롯한 모든 권세, 혹은 권위의 주인이시며 원천이시라는 말이다. 그가 정부와 같은 정치 제도를 만드시고 위정자들에게 정치 권력을 부여하셨다. "보좌들이나 주관들이나 정사들이나 권세들이나 만물이 다 그로 말미암고 그를 위하여 창조되었다"(골 1:16~17). 그러므로 정부의 권력은 하나님으로부터 "위임된" 권력이며 "정부는 하나님의 법아래 있다."[12] 모든 인간 정부의 권력은 절대적인 것이 아니라는 것이다. 로마 황제들이 자신들을 신이라 부르면서 절대적 권력을 주장하고 있었을 때 바울은 그들을 향해 "아니, 당신이 아니라 하나님이 주권자이시오"라고 말함으로써 그들의 권력을 상대화시켰다.[13]

둘째, 이 본문은 공직자들이 하나님의 "종들"(servants)임을 보여준다. 그들에게 주어진 특수한 임무는 사회 질서 유지와 정의 구현 및 국민들의 복지 향상이다. "관원들은 선한 일에 대하여 두려움이 되지 않고 악한 일에 대하여 되나니"라는 3절 말씀은 사회 질서 유지 및 정의 구현의 임무를 규정한다. "그는 하나님의 사자가 되어 네게 선을 이루는 자니라."는 4절 말씀은 정의와 국민 복지를 위한 관원들의 임무를 보여준다. 공직자들의 임무에 대한 이러한 언급은 그들의 권력에 '내재적 한계'(inherent limitation)가 있음을 가리킨다.[14] 하나님께서 어떤 사람들에게 정치 권력을 위임하신 것은 지배자들이 그것을 마음대로 휘두름으로써 피지배자들 위에 군림하는 쾌감을 누리고 사리사욕을 채우고 권악징선 하라는 목적에서가 아니다.

쉐퍼는 정부 권력의 존재 이유를 밝히는 이 본문이 동시에 정부의 정통성의 근거를 제시한다고 보았다. 즉 하나님이 권력을 주신 본래 목적에 충실한 정부는 정통성을 가지지만 본연의 사명을 저버리고 불의를 일삼는 정부는 더 이상 정통성 있는 권세로 여겨지지 않는다는 것이다.

> 하나님께서 국가로 하여금 악을 억제하고 선인들을 보호하는 정의의 대행자로 삼으셨기 때문에 국가가 그것에 역행하는 일을 하면 더 이상 정당한 권위를 소유하지 못한다. 그때 그것은 찬탈한 권세가 되며 불법적인 폭군이 된다.[15]

그리하여 칼뱅주의자들은 로마서 13:1-7이 결코 폭정을 재가하는 구절이 아니라고 보았다.[16] 그것은 결코 폭군을 위한 백지 수표가 아니라는 것이다.

> 정부가 시민들의 유익을 위해 하나님을 섬기고 있지 않은 곳에서 이 본문에 호소해 시민들의 고분고분한 복종을 요구하는 것은 바울의 목적과 성경의 의미를 완전히 왜곡하는 것이다.[17]

셋째, 본문 5절은 정부에 대한 그리스도인의 불순종의 가능성을 시사한다. 왜냐하면 그 구절은 그리스도인들이 "양심을 인하여" 권세에 복종해야 한다고 말하고 있기 때문이다. 그러므로 그리스도인은 양심 때문에 정부 권력에 불순종해야 할 경우도 있다. "정부에 대한 복종에 있어 양심이 동인이 되어야 한다는 사실로부터 정부의 행위가 양심의 소리에 일치되지 않을 때는 정부에 불복종할 근거가 주어진다."[18)]

영국 청교도들은 자신들의 임무를 저버리는 권세는 합법적 권세이기를 그친다고 믿었다. 그 경우 백성들은 더 이상 그것에 복종할 의무가 없었다. 로마서 13장에 대한 언급 중 윌리엄 브리지(William Bridge)의 것은 청교도 신학자들의 해석 중 전형적인 것이라 할 수 있다. 그는 장기 의회(Long Parliament) 기간 중 여러 번 의회에서 설교했고 웨스트민스터 총회(the Assembly of divines at Westminster)에도 참석한 목사였다.

> 모든 사람이 저항하지 말고 순복해야 하는 권세는 선한 행실이 아니라 악한 행실에 대해 두려움이 되는 권세이므로 …. 명령된 복종과 금지된 저항은 불법적이거나 하나님의 계명에 반하는 것들에 대해서가 아니다 …. 관원들은 우리의 유익을 위해 하나님께서 세우신 것이다 …. 그러나 그들이 불법적이거나 하나님의 계명에 반대되는 것을 명령할 때 그들은 우리의 유익을 위한 하나님의 종이 아니다. 그러므로 이 성경 본문에는 우리가 군주들의 불경건한 명령에 순종해야 한다거나 그것에 저항하지 말아야 한다는 말은 없다.[19)]

역사적으로 칼뱅주의자들은 결코 폭군들에게 "만만한 백성들"이 아니었다. 그들은 관원들의 통치를 항상 하나님의 말씀에 비추어 판단했다. 사실상 교회사는, 특별히 칼뱅주의 교회사는 "예외 없이 정치 질서에 의문을 제기하고, 도전하고 그것을 재 정의하는 역사였다 …. 교회는 단순히 존재 자체에 의해 국가 권력의 제한이라는 개념이 살아있게 했고, 나아가 현대 헌정 성장의 기반이 되었다.[20] 그리하여 프란시스 쉐퍼 같은 학자는 이렇게 말했다. "개혁주의가 성공한 곳에서는 예외 없이 어떤 형태의 것이든 시민 불복종이나 무장 봉기가 있었다." 네덜란드, 덴마크, 독일, 스위스, 제네바, 스코틀랜드, 헝가리, 프랑스, 그리고 스페인이 그 예이다.[21]

하한선(A Bottom Line)

정치 권력에 대한 복종의 문제와 관련하여 프란시스 쉐퍼는 "하한선"이라는 것이 있다고 주장한다. 그에 의하면 하한선이란 "국가에 불복종할 수 있는 권리와 아울러 의무"가 발생하는 지점이다.[22] 그는 사무엘 러더포드의 『법과 군주』(*Lex Rex*)을 읽고 그러한 결론에 도달했다. 러더포드는 스코틀랜드의 장로교 목사로서 웨스트민스터 총회(1643-7)에 참석했던 스코틀랜드 대표들 중 가장 영향력 있는 사람이었다. 1644년에 출판된 『법과 군주』에서 국가의 비성경적 행위에 대해 그리스도인이 어떻게 반응해야 하는가를 논하면서 그는 17세기 유럽의 정부 기초가 되었던 '왕권신수설'을 공격했다. 그 때문에 그 책은 잉글랜드와 스코틀랜드에서 금서가 되었고 스코틀랜드 의회는 러더포드를 내란죄 명목으로 사형에 처하기로 결의했다. 그가 처형당하지 않을 수 있었던 것은 그가 먼저 사망해 버렸기 때문이었다. 프란시스 쉐퍼가 관찰한바 『법과 군주』의 요점은 다음과 같이 요약될 수 있다.[23]

'왕권신수설' 교리는 왕이나 국가는 하나님이 임명하신 대리자로 다스리기 때문에 왕의 말이 곧 법률이라고 주장한다. 그러나 정부의 근거인 법은 성경에 나타난 하나님의 법에 기초해야 한다. 국가는 하나님의 법의 원리에 따라 통치되어야 한다. 만일 법이 하나님의 법에 기초했다면 모든 인간은, 심지어 왕까지도, 그 법 아래에 있지 그 위에 있지 않다. 법이 왕이다. 만일 왕과 정부가 그 법을 어기면 국민들은 그들에게 불복종해야 한다. 하나님의 법에 반하는 국가의 행위는 불법이며 횡포다.

러더포드에 의하면 폭정은 하나님의 재가 없이 통치하는 것이었다. 압제(oppression)의 권력은 하나님으로부터 온 것이 아니다. 그것은 죄악된 본성과 "옛 뱀"으로부터 온 권력의 방종한 이탈이다. 폭정은 사탄적인 것이므로 그것에 저항하지 않는 것은 하나님께 저항하는 것이다. 역으로 그것에 항거하는 것은 하나님을 영화롭게 하는 일이다. 뿐만 아니라 통치자는 조건부로 권력을 부여받았으므로 적절한 조건이 충족되지 않으면 국민들은 자기들의 재가를 철회할 권리가 있다.

하지만 통치자가 백성들과 맺은 약속들 가운데 어느 하나를 어겼다고 해서 그를 폐위해서는 안 된다. 단지 그가 사회의 근본 구조를 공격할 때는 그의 권력과 권위를 박탈해야 한다. 다시 말해서 국가가 하나님에 대한 윤리적 책임을 고의로 파괴할 때는 그것에 저항하는 것이 합당하다.

사사로운 개인에게 있어 저항은 세 가지 단계로 추진될 수 있다. 첫째, 그는 항의(protest)에 의해 자신을 방어해야 한다. 둘째 만일 가능하다면 그는 도피해야 한다. 셋째, 필요하다면 자신을 방어하기 위해 무력을 사용할 수 있다. 국가가 집단(합법적으로 이루어진 국가나 지방 단체나 교회) 에 대해 불법적 행위를 자행할 때는 그것에 저항하는 두 가지 단계가 있다. 하나는 항의 혹은 이의(異議) 제기이며, 다른 하나는 필요하다면 자기 방어를 위한 무력 사용이다. 국가에 대한 저항은 합법적인 권세자들, 즉 관원들(lesser magistrates)의 보호 하에 이루어져야 한다.

『법과 군주』의 결정적 영향 하에 집필한 『기독교 선언』(*A Christian Manifesto*)에서 프란시스 쉐퍼는 그리스도인들이 무력 사용을 위한 정당한 조건을 거부할 필요는 없다고 주장한다. "만일 무력 사용을 위한 정당한 이유가 있으면, 그리고 그것을 과용하지 않도록 끊임없는 주의를 기울인다면 어떤 시점에서 무력 사용은 정당화된다." 쉐퍼는 단지 국가만 무력을 합법적으로 사용할 수 있다고 생각하지 않았다. 그러한 "순진한"생각은 국가가 전체주의적 경향을 띠게 될 때 우리로 하여금 속수무책이 되게 한다는 것이었다.[24] 그러므로 "하한선"이 필요하다. "시민 불복종을 위한 최후의 선이 없을 때 정부는 독재적이 되고 하나님의 자리에 오르게 된다."[25]

청교도와 혁명

쉐퍼는 1776년의 미국 독립 선언에 존 낙스와 사무엘 러더포드의 종교개혁 사상의 여러 요소들이 내포되어 있기 때문에 국가에 대한 저항을 논의할 때는 그것을 신중히 검토해야 한다고 주장한다. 그 선언은 억압적 정부에 대한 시민의 의무를 직접 언급하고 있다. 하나님이 주신 인간의 권리라는 것이 있다고 주장하는 이 선언은, 정부가 이 권리들을 파괴할 경우에 "그 정부를 바꾸고 타도하여 새 정부를 수립"하고 "자신들의 안전과 행복"을 확보하는 것이 "국민의 권리"라고 말한다.[26] 그러나 이 선언은 수립된 정부를 "사소하고 일시적인 이유"로 바꾸거나 타도해서는 안 된다고 주장한다. 억압적이고 권위주의적인 국가를 만들려는 "여러 종류의 남용과 찬탈"(a long train of abuses and usurpations)이 있을 때에 비로소 "그런 정부를 전복시키는 것"이 국민들의 "의무이며 권리"가 되었다. 만일 미 건국의 아버지들이 "하한선"이 있음을 깨닫지 못했다면 미국은 생겨나지 못했을 것이라고 쉐퍼는 주장한다.[27]

쉐퍼 외에도 수많은 역사가들이 미국 혁명에 미친 강한 종교적 영향을 지적했다. 『미국 혁명과 그리스도인들』(*Christians in American Revolution*)이라는 저서에서 미국의 저명한 복음주의 교회사가인 마크 놀(Mark Noll)은 "… 엄청난 수의 미국 그리스도인들이 영국으로부터의 독립 운동을 온 마음으로 지원했다"고 밝혔다. 특히,

> 영미 청교도들의 직계 후손인 회중교도들과 장로교도들은 식민지의 특권을 수호하는 데 남다른 열성을 보였다. 어떤 사람들이 보기에 식민지 애국자들은 종교적 십자가 운동에 참여한 사람들 같았다.28)

심지어 그들의 대적들도 장로교인들이 미국 독립 혁명의 지도적 집단임을 알고 있었다. 독일인 용병으로 영국군 편에 섰던 한 대령은 펜실베니아에서의 자기 체험을 이렇게 기술했다. "이 전쟁을 무슨 이름으로 부르든 간에 단지 그것을 미국인의 반란이라고는 부르지 말라. 그것은 아일랜드-스코틀랜드계 장로교인들의 반란 이상도 이하도 아니다."29) 특별히 미국 성직자들은 미국 혁명에 있어 "가장 중심적인 인물들"이었다. 그 때문에 그들은 혁명의 "검은 연대"(black regiment)로 불렸다.30)

미국 혁명에 있어서 뿐 아니라 1640년대의 영국 혁명에 있어서도 청교도 목사들은 처음부터 아주 중요한 역할을 담당했다. 이 시기에 관한 영국의 저명한 사회 경제사학자 크리스토퍼 힐(Christopher Hill)이 지적하는 것처럼, 청교주의는 아마도 "혁명을 위해 사람들의 마음을 준비시킨 가장 중요한 사상들의 복합체"였을 것이다.31) 청교주의는 처음에 성직자들의 운동으로 시작하여 후에 신사 계급(gentry)과 자작농들(yeomen), 그리고 국회 의원들 및 백성들로 이루어진 완전한 혁명군대로 발전했다. 그들은 스튜어트(Stuart)

왕조를 무너뜨리고 공화국 시대를 열었다.[32] 하나님의 말씀에 따라 사회를 개혁해야 한다는 청교도 성직자들의 열정은 1641년 한 목사가 하원에서 행한 설교에 분명히 나타난다.

> 개혁은 전반적이어야 합니다 … 모든 장소, 모든 사람, 모든 직장을 개혁하십시오. 판사들의 재판석과 관리들을 개혁하십시오 … 그리하여 공의가 물같이, 정의가 하수같이 흐르게 하십시오. 교회를 개혁하십시오. 앞서 가신 주님을 따라 성전으로 들어가서 주님이 하신 것처럼 돈 바꾸는 자들의 상을 뒤엎고, 매매하는 자들, 영혼을 사고파는 자들을 채찍으로 내쫓으십시오.[33]

하나님을 위한 열심에 사로잡힌 그리스도인 앞에 개혁의 예외가 될 수 있는 것은 아무 것도 없었다. 모든 것이 하나님과 그의 말씀이 본래 의도되었던 형태로 회복되어야 했다. 토마스 케이스(Thomas Case)는 계속해서 외쳤다.

> 대학을 개혁하십시오 … 도시들을 개혁하십시오. 농촌을 개혁하십시오. 초중등 학교들을 개혁하십시오. 안식일을 개혁하고 하나님께 대한 예배를 개혁하십시오 … 여러분은 제가 지적할 수 있는 것보다 더 많은 할 일을 가지고 계십니다 … 하늘에 계신 내 아버지께서 심지 않으신 모든 것은 뿌리째 뽑히게 하십시오.[34]

그리하여 청교도들은 의식적이고 조직적으로 사회 변화를 일으킬 수 있다는 것을 안 역사상 최초의 그룹이 되었다. 그들은 삶의 모든 영역에 대한 하나님의 주권을 위한 열정에다 회심의 열매는 사회 질서의 재편과 유관하다는 확신을 결합시켰다. 마크 놀이 묘사하는 것처럼,

청교도들의 삶에 대한 관점은 무엇보다도 전체적인 것이었다. 그들은 사회적인 것과 교회적 혹 신학적인 것을 분리하지 않았다. 그 포괄적 관점이 그들로 하여금 공적 문제 속에서 종교적 의미를, 그리고 종교적 문제 속에서 공적 의미를 보게 했다. 선과 악의 투쟁, 그리고 하나님과 사탄의 투쟁은 삶의 모든 영역에까지 연장되기 때문에 사회의 공동체 생활에 관한 결정은 교회의 좁은 울타리 안에서 이루어지는 결정들과 동등한 도덕적 의미를 지녔다.[35)]

폭군에 대한 국민 저항론에 결정적 기여를 한 청교도 사상은 하나님께서 국민들을 통해 지배자에게 권력을 위임하셨다는 것이었다. 다시 말해 청교도들은 국민들이야말로 권력의 첫 번째 좌소(seat)요 수령자(receptacle)라고 믿었다. 『왕과 관료들의 임기』(*Tenure of Kings and Magistrates*)라는 책에서 밀턴(John Milton)은 이렇게 말했다.

왕과 관료들의 권력은 단지 파생된 것에 불과하다. 그것은 백성들이 자신들의 유익을 위해 왕과 관료들에게 위탁해 놓은 것이다. 그것은 일차적으로 백성들에게 주어진 것이므로 그것을 그들로부터 빼앗는 것은 그들의 천부적 권리를 침해하는 것이다.[36)]

밀턴은 권력이 백성들로부터 파생되었을 뿐 아니라 "본래 그리고 당연히 그들의 유익을 위한" 것이라고 믿었다. 그것은 왕이나 관료들의 유익을 위한 것이 아니었다. 그러므로 백성들은 "언제든지 그들이 보기에 최선이라고 여겨지면" 통치자를 "선택하거나 거부하고 유임시키거나 폐위할" 권리를 가질 수 있었다.[37)]

그보다 이미 한 세기 전에 어떤 청교도 목사들은 밀턴과 꼭 같은 주장을 하고 있었다. 예를 들면 존 낙스의 친구인 크리스토퍼 굿맨(Christopher Goodman)은 그의 논문 『위에 있는 권세에게 어떻게 순복해야 하는가?』(*How Superior Powers Ought to be Obeyed*)에서 이렇게 쓰고 있다.

> 왕이나 통치자들이 하나님을 거역하고 백성들의 압제자, 살해자가 되면 그들은 더 이상 왕이나 적법한 관료들로 간주되지 말아야 한다. 그들은 사사로운 개인들로 심사되고 고발당해 하나님의 법에 따라 처벌되어야 한다. 그들은 그 법 아래에 있으며 또 있어야 한다. 그 법에 의해 유죄 선고를 받고 처벌될 때 그것은 사람이 아니라 하나님이 행하시는 일이다.[38)]

청교도들의 정치사상 속에서 우리는 현대 민주주의의 기초가 되는 원리들, 즉 국민 주권 사상, 사회 계약 사상, 그리고 관원들에 대한 탄핵권 등을 발견하게 된다.

역사적으로 칼뱅주의자들은 폭군에게 대한 무력 저항이 항상 비성경적이라고 생각하지 않았다. 오히려 우리가 1-3장에서 살펴본 바와 같이 저항 이론의 많은 부분은 칼뱅의 직접적 추종자들에 의해 발전되고 적용되었다. 예를 들면, 존 포넷(John Ponet), 크리스토퍼 굿맨, 존 낙스, 테오도르 베자, 사무엘 러더포드, 모르내이(Mornay)등은 폭군에 대한 국민의 저항권 사상 발전에 중요한 기여를 한 칼뱅주의자들이었다.

현대 개혁주의 학자들 역시 어떤 상황에서는 혁명이 정당화된다는 것을 인정한다. 그들은 혁명이 정당화되기 위한 조건을 대체로 여섯 가지를 제시한다. ① 정당한 이유가 있을 것, ② 마지막 수단으로서 호소할 것, ③ 적법한 권세의 지도를 받을 것, ④ 승산이 있을 것, ⑤ 예상되는 유익과 손실의 비율이 적절할 것, ⑥ 올바른 수단을 사용하여 올바로 진행될 것 등이 그것이다.

교회의 선지자적 사명

교회가 교단 차원에서 혹은 교단 연합으로 사회적 혹은 정치적 문제에 대해 자신의 견해를 밝히는 성명서를 발하는 것은 성경적이며 바람직한 일인가, 아니면 종교의 분수를 넘어 정치에 참견하는 일인가? 여기에 대해서는 두 가지의 상반되는 두 견해가 있다. 어떤 그리스도인들은 그것이 교회가 '정치에 관여'하는 행위라는 이유로 그것에 강력히 반대한다. 그들은 그리스도인 단체나 성직자들, 혹은 특별히 교파 대표들이 정치적, 사회적, 혹은 경제적 문제에 대해 성명서를 통해 어떤 견해를 표명하는 것을 보고 분개한다. 천국 시민들이 속세 문제에 관한 논란에 연루되는 것이 적합지 않다는 것이다. 그래서 그들은 "교회는 사람들의 영혼이나 돌보고 육신에 관한 일들은 국가가 돌보게 하라." 혹은 "교회는 하나님의 일들에나 신경 쓰고 정치가들이 황제의 일들을 맡게 하라" 고 말한다.

교회가 공적 문제에 대해 자기 입장을 밝히는 것에 어떤 그리스도인들이 반대하는 이유 중 하나는 교회의 권위 손상에 대한 염려이다. 교회는 사회학, 정치학, 그리고 경제학에 대한 전문 지식이 없으므로 그 성명들이 틀린 것이거나, 시기상조 아니면 반대로 때를 놓친 것일 수 있고, 잘못된 정보에 입각한 것이거나, 혹은 세상물정을 모르는 순진한 것일 수 있다는 것이다. 그로 인해 사람들은 과연 교회가 영적인 문제에 관해 자기들을 인도할 능력이 있는지 의심을 가지게 된다. 즉, 사회 문제에 대한 교회의 개입으로 말미암아 궁극적인 중요성을 가진 문제에 대한 교회의 증거가 손상된다는 것이다.

어떤 복음주의자들은 교회가 사회 문제에 대해 어떤 입장을 취할 때 그것이 교회의 일치(unity)를 깨뜨린다고 불평한다. 교회의 입장과 견해를 같이 하지 않는 사람들이 교인들 중에 분명히 있을 것이기 때문에 교회가 양분된다는 것이다.

그럼에도 불구하고 개혁파 그리스도인들은 기독교가 성육신의 종교이기 때문에 인간 삶의 전부와 관련되어 있다고 믿는다. 쉐퍼의 지적처럼, "삶의 전부를 포함하지 않는 플라톤적 영성의 개념은 진정한 성경적 영성이 아니다. 진정한 영성은 단지 '종교적인 일들'뿐 아니라 정부와 법률을 포함한 삶의 전부에 관심을 가진다."[39] 만일 어떤 교회가 영양실조에 걸린 어린이들, 적절한 집이 없는 수많은 사람들의 불행과 불편, 극빈 수준에서 살고 있는 사람들, 장기적 실업자들의 좌절감에 대해 무관심하면서도 자신을 '영적'이라 생각한다면 그것은 의심스러운 '영성'이라는 것이다.

교회가 어떤 사회 문제에 관해 언급하기 위해 꼭 그 분야에 관한 최고의 권위가 되어야 할 필요는 없다. 인류의 운명을 인도하는 가치와 목표를 위임받은 기관으로서 교회는 성경에서 배운 윤리적 표준과 원리들을 가지고 있다. 교회가 발언하고자 하는 것은 겉으로 보기에 세속적인 문제들 아래에 깔려 있는 도덕성의 측면에 대해서이다.

교회의 사회적 관심 표명은 평신도들로 하여금 사회 문제에 대한 관심을 가지도록 격려한다. 사실상 교회의 선언은 논란이 되는 사회 문제에 대해 개개의 그리스도인들을 지도하고 인도하기 위한 것이다.[40] 그것은 교회가 사람들의 삶에 관심을 가지고 있다는 증거가 된다. 개혁파 그리스도인들은 만일 교회가 현대의 사회악에 자신의 체중을 실어 반대하지 않는다면 교회의 증거는 심각한 손상을 입을 것이라고 믿는다.

어떤 문제에 대해 다양한 견해가 존재한다고 해서 꼭 교회의 일치가 깨어지는 것은 아니라고 개혁파 복음주의자들은 생각한다. "일치가 획일화를 의미하지 않는다"(Unity does not mean uniformity)는 것이다.

> 만일 교회가 주님의 발자취를 뒤따라가고자 한다면 갈등을 예상해야 한다. 소위 '일치'를 유지하기 위해 갈등을 회피한다는 것은 불의를 용납하는 일치가 있을 수 있다고 믿는 것이며, 사실은 착취자와 피착취자 간의 겉으로 드러나지 않는 투쟁 속의 침묵을 조화라고 믿는 것이며, 평화가 없는데서 평안하다, 평안하다고 외치는 것이다(렘 6:14).[41]

교회는 선지자적 사명을 가지고 있다. 구약 시대의 선지자들은 의로우신 하나님께서 자기 백성들에게 정의와 자비를 요구하신다고 선포했다(미 6:6-8). 그들은 사회 불의, 정치가들의 음모, 부자들의 탐욕스러운 축재, 가난한 자들을 억압하는 부자들의 뻔뻔스러움, 토지에 토지를 더하는 지주들의 탐욕, 그리고 주지육림 속에 사는 상류층의 사치를 정죄했다.

국가를 향해 의와 진리와 자비의 길로 나아가라고 권고하는 교회가 있다는 것은 국가에도 큰 도움이 된다. 국가가 정의의 사명을 소홀히 할 때 국가로 하여금 그 본연의 사명을 다하라고 촉구하는 것은 교회의 임무이다. 그러므로 국가는 뒤로 물러서서 교회가 자유로이 비판하고 권고할 수 있게 해주어야 한다.

한 교파나 교파 연합체가 공적 문제에 대해 의견이 일치되면 그들의 대표는 그 의견을 정부 관계자들에게 제출할 수 있을 것이다. 그것은 입법부에서의 증언, 대통령과의 대화, 혹은 행정 부서 대표들과의 회담 등을 포함한다.

그러나 교회가 쟁점에 대해 가능한 한, 많은 정보를 입수할 시간을 가지지도 않고 성급하고 무책임하게 성명서를 남발하는 것은 잘못일 것이다. 일단 입장을 표명하기로 결정했다면 잘해야 한다. 교회의 성명은 적어도 대부분 옳은 것으로 판명되어야 한다. "만일 무관심으로 인한 침묵이 죄의 한 형태라면 과열된 성명도 마찬가지다."[42] 다시 말해 교회가 복잡한 문제들에 대해 충분한 정보를 입수하지도 전에 경솔한 성명을 남발하는 것보다는 차라리 침묵하는 것이 낫다. 그러므로 교회 성명의 효과는 그 경제성에 많이 달려 있다. 교회가 너무 자주 발언하고 행동하면 효과가 감소할 것이다. 논란이 되는 문제에 대해 어떤 입장을 취하려면 교회는 대단히 신중해야 한다.

그럼에도 불구하고, 국가의 장래와 국민들의 삶에 중차대한 영향을 미치는 공적 문제들에 관해 교회가 항상 아무 말도 하지 않는다면 이것은 신중의 표시라기보다는 무관심의 표시이며 국가의 운명에 대한 선지자적 책임으로부터의 회피가 될 것이다.

교회가 사회를 향해 기독교 도덕의 원칙을 선언하고 천명해야 하지만, 그렇다고 교회가 직접 정치 사회적 개혁을 위한 구체적 프로그램을 만들어 내려 해서는 안 될 것이다. 교회가 정치적 이슈에 관계하는 것은 주로 도덕과 의에 대한 관심 때문이어야 한다. 조직으로서의 교회와 교회 지도자들은 자신들의 전공이 신학이나 기독교 윤리이기 때문에 사회정치적 문제에 대한 구체적 대안을 제시하는 것은 자제해야 한다. 그리하여 특별한 기독교적 해답이 있을 수 없는 아주 기술적이고 전략적인 문제에 대해서는 어떤 해답을 제시하지 말아야 한다.

또 공식적이고 집단적인 교회로서의 정치적 행동과 그것에 속해있는 그룹과 개인들의 그것을 구별할 필요도 있다. 공식적 교회의 정치적 행동은 엄격히 제한되어야 하는 반면, 교회 내의 개개인들이나 특별한 그룹들은 어떤 특수한 프로그램이나 정책을 지지할 수 있다. 교회 내에는 당대의 시급한 문제들을 주의 깊게 연구하여 그 문제들에 대해 권위 있게 말할 수 있는 교인들이 있어야 한다. 그러한 그룹들은 국제적이거나 사회적인 문제를 전문적으로 연구하여 자기들의 교회와 나라를 위해 전문적인 지침을 제공해야 한다. 그들이 자신들의 연구 결과 도달한 확신을 공개하여 지역 사회에 그 방안을 권고할 때 그들은 교단 혹은 교회의 이름으로 말하는 것이 아니라 단지 그 공동체 전체의 양심을 일깨우기 위해 그들을 교육하고 돕고 있는 것이다. 그러한 위원회의 성명들은 배후에 교단의 권위를 가지고 있지 않는다. 그 교단 내에서 그 의견에 동의하지 않는 사람들은 그 견해에 가담하지 않는다. 단지 그 위원회 구성원들의 권위와 성명서 내용에 의한 권위만이 주어질 뿐이다.

기독교 정당

기독교인들이 정치적 그룹을 형성한다는 것은 꼭 기독교 정당을 만든다는 말은 아니다. 그리스도인의 정치 활동 방법들을 연구해 온 많은 학자들은 기독교 정당 설립의 필요성에 대해 회의적이다. 그 주된 이유는 만일 어떤 파당식의 '기독교 정치'가 등장하게 되면 사람들이 교회를 그 정당과 동일시하게 된다는 것이다. 그런 경우 교회의 영향력은 한 정당에 국한되어 버릴 위험이 있다. 뿐 아니라 교회의 운명이 어떤 정치 운동의 운명에 심각한 영향을 받게 될 것이다. 즉, 기독교 정당이 승리할 때는 교회가 유익을 얻게 되지만 그것이 패배할 때는 교회도 손해를 보게 된다는 것이다. 교회가 정치적으로 어느 한 편을 강력하게 옹호하면 할수록 그만큼 더 많은 적을 만들게 되고 적들은 교회를 약화시키고 공격해야 할 정적으로 생각하게 될 것이다.

세속 권력을 주장했던 중세 교회의 역사로부터 우리는 교회가 기존 정당들 중 하나에 참여하거나 자신의 정당을 설립하게 되면 영적인 영향력을 잃게 될 것임을 짐작할 수 있다. 정치적으로는 승리할 수 있다 하더라도 영적인 영향력을 상실할 수 있다. "정치 권력이 최고점에 달할 때 영적 영향력은 최저점에 떨어질 수 있다는 것이다. 정치 활동이란 신경이 아주 많이 쓰이는 일이며 많은 시간과 주의를 요하는 작업이기 때문에 정치를 완벽하게 하려다 보면 그보다 훨씬 더 중요한 다른 임무들을 희생시켜야 할지 모른다."[43]

폴 마셜(Paul Marshall)은 그리스도인들이 자기들 자신의 정당을 형성하지 말아야 할 "원리적"(in principle) 이유는 없다고 본다. "복음이 그것을 금지한 적이 없고 언젠가 그것이 필요하게 될지도 모른다."는 것이다. 기독교 정당에 대해 흥미를 가질 수 없는 이유는 실제적인 문제 때문이다. "현재의 상황을 감안할 때 기독교 정당은 돈키호테적이거나 이념적일 뿐"이라는 것이다. 그것을 해볼 만한 가치가 있기 위해서는 "현재의 정당들과의 관계를 단절해야 하고 기독교인들의 정치의식이 널리 확산되어야" 한다. 하지만 현재로서는 그러한 여건이 형성되어 있지 않다. 그렇기 때문에 과연 그러한 정당이 가까운 미래에 어떤 기독교적 목표들을 달성하기 위해 필요하게 될 것인지는 의심스럽다.[44]

정치에 대한 부정적 태도의 문제

한국의 보수 장로교인들은 정치에 대한 자신들의 태도가 정말 자신들이 믿는 바대로 '칼뱅주의적'인지 검토해 볼 필요가 있다. 사실상 사회 개혁의 필요성을 인정하는 장로교인들 중에서도 정치에 대해서는 16세기 재세례파와 흡사한 태도를 가지고 있는 경우를 종종 발견할 수 있다. 손봉호 박사가 그 좋은 예이다.

한국 보수 장로교회의 대표적 지성인으로서 한국 복음주의 교계에서 커다란 영향력을 행사하고 있는 손 박사는 제5장에서 서술한 대로 적어도 70년대 초중반까지는 구조악과 사회 정의 문제에 대해 대단히 적극적이고 강력한 입장을 취하고 있었다. 그런데 4장에서 언급된 것과 같이 구조악의 해결과 사회 정의 구현은 정치적 수단의 사용 없이는 효과적으로 이루어 질 수 없다. 그럼에도 불구하고 손 박사는 정치와 국가에 다분히 부정적인 관점을 갖고 있다. 80년대 후반에 쓴 글들에서 그는 정치와 정치에 관계된 것은 본래 악한 것이라고 주장한다. 정치는 "도덕적으로 애매"하고 "거룩하지 않은" 것이며 "교회가 추구하는 거룩과 조화를 이룰 수 없는" 것이다. 국가 역시 칼뱅의 주장과는 달리, 하나님이 세우신 신성한 기관이 아니라 "그 자체가", "근본적으로 비도덕적인" 기관이며 "국민들의 집단적 경제 이기주의"를 표현하는 것에 불과하다. 그러므로 그리스도인들이 정치에 참여하게 되면 "손이 더러워진다." 즉, "악과 타협해야만 하게 될지도 모른다."[45] 정치란 그렇게 본래 더러운 것이기 때문에 그리스도인들은 "정치나 정치가들로부터 아무 것도 기대하지 않는" 것이 좋다.[46]

정치와 국가에 대한 손 박사의 견해는 때로 일관성이 결여되어 보인다. 정치와 정치가들에 대해 아무 기대도 하지 않는 것이 좋다고 주장한 바로 뒤에서 그는 교회와 성직자들이 국가와 정치에 대해 "무관심"해서는 안 된다고 주장한다. 국가의 시민들로서 성직자들을 포함한 그리스도인들은 국가의 "모든 것"에 대한 책임을 져야 한다. 교회는 "국가가 도덕적이 되게 노력할" 책임이 있다.[47] 즉, 국가의 부도덕에 대해 "경고"하고 권력을 가진 자들이 권력을 정의롭게 사용하도록 "권고"함으로써 선지자적 책임을 감당해야 한다는 것이다. 그리고 개별적 그리스도인들은 "기독교적으로" 정치를 수행할 의무가 있다고 손 박사는 주장한다.[48]

여기서 손 박사 정치관의 모순이 나타난다. 만일 그가 주장하듯이 정치란 본래 악한 것이며 국가는 본질상 비도덕적인 것이라면 어떻게 그리스도인들이 그것에 관여하면서도 깨끗하고 의롭게 남을 수 있는가? 그것은, 몬스마가 지적한 것처럼, 마치 매춘을 깨끗하고 순결하게 하라고 요구하는 것과 같은 일이 아닌가?[49)]

제1장과 2장에서 밝힌 것처럼, 역사적으로 칼뱅주의자들은 정치, 정부, 국가, 그리고 공직 그 자체에 대해 대단히 긍정적인 입장을 취해 왔다. 그들에게 있어 정부는 정의 구현과 국민 복지를 위해 하나님께서 세우신 신성한 기관이었으며, 공직은 "모든 소명 중에서 가장 신성하고 가장 명예로운" 것이었다. 이처럼 칼뱅주의 전통의 가장 중요한 강조점들 가운데 하나가 국가와 정치에 대한 긍정적인 태도라면 한국 보수 장로교회는 적어도 정치관에 관한 한, 비칼뱅주의적이라고 할 수밖에 없다.

현대 세계에서 국가의 권력은 엄청나게 확장되었다. 과거에는 국가의 기능이 부정적인 측면에만 제한되어 있었다. 즉 무질서, 폭력, 불의, 그리고 범죄를 제어하는 것이 국가의 주된 기능이었다. 그러나 현대에 있어서는 국가 기능의 긍정적인 측면이 점점 더 많이 강조되고 있다. 약자의 보호와 아울러 국가는 모든 국민들에게 복지를 제공해야 할 책임을 지게 되었다. 식량, 주택, 교육, 레크리에이션 그리고 유리한 조건 속에서의 노동 등을 보장해 주어야 하게 되었다는 것이다. 이러한 책임을 수행하기 위해서 국가의 권력은 전례 없이 확대되었다.

한편 그것은 국가가 악을 행할 수 있는 엄청난 잠재력을 가지게 되었음을 의미한다. 정부가 내리는 결정은 수백만의 국민들에게 결정적일 수 있다. 의무 교육, 언론의 통제, 영화, 경찰과 정보망을 통해 국가는 국민들의 정신을 조종할 수 있고 그들의 행동을 통제할 수도 있게 되었다. 정부 자신이 사회 기득권층에 결탁된 악한 구조가 될 수 있고 계시록 13장이 보여주는 것처럼 사탄의 끔찍한 도구가 될 수도 있다.

이런 상황에서 만일 그리스도인들이 정치에 관여하지 않는다면 그것은 세속주의자들과 무신론자들에게 국가를 양도하는 셈이 될 것이다. 국가가 볼 때 교회가 정의의 차원이 내포된 정치적 문제에 아무 흥미가 없어 보이면 국가는 자신에 대한 반대자가 전혀 없을 것이라 믿고 안심하고서 자의적이며 억압적인 통치를 전개할 수 있을 것이다. 그러므로 정부가 폭군적 권력으로 전락하지 않게 하기 위해 그리스도인들은 최선을 다해야 한다. 교회는 사회에서 정의와 양심의 최후 보루가 되어야 한다. 만일 교회마저도 이 사명을 저버린다면 이 사회에는 아무 소망이 남아 있지 않게 될 것이다.

사랑과 정치적 행동

예수 그리스도께서 제자들에게 준 대계명은 이웃을 자기 자신처럼 사랑하라는 것이었다. 이 사랑을 효과적으로 실천하기 위해서는 사회, 정치적 행동이 필요할 수 있다. 단순히 사회봉사만으로는 안 된다. 우리 이웃의 어떤 필요들은 정치적 행동 없이는 전혀 채워질 수 없는 것들이다. 존 스토트가 지적하는 것처럼, 노예들에 대한 처우는 개선될 수 있다. 그러나 노예 제도 자체는 개선될 성질의 것이 아니다. 그것은 폐지되어야 한다.

> 굶주린 자들을 먹이는 것은 항상 좋은 일이다. [그러나] 가능하다면 기아의 원인을 제거하는 것은 더 좋은 일 이다. 그러므로 만일 우리가 이웃을 진정으로 사랑한다면 그리고 그들을 섬기고자 한다면 그들을 위해 정치적 행동

을 하지 않을 수 없는 경우가 있다.[50)]

현대 사회에서 우리가 하나님이 의도하시는 삶을 살아갈 수 있는 가능성은 개인이나 작은 그룹들이 어떻게 해 볼 도리가 없는 여건들과 몇 사람의 정치가들이 내린 결정들에 큰 영향을 받는다. 그러기 때문에 이웃을 자기 자신처럼 사랑하라는 예수 그리스도의 계명에 대한 그리스도인의 순종에는 정치적 차원이 따라야 한다.

사랑의 필수적 요소들 중 하나는 다른 사람들에 대한 관심이다. 만일 어떤 그리스도인들이 다른 사람들의 상황과 곤란에 대해 관심이 없다면 그들의 신앙고백은 의심스러운 것이 된다. 만일 진정한 기독교 신앙이 인간의 상황에 관심이 있는 것이라면 우리는 행동을 통해 그 증거를 보여주어야 한다. 그러므로 공적인 문제들에 개입하기를 거부하는 것은 그리스도의 대계명을 범하는 것일 수 있다. 참으로 계명에 순종하고자 하는 그리스도인들은 하나님 앞에서의 겸손과 진정한 이웃 사랑으로 정치적 활동을 할 필요가 있다.

정치적 개입의 위험성

그러나 우리는 항상 극단적이 될 수 있는 인간들이다. 누군가가 그리스도인의 정치 활동의 필요성을 인정하는 말을 하면, 어떤 그리스도인들은 성급하게 정치야말로 '전부'이며 그리스도인의 삶에서 '가장 중요한 것'이라고 생각하고서 정치를 삶의 중심으로 만들어 버린다. 그리스도인의 정치 활동에 대해서는 흔히 두 종류의 극단이 존재한다. 하나는 소위 '보수적' 그리스도인들이다. 그들은 정치를 '비기독교적'이며 '거룩하지 않은' 것이라 정죄하거나 혹은 정치적 개입의 필요성을 전적으로 부인함으로써 정치에 아무런 관심도 표명하지 않는다. 다른 하나는 '진보주의자들'에게서 발견되는 극단인데 그들은 정치의 중요성을 지나치게 강조하다가 "그리스도인의 삶과 증거의 다른 부분들을 간과해 버린다."[51] 그런데 후자는 전자만큼이나 잘못된 것이다. "정치는 하나님 앞에서 그리스도인들의 여러 책임들 가운데 하나에 불과하다."[52] 모트의 표현을 빌면, 그것은 "정의를 구현하는 여러 수단들 중 하나일 뿐이다."[53]

우리는 개인 윤리를 희생시키면서 사회 윤리를 강조하는 오류를 경계해야 한다. 그리스도인의 사회적 관심은 항상 복음 전도와 양육에 대한 관심에 동반되어야 한다. 어떤 경우에도 기독교가 사회적 인도주의와, 교회가 사회 행동 단체와, 기독교인이 단순한 휴머니스트와 동일시되는 것은 피해야 한다.

공직을 추구하는 그리스도인들에게 수반되는 위험성이 있다. 그것은 자신의 개인적 야심 때문에 권력을 추구하는 것이다. 권력욕이 공직에 입후보하는 동기가 될 수 있다. 그러한 그리스도인들은 정치가 더럽고 부정직한 것이라는 편견을 강화시키는 데 기여하게 될 것이다. 그러한 그리스도인 정치인들이 권력을 획득하게 되면 그것으로 이웃을 섬기기보다는 단지 그것을 유지하는 데 급급하게 될 것이다.

많은 다른 귀한 것들과 마찬가지로 정치 권력도 그리스도인 정치인들에게 거치는 돌이 될 수 있다. 왜냐하면 영향력 있는 정치인이 된다는 것은 "존경을 받고 매일 그가 대단하고 중요한 사람이라는 것을 상기시켜주는 수백 가지의 조그만 일들에 둘러싸이는 것을 의미"하기 때문이다. 직업 정치인으로 오랜 경력을 가진 몬스마 교수가 이 점을 지적했다.[54] 당신이 영향력 있는 정치인이 되면,

> 당신 말 한 마디에 따라 움직이는 스탭진이 있을 것이며 당신을 즐겁게 해 주려 애쓰고 당신에게 아부하는 로비스트들이 생겨날 것이며, 사람들은 당신과 만날 약속을 하는 것을 영광으로 생각할 것이며, 당신이 소개를 받을 때, 혹은 그냥 방으로 걸어들어 갈 때 사람들은 일어서서 박수를 칠 것이며, 당신의 이름은 신문의 첫머리를 장식하고 텔레비전과 라디오에 나타나게 될 것이며 당신은 지체 높은 분으로 인정받게 될 것이다.[55]

만일 그리스도인들이 이와 같은 것들을 위해 정치에 뛰어든다면 그는 틀림없이 그리스도와 교회의 이름에 누를 끼치게 될 것이다. 정치를 통해 하나님을 영화롭게 하고 다른 사람을 섬기려는 순수한 목적으로 정치인의 길에 들어서는 그리스도인들조차도 "세상의 일반적 정치"에 동화되지 않도록 주의해야 한다. 권력에 따르는 유혹은 너무나 강한 것이기 때문에 하나님의 말씀에 비추어 끊임없는 자기 성찰을 하지 않으면 노먼 메일러(Norman Mailer)가 뉴욕 시장에의 입후보를 고려하면서 했던 말이 사실임을 입증하고 말 것이다. "정치가가 된다는 것은 당신의 영혼에 대단히 위험한 일이다. 왜냐하면 당신이 권력을 쥐게 될 때 그것은 다른 어떤 활동들보다 더 신속히 당신을 지옥으로 인도할 것이기 때문이다."[56]

하지만 권력의 행사에 동반되는 위험은 정치에만 국한되지는 않는다. 권력 현상은 정치에만 존재하는 것이 아니라 교권, 경제력, 학문적 힘 등 여러 가지 형태를 취하기 때문이다. 그러므로 권력에 수반되는 위험은 보편적이다. 그것은 권력이 존재하는 곳에는 어디든지 존재한다. 어떤 종류의 권력이든지 오용될 소지를 안고 있다. 그렇다고 우리가 경제, 학문, 종교를 피할 수는 없는 것과 마찬가지로 그리스도인들도 정치적 책임을 피할 수는 없다.

주

1) J. Marcellus Kik, *Church and State: The Story of Two Kingdoms* (New York: Thomas Nelson & Sons, 1963), 115-16.

2) J. M. O'Neill, *Religion and Education Under The Constitution* (New York: Harper and Row, 1949), 56; Chester James Antieau, Arthur L. Downey, and Edwward C. Roberts, *freedom and Federal Establishment: Formation and the Early History of the first Amendment Religion Clauses* (Milwaukee: Bruce Publishing Company, 1964); Robert L. Cord, *Separation of Church and State: Historical Fact and Current Fiction* (New York: Lambeth Press, 1984).

3) *Institutes*, IV, XX, 2, 3.

4) Cyril Garbett, *Church and State in England* (London: Hodder and Stoughton, 1950), 13-19.

5) Kik, *Church and State*, 110.

6) Leonard W. Levy, "The Original Meaning of the Establishment Clause of the First Amendment," James E. Wood Jr. ed. *Religion and State* (Waco: Baylor University Press, 1985), 77, 72-73.

7) Institutes, IV, XX, 3.

8) Leo F. Solt, *Church and State in Early Modern England: 1509-1640* (New York: Oxford University Press, 1990), 3-4.

9) Thomas G. Sanders, *Protestant Concept of Church and State* (New York: Holt, Rinehart and Winston Inc., 1964), 245.

10) Robert Baird, *Religion in America* (New York: Harper & Row, 1856), 178.

11) Louis Week, "Faith and Political Action in American Presbyterianism," Ronald H. Stone, ed., *Reformed Faith and Politics* (Washington D. C.: The University Press of America, 1983), 115.

12) Francis A. Schaffer, *A Christian Manifesto* (Westchester: Crossing Books, 1982), 90. 『기독교 선언』. 생명의말씀사 역간.

13) Paul Marshall, *Thine is the Kingdom: A Biblical Perspective on the Government and Politics Today* (Grand Rapids: Eerdmans, 1984), 48-50.

14) David C. Steinmetz, "Calvin and Melanchthon on Romans 13:1-7," *Ex Auditu* (Princeton Theological Seminary, 1986): 80.

15) Schaeffer, *A Christian Manifesto*, 91.

16) Richard J. Mouw, *Politics and the Biblical Drama* (Grand Rapids: Eerdmans, 1976), 108-109.

17) James D. G. Dunn, "Romans 13:1-7 - A Charter for Political Quietism," *Ex Auditu* (Princeton Theological Seminary, 1986): 65.

18) Stephen Charles Mott, *Biblical Ethics and Social Change* (New York: Oxford University Press, 1982), 150.

19) William Bridge, "The Wounded Conscience Cured, The Weak One Strengthened, and the Doubting Satisfied," *The Works of Rev. William Bridge* (Pennsylvania: Soli Deo Gloria, 1989), 219-20.

20) Marshall, *Thine is the Kingdom*, 50.

21) 이것에 대한 더 자세한 정보를 위해 쉐퍼의 *A Christian Manifesto*, 93-99를 보라.

22) Schaeffer, *A Christian Manifesto*, 93.

23) 이하는 쉐퍼의 *A Christian Manifesto*, 99-104를 요약한 것이다.

24) Schaeffer, *A Christian Manifesto*, 106-107.

25) Schaeffer, *A Christian Manifesto*, 130.

26) *The Encyclopedia Americana*, Vol. 8(New York: Grolier Incorporated, 1988), 591.

27) *The Encyclopedia Americana*, 129.

28) Mark A. Noll, *Christians in the American Revolution* (Washington D. C.: Christian University Press, 1977), 51.

29) Leonard J. Kramer, "Muskets in the Pulpit, 1776-1783: Part 1," *Journal of the Presbyterian Society* XXXI (September, 1953): 176.

30) Schaeffer, *A Christian Manifesto*, 128-39.

31) Christopher Hill, *Intellectual Origins of English Revolution* (New York: Oxford University Press, 1965), 6.

32) Peter Lewis, "Puritan England," *The Christian and the State in Revolutionary Times* (The Westminster Conference 1975), 63.

33) Thomas Case, *Two Sermons Lately Preached at Westminster, before Sundry of the Honourable House of Commons* (London: Rawworth, 1641), II, 18.

34) Case, *Two Sermons*, 21-22.

35) Noll, *Christians in the American Revolution*, 30.

36) John Milton, "The Tenure of Kings and Magistrates," *The Works of John Milton*, Vol. 5 (New York: Columbia University Press, 1933), 10.

37) Milton, "The Tenure of Kings and Magistrates," 14.

38) Christopher Goodman, *How Superior Powers Ought to Be Obeyed* (Geneva: John Cripin, 1558), 139-40.

39) Schaeffer, *A Christian Manifesto*, 124.

40) Richard J. Coleman, *Issues of Theological Warfare: Evangelicals and Liberals* (Grand Rapids: Eerdmans, 1972), 193.

41) J. G. Davies, *Christians, Politics and Violent Revolution* (London: SCM Press Ltd., 1976), 31.

42) Coleman, *Issues of Theological Warfare*, 199-200.

43) Garbett, *Church and State in England*, 296.

44) Marshall, *Thine is the Kingdom*, 147.

45) 손봉호, "서문," 『교회와 국가』(서울: 한국기독교문화진흥원, 1988), 16-18.

46) "교회와 국가"를 주제로 한 강남 5교회 연합 세미나에서 한 청중의 질문에 대한 손봉호 박사의 대답, 『현대 교회와 국가』(서울: 엠마오, 1988), 18-19.

47) 손봉호, "서문," 『교회와 국가』, 18-19.

48) 손봉호, "현대 상황에서 본 교회와 국가," 『현대 교회와 국가』, 116-17, 98.

49) Stephen V. Monsma, *Pursuing Justice in a Sinful World* (Grand Rapids: Eerdmans, 1984), 60.

50) John R. W. Stott, *Involvement: Being a Responsible Christian in a Non-Christian Society* (Old Teppan: Fleming H. Revell Company, 1984), 32.

51) Richard J. Mouw, *Political Evangelism* (Grand Rapids: Eerdmans, 1973), 18.

52) Marshall, *Thine is the Kingdom*, 58.

53) Mott, *Biblical Ethics and Social Change*, 197.

54) 몬스마는 오랜 기간 동안 칼빙 대학 정치학과 교수로 있다가 미시간주 상원의원으로 10년 이상을 봉직했다.

55) Monsma, *Pursuing Justice in a Sinful World*, 197.

56) Coleman, *Issues of Theological Warfare*, 185.

Reformed Social Ethics & Korean Churches

부록

루터의 정치사상

정치 권력에 대한 루터의 견해에 대해서는 중요한 오해가 있어 왔다. 그는 “기독인의 자유” 교리로써 평민들의 마음에 자유 사상을 불어넣은 후 농민 봉기를 무참하게 진압할 신학적 근거를 제공함으로써 통치자들의 편을 든 보수적 반동분자라는 비난을 받았다. 농민들의 딱한 사정과 자유에 대한 그들의 예민한 감정을 이해, 공감하지 못했다는 것이다. 그러나 이러한 비판은 루터의 여러 저술들을 편견 없이 검토할 때 재고의 여지가 있어 보인다. 본장은 정치 및 세속 권력에 대한 루터의 견해를 고찰함으로 그를 공정하게 평가하는 것을 목적으로 한다.

정치의 인정

루터는 정치 질서를 인정한다. 그는 정치, 정부, 권력, 법률, 경찰, 군대 등의 정치 제도들을 하나님의 경륜으로 받아들인다. 이 점에 있어 그는 칼뱅과 일치하고 재세례파와는 구별된다. 정치 질서의 성경적 근거로 그는 로마서 13:1-2의 “각 사람은 위에 있는 권세들에게 굴복하라. 권세는 하나님께로 나지 않음이 없나니 모든 권세는 다 하나님의 정하신 바라”는 본문과, 베드로전서 2:13-14의 “인간의 모든 제도를 주를 위하여 순종하되 혹은 위에 있는 왕이나 혹은 그가 악행하는 자를 징벌하고 선행하는 자를 포상하기 위하여 보낸 총독에게 하라”는 본문을 지적한다.

루터는 세속 권력과 법률이 창세기의 가인과 아벨 시대부터 존재했다고 주장한다. 가인이 하나님을 향해 “무릇 나를 만나는 자가 나를 죽이겠나이다.”(창 4:14)라고 말했던 사실을 근거로 루터는 당시 살인자를 죽이는 법의 존재를 유추한다. 루터는 하나님이 노아에게 주신 명령, “무릇 사람의 피를 흘리면 사람이 그 피를 흘릴 것이니"(창 9:6)라는 명령도 살인자를 처형하라는 법률의 제정이며 그것을 수행할 세속 권력을 인정한 것이라 해석한다. 루터는 또 모세 율법이 세속 권력의 존재와 역할을 지지한다고 본다. 출애굽기 21:14의 "사람이 그의 이웃을 고의로 죽였으면 너는 그를 내 제단에서라도 잡아내려 죽일지니라"는 본문이나 "생명은 생명으로, 눈은 눈으로 …" 하는 본문이 경찰, 사법 제도, 형사적 처벌권 등의 존재에 대한 인정을 내포하고 있다는 것이다.

나아가서 루터는 예수의 가르침, 이를테면, "… 칼을 가지는 자는 다 칼로 망하느니라"(마 26:52)도 창세기 9:6과 같은 의미라고 주장하며 세례 요한의 발언 중에도 군대의 존재를 정당화하고 나아가 의로운 전쟁을 인정하는 부분이 있다고 본다. 누가복음 3:14에서 자기를 찾아와 어떻게 해야겠는가고 묻는 군인들에게 세례 요한은 결코 군을 떠나라 하지 않았다는 것이다. 베드로도 고넬료에게 군인의 직업을 버리라고 권면한 적이 없다고 루터는 지적한다. 누가는 고넬료를 "정직한 사람"이라 칭찬했지 로마의 백부장이라는 이유로 비난하지 않았다.

이러한 본문들에 근거해 루터는 군인이라는 직업이 그 자체로서 "신성하고 바른" 것이라 주장한다. 죽이거나 탈취하는 것이 겉으로는 사랑의 행위처럼 보이지 않기 때문에 단순한 사람들은 그것을 기독교인들이 할 일이 아니라 생각하지만 사실 그것은 "사랑의 행위"다. 의사가 환자를 살리기 위해 팔, 다리, 눈, 귀를 잘라내는 것은 겉으로는 잔인해 보이지만 몸 전체를 위해서는 사랑의 행위인 것처럼 전쟁은 몇몇 침략자들을 죽임으로써 아녀자들을 비롯한 수많은 사람들의 생명, 재산, 평화를 보호하기 때문에 그것은 사랑의 일이다. 전쟁에서 칼을 휘두르고 사람을 죽이는 손은 인간의 것이 아니라 "하나님의 손"이다. 그것은 교수형, 고문, 사형이 다 "하나님의 심판"인 것과 마찬가지라고 루터는 주장한다.

군인의 직업을 문제 삼지 않는다는 것은 의로운 전쟁을 인정한다는 뜻이다. 재세례파와는 달리 루터는 절대적 비폭력주의를 찬성하지 않는다. 아우구스티누스와 칼뱅처럼 그는 "전쟁을 피하려 하나 어쩔 수 없는 경우는 합법적 정당방어가 된다."고 주장한다. 만일 무력 사용이 전적으로 잘못된 것이라면 행악자를 벌하기 위해 검을 쓰는 것도 잘못일 것이라는 논리다. 그의 견해에 의하면 전쟁은 "모든 종류의 행악자 집단을 단번에 징벌"하는 것이다. 백성들은 비상시에 군주를 따라 전쟁에 임해서 그들의 생명과 재산을 바쳐야 한다. 그것은 그리스도인으로서가 아니라 "국가의 구성원", 즉 "신민으로서의 의무"이다. 적국이 완전히 정복될 때까지 "적군을 죽이고 불태우고 약탈하고 부상을 입히는" 것은 "기독교적이며 사랑의 행위"이다. 루터는 그러나 불의한 전쟁에는 동참하지 말아야 한다고 믿는다. 만일 군주가 잘못이라면 백성들은 전쟁을 거부해야 한다. 악을 행하는 것이 우리의 의무는 아니다. 사람보다는 하나님께 복종해야 한다.

두 왕국론

어떤 사람들은 루터의 견해에 반론을 제시했다. 다음의 본문들을 볼 때 성경은 정치와 정치 질서에 대해 부정적이라는 것이었다. "악한 자를 대적하지 말라 누구든지 네 오른편 뺨을 치거든 왼편도 돌려 대며 또 너를 고발하여 속옷을 가지고자 하는 자에게 겉옷까지도 가지게 하며 또 누구든지 너로 억지로 오 리를 가게 하거든 그 사람과 십 리를 동행하고 네게 구하는 자에게 주며 네게 꾸고자 하는 자에게 거절하지 말라 …"(마 5:39-42). "악한 자를 대적하지 말라 …", "네 오른편 뺨을 치거든 왼편도 돌려 대며 …", "… 너희가 친히 원수를 갚지 말고 하나님의 진노하심에 맡기라 기록되었으되 원수 갚는 것이 내게 있으니 내가 갚으리라 …", "너희 원수를 사랑하며 너희를 박해하는 자를 위하여 기도하라", "악을 악으로, 욕을 욕으로 갚지 말고 …" 반대자들은 이 본문들이 힘에 의해 유지되는 정치 질서를 반대하고 있다고 생각했다.

이러한 반론에 루터는 두 왕국론으로 응수한다. 세상에는 하나님나라와 세상 나라가 있다. 하나님나라는 그리스도께서 설교자들의 "말씀"을 통해 다스리는 나라이고 세상 나라는 세속 권력자들이 "검"을 통해 다스리는 나라이다. 하나님 나라 백성들은 "그리스도를 믿고 그의 말씀에 순종하는 모든 진실한 신자들"로서 이들에게는 세속 권력과 법이 불필요하다. 그들 마음속에는 성령이 계셔서 누구에게도 불의를 행해서는 안 된다고 가르치며 다른 사람으로부터 불의를 당하면 그것을 견디며 심지어 죽음까지 기쁘고 즐겁게 받아들일 것을 가르치기 때문이다. 그런 사람들만 있는 곳에는 소송, 법정, 재판관, 형벌, 법, 칼 따위가 필요 없다. "법은 옳은 사람을 위하여 세운 것이 아니요 불법한 자를 위함"이기 때문이다(딤전 1:9). 법은 불신자들로 하여금 그들이 행하는 것이 불법이며 당장 중지해야 하는 것임을 보여 주기 위해 마련된 것이다. 참 신자는 법률이 요구하는 이상의 정의를 행한다. 이들을 위해서는 영적 권세를 세우셨다. 즉 그들을 위해서는 하나님 나라의 왕이요 주인 그리스도의 통치가 있다. "내 나라는 이 세상에 속한 것이 아니라"(요 18:36-7).

그러므로 일견 정치 질서를 반대하는 것처럼 보이는 성경 본문들은 일반적인 모든 사람들을 위한 것이 아니라 그리스도인들만을 위한 것이라고 루터는 주장한다. 그 성구들의 교훈을 좇아 그리스도인들은 법에 호소하지 말아야 한다. 법은 불신자들, 즉 세상 나라의 사람들을 위한 것이므로 그리스도인들은 자신의 일을 위해 그것을 사용하지 말아야 한다. 그리스도인들은 땅에 속한 문제들에 대해서는 무한정 양보하며 모든 불의를 참아야지 세속 법률에 호소해 시시비비를 가리려 해서는 안 된다. 그들은 하늘나라를 소유하고 있으므로 땅의 나라는 그것을 소유하기 원하는 자들에게 주어야 한다는 것이다. 요컨대 산상 설교에서 그리스도의 의도는 모세의 율법을 폐해 세속 권력을 금하시려는 것이 아니라 신자들이 세상 사람들보다 더 높은 차원의 삶을 살아야 한다는 것이다. 그러므로 이 말씀은 세속 권세를 적법한 것으로 인정하는 성구들과 상충되지 않는다.

당시에 이미 루터의 두 왕국론에 대한 반론이 제기되었다. 세속 권세나 법이 기독교인에게는 불필요하다면 왜 바울은 롬 13:1에서 "각 사람은 위에 있는 권세들에게 굴복하라."고 명했으며 베드로는 "인간의 모든 제도를 주를 위하여 순종하되 혹은 위에 있는 왕이나 혹은 그가 악행하는 자를 징벌하고 선행하는 자를 포상하기 위하여 보낸 총독에게 하라"(벧전 2:13-14)고 말했는가 하는 것이었다. 이 질문에 대해 루터는 다음과 같은 답변을 시도한다. 진실한 기독교인은 이웃을 위하는 존재이다. 그렇기 때문에 그는 이웃에게 필요한 것을 모두 행한다. 즉 세속 권세가 세상에 필요하므로 기독교인들도 세속 권세에 기꺼이 복종한다. 선인이 보호를 받고 악인이 더 악해지지 않게 하기 위해 그도 세속 권세에 복종한다는 것이었다. 여기서 루터는 정치와 정치 질서가 그리스도인들을 위해서는 결코 필요하지 않다고 말함으로써 정치를 필요악 정도로 격하시킨다. 죄가 없는 곳에서는 정치도 불필요하다는 것이다.

"기독교인들에게는 세속 권세가 필요 없다면 어떻게 그들을 지상에서 통치할 수 있는가?"라는 질문에 대해 루터는 약간 초점을 벗어나 보이는 대답을 한다. "기독교인들 사이에는 권위가 있으면 안 된다 … 그들은 서로 우애하고 존경하기를 먼저 해야 한다"(롬 12) 기독교인들에게는 그리스도 외에 지배자가 없고 모두가 "동동한 권리와 힘, 소유, 명예"를 가진다. 다른 사람들 위에 있기를 원하지 않고 서로 복종하기를 원하는 사람들 사이에 무슨 권위가 있을 수 있는가?

루터의 답변에 불만족했던 사람들은 계속해서 질문했다. "그러면 성직자들이나 주교와 같은 종교적 권세는 무엇인가?" 이 물음에 대해 루터는 성직자들의 다스림은 "권위나 권력"의 문제가 아니고 "봉사와 직임"의 문제라고 답했다. 그들은 결코 다른 신자들보다 "높지" 않다. 그들의 다스림은 하나님의 말씀을 가르치는 것일 뿐이다. 그들은 어떤 외적 힘이 아니라 신앙으로 다스려야 하기 때문에 "말씀" 외에는 그들을 다스릴 수 있는 것이 없다.

두 왕국론에서 루터는 참 신자 외의 모든 사람들은 세상 나라에 속한다고 규정한다. 불신자들은 악을 행하기 때문에 하나님은 그들을 위해 "하나님 나라의 사랑의 법과는 다른 권세" 즉 세속 권세를 세우시고 그들을 칼에 복종시키셨다. 그리하여 그들이 설사 악을 행하고 싶은 마음이 있다 하더라도 행동으로 옮기지는 못하게 하심으로 "외적인 평화"가 유지되게 하셨다. 만일 이러한 법이 없었다면 사람들은 서로를 잡아먹어 버렸을 것이며 세상은 악으로 가득하게 되었을 것이라는 것이 루터의 주장이었다.

그러나 재세례파와는 달리 루터는 그리스도인이 공직을 맡아도 좋다고 생각했다. 예수는 "악한 자를 대적치 말라." 하셨는데 기독교인이 세속 권세에 몸담고 악인들을 처벌할 수 있는가라는 질문에 대해 루터는 "그렇다!"고 대답했다. 단 신자들 사이에서는 권력을 휘두를 수 없고 권력 행사의 대상은 비기독교인들로 한정되어야 한다고 그는 조건을 달았다. 만일 사형 집행인, 경찰, 재판관, 군주, 제왕의 수가 모자라고 그리스도인 자신이 자격이 있다고 생각하거든 그 직책을 맡음으로써 "세상에 필요한 통치권이 경시되거나 약해지거나 사라지지 않도록" 하라는 것이었다.

세속 권력의 한계와 정교분리

중세 말기의 사람으로서는 놀랍게도 루터는 교회와 국가의 분리를 주장했다. 즉 국교 제도에 반대했다는 점에서 자기 시대를 많이 앞섰다. 그리고 바로 이 점에서는 로저 윌리엄스(Roger Williams)를 비롯한 침례교도들이나 재세례파와 견해가 일치한다. 국가는 영적인 문제에 간섭하려 해서는 안 된다는 것이다. 종교 문제는 개인의 양심과 판단에 맡겨야 한다. 세속 권력이 "영혼을 위한 법"을 규정하는 것은 "하나님의 통치권을 침해"하는 것이다. 그것은 영혼들을 "잘못 인도하고 멸망"시키는 결과만을 가져온다. 군주들과 주교들이 백성들에게 어떤 종교를 강요하는 것은 어리석은 일이다. 사람들은 자기의 영적 운명을 걸고 종교를 택한다. 그러므로 자기가 믿는 바가 진리인지 자신들이 스스로 조사해야 한다. 다른 사람이 나를 위해 대신 천국이나 지옥에 갈 수 없으므로 그들이 나 대신 믿어 줄 수도 없고 강제로 나에게 어떤 것을 믿거나 안 믿게 할 수도 없다. 믿고 안 믿는 것은 개인의 양심의 문제이며 세속 권력과는 전혀 무관한 일이라는 것이다.

그래서 루터는 종교의 자유를 허락할 것을 주장한다. 소위 종교 다원주의를 인정하라는 것이다. 물론 이 때 종교란 기독교의 여러 교파들, 그 중에서도 가톨릭이냐 루터란이냐의 선택이다. 국가는 백성들이 무엇을 믿든 자유롭게 허락해야 한다. 이런 점에서 그는 아우구스티누스가 도나투스파의 진압을 주장할 때 제시했던 이론과 반대 입장에 선다. "마음을 강요할 수는 없다.”는 것이다. 약한 양심을 가진 백성들로 하여금 거짓말을 하고 마음에 없는 고백을 강요하지 않도록 해야 한다. “사상은 면세”(Thoughts are tax-free)다.

루터는 심지어 이단이나 이교도들의 종교의 자유마저 인정해야 한다고 본다. 이단이나 이교도들이라도 세속 권세가 간섭하거나 억누를 수는 없다는 것이다. 이러한 주장의 수위는 거의 오늘날 종교의 자유 수준에 육박했다. 그는 이단을 “결코 힘으로 제어할 수 없다.”고 주장한다. 이단에 대항해서 싸울 무기는 “하나님의 말씀”뿐이다. “이단은 칼로 자르거나 불로 지지거나 물속에 수장시킬 수 없는 영적인 문제”라는 것이다. 영혼을 다루는 신앙 문제에 대해서는 황제가 아무 권한이 없다. 그러므로 가령 황제가 가톨릭을 강요하고 개신교를 반대하더라도 그것에 복종할 필요는 없다.

루터는 세속 군주들에 대해 대단히 부정적인 평가를 가지고 있었다. “창세 이래로 지혜로운 군주는 보기 드문 보석과도 같고 정의로운 군주는 더욱 드물다. 군주들은 일반적으로 지상의 사람들 중 가장 어리석은 자들이며 가장 악한 부류의 사람들이다.” 그리하여 종교 문제에 대해서는 군주들의 말에 귀를 기울일 필요가 없다. 영혼 구원과 같은 신성한 문제에 있어서는 그들로부터 어떤 선한 것도 기대할 수 없다. 만일 어떤 군주가 지혜롭고 정의로우며 기독교인이라면 그것은 “가장 큰 기적들 가운데 하나”이며 “하나님께서 지상에 베푸신 가장 값진 은혜”이다. 그러나 대개의 경우는 다음의 성구들이 세상의 현실을 잘 대변하고 있다. “그가 또 소년들을 그들의 고관으로 삼으시며 아이들이 그들을 다스리게 하시리니”(사 3:4) “내가 분노하므로 네게 왕을 주고 …”(호 13:11).

군주들이 이처럼 일반적으로 악한 이유는 백성들의 죄악 때문이라고 루터는 본다. 이 점에서 그는 칼뱅과 견해가 일치한다. “세상은 너무 사악하기 때문에 현명하고 정의로운 군주들을 많이 가질 자격이 없다. 개구리들은 황새를 자기들 왕으로 섬겨야 한다." "우리는 하나님으로부터 전쟁이나 폭군의 참화를 입어 마땅한 죄인들이다. 죄 가운데 살고 있으면서도 죄에 대한 징벌을 받으려하지 않고 그것에 저항한다." 그러나 하나님이 "악한을 들어 다스리게 함은 백성의 죄악으로 말미암음"이다(욥 34:30에 대한 루터의 번역).

위에 있는 권세에 대한 복종의 한계

1521년 보름스(Worms) 칙령의 반포로부터 1546년 슈말칼덴 전쟁의 발발에 이르기까지 독일 개신교도들은 카를 5세가 종교개혁을 뿌리 뽑기 위해 물리적 수단을 동원할지 모른다는 끊임없는 위협 속에 놓여 있었다. 그리하여 그들은 "개신교 군주들과 제국 도시들이 복음을 수호하기 위해 황제에게 저항하는 것이 과연 합법적인가?"하는 질문을 갖게 되었다. "위에 있는 권세"에 대한 저항이 복음의 교훈과 양립될 수 있는가 하는 윤리적이고 신학적인 질문이었던 것이다.

황제에 대한 루터의 저항론은 그의 생애의 마지막 25년 동안 변천의 단계를 겪었다. 사실상 이 문제에 관한 한 루터는 삼 단계의 점진적이지만 격심한 입장 변화를 체험한다. 그것은 주로 당시의 역사적 상황의 압력과 법률가들의 논증의 점증하는 영향 때문이었다. 첫째 단계는 1530년까지의 시기인데 이 시기에 루터는 어떤 상황 속에서도 황제에게 저항하는 것을 반대했다. 그는 자기 생명이 위태로운 상황 속에서도 이 원칙을 고수했다. 1522년 프리드리히 선제후(Frederick the Wise)에게 보낸 유명한 편지에서 루터는 이렇게 말했다.

… 선제후로서 당신은 관원들에게 순종해야 합니다. 그리고 황제께서 당신의 도시들과 영토에서 자신의 권세를 행사할 수 있도록 허용해야 합니다. 왜냐하면 그는 제국 헌법에 따라 행할 권리가 있으며 당신은 황제의 권세에 저항하거나 그것에 방어하거나 어떤 사람으로 하여금 그것을 방해하고 저지하게 해서는 안 되기 때문입니다. 설사 그것이 나를 체포하거나 죽이는 것이라도 말입니다 …. 그렇게 하지 않는다면 그것은 반역이며 하나님을 대적하는 것입니다.

심지어 폭군에 대해서도 루터는 저항을 인정하지 않았다. 아무리 폭군적인 통치 하에서라 하더라도 억압을 참고 견디는 것이 그리스도인의 의무라는 것이었다. 1530년에 쓴 길고도 조심스러운 편지에서 루터는 이렇게 주장한다. "성경에 따르면 통치자가 의롭게 행하느냐 불의하게 행하느냐에 상관없이 그리스도인이 되고자 하는 사람이 어떤 식으로든 자기 통치자에게 저항하는 것은 합당하지 않은 일이다. 오히려 그리스도인은 불의한 무력, 특히 자신의 통치자로 말미암아 고통을 당해야 한다."

스와비와 농민들의 12조 선언에 답하는 글에서 루터는 대중 봉기를 분명히 정죄하고 있다. "통치자들의 악이 여러분의 무질서와 반역을 정당화하지는 않는다." 백성들에게는 군주의 악행에 대한 처벌권을 주신 적이 없다는 것이다. "하나님은 반란자들의 편에 서지 않는다. 왜냐하면 성경은 '원수 갚는 것이 내게 있으니 내가 갚으리라.'(롬 12:19)고 말하기 때문이다. 그런데 반란은 자기 자신의 재판자요 보복자가 되는 것 외에 아무 것도 아니다." 폭군은 처벌되어야 하고 자리에서 쫓겨나야 한다. 그러나 폭군을 처벌하는 것은 하나님이 하실 일이라고 주장하는 점에서도 루터는 칼뱅과 같은 견해를 가지고 있다. "하나님이 폭군을 처단하시는 것은 식은 죽 먹기"다. 폭군들은 백성들이 바라는 것보다 훨씬 "더 빨리 재앙을 당하고 징벌을 받게 될 것"이다. 그러므로 백성들이 폭군에게 보복하려 할 필요는 없으며 그렇게 해서도 안 된다. 루터는 군신의 관계를 부자의 관계에 비유하면서 칼뱅과는 동일하고 낙스와는 반대되는 결론을 추출한다. 아버지가 잘못한다 해서 가족들이 그를 집에서 쫓아내거나 죽이지는 않기 때문이다.

백성들이 폭군을 처단해서는 안 된다는 주장에 있어 적어도 초기의 루터는 더할 수 없이 완강하다. "복음 전파를 금하고 백성을 압제하는 제후와 영주들을 하나님이 그 보좌에서 끌어내리는 것이 합당하다는 데 나는 전적으로 동의한다. 그들은 하나님과 사람에게 엄청난 죄를 지었기 때문에 변명의 여지가 없다." 그러나 백성들은 폭력으로 학정에 대항해서는 안 된다. 왜냐하면 첫째는 "검을 드는 자는 검으로 망한다."는 말씀이 가르치는 바와 같이 폭력을 사용해서 권력을 탈취해서는 안 되기 때문이다. 둘째, 악을 벌할 책임은 칼을 든 세상 통치자들에게 있기 때문에 불의를 당하는 사람들 자신이 불의를 시정하려고 스스로 나서는 것은 합당치 않다. "세상의 자연법도 우리는 자신의 사건의 재판관이 될 수는 없고 스스로 보복하려 해서도 안 된다고 가르친다." 통치자들에 대한 저항은 백성들이 스스로 복수하려는 것이며 스스로 재판관이 되려는 것으로 "하나님의 명령에 대항"하는 일이었다.

루터는 심지어 통치자들이 대관식 때 백성들과 맺었던 언약을 깨뜨린다 하더라도 백성들은 그를 처벌하거나 폐위해서는 안 된다고 주장한다. 그 이유는 통치자들이 백성들뿐 아니라 하나님께도 의로운 왕이 되겠다고 약속했기 때문이다. 여기서 루터는 설득력이 다소 약해 보이는 논리를 전개한다. 그는 왕이 하나님과 백성 양자 모두에 대한 약속을 깨뜨릴 때 그를 심판할 수 있는 것은 백성들이 아니라 제3의 통치자라고 주장한다. 제3자가 나타나 양편 모두의 주장을 들어본 후 폭군을 심판해야 한다는 주장은 비현실적이다.

그는 일방의 계약 파기에 대해 상대방 계약 당사자가 행동을 취할 수 있다는 생각은 찬성하지 않는다. 이런 의미에서 루터는 군주와 백성들 사이에 진정한 계약이 성립한다고 믿지 않는 듯하다.

군주의 직무 유기가 신민들에게 반란의 권리를 주지 않는다고 루터가 생각한 또 하나의 이유는 "누구든지 검을 잡는 자는 검으로 망하기 때문이다." 외적 자유에 대한 요구를 기독교적인 용어로 미화하는 것은 성경, 자연법, 그리고 하나님의 법이 보여 주는 바와 같이 신성모독적인 일이라는 것이다. 신민들은 기독교인의 자유를 공민적 자유와 혼동해서는 안 된다. 영적 자유는 영혼에 관련된 은혜의 선물이지 외적 조건의 문제가 아니다.

"군인들도 …"에서 루터는 폭군들에게 무력 항거를 하지 말아야 하는 또 하나의 이유를 제시한다. 그것은 폭군들이 건드릴 수 있는 것은 "영혼"이 아니라 "단지 재산, 처자, 신체"뿐이라는 것이다. 이것은 "몸은 죽여도 영혼은 능히 죽이지 못하는 자들을 두려워하지 말고 오직 몸과 영혼을 능히 지옥에 멸하시는 자를 두려워하라."(마 10:28)는 본문을 근거로 한 것인 듯 하나 이원론적이라는 인상을 준다. 실제 루터는 자주 내세, 영혼은 중요하고 물질, 육체, 현세는 무가치하다는 인식을 표현한다. "슈바벤 농민들의 12개 조항에 답"하는 글에서도 루터는 농민들이 "불공평을 면하기 위해 권력과 부를 원"하고 있으나 "복음서는 이 세상사에 개입하지 말라고 한다. 복음서가 현세에서의 우리의 삶에 대해 말하는 것은 고통, 불공평, 십자가, 인내, 그리고 현재의 삶과 현세적인 부에 대한 경멸뿐이다."라고 주장한다. 그리스도인이 현세적 여건의 개선에 마음을 쓰는 것이 부적합하다는 것이다.

그러나 농민들에 대한 루터의 회유는 실패했다. 농민 봉기는 폭도들의 난동으로 변했다. 그러자 그는 "농민 폭도들의 강도질과 살인에 반대함"(1525)이라는 글을 통해 통치자들에게 반란을 진압하라고 단호하게 요청한다. "통치자들은 농민들을 먼저 재판에 회부할 필요 없이 처벌하고 도륙함으로써" 자신들의 직무를 수행하라는 부름을 받았다. 농민 봉기를 진압하라는 그의 권유는 너무 강경하여 오랫동안 불의와 억압의 희생자가 되어 온 농민들의 입장에 대해 너무 비동정적이며 그들에게 지나치게 엄격한 것이 아닌가 하는 인상을 준다. 즉 불의한 권력에 대해 백성들은 한없이 오래 참아야 하나 그것에 저항하는 백성들의 폭력에 대해서는 잔인할 정도로 단호하다는 점에서 루터는 힘있는 자들의 편에 섰다는 인상을 줄 우려가 있었다.

이러한 루터의 당시 태도로 말미암아 많은 농민들이 루터에게서 등을 돌리고 종교개혁에 반대하는 입장에 서게 된다. 어쨌든 루터는 농민 반란의 철저한 진압을 요구하는 자신의 입장에 대한 세 가지 이유를 제시한다. 첫째, 농민들은 영혼과 육체를 죽임에 처할만한 대죄를 지었다. 통치자에 대한 순종의 서약을 깨뜨림으로써 그들은 "하나님의 심판을 자취"하고 있다. 둘째, 그들은 수도원과 성들을 강탈, 노략하고 있으므로 누구든지 먼저 아무 거리낌 없이 그들을 사형에 처해야 한다. 관원들이 "공연히 칼을 가지지 아니하였으니 곧 하나님의 사자가 되어 악을 행하는 자에게 … 보응"해야 한다(롬 13:4)는 말씀처럼 소수의 폭도들을 처단하여 다수의 사람들을 보호하는 것은 "미친 개"를 마땅히 죽여야 하는 것처럼 정의를 행하는 일이다.

루터에 의하면 반란이란 단순한 살인보다 훨씬 더 큰 악이었다. 그것은 대화재처럼 온 땅을 황폐하게 하고 고아와 과부 등의 엄청난 피해자가 생겨나게 하기 때문이다. 만일 농민 반란이 성공한다면 돈푼이라도 가진 사람은 모두 고통을 당할 것이며 여자들과 자녀들이 능욕을 당했을 것이며 자기들끼리 서로 죽임으로써 세상의 "평화와 안전"이 사라졌을 것이라고 루터는 주장했다. 일반적 살인자들은 정부라는 머리는 두고 그 지체 혹은 재산만을 공격한다. 이 경우는 하나님으로부터 징벌의 직무를 부여받은 머리가 그 살인

자를 처벌할 수 있으므로 다른 사람들은 그를 처벌할 필요가 없다. 그러나 반역은 머리 자체를 공격하는 것이다. 머리가 공격을 당하고 있으니 머리가 심판을 내릴 수가 없다. 그러므로 명령을 받지 않은 자들도 달려가 반역자들을 죽여야 한다. 루터는 이렇게 장담했다.

> 나는 목사지만 만일 나의 상전이 터키인이라 하더라도 그가 위험에 빠진 것을 본다면 나의 영적 직분을 잊어버리고 죽을 때까지 찌르고 벨 것이다. 그러다가 죽으면 천국으로 직행할 것이다. 이방인이든 유대인이든 터키인이든 그리스도인이든 어떤 사람들 속에서건 반역은 자비나 법정에서 재판을 받을 가치가 없는 범죄이다. 반역자는 이미 재판을 받고 사형을 선고받은 자이며 그러므로 누구나 그를 처형할 수 있다."

한 마디로 반란은 가장 "악마적"인 것이라고 루터는 단언한다. 그러므로 폭도들에게는 자비를 베풀 필요가 없다. 그는 반역자들에게는 하나님도 자비를 보이지 않는다고 주장한다. 그 성경적 근거는 "주 하나님과 왕을 경외하고 반역자들과 사귀지 말라. 그들의 재앙이 속히 임할 것임이니라."(잠 24:21-22)는 말씀이다. 왕은 공경을 받고 반역자들은 멸망당하는 것이 "하나님의 뜻"이라는 것이다.

여기서 루터는 다시 하나님나라와 세상 나라를 구별한다. 전자는 은총과 자비의 나라지만 후자는 냉정한 법의 통제, 즉 분노와 징벌만이 있는 나라다. 후자는 자비로워서는 안 되고 "엄격하고 모질게" 하나님의 진노를 발해야 한다. 그 성경적 근거는 "살인자를 내 단에서 끌어내고 자비를 보이지 말라."(출 21:14)는 것이다. 폭도들을 진압하는 과정에서 죽는 것은 "최고의 축복된 죽음"이다.

농민 반란자들을 무자비하게 진압해야 하는 세 번째 이유는 그들이 복음의 미명 하에 그러한 죄를 범하고 있기 때문이다. 그들은 스스로 "그리스도인 형제단"으로 자처함으로 끔찍한 "독신죄"를 범하고 있고 "악마를 섬기고" 있다는 것이 루터의 주장이었다.

루터는 "악한 자를 대적하지 말라", "친히 원수를 갚지 말고 하나님의 진노에 맡기라."는 그리스도의 교훈이 폭군에 대한 백성들의 태도에 적용되어야 한다고 본다. "그 분은 우리가 항상 참으며 모든 일이 바로 잡힐 때까지 기다리라고 말씀하신다."는 것이다. 그리스도의 법은 "원수를 사랑"하고 박해자를 위해 기도하고 악을 행하는 자에게 선을 베푸는 것이다. "고통, 또 고통, 십자가, 또 십자가, 이것이 그리스도의 법이다. 불행과 악을 견디며 하나님을 부르는 것이 불행과 악을 제하는 그리스도인의 방법"이라는 루터의 주장은 정치적 수동주의의 전형처럼 들린다.

루터는 폭군에 대한 신민들의 대응 태도에 대해 논하면서 마치 불의와 악 일반에 대한 그리스도인의 태도가 그러해야 한다고 주장하는 인상을 준다. 그 때문에 그는 때로 절대적 평화주의와 비폭력주의를 주장하는 재세례파처럼 들리는 때가 있다. "불의에 대항해 싸우지 말고 자신을 보호하지 말고 생명과 재산을 포기하고 누구에게든 원하는 사람에게 이것을 양보하라. 그리스도인은 누가 자기 물건을 강탈하든 가져가든 속여 빼앗든 혹은 자기를 학대하든 잠잠히 버려둔다. 그는 이 땅에서는 순교자이기 때문이다." 루터는 그리스도인들의 현세적 운명에 대해 지나칠 정도로 비관적이다. 그는 그리스도인들이 현세에서 행복이나 평안을 기대할 수 없으며 오직 불행과 고난만을 분깃으로 누릴 수 있을 것이라 주장한다. 그렇기 때문에 그리스도인은 어떤 재앙을 만나더라도 그 이상의 재앙이 임하지 않은 것에 감사할 뿐이지 현존하는 재앙에 대해 불평하거나 그것을 시정하려 하지 말아야 한다.

하나님은 우리를 세상 속으로, 악마의 권세 아래로 던지셨다. 그 결과 우리는 여기서 낙원을 가질 수 없다. 우리가 기대할 수 있는 것이라고는 신체, 처자, 재산, 명예에 가해지는 온갖 종류의 불행뿐이다. 한 시간에 열 가지 이하의 재앙이 일어나 우리가 무사히 살아남는다면 우리는 하나님이 선하신 분이라 말해야 한다. 그 시간 동안에 온갖 재앙을 보내지 않으셨으니 말이다.

요컨대, 루터는 위에 있는 권위에 대해서는 절대 항거하지 말아야 한다고 주장한다. "우리보다 위에 있는 사람들에 대항해 전쟁하거나 봉기하는 것은 옳지 않다." 루터는 하급자가 상급자에게 무력 저항을 할 수 없다고 본다. 초기의 루터는 상급자에 대한 하급자의 무력 저항을 어떤 경우에도 인정하지 않았다. 이를테면 영주는 대영주, 즉 왕, 황제, 제후 등에 대항한 전쟁을 할 수 없다. 하급자는 비록 불의한 침해를 당한다 하더라도 상급자들이 하는 대로 허용해야 한다. 통치 권력에 대해서는 힘이 아니라 진리의 고백으로 저항해야 한다. 이런 루터의 사상이 20세기 제1-2차 대전시 나타난 독일인들의 국가에 대한 일사불란한 복종에 영향을 주었는지도 모른다. 그러나 상대가 동등하거나 열등한 지위의 소유자이거나 타국이라면 먼저 그에게 정의나 평화를 제의해야 하고 상대가 그것을 거절할 때에 비로소 힘에 의한 정당방위가 합법적이 된다(신 20:10-12).

그러나 때로 루터는 위의 권위에 대한 저항이 윤리적으로 잘못되었기 때문만이 아니라 그 결과가 좋지 못하기 때문에 그것에 반대한다는 인상도 준다. 이런 점에서 루터가 실용주의적 고려를 완전히 배제한 것은 아니다.

비록 반란이 실제적으로 하나의 가능성이 될 수 있다 하더라도 그것은 여전히 무익한 진행 방법이다. 그것은 결코 바라던 개선을 가져오지 못한다. 왜냐하면 반란은 무분별한 것이기 때문이다. 그것은 대체로 죄인들보다는 무죄한 사람들을 더 해친다. 그렇기 때문에 그것이 추구하는 명분이 아무리 옳다 하더라도 반란은 옳은 것이 될 수 없다. 그것은 항상 개선보다 손실을 더 많이 가져온다. '나쁜 것이 더 나빠진다'는 것이다.

전체적으로 1530년의 마지막 무렵에 이르기까지 한 가지 예외를 제외하고는 루터의 입장에는 어떤 변화도 감지되지 않았다. 1529년에 종교개혁을 무력으로 방어해서는 안 된다는 자신의 종래의 입장을 조용히 포기했던 것이다. 그 외에는 그의 견해에 달라진 것이 아무 것도 없었다. 방어 동맹이 그 자체로서 불법적인 것은 아니라고 인정했지만 그것이 황제를 향하지는 말아야 하며 순수하게 방어적인 것이어야 한다는 주장을 계속했던 것이다.

루터의 저항권 사상의 변화

1530년의 아우크스부르크 회의(the diet of Augusburg)는 독일의 정치적 상황을 바꾸어 놓았다. 카를 5세가 아우크스부르크 고백을 거부함으로써 개신교도들은 다시 한번 황제의 직접 개입의 심각한 위협에 직면하게 되었다. 저항에 대한 루터의 태도에 변화를 야기한 것은 바로 이 국면의 전환이었다. 개신교 군주들과 그들의 법률 자문들의 압력 하에서 그는 황제에 대한 무력 저항이 합법적일 수 있는지의 여부를 다시 검토해야만 했다. 결국 루터는 법률가들의 논증에 설득당해서 집요하게 고수하던 자신의 입장을 철회했다. 그는 역사가들에게 토르가우 선언(Torgau declaration)이라고 알려진 유명한 문서에 동의했다. 토르가우 선언은 루터파 정치 이론 발전사에 있어 결정적 전환점으로 인식된다. 왜냐하면 이 시점으로부터 루터는 황제에 대한 저항에 관한 자신의 노골적 반대를 포기했기 때문이다.

하지만 토르가우 선언은 애매모호한 문서였다. 그는 법률가들의 논증에 대한 자신의 공식적 반대를 철회했으나 스스로 저항에 공격적으로 앞장서지는 않았다. 대신 그는 법률이 허용하는 한도가 무엇인가를 결정하는 것은 신학자인 자신의 일이 아니라 법률가들의 일이라는 조심스러운 중도 입장을 택했다. 토르가우 선언 후에도 그는 저항 사상으로부터 거리를 두는데 조바심을 내었으며 법률가들과 정치가들이 결정하는 바에 대해 어떤 책임을 지기를 거부했다.

루터의 입장이 명백히 변했다는 최초의 표시는 1536년 선제후 프리드리히의 요청에 의해 쓴 루터의 공식적 견해에 나타난다. 때는 교황 바오로 3세가 이듬해 만투아에서 종교 회의가 소집되도록 결정함으로써 개신교도들에게 새로운 위기가 닥쳤을 무렵이었다. 개신교도돌이 염려했던 것은 그 종교회의가 개신교도들의 호소에 역행하는 결정을 내림으로써 황제에게 새로운 침공의 구실을 제공하게 되지 않나 하는 것이었다. 이 때 루터는 자신의 초기 견해뿐 아니라 토르가우에서 취했던 입장과도 급진적인 결별을 고하게 된다. 그는 이제 이전의 중립적 입장을 버리고 황제에 대한 저항을 공공연히 찬성하게 되었다. 루터의 견해에 의하면 "복음은 자연법이나 세속 정부에 의해 재가된 모든 자연스럽고 공정한 보호와 방어를 허용한다." 이제 루터는 1530년에 자신이 그토록 강하게 반대했던 저항에 관련한 자연법 논증을 받아들일 준비가 되었다.

더 놀라운 것은 세속 통치자들의 임무에 대한 그의 인식이었다. 그는 이제 "모든 불의한 힘에 대항해서 그리스도인들과 하나님에 대한 외적 예배를 보호하고 유지하는 것"이 각 군주들의 임무라고 천명했다. 그는 이 임무가 구약에 나오는 경건한 왕들의 모범 및 제2계명에 의해 군주들에게 주어졌다고 주장했다. 그리하여 군주들은 자기 영토 내에서 "동급의 위치에 있는 군주들뿐 아니라 황제의 침공에 대항하여 자신의 그리스도인 신민들을 보호함으로써" 참 교리들을 심고 지탱해야 하며 "하나님은 우상 숭배를 제거하고 경건한 그리스도인들을 보호하는 자들을 도우실" 것이다. 그는 이제 만일 개신교도들이 아직 상소 중인 동안 황제가 그들을 공격하면 합법적으로 저항할 수 있다는 법적 논증을 주저없이 받아들였다. 루터는 여기서 멈추지 않고 훨씬 더 과격해졌다. "만일 황제가 개신교도들을 공격하면 그는 자기 스스로 그렇게 행동하고 있는 것이 아니라 단지 교황의 사주를 받아 행동하는 것이기 때문에 합법적으로 저항할 수 있다 … 만일 자기 자신의 이유 없이 군주들을 공격하는 황제가 교황의 전쟁에 자신을 연루시키는 것이라면 그도 동일한 운명을 각오해야 한다. 교황을 위해 싸우는 자는 군주든, 왕이든 아니면 황제든 누구를 막론하고 격퇴되어야 한다." 이 경우 황제는 황제가 아니며 교황의 병사이자 강도이다. 왜냐하면 이 전쟁에서 진정한 황제는 교황이기 때문이다. 만일 교황이 전쟁을 걸어온다면 그는 "광분한, 그리고 귀신들린 괴물처럼 저지되어야 한다 … 왜냐하면 그는 감독도 아니고 이단도 아니며 폭군도 아니고 다니엘이 말한 바 모든 것을 황폐케 하는 짐승이기 때문이다."

"교황의 병사"(miles papae)라는 개념 외에도 루터는 1529년과 1530년에 수락하기를 거부했던 헌법적 논증, 즉 황제는 절대 군주가 아니며 만일 그가 제국의 관습과 법률을 지키는 데 실패하면 독일 군주들은 황제에게 저항할 권리를 가진다는 주장을 채택했다.

군주들은 황제와 협력하여 제국을 통치하고 있으며 황제는 절대적 왕이 아니며 선제후들의 의사에 반하여 제국의 형태를 변경시킬 수도 없기 때문이라는 것이었다. 만일 이 원리가 민사상의 문제에 적용된다면 그것은 황제가 교황과 마귀의 유익을 위해 제국의 헌법을 전복하려하는 경우에도 꼭 같이 적용되어야 한다.

만일 황제가 교황을 위해서가 아니라 자신의 뜻에 의해 그리스도인들을 핍박하는 식의 일반적 폭군이라면 그에게 저항하는 것이 합법적인가 하는 질문에 대해서도 루터는 역시 힘주어 답한다. “그러한 악도 저지되어야 한다. 왜냐하면 우리는 우리 후손들에게 잘 확립된 교리와 교회를 물려주어야 하기 때문이다.” 제국의 헌법은 황제에게 저항할 권리를 제후들에게 부여하고 있다. 일곱 선제후는 사사로운 개인들이 아니라 황제와 동격의 사람들이다. 왜냐하면 그들은 황제를 머리로 하는 제국을 구성하는 한 부분들이기 때문이다.

맺는 말

앞에서 살펴 본 것처럼 정치 권력에 대한 루터의 저항 사상은 세월의 흐름과 함께 세 단계의 격심한 변화를 거쳤다. 극우적 보수에서 애매한 태도를 거쳐 결국 급진적인 입장으로 변천했다는 것이다. 초기 루터의 저항 이론의 문제점들은 다음과 같이 요약될 수 있다. 첫째, 그는 현세와 내세, 영적인 것과 육신적인 것을 극단적으로 이분화함으로 고대 그리스 이원론의 영향을 보여 주었다. 그리스도인은 불의에 의한 현세적 불이익이나 지상적 손실에 대해 철저히 무감각해야 한다는 주장이 그러한 면모를 보여 준다. 둘째, 루터는 주로 개인들 사이의 사사로운 관계를 위해 의도된 산상설교의 교훈들을 공적인 영역에까지 끌어들여 폭군과 시민들의 관계에 무차별적으로 적용했다. 셋째, 그는 로마서 13:1-2에 있는 권세에 대한 복종의 명령을 기계적으로 받아들였다. 즉 위에 있는 권세가 권력을 남용하여 백성들에게 불의를 행하는 경우에조차도 후자는 전자에게 무조건 순종해야 한다는 것이었다.

루터의 두 왕국론에도 몇 가지 문제가 있어 보인다. 첫째, 그는 세상 나라와 하나님 나라가 현실 속에서 확연히 구분될 수 있다고 가정했다. 그러나 실제에 있어 양자는 그처럼 뚜렷이 구별되지 않는다. 즉, 루터는 이 지점에서 신자 속에 있는 부패의 요소를 간과하여 마치 참 신자들은 결코 범법하는 일이 없는 완전 성화된 사람들인 것처럼 보고 있다. 루터는 참 그리스도인들은 그리스도의 법을 따라 살기 때문에 결코 세속법을 어기는 일이 없고 항상 세속법이 요구하는 수준 이상을 행한다고 말한다. 그러나 중생한 신자들도 종종 말씀을 거역한다.

한 중요한 문제에 대한 위대한 성도의 견해가 이처럼 극적인 변화를 일으킬 수 있음을 주목하는 것은 흥미로운 일이다. 그러면 어느 시기의 루터의 저항 이론이 보다 타당하며 성경적이라 할 수 있을까? 그리스도인의 인격과 사고가 노년에 이를수록 성숙하고 더 온전해진다고 할 때, 그리고 루터 같은 신실한 그리스도인은 적어도 단순히 현실적 이유 때문에 말을 바꿀 사람은 아니라고 믿을진대 그의 말년의 입장이 가장 균형 잡히고 진리에 가까운 것이었다고 볼 수 있을 것이다.

주

1) Manfred Hoffman, "Martin Luther: Resistance to Secular Authority," The Journal of International Theological Center 12(Fall, 1984/Spring, 1985): 40.
2) Martin Luther, "Temporal Authority: To What Extent It Should Be Obeyed?" Robert C. Shultz ed., *Luther's Works* Vol. 45 (Philadelphia: Fortress Press, 19670, 85-86.
3) Luther, "Temporal Authority," 86.
4) Luther, "Temporal Authority," 87.
5) Luther, "Whether Soldiers, Too, Can Be Saved?" *Works* Vol. 46, 97-98.
6) Luther, "Whether Soldiers, Too, Can Be Saved?" 96.
7) Luther, "Whether Soldiers, Too, Can Be Saved?" 98.
8) Luther, "Whether Soldiers, Too, Can Be Saved?" 130.
9) Luther, "Temporal Authority," 87.
10) Luther, "Temporal Authority," 101, 88, 89.
11) Luther, "Temporal Authority," 92.
12) Luther, "Temporal Authority," 102.
13) Luther, "Temporal Authority," 93-94.
14) Luther, "Temporal Authority," 117. 여기서 루터는 권위라는 것이 상하의 신분 문제이기에 앞서 질서의 문제라는 점을 간과하고 있는 듯하다. 권위란 단지 계급의 설정을 위해서가 아니라 질서 유지를 위해 필요불가결하다는 사실을 외면하고 있었다는 것이다.
15) Luther, "Temporal Authority," 117-18.
16) Luther, "Temporal Authority," 90-91.
17) Luther, "Temporal Authority," 95, 103.
18) Luther, "Temporal Authority," 108.
19) Luther, "Temporal Authority," 108.
20) Luther, "Temporal Authority," 114.
21) Luther, "Temporal Authority," 113.
22) Luther, "Temporal Authority," 113-14.
23) Luther, "Whether Soldiers, Too, Can Be Saved?" 109.
24) W. D. Cargill Thompson, "Luther and the Right of Resistance to the Emperor," Derek Baker ed., *Church, Society, and Politics* (Oxford: Blackwell, 1975), 162.
25) Luther's Letter to Elector Frederick, 5 March 1522. Thompson, "Luther and the Right of Resistance to the Emperor"에서 재인용.

26) WA Br. 5, No. 1536, 258-61; Sheible, Wiederstandsrecht, No 14, 60-63. Thompson, "Luther and the Right of Resistance to the Emperor," 180에서 재인용.

27) Luther, "Admonition to Peace, A Reply to the Twelve Articles of the Peasants in Swabia," *Works* Vol. 46, 25.

28) Luther, "A Sincere Admonition to All Christians to Guard Against Insurrection and Rebellion," *Works* Vol 45, 63.

29) Luther, "Whether Soldiers, Too, Can Be Saved?" 108-11.

30) Luther, “Admonition to Peace,” 25.

31) Luther, "Whether Soldiers, Too, Can Be Saved?" 107-108; Luther, “Admonition to Peace,” 25.

32) Luther, "Whether Soldiers, Too, Can Be Saved?" 113.

33) Luther, “Admonition to Peace,” 25.

34) Luther, "Against Robbing and Murdering Hordes of Peasants," *Works* Vol. 46, 49.

35) Luther, "Against Robbing and Murdering Hordes of Peasants," 108.

36) Luther, "Admonition to Peace,” 35.

37) Luther, "Against Robbing and Murdering Hordes of Peasants," 52.

38) Luther, "Against Robbing and Murdering Hordes of Peasants," 49-50.

39) Luther, "Against Robbing and Murdering Hordes of Peasants," 50.

40) Luther, "An Open Letter on the Harsh Book Against the Peasants," 71.

41) Luther, "An Open Letter on the Harsh Book Against the Peasants," 80.

42) Luther, "An Open Letter on the Harsh Book Against the Peasants," 81-82.

43) Luther, "An Open Letter on the Harsh Book Against the Peasants," 65-66.

44) Luther, "Against Robbing and Murdering Hordes of Peasants," 53-54.

45) Luther, "Against Robbing and Murdering Hordes of Peasants," 51-52.

46) Luther, “Admonition to Peace,” 28-29.

47) Luther, "Whether Soldiers, Too, Can Be Saved?" 117.

48) Luther, "Whether Soldiers, Too, Can Be Saved?" 118.

49) Luther, "Whether Soldiers, Too, Can Be Saved?" 116-18.

50) Luther, "Whether Soldiers, Too, Can Be Saved?" 120-21, 125.

51) Luther, "A Sincere Admonition to All Christians to Guard Against Insurrection and Rebellion," 63.

52) WA Br. 6, pp. 16-17, 36-37을 보라.

53) CR 3, No. 1458, cols 126-131. Thompson, "Luther and the Right of Resistance to the

Emperor," 191에서 재인용.

54) WA Br. 8, No 3297, 366-67. WA 39. 2, 39-44. Thompson, "Luther and the Right of Resistance to the Emperor," 194-95에서 재인용.

55) WA 39, 2, pp. 77-78.

참고 문헌

Allen, J. W. *A History of Political Thought in the Sixteenth Century*. London: Methuen and Co., 1928.

Aquinas, Thomas. *Summa Theologiae*.

_____. *On Kingship, to the King of Cyprus.* trans. and rev. by Gerald B. Phelan and I. Th. Eschmann. Toronto: Pontifical Institutes of Medieval Studies, 1949.

Bailyn, Bernard. *Ideological Origins of the American Revolution*. Cambridge: Harvard University Press, 1967.

Bainton, Roland H. *The Reformation of the Sixteenth Century*. Boston: Beacon Press, 1952. 『16세기 종교개혁』. CH북스.

Robert, Baird. *Religion in America*. New York: Harper & Row, 1856.

Balke, Willem. *Calvin and the Anabaptist Radicals*, trans. William Heynen. Grand Rapids: Eerdmans, 1981.

Baron, Hans. "Calvinist Republicanism and Its Historical Roots." *Church History* 8, 1939.

Berkhof, Hendrikus. *The Doctrine of the Holy Spirit*. Richmond: John Knox Press, 1964.

Beza, Theodore. *Concerning the Rights of Rulers over Their Subjects and the Duty of Subjects towards Their Rulers*. ed. A. H. Murray. tran. Henry Louis Gonin. Cape Town: H.AU.M, 1956.

_____. "The Right of Magistrates over Their Subjects" Julian H. Franklin. ed. *Constitutionalism and Resistance in the Sixteenth Century*. New York: Pegasus, 1969.

Bierce Ambrose. *The Devil's Dictionary*. Mount Vernon: Peter Pauper Press, 1958.

Blair, W. N. *Gold in Korea*. New York: Presbyterian Church in the U.S.A., 1957.

Bonhoeffer, Dietrich. *Ethics*. London: SCM Press, 1955.

Bousma, William. *John Calvin: A Sixteenth Century Portrait.* New York: Oxford University Press, 1988.

Breen, Timothy H. *The Character of a Good Ruler: Puritan Political Ideas in New England*. New Heaven: Yale University Press, 1970.

Bridge, William. *The Works of Rev. William Bridge*. Vol. 5. Pennsylvania: Soli Deo Gloria, 1989.

Brown, P. Hume. *History of Scotland Vol 2: From the Succession of Mary Stuart to the Revolution of 1698*. Cambridge: Cambridge University Press, 1902.

_____. *John Knox*. 2 Vol. London: Adam and Charles Black, 1895.

_____. *John Knox and His Times*. Edinburgh and London: Oliphant, Anderson and Ferrier, 1905.

Burns, J. H. "John Knox and Revolution." *History Today* 8. August, 1958.

Busch, Eberhard. "Church and Politics in Reformed Tradition." James E. Bradley and Richard A. Muller eds. *Church, Word, and Spirit*. Grand Rapids: Eerdmans, 1987.

Calvin, John. *Institutes of the Christian Religion*. trans. Ford L. battles and ed. John McNeill. 2 Vols. The Library of Christian Classics, vols. XX and XXI. Philadelphia: Westminster Press, 1960.

_____. *Letter of John Calvin*. ed.. Jules Bonnet. trans. Marcus R. Gilchrist. New York: Lenox Hill Pub. & Dist. Co., 1972.

_____. *The Commentaries of John Calvin*. Grand Rapids: Eerdmans.

_____. *Ioannis Calvini Opera quae supersunt omnia*. eds. G. Baum, E. Cunitz, E. Reuss et. el. 59 vols. Brunsvigae, 1863-1900.

Carden, Allen. *Puritan Christianity in America*. Grand Rapids: Baker, 1990.

Case, Thomas. *Two Sermons Lately Preached at Westminster, before Sundry of the Honourable House of Commons*. London: Rawworth, 1641.

Cerrillo Jr., Augustus. and Dempster, Murray W. eds. *Salt and Light: Evangelical Political Thought in Modern America*. Grand Rapids: Baker, 1989.

Cheneviere, Edouard. *La pensee politique de Calvin*. Geneva: Editions Labor, 1937.

Chadwick, W. Owen. "John Knox and Revolution." *Andover Newton Quarterly* 15. March, 1975.

Coleman, Richard J. *Issues of Theological Warfare: Evangelicals and Liberals*. Grand Rapids: Eerdmans, 1972.

Card, Robert L. *Separation of Church and State: Historical Fact and Current Fiction*. New York: Lambeth Press, 1984.

Cowan, Henry. *John Knox: The Hero of the Scottish Reformation*. New York: The Knickerbocker Press, 1905.

Cowan, Ian B. *The Scottish Reformation: Church and Society in Sixteenth-century Scotland*. New York: St. Martin's Press, 1982.

Crook, Isaac. *John Knox: The Reformer*. Cincinnati: Jennings and Graham, 1906.

D'Assonville, V. E. *John Knox and the Institutes of Calvin: A Few Points of Contact in Their Theology*. Durban: Drakenberg Press Limited, 1968.

Davies, J. G. *Christians, Politics and Violent Revolution.* London: SCM Press Ltd., 1976.

Dennet, Tyler. "President Roosevelt's Secret Pact with Japan." in *Current History* vol. 21, No. 1, Oct., 1924.

Dickinson, William Croft. *The Scottish Reformation and its Influence upon Scottish Life and Character*. Edinburgh: Saint Andrews Press, 1960.

Doob, Leonard W. *Patriotism and Nationalism*. New Haven: Yale University Press, 1964.

Dunn, James D. G. "Romans 13:1-7 - A Charter for Political Quietism." in *Ex Auditu.* Princeton Theological Seminary, 1986.

Fairbank, John K. Reischauer, Edwin O., and Craig, Allen M. *A History of East Asian Civilization* 2 Vol. Boston: Houghton Mifflin Co., 1965.

Figgis, J. N. *Political Though from Gerson to Grotius: 1414-1625.* New York: Harper and Brothers, 1960.

Fowler, Rovert Booth. *A New Engagement: Evangelical Political Thought: 1966-1976*. Grand Rapids: Eerdmans, 1982.

Fromm, Erich. *The Sane Society.* New York: Rinehart, 1955. 『건전한 사회』. 범우사.

Froom, Leroy E. *The Prophetic Faith of Our Fathers* Vols. 1-2. Washington, D. C.: Review and Herald, 1948.

Gamble, Richard C. "The Christian and the Tyrant: Beza and Knox on Political Resistance Theory." *Westminster Theological Journal* 46, 1984.

Garbett, Cyril. *Church and State in England*. London: Hodder and Stoughton, 1950.

Gilck, Calvin C. "Non-Calvinist Influences on the Scottish Reformation." Th. D. diss., Knox College, University of Toronto, 1970.

Glasse, John. *John Knox, a Criticism and an Appreciation*. London: A&C Black, 1905.

Goodman, Christopher. *How Superior Powers Ought to Be Obeyed*. Geneva: John Cripin, 1558.

Graham, W. Fred. *The Constructive Revolutionary John Calvin*. East Lansing: Michigan State University Press, 1987. 『건설적 혁명가 존 칼뱅』. 생명의말씀사.

Grajdanzev, Andrew J. *Modern Korea*. New York: John Day Co., 1944.

Gray, John R. "The Political Theory of John Knox." *Church History* 8. June, 1939.

Greaves, Richard L. *Theology and Revolution in the Scottish Reformation: Studies in the Thought of John Knox*. Grand Rapids: Christian University Press, 1980.

______. John Knox, "the Reformed Tradition, and the Development of Resistance Theory." *The Journal of Modern History* 48, 1976.

Keith L. "Reluctant Revolutionaries: the Middle Colony Reformed Idea of a Just Resistance." Ph. D. dissertation, Fuller Theological Seminary, 1989.

______. *Revolution and Religion: American Revolutionary War and the Reformed Clergy*. New York: Paragon House, 1994.

Grosart, Alexander B. ed. *The Works of Richard Sibbes*. London: The Banner of Truth trust, 1973.

Hatch, Nathan O. *The Sacred Cause of Liberty: Republican Thought and the Milenium in Revolutionary New England.* New Haven: Yale University Press, 1977.

Hearshaw, F.J.C. *The Social and Political Ideas of Some Great Thinkers of the Renaissance and the Reformation*. London: G.G. Harrap, 1925.

Heimert, Allen, Delbanco, Andrew ed. *The Puritans in America.* Cambridge: Harvard University Press, 1985.

Henderson, G. D. ed. and intro. *The Scots Confession of 1560*. Edinburgh: Saint Andrew Press, 1960.

Hill, Christopher. *Intellectual Origins of English Revolution*. New York: Oxford University Press, 1965.

Höpfl, Harro. *The Christian Polity of John Calvin*. Cambridge: Cambridge University Press, 1982.

Hoffman, Manfred. "Martin Luther: Resistance to Secular Authority." *The Journal of International Theological Center* 12, Fall, 1984/Spring, 1985.

Hulbert, Homer B. *The Passing of Korea*. New York: Doubleday, Page & Company, 1906.

Johnston, O. R. *Nationhood: Towards a Christian Perspective*. Oxford: Latimer House, 1980.

Jungen, Christopher. "Calvin and the Origin of Political Resistance Theory in the Calvinist Tradition." Th. M. Thesis, Westminster Theological Seminary, 1980.

Kik, J. Marcellus. *Church and State: The Story of Two Kingdoms*. New York: Thomas Nelson & Sons, 1963.

Kingdon, R. M. *Geneva and the Coming of the Wars of Religion in France*, 1555-1563. Geneva: Droz, 1956.

______. "The Political Resistance of the Calvinists in France and the Low Countries." *Church History* 27, 1958.

______. "The First Expression of Theodore Beza's Political Ideas." *Archiv für Reformationsgeschichte* 46, 1955.

Knox, John. *The Works of John Knox*. 6 Vols. David Laing ed. Edinburgh: Printed for the Bannatyne Club, 1846-1864.

Königsberger, H. G., and George L. Mosse. *Europe in the Sixteenth Century*. New York: Holt, Rinehart and Winston Inc., 1968.

Korean National Council of Churches. *The Movement for the Democratization in 1970s* Vol. I. Seoul: Committee of Human Rights of KNCC, 1987.

Kyle, Richard G. *The Mind of John Knox*. Lawrence: Coronado Press, 1984.

_____. "The Church-State Patterns in the Thought of John Knox." *Journal of Church and State* 30, No. 1. Winter, 1988.

_____. "John Knox: The Main Themes of His Thought." *The Princeton Seminary Bulletin* 4, NO. 2, 1983.

Lang, Andrew. *John Knox and the Reformation*. London: Longmans, Green and Co., 1905.

Langford, Norman F. "Christians and Politics." *Church and Society* 62, 1972.

Leith, John H. *Introduction to the Reformed Tradition: A Way of Being the Christian Community*. Atlanta: John Knox Press, 1981.

Levy, Leonard W. "The Original Meaning of the Establishment Clause of the First Amendment." James E. Wood Jr. ed. *Religion and State*. Waco: Baylor University Press, 1985.

Lewis, Peter. "Puritan England." *The Christian and the State in Revolutionary Times*. The Westminster Conference 1975.

Little, David. *Religion, Order and Law*. Chicago: The University of Chicago Press, 1984.

_____. "Reformed Faith and Religious Liberty." *Church and Society,* May/June, 1986.

Lloyd, H. A. "Calvin and the Duty of Guardians to Resist." *Journal of Ecclesiastical History* vol. 32, No. 1, Jan., 1981.

McNeill, John. T. *History and Character of Calvinism*. New York: Oxford University Press, 1954.

_____. "The Democratic Element in Calvin's Thought." *Church History* 18, 1949.

_____. "Calvin and Civil Government." Donald K. Mckim ed. *Reading in Calvin's Theology*. Grand Rapids: Michigan, 1984.

_____. "John Calvin on Civil Government." George L. Hunter ed. *Calvinism and the Political Order*. Philadelphia: Westminster John Know Press, 1964.

Luther, Martin. "Secular Authority: To What Extent It Should be Obeyed." John Dillenberger ed. *Martin Luther: Selection from His Writings*. New York: Doubleday, 1961.

M'Crie, Thomas. *Life of John Knox* 2 vols. Philadelphia: Presbyterian Board of Publication, 1831.

MacGregor, Geddes. *The Thundering Scot: A Portrait of John Knox*. Philadelphia: The Westminster Press, 1957.

Mackenzie, Agnes Mure. *The Scotland of Queen Mary and the Religious Wars, 1513-1638.* Edinburgh: A. Maclehose and Co., 1936.

MacLeod, George F. *John Knox and Today*. Geneva: The John Knox Association, 1959.

Marshall, Paul. *Thine is the Kingdom: A Biblical Perspective on the Government and Politics Today*. Grand Rapids: Eerdmans, 1984.

Masahiko, Kurata. *A History of the Japanese Persecution of Korean Church.* Seoul: The Christian Literature Press, 1991.

Mathieson, William Law. *Politics and Religion: A Study in Scottish History From the Reformation to the Revolution* 2 Vols. Glasgow: James Maclehose and Sons, 1902.

May, Rolly. *The Art of Counseling*. New York: Abingdon, 1939.

McRoberts, David ed. *Essays on the Scottish Reformation, 1513-1625*. Glasgow: John S. Burns and Sons, 1962.

Miller, Perry. *Errand into the Wilderness*. Cambridge: The Balknap Press of Harvard University Press, 1956.

Miller, Perry, Johnson, Thomas H. ed. *The Puritans*. New York: American Book co., 1938.

Milton, John. "The Tenure of Kings and Magistrates." *The Works of John Milton*, Vol. 5, New York: Columbia University Press, 1933.

Monsma, Stephen V. *Pursuing Justice in a Sinful World*. Grand Rapids: Eerdmans, 1984.

Morgan, Edmund. *Puritan Political Ideas 1558-1794.* Indianapolis: Bobbs-Merrill co., 1965.

Mott, Stephen Charles. *Biblical Ethics and Social Change*. New York: Oxford University Press, 1982.

Mouw, Richard J. *Political Evangelism*. Grand Rapids: Eerdmans, 1973.

______. *Politics and the Biblical Drama.* Grand Rapids: Eerdmans, 1976.

______. *God Who Commands.* Notre Dame: Notre Dame University Press, 1990.

Mueller, William, *A Church and State in Luther and Calvin.* Nashville: Broadman Press, 1954.

Muhn, Jungchang. *A Korean History of Thirty Six Years Under the Militaristic Japan.* Seoul: Paikmuhndang, 1966. 『군국일본 조선점령 36년사』. 백문당.

Muir. Edwin. *John Knox: Portrait of a Calvinist.* Edinburgh: J. and J. Gray, 1929.

Neibuhr, H. Richard. *The Kingdom of God in America*. New York: Harper, 1937.

Noll, Mark A. *Christians in the American Revolution*. Washington D. C.: Christian University Press, 1977.

_____. A. Hatch, Nathan. O., Marsden, George. M. *The Search for Christian America*. Colorado Springs: Helmers & Howard, 1989.

O'Neill, J. M. *Religion and Education Under The Constitution.* New York: Harper and Row, 1949.

Paik, L. George. *The History of Protestant Mission in Korea: 1832-1910*. Seoul: Yonsei University Press, 1980. 『한국개신교사 1832-1910』. 연세대출판부.

Percy, Lord Eustace. *John Knox*. Richmond: John Knox Press, 1966.

Plumstead, A. W. *The Wall and the Garden*. Minneapolis: University of Minnesota Press, 1967.

Rees, Paul. "Prayer and Social Concern." Ronald J. Sider, Carol Stream ed. *The Chicago Declaration.* Illinois: Creation House, 1974.

Reid, W. Stanford. *Trumpeter of God: A Biography of John Knox*. New York: Charles Scribner's Son, 1974.

_____. "John Knox's Theology of Political Government." *The Sixteenth Century Journal* 19, No. 4, 1988.

Ridley, Jasper. *John Knox.* New York: Oxford University Press, 1968.

Roberts, Edward C. *Freedom and Federal Establishment: Formation and the Early History of the first Amendment Religion Clauses*. Milwaukee: Bruce Publishing Company, 1964.

Rottenberg, Isaac C., "The Shape of the Church's Social-Economic Witness." in *Reformed Journal* 27, May, 1977.

Rupp, E. C. "The Europe of John Knox." Duncan Shaw ed. *John Knox: A Quatercentenary Reappraisal*. Edinburgh: The Saint Andrews Press, 1975.

Russel, E. "John Knox as Statesman." *The Princeton Theological Review* 6, No. 1, Jan, 1908.

Sanders, Thomas G. *Protestant Concept of Church and State*. New York: Holt, Rinehart and Winston Inc., 1964.

Schaeffer, Fransis A. *A Christian Manifesto.* Westchester: Crossing Books, 1982. 『기독교 선언』. 생명의말씀사.

Schelven, A. A. van. "Beza's De Iure Magistratuum in Subditos." *Archiv für Reformatyions-geschichte* 45, 1954.

Shaw, Duncan. "John Knox and Mary, Queen of Scots." in *John Knox A Quatercentenary Reappraisal.* Edinburgh: The Saint Andrew Press, 1975.

______. *Reformation and Revolution.* Edinburgh: Saint Andrew Press, 1967.

Skinner, Quentin. *The Foundations of Modern Political Thought*. Cambridge: Cambridge University Press, 1978.

Smedes, Lewis B. "What do We Differ." in *Reformed Journal* 16, May-June, 1966.

______. "The Evangelical and the Social Question." in *Reformed Journal* 16, February, 1966.

Smith, A. D. *Theories of Nationalism.* London: Duckworth, 1971.

Smith, Timothy L. *Revivalism and Social Reform in Mid-Nineteenth Century America*. New York: Abingdon, 1957.

Solt, Leo F. *Church and State in Early Modern England: 1509-1640.* New York: Oxford University Press, 1990.

Solzhenitsyn, Alexander. *One Word of Truth*. New York: Farrar, Straus and Giroux, 1971.

Stalker, James. *John Knox: His Ideas and Ideals*. London: Hodder and Stoughton, 1904.

Stott, John R. W. *Involvement: Being a Responsible Christian in a Non-Christian Society*. Old Teppan: Fleming H. Revell Company, 1984.

Stout, Harry. *The New England Soul: Preaching and the Religious Culture In Colonial New England*. New York: Oxford University Press, 1986.

Sutherland, N. "Calvinism and the Conspiracy of Amboise." *History* 47, 1962.

Swallen, W. L. "God's Work of Grace at Pyeng Yang Classes." in *Korea Mission Field*, vol. 3, No. 5.

Thomson, Cargill. "Luther and the Right of Resistance to the Emperor." Derek Baker ed. *Church, Society, and Politics.* Oxford: Blackwell, 1975.

VanderMolen, Ronald. "Political Calvinism." *Journal of Church and State* 11, 1969.

Vesey, W. J. "The Sources of the Idea of Active Resistance in the Political Theory of John Knox." Ph. D. diss., Boston University, 1961.

Vos, Clarence J. "Human Authority: A Biblical Study With a Comparison of Calvin's View." David E. Holwerda ed. *Exploring the Heritage of John Calvin*. Grand Rapids: Baker, 1976.

Walzer, Michael. *The Revolution of the Saints: A Study in the Origins of Radical Politics.* Cambridge: Harvard University Press, 1965.

Watt, Hugh. *John Knox in Controversy*. New York: Philosophical Library, 1950.

Weeks, Louis. "Faith and Political Action in American Presbyterianism," *Reformed Faith and Politics*. Ronald H. Stone, ed. Washington D. C.: The University Press of America, 1983.

Wesley, John. "A Calm Address to Our American Colonies." Ellis Sandoz ed. *In Political Sermons of the American Founding Era*. Indianapolis: Liberty Fund, 1991.

Williams, George H. *The Radical Reformation*. Philadelphia: The Westminster Press, 1962.

Wolin, Sheldon. S. *Politics and Vision: Continuity and Innovation in Western Political Thought.* Boston: Little Brown and Company, 1960.

Wormald, Jenny. *Court, Kirk, and Community: Scotland, 1470-1625*. Toronto: University of Toronto Press, 1981.

Yoder, Howard. *The Politics of Jesus*. Grand Rapids: Eerdmans, 1972. 『예수의 정치학』. IVP.

Zagorin, Perez. *Rebels and Rulers 1500-1600*, vol. 1. New York: Cambridge University Press, 1982.

Zuck, Lowell H. ed. *Christianity and Revolution: Radical Christian Testimonies, 1520-1650.* Philadelphia: Temple University Press, 1975.

강동진. 『일제의 한국 침략 정책사』. 서울: 한길사, 1980.

김명혁. "신학 운동 아닌 사회 운동." 한국복음주의협의회 편. 『성경과 신학』. 서울: 엠마오, 1983.

김명혁 외. 『현대 교회와 국가』. 서울: 엠마오, 1988.

김승태. 『한국 기독교와 신사 참배 문제』. 서울: 한국 기독교 역사 연구소, 1991.

김용복. "메시아와 민중." 『민중과 한국 신학』. 서울: 한국신학연구소, 1985.

____. "민중의 사회 전기와 신학." 『민중과 한국 신학』. 서울: 한국신학연구소, 1985.

____. "해방 후 교회와 국가." 『국가 권력과 기독교』. 서울: 민중사, 1982.

김용호. "공화당과 삼선 개헌." 『현대사를 어떻게 볼 것인가?』. 서울: 동아일보사, 1990.

김영재. "해방 후 한국 교회의 정치적 행동과 개혁 운동." 『신학지남』, 52-1호, 1985.

김의환. "한국 교회의 정치 참여 문제." 『신학지남』, 1973년 3월호.

김정준. "민중 신학의 구약 성서적 근거." 『민중과 한국 신학』. 서울: 한국신학연구소. 1985.

김평익. "한국 교회의 사회 참여." 『기독교 사상』, 69-6.

김호진. "박정희의 리더십과 지배 전략." 『한국 현대사를 어떻게 볼 것인가?』. 서울: 동아일보사, 1990.

나용화. 『민중 신학 비판』. 서울: 기독교문서선교회, 1984.

노대준. "1907년 대부흥 운동의 성격." 『한국 기독교사 연구』, 15-16호.

문희석. "미가가 본 내 백성." 한국 교회협의회신학연구위원회 편. 『민중과 한국신학』. 서울: 한국신학연구소, 1985

민경배. 『한국 기독교 사회 운동사』. 서울: 대한기독교출판사, 1990.
_____. 『한국 기독교회사』. 서울: 대한기독교서회, 1973.
서남동. 『민중 신학의 탐구』. 서울: 한길사, 1983.
_____. 『전환 시대의 신학』. 서울: 한국신학연구소, 1976.
서인석. "율법은 가난한 자들의 권리." 『민중과 한국 신학』. 서울: 한국신학연구소, 1985.
서창원. 『민중과 그리스도교 신앙』. 서울: 나단출판사, 1989.
손봉호. "기독교 사회 윤리 문제." 『신학지남』, 41-43호, 1974.
_____. "선교와 사회 정의." 『신학지남』, 41-44호, 1974.
_____. "민중 신학이 신학이며 기독교적인가?" 『성경과 신학』, 1.
송건호. 『한국 현대사』. 서울: 두레, 1986.
신용하. 『현대 한국사와 민족 문제』. 서울: 문학과 지성사, 1990.
안병무. 『해방자 예수』. 서울: 현대사상사, 1979.
_____. 『민중 사건 속의 그리스도』. 서울: 한국신학연구소, 1989.
_____. "민족, 민중, 교회." 『민중과 한국신학』. 서울: 한국신학연구소, 1985.
_____. "예수와 오클로스." 『민중과 한국신학』. 서울: 한국신학연구소, 1985.
_____. "마가복음에서 본 역사의 주체." 『민중과 한국 신학』. 서울: 한국신학연구소, 1985.
윤경로. 『105인 사건과 신민회 연구』. 서울: 일지사, 1990.
이기백. 『한국사 신론』. 서울: 일조각, 1990.
이만열. 『한국 기독교와 민족 의식』. 서울: 지식산업사, 1991.
_____. 『한국 기독교와 역사 의식』. 서울: 지식산업사, 1981.
이만열 외. 『한국 기독교와 민족 운동』. 서울: 보성, 1986.
최종고. 『국가와 종교』. 서울: 대한기독교서회, 1983.
쿠라타 마사히코. 『일제의 한국 기독교 탄압사』. 서울: 기독교문사, 1991.
한국기독교교회협의회 인권위원회. 『70년대 민주화 운동』. 서울: 동광출판사, 1987.
한국기독교문화진흥원. 『교회와 국가』. 서울: 한국기독교문화진흥원, 1988.
한국 기독교사 연구회. 『한국 기독교의 역사』 1-3권. 서울: 기독교문사, 1989.
현영학. "민중 속에 성육신해야." 『민중과 한국 신학』. 서울: 한국신학연구소, 1985.
홍현설. "혁명은 교회에 무엇을 가져다 주었나?" 『기독교 사상』, 62-5.

아래는 *Luther's Works*에 수록된 글들이다.

Luther, Martin. "Temporal Authority: To What Extent It Should Be Obeyed?"
_____ "Whether Soldiers, Too, Can Be Saved?"
_____ "A Sincere Admonition to All Christians to Guard Against Insurrection and

Rebellion."
_____ "Against Robbing and Murdering Hordes of Peasants."
_____ "An Open Letter on the Harsh Book Against the Peasants."
_____ "Admonition to Peace."

아래는 Edmund Morgan ed. *In Puritan Political Ideas*에 수록된 글들이다.

Cotton, John. "Certain proposals made by lord Say, lord Brooke, and other persons of quality, as conditions of their removing to New England, with the answers thereto."
_____. "On Limitation of Government."
Williams, Abraham. "From the Social Ladder to the Separation of Powers."
Willams, Ellisha. "Inalienable Rights of Conscience."
Wise, John. "On the Principles of the Government."

아래는 Plumstead ed., *The Wall and the Garden*에 수록된 글들이다.

Barnard, John. "The Throne Established by Righteousness."
Langden, Samuel. "Government Corrupted by Vice, and Recovered by Righteousness."
Mayhew, Jonathan. *A Discourse Concerning Unlimited Submission and Non Resistance to the Higher Powers: With the Some Reflections on the Resistance made to the King Charles I.*